笃学文库

信用行为经济学导论

徐 辉 ◎ 编著

北京师范大学出版集团
BEIJING NORMAL UNIVERSITY PUBLISHING GROUP
安徽大学出版社

图书在版编目(CIP)数据

信用行为经济学导论/徐辉编著.—合肥:安徽大学出版社,2014.11
ISBN 978-7-5664-0410-7

Ⅰ.①信… Ⅱ.①徐… Ⅲ.①信用－行为经济学－研究 Ⅳ.①F830.5

中国版本图书馆 CIP 数据核字(2013)第 059768 号

信用行为经济学导论 徐 辉 编著

出版发行:	北京师范大学出版集团
	安 徽 大 学 出 版 社
	(安徽省合肥市肥西路 3 号 邮编 230039)
	www.bnupg.com.cn
	www.ahupress.com.cn
印　　刷:	合肥市裕同印刷包装有限公司
经　　销:	全国新华书店
开　　本:	170mm×240mm
印　　张:	18
字　　数:	332 千字
版　　次:	2014 年 11 月第 1 版
印　　次:	2014 年 11 月第 1 次印刷
定　　价:	39.00 元

ISBN 978-7-5664-0410-7

策划编辑:马晓波	装帧设计:李 军
责任编辑:马晓波　李元琼	美术编辑:李 军
责任校对:程中业	责任印制:陈 如

版权所有　侵权必究
反盗版、侵权举报电话:0551—65106311
外埠邮购电话:0551—65107716
本书如有印装质量问题,请与印制管理部联系调换。
印制管理部电话:0551—65106311

自　序

自1984年大学毕业以后,我从事了几十年的金融工作,在经济领域"摸爬滚打",在风险多舛的银行信用活动中探索,在我看来,每一种经济活动的最终目标都在于实现自身信用与行为的均衡。以经济视角理解和展望这种均衡过程,则深知其艰难而且掌控不易。

要全面透彻地了解经济活动规律,任何人在有限的生命里都无法做到,但在有限时间里对经济事实进行探索,可以令生活变得充实。从事金融工作的我,对经济活动中信用与行为均衡关系的认识是逐渐增长并积累的过程。现代信用和人类行为的诡谲、社会经济快速的发展,让原有的经济学理论和传统的经验,对实践中出现的问题往往应对不足,人们对新情况、新问题和新矛盾倍感疑虑与困惑,这让我对经济学中信用与行为均衡关系的探究,有更为强烈的愿望。

为完成心愿,我翻阅了大量的经济学经典著作、相关图书与资料,本书的结构安排如下:导言,主要介绍本书的写作思路和内容概要;第一章,概述社会经济活动中一些典型的非理性现象,并作简单的相关分析;第二章,讨论行为主体——人,围绕主体人的概念展开讨论,主要介绍经济活动中人性本质并对经济学"理性人"假说提出修正,引出"理性行为人"的假说,分析造成"沦陷的理性"的原因;第三章,概述信用与行为理论的研究,着重介绍行为经济学的基本框架和理论研究成果,借助行为经济学研究方法,提出建立信用与行为均衡函数模型并做出说明;第四章,论述信用概念及相关行为现象,主要研究信用概念和定义,阐述行为主体的信用与行为规律;第五章,信用与行为的相互影响关系,分析信用与行为均衡关系,论述两者的内在联系和具体运用方法;第六章,现代经济环境的信用与行为,侧重分析经济活动中导致不同"非理性现象"的因素;第七章,审视不同信用与行为均衡,从当前各类危机中分析"沦陷的理性"的问题;第八章,经济中的信用违约和行为欺诈，着重于阐述信用与行为均衡关系中要素缺失、替换、隔离、主观故意等原因造成的不良后果，讨论如何防范信用风险、信用行为失控和规范、约束信用行为；第九章，当前面临的问题及未来的展望，深入探讨并运用信用与行为均衡函数模型分析，对信用制度、经济转型、信用环境建设问题，包括货币超发、金融衍生品及虚拟信用、信用体制、法治环境、社会经济法律制度建设等提出一些看法和见解。

为完成此书，从起笔至今，已经六易其稿，这其中凝聚了我本人对金融职业的热爱，汇聚了多年实践的经验和学习体会。作为一个普通的金融从业者，要做好这样的事确实是需要克服很多困难和障碍的。吾儿珉川作为法学专业的博士，利用研习清华园，相关图书资料充分之便利，为本书中涉及法学理论、法律条文、法哲学和法律经济学部分的编写、全书结构安排以及专业知识梳理提供了大量帮助，并对书中若干观点提出了有益的建议，令我感动。

此书作为个人管见和学术探索，作为对经济领域信用与行为问题研究的一种尝试，期待它能给对金融学、信用学、法哲学、法律经济学及行为经济学分析等感兴趣的人提供参考，能为从事金融、经济、法律等工作的人，推开一扇学术理论探索的前行之门。

对在本书写作中，摘编其观点和相关论述作为引证，并深受启迪和获得诸多教益的经济学前辈、专家、学者们，致以最诚挚的谢意，也对深受教益的行为经济学领域相关学术成果表示由衷的崇敬。也希望此书的研究，是对家人鼎力支持的真情回馈以及对同学、朋友、师长以及老领导、老同事关爱的感谢。由于自身学识微浅，囿于学术研究能力和视野所限，不能详尽经济学理论的全部精髓与内涵，无以全窥人类理性在信用与行为均衡中的广博与深邃，书中难免存在诸多粗糙、不足与遗憾，恳切期望热心读者不吝赐教。

徐　辉

2014 年 3 月于雨山湖畔

目 录

导　言 ··· 1

第一章　现实社会几种典型经济现象及简析 ············· 14

    1-1　经济生活中的信用与行为 ······················· 15
    1-2　民间借贷引发的诘问 ····························· 17
    1-3　金融信用与民众"占领华尔街运动" ········· 20
    1-4　主权信用的死结——"欧债危机" ············ 22
    1-5　信用扩张行为带来的经济"泡沫化" ········· 24
    1-6　经济活动中的"异质"与"异象" ············ 28

第二章　现实社会中的人——理性与非理性 ············· 34

    2-1　行为主体"人"的概念 ··························· 34
    2-2　经济活动中人的法律主体地位 ················· 39
    2-3　经济活动中人的信用行为基础 ················· 47
    2-4　"理性人"假说下"沦陷的理性" ············ 54
    2-5　关于"理性人"假说的修正 ···················· 62
    2-6　理性行为人与社会习俗 ·························· 68

第三章　现代信用的均衡与小均衡 ·························· 73

    3-1　信用的"均衡"概念内涵讨论 ················· 73
    3-2　人的信用产生与行为发展 ······················· 75
    3-3　信用的概念及行为含义 ·························· 79
    3-4　现代信用的多重性、扩张性和虚拟化行为特点 ······ 88

3-5 不同信用关系下的行为方式变化 …………………… 92
3-6 信用的主要形式及行为表现 …………………………… 95
3-7 现代经济中的信用与行为 ……………………………… 99
3-8 行为经济学对信用理论的贡献 ………………………… 102

第四章 真实行为的效用与边际效用 …………………… 107

4-1 人的行为效用对信用的影响 …………………………… 107
4-2 人的有意识行为对信用的影响 ………………………… 112
4-3 行为控制对信用的影响 ………………………………… 115
4-4 经济活动中信用与行为的相互印证关系 …………… 118
4-5 信用与行为主要遵循的规律 …………………………… 121

第五章 信用与行为均衡函数的理论研究 ……………… 123

5-1 什么是行为经济学？ …………………………………… 123
5-2 信用与行为的变量理论基础 …………………………… 129
5-3 信用与行为理论研究的含义 …………………………… 137
5-4 函数模型分析解释的信用与行为 ……………………… 140
5-5 传统信用学对信用问题的研究 ………………………… 147

第六章 现代经济环境中的信用与行为现象 …………… 154

6-1 现代经济环境的信用与行为分析 ……………………… 154
6-2 行为经济学的行为理论 ………………………………… 156
6-3 储蓄行为中的"夸张贴现" …………………………… 163
6-4 人类"信用扩张行为"的共性 ………………………… 164
6-5 "风险厌恶"和期望效用理论 ………………………… 166

第七章 审视不同的信用与行为均衡 …………………… 175

7-1 货币信用与货币行为 …………………………………… 175
7-2 主权信用与债务危机 …………………………………… 187
7-3 金融信用与经济"泡沫化" …………………………… 191

    7-4　信用价值与市场价格 …………………………………… 197
    7-5　信用膨胀与扩张行为 …………………………………… 203
    7-6　信用危机的行为化解方法与手段 ……………………… 218

第八章　经济中的信用违约与行为欺诈 …………………………… 224
    8-1　一般失信、违约行为 …………………………………… 225
    8-2　虚拟信用违约与主观故意行为 ………………………… 229
    8-3　主观故意性违约行为的剖析——庞氏骗局 …………… 234
    8-4　对金融业行为风险性的讨论 …………………………… 238
    8-5　金融借贷行为的信用问题 ……………………………… 243
    8-6　防范和规避信用风险的"三道行为界限" …………… 251

第九章　现实社会中的信用与行为问题及展望 …………………… 259
    9-1　值得警惕的几个信用与行为问题 ……………………… 259
    9-2　经济学研究中几个认识论问题的哲学思辨 …………… 260
    9-3　总体对策问题和本书有关见解归纳 …………………… 263
    9-4　促进中国社会经济结构转型 …………………………… 265
    9-5　对金融衍生品和虚拟信用保持审慎理性 ……………… 267
    9-6　对当前社会信用制度的反思 …………………………… 268

结　语 ………………………………………………………………… 274

参考文献 ……………………………………………………………… 278

导　言

可以毫不谦虚地讲,本书阐述的理论是对传统货币银行学或金融学的基础提出质疑和挑战!这是一种大胆而激进的设想,它会动摇甚至改变上述学科的立论基础和研究方向,将促使金融业或商业银行现行经营模式与传统理念发生改变。

读者如果能够认真、细心地阅读本书(恕我只能小心翼翼地冠以"编著",绝不敢妄称"著"字,因为这其中许多内容非我本人创造,而是来自诸多大师的辛勤劳动成果),也许会证实本书确实是对传统货币银行学或金融学学术思想的直接挑战和理论性颠覆!

这是一种多么令人激动和振奋的设想,于是我行动起来!

弗兰西斯·培根说:知识就是力量。而在人类经济活动领域,我坚信:信用就是力量。因为,在人类生活的世界里,人的一切所用、所需、所做、所为,没有一样是可以缺少信用的!人在这个世界上的一切存在都需要信用的帮助,没有信用的人难以被其他人接纳,人需要依靠信用让自己融入这个世界,并获得生存所需的一切。

这是人的核心行为原则:做一个有道德和诚实守信的人。

"信用就是力量"是经济和人文命题,与经济学视野里人的力量——经济能力相互联系。人生存、生活和发展依赖其经济能力,缺乏或失掉这种能力,不仅将一事无成,甚至会丧失在这个世界上生存的机会和进一步创造幸福与快乐生活的可能性。

经济学鼻祖亚当·斯密在他的经典巨著《国富论》中写道:"每个人都在力图应用他的资本,来使其生产品能够得到最大价值。一般地说,他并不企图增进公共福利,也不知道他所增进的公共福利为多少。他所追求的仅仅是他个人的安乐,仅仅是他个人的利益。在这样做时,有一只看不见的手引导他去促进一种目标,而这种目标决不是他所追求的东西。由于追逐他自己的利益,他经常促进了社会利益,其效果要比他真正想促进社会利益时所得到的效果为大。"①这就是经济学中最著名的"看不见的手"理论的来源。这个理论最突出的地方是揭示了经济学"理性人"假设的基础本质——人天生就有"本能"般的"自私自利性"。这种经济本能不因人的意志而改变,也不受人本身能力的影响,而是一种类似"自发性"的欲望和行为动因。

人类学告诉我们,人的能力,一部分通过生物进化和遗传机制形成,是先天因素赋予的"本能",而绝大部分则是受后天的环境塑造,通过训练和学习所获得的。

人的观念和意识的形成,取决于认知和实践的过程。认知与读书"薄—厚—薄"的原理相似,是"简单—复杂—简单"的过程,是低级阶段到高级阶段的递进,认知水平和实践能力随着这个过程往复而有序提高。本书是为满足人们对现实经济生活中信用与行为均衡的认识和实践需要而写的。其理论描述的逻辑思路就是"简单—复杂—简单";阐述理论遵循"普遍—特殊—普遍"的模式。

当今世界资讯发达,经济学理论书籍汗牛充栋,如果读者对某个经济学特定问题和精确的经济数学计算结果感兴趣,完全可以阅读专门而详尽的经典名著和相关书籍。譬如本书附录中所列举的 44 种有关学术著作。

一、本书所涉及的一些经济学基本概念

本书阐述人在经济活动中面对的现实问题——信用与行为均衡。这个命题涉及现代社会人们普遍产生生存压力和生活焦虑的根源,即与现代社会充满竞争,过度追求经济利益和经济过快发展相关。长期的信用与行为不均衡使人产生"让脚步慢下来,使灵魂追上来"的愿望。

本书试图用一种通俗易懂和简单明确的方法,让"冷冰冰"的信用与行为理论和复杂的数学公式、模型,看起来能够生动、直观、简约和明晰,读起来不那么生涩难懂,用起来可以快捷、简便和可靠。这里我们先罗列一些与本书有关的经济学概念。

(1)"理性"。理性——一般指概念、判断、推理等思维形式,和感性相对。具体指人在处理问题时,能够遵循事物发展规律不冲动,不主观臆断。

在经济学里,理性是"合乎理性的人"(理性人、经济人)的假设条件。新古典经济学所谓"理性人"的假设,是对经济活动中所有参与者基本特征的一般性的抽象。这个被抽象出来的基本特征——经济理性,是指每一个从事经济活动的人都是利己的。即每一个从事经济活动的人所采取的经济行为,都是

---

① 亚当·斯密:《国富论》下册,伦敦:丹特公司,1955 年,第 246 页。

力图以自己最小的经济代价去获得自己最大的经济利益。

新古典经济学家认为,在任何经济活动中,只有这样的人才是"合乎理性的人",否则,就是非理性的人。

(2)"边际"及边际效用。边际——一种事物或行为的限度或边界。不同事物的边际范围是有差异的。例如,马歇尔在《经济学原理》中指出:"在每一个生产和贸易部门都有一个最低限度的利润——边际。在此利润范围内,增加使用任何一个生产要素在一定条件下都是有利的;但是超出这个利润限度,再增加生产要素的使用量就会产生递减的报酬,除非有增加的需要,且同时与其一起使用的其他生产要素也同时适当增加。"又如,物的边际在于效用满足度,能力边际是人体能、技能、物力或智力能够达到的极限范围。

效用——效用是指事物满足人的欲望的能力或人从中所感受到的满足程度。关于效用,马歇尔是这样描述的:"效用被当作与欲望或需求有关的术语。"

消费总效用——是指消费者在一定时间内从一定数量的商品中所得到的效用量的总和。

消费边际效用——通常指消费者在一定时间内增加一单位商品的消费所得到效用量的增量。

(3)"均衡"。均衡一般指事物之间的相等、对应、匹配、吻合、平衡等状态。在不同的学科领域,均衡状态所指的内容和要求不同。

在微观经济学中,均衡是指经济事物中有关变量在一定条件下所达到的一种相对静止的状态。

而在宏观经济学所用的"均衡产出"的概念中,是这样定义的:均衡产出是和总需求相一致的产出,也就是经济社会的收入正好等于全体居民和企业想要有的支出。

推而论之,所谓"均衡"是一种相等、一致、相称、对应或平衡的概念。例如,本书所建立的信用与行为均衡函数模型:

核心均衡式:$M \approx f(Y) \approx b'f(X)$;

基本均衡式:$f(Y) \approx f(a) + b'f(X)$;

边际均衡式:$f(Y) \approx b'f(X)/f(a)$。("/"代表"比"的意思)

上述表达最重要的含义是:在一定时间和条件假设范围内,人的每一种信用与行为均衡都是行为效用与货币数量对比的均衡结果。

这是本书为读者对实际经济进行分析、判断、评估和选择所提供的一种简便快捷的办法,也是对行为经济学理论探讨的一种全新的、有益的阐释尝试。希望本书阐述的信用与行为的内容,能够赢得读者的认可和赏识,若能达到此种目的,我则深感欣慰。

(4)行为效用。通俗地讲,所谓"行为效用"就是人的行为的有效性和有效程度。

行为效用——是指一定时间内和行为成本下单个行为效率的高低以及对行为对象所发挥的作用。

通常情况下:行为效用=经济效益+行为成本。

行为总是影响两个结果——经济效率和行为成本,经济效率与行为成本则是间接影响信用的重要因素:

经济效率——通常指经济活动中,在单位时间内,一定生产性投入(耗费)与产出(收益)的比率。

经济效益——指单位时间内劳动或投入所产生的收益或报酬。

行为成本——即在一定条件下,单位时间内完成一次交换或相互合作而必须花费的相应经济支出或体力、精力的物质耗费。

在社会活动中,一个人的行为效用是他追求目标的满足感,当一个人达成越来越多的目标时,个别目标的满足感(或称为"边际效用")也会因此减少。这种现象称为"边际效用递减"。

米塞斯得出另一个行为边际效用结论:人类所有的决策都是以排序方式为基础的。因此,一个人不可能同时进行一种以上的行动,大脑在同一时间只可能处理一个决策——即使这些决策可以被迅速排列。

(5)行为权利能力、行为责任能力。在人类社会生活中,最重要的关系是人与人之间的关系。其中,经济关系是人的所有关系中最核心的部分。要深刻理解和全面认识这种关系是非常困难的,仅凭人类有限的"理性"会身不由己地陷入误区。

行为作为法律事实依据,是在以是否成年作为划分人行为责任能力基本界限的基础上,考察行为人的行为权利能力和行为责任能力。

行为权利能力:是指行为人具备完全行为能力,能够完全认识和判断自己信用行为的后果,因此应对自己信用行为的后果承担法律责任。

行为责任能力:是指行为人侵害他人民事权利时能够承担民事责任的资格,或者说是对自己的过失行为能够承担责任的能力。

这是本书对于定义"信用"所采用的重要限制性概念。

(6)"信用总量"(信用总规模)。马歇尔在《经济学原理》中开门见山地说:"经济学既是一门研究财富的学问,也是一门研究人的学问。"政治经济学或者经济学,是对人类一般生活的研究,是对个人及其在社会活动中获得和使用保证生活安康物质必需品的最密切相关部分的研究。

信用总量——是指一定时间内、能够计量的、一个国家或地区的全部信用交易。①

信用总量一般包括四个层次：信用总规模、金融部门与非金融部门信用规模、公共部门与私人部门信用规模、非金融企业与个人信用规模。

信用结构——经济运行中信用活动形成的均衡状态。

这种均衡状态是由信用总规模中各层次、各类型信用活动的规模均衡、相互关系均衡共同构成的。它表现的是包括宏观与微观在内的各种信用活动的有机关系，以及已经形成的信用活动布局和正在变化的动态分布。

（7）"人格品质"。所谓"人格品质"是人的信用的主要标识和行为特征的反映。

人格品质——以人身依附为特征的信用品质的表现。

在具体理解上，马歇尔认为是"宗教力量和经济力量共同塑造了世界历史"。因为人的性格形成于日常工作及由此获得物质资源的过程中。除了宗教思想的影响，其他任何因素都不能塑造人的性格。如果把宗教力量（或称之为"人类信仰的力量"、"意识的力量"）看作人的非物质形态部分，经济力量（或称之为"人类财富的力量"）看作人的物质形态部分，那么正是这两大力量的汇合催生出人类社会文明。而人格品质正是人类文明中不可或缺的重要组成部分。

（8）"经济泡沫"。经济泡沫（虚拟信用扩张）——是人们用来形容某种资产或商品的价格大大偏离其基本价值和金融信用可靠程度的术语。在信用与行为均衡函数模型变量分析上，即真实信用≠原有信用，或 $\Delta f(Y) = f(Y1) - f(Y2) = -f'(Y)$。

（9）"异质"与"异象"。这是行为经济学中常用的术语。通常是指社会经济活动中与人的"理性"预期不吻合、不匹配、不均衡的事物本质或行为现象，表现为某种程度上的"非理性"或相异。

（10）"信用"。迄今为止，"信用"没有统一的定义，在不同研究领域对信用的认识都是不完全一致的，通常各取所需。本书所采用的"信用"概念，主要有两类：一类是新古典经济学的"信用"概念，又称"传统信用概念"；另一类则是行为经济学的现代"信用"概念。

传统"信用"概念主要是：

广义信用——俗称"社会信用"，它是人类社会信用的普遍表现形式，最核心的表现是对遵从"诚实守信"原则的"信任"情感和行为方式。

---

① 吴晶妹：《现代信用学》，北京：中国人民大学出版社，2009年，第65页。

狭义信用——是以社会法律制度安排以及人类信任、承诺、信心等人伦道德信用为基础，以契约（或书面合同）方式表达，以财富、货币、有价证券等为内容的一种价值权属形式。

现代"信用"的概念主要有：

广义现代信用——是指主体以人格品质标识或采用货币进行衡量的价值形态以及相应的行为责任能力。

简而言之，信用边际是行为效用与货币媒介物数量相比较权衡后反映的结果。即信用≈行为效用/货币；或 $f(Y) \approx b'f(X)/f(a)$。

狭义现代信用——是人的有形物质财富和无形物质资产的集中，象征的是行为责任能力或以此体现的行为效用。

上述现代信用概念主要包括：

· 现代信用是一种社会人格品质和品牌标识；

· 现代信用是人的一种社会行为责任能力；

· 现代信用是行为主体所拥有的"无形资产"的品质象征；

· 现代信用变量是以一个行为主体所拥有的有形资产及财富的总量数值及用货币价值进行衡量的计量指标；

· 现代信用是可用于市场价值交换的"特殊商品"，是信用交易行为的一种权利"符号"，是以货币为媒介物进行交易的"筹码"；

· 现代信用是现代社会各种"借贷"活动和人类利益实现的核心内生变量。

(11)"货币"与"货币媒介物"。货币——广义货币是指用于人们商品或劳务、服务交换和交易过程中的一般等价物或信用价值符号，是特殊形式的商品。如：纸币、虚拟货币、数字符号、金融票据等。

货币媒介物——在交换或交易过程中，可以充当货币使用的一般等价物。通常是指狭义货币，如铸币、金银币等实体货币。

(12)"变量"。所谓"变量"(variable)，简言之，是具有非主观变异性的数据。

二、本书涉及的主要现实情况研究

文明是指人类所创造的物质和精神财富的总和。其中，我们所认知的经济文明，是人类开始群居并出现社会分工，人类社会雏形基本形成后开始出现的。人们明白经济文明是拥有较为丰富的物质基础上的产物，同时也是人类社会的一种基本属性。一个突出的问题是：尽管人类文明延续了几千年，可人类的苦恼和担忧并没有减少，似乎反而比先前更多。人总觉得自己的物质生活还是那么贫乏，交往合作的范围还是那么狭窄，对自己身外的世界还是那么陌生。人类所热衷的经济生活，为何还是那么坎坷不平、暗礁密布、纷争不断、风险多舛呢？

单纯从经济学的角度看，这个世界本质上是一个"穷人"与"富人"分化明显的世界，是一个穷人希望富裕、富人希望更加富裕、人人都希望自己富裕的世界。围绕"穷"与"富"这个主题的竞争（或叫"争斗"）遍及每一个有人类生存足迹的地方。"你能想方设法让'穷人'不再穷下去，却不可能做到让'富人'不再继续富起来，除非发生人类社会的'暴力革命'"，这就是现实。而在人的理性支配下的一切社会活动中，信用均衡、边际规律及行为效用扮演了重要角色。

经济状况在不断变化，每一代人都以自己的方式看待问题。这个世界本身是个不均衡的世界，诸多不确定性因素导致经济的变动是复杂的，而经济学的发展虽然不间断，却又是一个缓慢的过程。近几十年来，随着人类经济活动的日趋多样化，人们对经济世界的认识和探索不断深化，因此，以新古典理论为核心的经济学正受到来自现实经济世界的冲击与挑战，并在对许多经济现象的分析上丧失了传统优势。譬如，它所基于的"理性人"和"均衡"的两大假说，即基于人的理性选择假定暗示着决策个体或群体具有行为的同质性。由于这两种假定忽略了真实世界普遍存在的事物之间的差异性和不同条件下人类认识的差异性，把人在经济活动中的能力置于"理性无限"的范畴考察，而使差异性的限制被排斥在外，不能将"异象"纳入解释范围，导致了理论的适用性大打折扣。随着现代社会经济的发展变化，越来越多的证据表明，新古典经济学在一些问题上对人类行为的实证描述不够充分，这些与传统经济模型相悖的事实说明，人的能力在一些方面——尤其是在理性、自我控制和自利方面是有限的。

首先，人处理信息能力的欠缺，证实了人的有限理性的存在。人们在做决策时，一般是采取试探的方法或根据经验，而且对事情的各种可能性的估计存在偏差，且常常过于自信。另外，人们往往会囿于不相干的信息，不愿意改变现状，厌恶损失等。再者，人们会因为获取信息的渠道以及能力的差异，形成信息拥有量的差别和不对称，导致决策的不同。

其次，经济主体由于非完全自控的原因，做出的决策常常会与他们的长期利益背道而驰。人的自我控制不足会导致成瘾行为、储蓄不足或拖拉延迟等问题。与新古典经济学观点相反，将选择集加以限制，这对意志力有限的经济主体是有益的。

再次，自利性不足的实质，导致人偏好考虑社会因素。即人与人之间相互关心,或至少表面上是关心别人的福利的;人们也讲究互惠:乐意别人公平地对待自己,也会在别人表现得公平时公平地对待别人。这就意味着经济主体比新古典经济学所假设的"理性人"更为心地善良或当他们受到不公平对待时更为怀恨在心。

再譬如,新古典经济学主要是研究人的日常生活中最有力、最持久地影响人类行为的那些动机。马歇尔认为:经济学主要研究人类活动的动力和阻力,这种动力和阻力的数量只能大略用货币来衡量。他同时强调:不过,这种衡量仅指动力和阻力的数量,而无法对其性质予以衡量。他在承认人类经济行为动机与人类本性多样化的前提下,错误地认为,这种动机是由一定数额的货币引起的;正是人类对商业活动的明确、准确的货币衡量,才使经济学远远胜过其他各门研究人类的学科。

但马歇尔从本质上忽略了货币的真相——出自人类信任或习惯的力量。正如弗里德曼所说的:人类"将一种物品或另一种物品作为货币使用,是出于一种习惯,这是一种终生具有的习惯"。在信用与货币的依从关系上,货币之所以在很多人眼里具有神秘性,其中一个原因就是神话、故事或习俗的作用。弗里德曼说:私人之所以接受这些被称为"货币"的纸张,是因为他们相信,别人也会接受这些纸张。这些纸张之所以有价值,是因为每个人都认为这些纸张有价值。人们之所以认为这些纸张有价值,是因为其生活经验告诉他们,这些纸张有价值。这是一种多么有趣而复杂的人类信用与行为的关系啊!

一方面,如果没有这种大家普遍接受的用于经济衡量的交易媒介(或者这种用于衡量的交易媒介的数量过多或过少),经济就几乎难以运行;另一方面,这种交易媒介的存在,依赖的却是约定俗成的力量——信任或信用。即货币衡量作用的发挥有赖于人类的信任或信用基础,也有赖于人类通过正确行为实现彼此均衡。

在这多样化的世界里,均衡是每一个人都必须始终面对的问题,均衡状态也是人类最为理想的生存状态。马歇尔说:"在偶然的物物交换中,一般不存在真正的均衡。"他进一步解释说,在较高文明阶段的市场上,由于市场供求关系和统一货币衡量手段的调节作用,可以看到真正的均衡价值最简单的事例(虽然是暂时的)。而在当今世界,这种均衡关系由于市场交易关系日趋复杂,而且现代货币发生了本质性改变(实物货币转变成纸币或虚拟货币),再加上人的理性因素存在,导致人对经济活动中信用与货币、行为均衡的具体认知存在误区(即现代货币本质上是静态的信用价值,我们后面将详细讨论),自身理性倾向让人们常常不由自主地产生迷惑。

譬如,经济规律比较复杂,因而不具有一般自然科学规律的精确性。虽然没有一种经济规律能像万有引力定律那样永恒不变地发挥作用,也不能像它那样被精确地测量,但经济学规律可与潮汐规律相比较。人的活动多种多样,而且具有不确定性,因此在研究人类行为的科学中,人们关于倾向的最好说法必然是不精确的、有缺点的。人的理性却不是这样理解和行动的,当一个人的行为动机产生的力量——不是动机本身——能用一笔钱来衡量且这笔钱又恰是他为了获得某种满足正好要放弃的,或者是刚好能使他忍受某种程度的疲劳的时候,他会毫无顾虑地追求自己的最大利益。尽管这样的行为动机的规律性确实存在,但现实经济活动中真正能够令理性人满意的情况毕竟只是极少数,更多则是"异质"、"异象"。

换一个角度看,文明嬗变是通过引入新工具、新思想或新制度的行为,几乎在一夜之间就改变了整个社会。但这种文明嬗变行为从产生到大规模发挥效用存在着一个时间差。造成这种时间差的原因是,技术变革因为能够提高生产能力和生活水平,通常很受人们的欢迎,所以马上就会被接受;而社会变革则由于要求人们进行自我评估和自我调整,这会让人感到受威胁和不舒服(行为经济学上称之为"损失厌恶"),因而通常会遭到抵制。这就解释了当今社会文明嬗变的一个悖论:人类在获得越来越多的知识和技能,变得越来越能依照自己的意愿去改造环境的同时,却不能使他们所处的环境变得更适合生存与居住。这与人类经济活动中信用与行为之间缺乏必要的均衡有关。

对于这种均衡的解释可以借用经济学研究的思路。当我们从经济学视角去看待人类经济活动中的信用、货币和行为时,研究信用与行为、货币和行为的彼此关系,就如同经济学中研究劳动价值理论和劳动产品价值理论是不可分的一样:它们是一个大的整体中的两个部分,即使在细节问题上存在差别,但是经过研究发现,主要是程度上的差别,而不是种类之间的差别。

而问题在于:究竟什么使人的信用与行为均衡呢?若以人的经济理性看待社会经济生活,穷人诉说自己的不快乐属于情理之中,而富人却怎么也喋喋不休地说自己不快乐呢?

调查发现,人类社会经济活动真正的苦恼和困惑,都是因为缺乏信用而让人无法行动。现实社会经济生活中的许多矛盾和冲突,似乎与钱多或钱少有关,但仔细分析起来却又无关,反倒是可以十分明确地联系到人的信用与行为上。社会经济活动的偶然性和不确定性,营造了这个丰富多彩又充满竞争、合作和风险的世界。人在社会经济生活中,除了吃、穿、住、行的本能需要,最需要的就是人与人彼此交往与合作上的信任,而这一类信任都是建立在相互信用均衡基础之上的。离开了相互信任的行为纽带,人类的一切交流与合作都会停止,人类社会文明也会停滞。以经济学视角去观察分析,我认为,在构成人类社会经济活动林林总总的变量中,经济体系里最核心的一组变量就是人们经常为之苦恼和困惑的信用、货币和行为。

变量的存在使任何人都无法预料,未来人类将会对其曾经信任的世界及其所作所为给出什么样的评价与结论。正是由于人类不断追求经济均衡,人类社会文明才有了不断的进步与改变;因为经济均衡中的变量各自存在难以预料的变化,与之伴生的风险、不确定性以及不均衡关系,让人类需要对这些变量不断地思考和解析。实际上,决定人类行为的不是基因,而是其所处的社会环境教给他们的行事方式。不可否认,战争的最终目标是实现社会经济均衡。任何一场战争的发生都不是因为人类的本性,而是因为人类社会和这个社会所崇尚的某种"文明",这种文明恰恰是因为人类信用与行为存在着极端所导致的。人类学家班都拉指出:人类的本性是"一种能被社会影响塑造成许多表现形式的潜在能力——侵略性(或扩张性)不是人类与生俱来和不可变更的特性,而是一个鼓励侵略(或扩张)的社会环境的产物"。

任何社会文明的第一目标都必须是满足人类的基本需求——食物、住所、健康、教育,因此,人类文明必须首先提高经济生产效率,以使这些基本需求得到满足。但是需要人类正视的现实是,如果这些基本需求已经得到了满足(不可否认的事实是,人的欲望实际上是永远难以满足的,这只能是假想,除非他能够主动运用自己的理性克制这些欲望),难道人类理性还必须无视个人、社会和生态的代价而一味强调经济生产效率吗?

从现代社会文明发展的情况来看,对于这个基本问题,迄今人类尚没有给予应有的思考和正确的回应。也正是因为人类缺少对这方面的考虑,才使得盲目的消费主义和物质主义在全球泛滥。而从人类生存的地球本身看,这种盲目的"文明"状态不可能无限期地维持下去。因此,人类现在正在"被迫地"致力于寻找一个"伦理指南针"来引导经济的发展。

这是人类有史以来所遭遇的最大挑战。

虽然社会领域和政治领域的信用与行为问题,不是本书阐述的内容,但不能不提的是,中国从社会主义计划经济走到社会主义市场经济不过30多年,鉴于缺乏必要的市场经济制度建设的理论和经验,我们不能不从西方发达资本主义国家成熟的理论体系中学习借鉴,进行改造并加以利用。但中国普遍存在的问题是,经济领域的经济学理论和体系几乎是对西方经济学理论及体系的全盘照搬,学术界普遍推崇的也是这套体系,缺乏自主创新和适应国情与经济发展需要的真知灼见。此外,也与经济活动中信用的法律体制不健全以及监管制度缺失有关。

把经济领域与新古典经济学中出现的反常现象,换成行为经济学的语言,就是"异质"与"异象"问题。我认为,人的认知能力、行为能力和意识能力的有限性,导致了人的信用与行为关系的严重不均衡。

三、信用与行为均衡,是人类理性最基本、最核心的问题

在经济学理论中,很容易找到与信用与行为均衡相关的理论和学说,如西方经济学中亚当·斯密、萨缪尔森、马歇尔、马克思、恩格斯、凯恩斯、费雪、米塞斯、熊彼得、弗里德曼等等一系列近现代经济学代表人物的学说。但就社会进步和时代发展的需要来看,这种努力并不局限于专家、学者,也包括我们每一个人。因此,研究信用与行为均衡问题有其必要性。

本书是想阐述这样一个问题:在经济视野下,诸多异质与异象中,什么是最为关键的?本书主要涉及如下三个方面的问题:

信用与行为均衡问题。即每一种信用都以特定主体行为作基础、以货币加以衡量,并通过相互关系加以体现和反映。行为效用会如何直接影响信用的品质和可靠性?

信用品质取决于行为效用与货币数量的相互权衡,即边际问题。即使确认,货币是人类经济活动中唯一可以用于经济衡量的媒介物(马歇尔),但货币的基础是信用,信用的基础则是行为,货币只是行为静态下或某一时点价值交换的媒介物("静态这一名称是这样的:在静态中,生产和消费以及分配和交换的一般条件是静止的,但却充满着运动,因为它是一种生活方式。"——马歇尔),货币既不是信用的全部,更不是真正的信用。要了解真实信用必须通过行为效用与货币数量的比较权衡。

货币与行为的不可分离性问题。即任何一种货币用于经济衡量,都与行为有着不可分割的联系,货币职能的发挥必须与行为效用在程度、范围、效用上保持同步,静态的货币仅仅只是表明商品价值的符号或等价信用标志物,不能准确反映真实的信用价值。

在经济状况最糟糕的时期,人会优先考虑什么问题?不外乎是生存与生活问题,而这个问题如果与货币联系起来分析,恰恰就是信用与行为均衡问题。即人的信用关系其生存,而行为则关系其生活,两者的均衡(彼此相称或对应),就是人保证自己生存和生活的根本,又是他参与社会经济活动并改变自己生活状态的力量。但这种力量的形成却不是一个自然而然的过程,而是一种既要克服自身能力缺陷,又要由自我约束、社会控制和法律制约共同发挥作用的有限理性。

本书要说明的是,任何一种人类经济活动,最重要的衡量因素都不单纯是金钱(货币),而是货币因素与行为因素共同构成的信用。信用是人的立身之

本,而行为是信用的相随之性和显性之根。

四、以经济视角看信用与行为均衡的合理性

在新古典宏观经济学的理论教材中,有关凯恩斯学说的中心内容——"国民收入决定理论"是必学的课程。这个理论涉及四个市场:产品市场、货币市场、劳动市场和国际市场,它基本涵盖了现代市场经济理论的方方面面,让其他经济理论研究很难突破和超越这个范畴。其中有关产品市场的"简单国民收入决定理论"往往成为传统宏观经济学教学中采用的经典内容之一,而微观经济学中的需求与供给、效用论、生产论、成本论、完全竞争和不完全竞争市场理论、生产要素决定需求和供给、一般均衡论以及福利经济学等,构成了新古典经济学精美而完备的理论大厦,让诸多后来者在基础理论的研究与构建上似乎并无多少可以"用武之地"。

综观"简单国民收入决定理论",均衡产出、消费理论、消费函数、国民收入的决定与变动、简单收入决定的动态模型、乘数论等(详见《西方经济学——宏观部分》)奠定了经济分析理论大厦坚实的基础,其最为出色之处,是"均衡"理论假设的提出和相关均衡产出公式、消费函数公式及模型的构建,它解决了经济分析的依据和验证问题,为实际运用开辟了通途。

例如:在最简单的经济关系中,简单国民收入决定理论在做了预先条件假设的前提下,认为社会总需求变动时,只会引起产量变动,使供求相等,而不会引起价格变动(又称"凯恩斯定律",这条定律被认为适用于短期分析,即分析的是短期中收入和就业如何决定。因为在短期中,价格不易波动,或者说具有黏性,当社会需求变动时,企业首先考虑的是调整产量,而不是改变价格)。此外,还假定折旧和公司未分配利润为零。在此一系列假设条件下,按照均衡产出,经济社会的产量或者说国民收入就决定于总需求。和总需求相等的产出称为"均衡产出"。对二部门经济进行研究,提出了均衡产出公式。

均衡产出公式是:在投资等于储蓄($I=S$)的关系下,$Y=C+I$。

关于收入和消费关系,凯恩斯认为存在一条基本心理规律:随着收入的增加,消费也会增加,但是消费的增加不及收入增加的多,消费和收入的这种关系称作"消费函数"或"消费倾向"。

用公式表示是:$C=C(Y)$。

增加的消费与增加的收入之比率,也就是增加1单位收入中用于增加的消费部分的比率,称为"边际消费倾向"(MPC)。

边际消费倾向(MPC)公式是:$MPC=\Delta C/\Delta Y$;或 $\beta=\Delta C/\Delta Y$;

平均消费倾向(APC)公式是:$APC=C/Y$;

消费函数方程式为:$C=\alpha+\beta Y$。

其中:C——意愿消费;

　　　Y——剔除价格变动的产出或收入;

　　　I——投资数量;

　　　S——实际储蓄;

　　　α——自发消费;

　　　βY——收入引发的消费。

这不仅为经济学研究提供基础,也为行为经济学研究开辟新的途径,提供了基础理论依据以及思路。本书在此基础上,提出信用与行为均衡观点,并为新古典经济学的"理性人"和"均衡"假说提出的修正留下了理论探索的余地。

"理性人"假设的修正,突出行为特性,指出人的理性不仅是单纯利益取向,还包含意识行为不可忽略的作用。

建立:人≈信用≈行为效用;信用变量≈行为效用/货币变量;均衡函数模型分析的方法;直观解释相互对应、相称、均衡。

设定信用与行为作为基础变量,货币只是媒介性变量,行为效用参数是对行为效率的反映。论证货币的基础是信用,信用的基础是行为,行为的基础是理性行为人。可见,人不可能是理性的。

宏观经济的稳定运行、可靠增长取决于整体信用与行为均衡。所谓"经济风险"、"信用危机"等都是由人类行为的不确定性和信用扩张倾向所致,也是人类"过度理性"造成的。

分析现实经济活动中货币幻觉、信用违约、行为欺诈等金融行业风险的根源,是信用与行为均衡要素人为的"缺损"和"隐匿"。

针对信用与行为均衡的"异质"、"异象",强调构建良好社会信用环境,实行自我约束、社会监督和法律约束的必要性。

针对信用与行为不均衡问题,可以通过发展实体经济,增加信用供给,调节货币要素和行为要素的方式来弥补;宏观调控和货币政策目标应通过社会信用总量及信用增长速率调整,而非单纯依赖货币。

社会和谐的根本目标在于实现社会总信用供需的相对均衡。

货币必须是被有限理性支配下的"关在笼子里的野兽。"

按照上述论点,把这些梳理成册,遂构成本书。当然,书中难免挂一漏万,也有很多值得商榷之处,仅供参考。

第一章　现实社会几种典型经济现象及简析

"理性人"和"均衡",是新古典经济学的两个重要假说,也是信用理论与经济行为研究的出发点。这意味着人只要活着,出于生活需要、发展要求和安全因素考虑,始终要面临这个基本生存问题的拷问:我面对的这个世界,包括人或事物是值得信赖和依靠的吗?我能获得我所想要的东西吗?转换成学术语言,那就是:人的信用与行为可靠吗?信用是考察的核心,而行为则是佐证。新古典经济学认为,通过人的"理性"和市场完全自由化,最终能够使社会信用自发地趋于"均衡"。但历史和现实证明,现实社会经济活动中信用与行为的表现并非如此。

"理性人"与真实经济活动的最大不吻合之处,是能达成有效合作的信用与行为并非全部是理性的因素均衡的结果,其中还包括十分关键的"边际"以及"边际效用"问题。

英国《经济周刊》编辑沃尔特·白芝浩在作品《伦巴第街》中说:"信用就是一种力量,它能够自然生长,但不能人为地构建。"

自1978年改革开放以来,中国经济历经30多年高速发展后,社会信用结构和环境有了巨大的改观,但这也正处于社会信用制度和主体信用行为艰难转型时期。世界经济危机和金融危机爆发,信用危机通过货币行为、资本市场和国际贸易结算等渠道,冲击中国的金融信用体系和实体经济,实体经济的利润率普遍较之前有所下降;而有了钱的中国企业及个人,信用无序扩张的欲望并没有及时得到限制和有效控制,越来越多的人秉持"一夜暴富"的想法,采取"以钱生钱"的过度信用扩张行为,对实体经济的兴趣日渐薄弱,更多转战于回报更快、更高的金融虚拟信用市场,甚至兴起了一股"击鼓传花式炒钱"之风,从股市到楼市、从能源到古董、从金融衍生品到民间高利贷,都能看到资本投机逐利的身影。

这种对资源无度滥用的信用扩张弱化了人的"风险厌恶"心理预期,强化了"赌一把"的心理,忽视更高的不确定性、信息不对称和不均衡的风险,非理性行为的兴盛敲响了"理性"的警钟。

实际上，经济活动中人的信用与行为均衡，并非道德性原则或简单的经济原则，而是一个贯穿于整个社会生产、消费、分配、交换和经济生活各个方面的基础规则。它与经济活动中的商品供求平衡类似，被当作资本与非资本之间、必需品与非必需品之间或生产性的与非生产性的劳动之间的对应关系。它唯一的要求是：在社会信用总量相对稳定的前提下，交易对手和合作者之间各自的信用与行为责任能力，必须保持相对均衡。一旦信用与行为存在严重失衡，风险必然发生。

为帮助读者理解这一问题，下面简略回顾一下现实社会经济生活中几种典型的"信用与行为失衡"的经济现象。

1-1 经济生活中的信用与行为

什么是人的社会关系？即除了血缘或伦理关系外，就是人与人之间的情感联系或物质交换，那么，信用就是基础，货币与行为则是维系和沟通的纽带。

人的"理性"与"非理性"并没有截然不同的差别。就如正常行为与暂时被忽视或被看作不正常的行为之间没有明显差别一样，正常价值与"目前的"或"市场上的"或"偶然的"价值之间也没有明显的差别。人们错误地以为，后者是一次偶然事件占优势的价值，正常价值是经济条件丝毫不受干扰地充分发挥作用，因而最终能获得的价值。但容易被人忽略的一个问题是：正常价值与不正常价值之间并没有不可逾越的鸿沟，而是可以逐渐变化为一体的。

在日常生活中，人们对待物的态度，往往局限在其是否满足自己的需求上。因此，对于人们来说，物的有用性往往比真实价值更重要，物的边际效用容易被忽略。同样，人们对待信用与货币的态度往往也是这样。所以弗里德曼说，如果我们能用"记账单位"或"货币"替代"信用"一词，那么也可以用来解释我们正在使用的"货币"含义。实际上，人们确实很少会采用"理性"分析的方法去考虑信用与货币的真实价值关系，更懒得去计较货币的边际效用问题。

譬如在日常经济生活里，有人所不理解的三个"1"现象：

1碗饭。从人的生存需求来讲，要活下去，最基本的要求是能够吃饱，能吃上1碗米饭。可是就这1碗米饭，也是"变化"的！假设米（象征信用）有限量，而做足这1碗饭的基本条件是3两米、2两水的均衡。则现实存在着三种不同情况：

一是经济困难时期，粮食（象征信用变量）供应不足，米只有2两，而饭必须是1碗，怎么办？这在过去的中国农村，办法就是"米不够，水来凑"，煮稀饭或用其他杂粮替代。

二是富裕时期,粮食供应充足,米有 6 两,显然这可以做 2 碗饭,但人吃不了这么多,怎么办? 于是人就会储存起来以备未来需要,或用作其他用途,如拿出去换其他东西。

三是相对正常时期,粮食供应能够满足需要,米还是 3 两,但价格却与以前完全不一样,过去买 3 两米的钱,现在连 1 两米都买不来,怎么办? 当然,办法只有两个:一是赚更多的钱,换回 3 两米;二是加更多的水,煮更稀的稀饭。

就人的食量而言,饱与不饱、吃多吃少,是一回事,而实际能装下的就是 1 碗饭。但同样 1 碗饭的标准,用米的量与煮饭行为(加米还是加水)之间却是需要均衡的。

1 桶石油。看到今天世界石油市场的即时价格,你也许会大吃一惊,1 桶石油(象征价值)竟然卖到了 140 美元(货币价格)!

在你的记忆里,或许 30 年前 1 桶石油也就区区 10～20 美元。那是当时商品价值与货币价格的平衡。而仅仅过去了 30 年,就原油产品自身价值和实用价值来说,1 桶石油应该还是原来那样,自身价值没有太大的改变,但买卖所需货币价格所代表的原油"价值"却翻了近 10 倍,彻底打破了原先的均衡。

什么东西增加了? 是石油本身增值了吗? 是供需关系失调吗? 是其中凝聚了更多的物化劳动吗? 都不是。显然,1 桶石油价格的上涨,表面上看是供需关系的原因,实际上是以货币衡量的人类劳动的价格上升,企业支付生产成本的增加,以及不断增加的货币供应总量带来的货币贬值。

1 元钱。记得 20 世纪 60 年代,我们学雷锋做好事,总唱"我在马路边捡到一分钱,把它交到警察叔叔手里边……",那时候别说 1 元钱,就是 1 分钱也可以用来做很多事情。按当时的物价消费水平,1 元钱可以换 20 个鸡蛋,可以买 600 克左右的猪肉,可以……这是当时商品信用与交换行为的均衡。

可是到了 21 世纪初的今天,你在马路边捡到 1 分钱,还有专门"交到警察叔叔手里边"的必要吗? 从眼下市场交换价格看,同样的商品,1 元钱只能换回 1 个鸡蛋,也只能买到几克猪肉。是今天鸡蛋或猪肉的商品价值提高了吗? 自然不是,那么昨天的 1 元钱与今天的 1 元钱,纸张、符号和花纹也许都没有变,怎么实际"货币价值"差距就这么大了呢? 难道是钱变质、生霉或贬值了? 当然也不是,而是手上的"钱"变得有些不值钱了,货币象征价值下降。

效用,通常被人们认为与欲望或需求有关。

新古典经济学边际效用是指,当一个商人购买任何用于生产或转卖的东西时,他的行为是根据其预期的利润而定的。但是,商人对一样东西所能付出的价格,终究要根据消费者对这种东西或用它制成的东西肯付的价格而定。人的欲望不能直接衡量,只能通过欲望引起的外部现象进行间接衡量。在经济学研究的那些事例中,是以个人为了实现其愿望而愿意付出的价格作为衡量方法的。其中,货币就是最通行和最常见的信用衡量中间(媒介)物。

人人都知道货币会升值或贬值,却不知道货币升值或贬值实际上与行为的变化有关。任何一种商品买卖的过程,表面上发生的是数量与价格以及相应使用货币面值的变化,本质上则是货币行为的变化造成此1元钱与彼1元钱价值的"异质"、"异象"。

从货币作为信用价值衡量替代物的角度看:一个人越是富有,其货币的边际效用对他来说就越小;当他的资产有所增加时,他对任何一种利益所愿意付出的价格也就随之提高。同样,当他的资产有所减少时,货币对他的边际效用就越大,而他对任何利益所愿付出的价格也就随之降低。尤其在资本市场上,货币的边际效用显得更加重要。资本市场货币行为的特点,是一部分人凭借信用而可以使用另一部分人钱的行为,花钱的人做的只是未来有可能向出钱人兑现的一种货币权利和利益承诺(或契约式的利益约定)。但从人的"理性"需求来说,对货币的需求都是希望越多越好,而不是越少越好。正是货币价格与真实需求的这种矛盾的存在,让人在日常经济生活中"沦陷"了理性,产生"货币幻觉"。亚当·斯密在《国富论》中说,社会的经济增长很大程度上基于社会分工的发展,而社会分工的发展带来交换,市场交换行为遵循等价交换原则。作为社会经济衡量媒介物的货币,如果没有信用作为基础,社会分工和交换的发展是不可能的。如果人的需求满足没有物的边际效用作为限制条件,那么人们的经济生活一定会出现十分糟糕的局面。

很多研究发现,信用从某个角度看,不仅决定着人类经济活动,也决定着社会利益与法律的对等,权力与民主的协商,竞争与合作的相关,人格和权利的平等,自由与约束的相向。它是人与人之间合作的行为责任能力,是社会成员对彼此诚实、守信以及合作利益均衡的预期。这些与物的需求基础是否真实牢靠、物的边际效用规律是否能够正确地被人所认识与掌握有关。

而从普遍的人的"经济理性"倾向和信用扩张偏好来看,要保持整个社会信用结构的"均衡"和市场交换(或交易)的秩序,人的行为就需要被有效约束与严格监管。

1-2 民间借贷引发的诘问

在经济学视野里,促进经济发展的种种力量,基调是动态的,而不是静态的,形式是多样化的,内容则是直观明确的。在社会经济活动中,如果我们把正常的生产活动看作一个产业集团的成员在一定条件下可能实施的信用行为,就必须同时看到,任何人都不会因利他主义而试图排除任何有规律的"理性人"本能的行为动机。任何一种形式的经济合作的达成,本质上都是一种信用与行为的博弈均衡关系,如果这种均衡关系被破坏,经济风险必然发生。

经济学提醒人们注意一个相互关联的"理性"事实:在每一个生产和贸易部门中都有一个最低限度的利润——边际利润。在此利润范围内,增加使用任何一个生产要素,在一定条件下都是有利的;但是,如果超出这个利润限度,再增加生产要素的使用量就会产生递减的效应,除非有增加的需要,且同时与其一起使用的其他生产要素也随之适当增加。同样需要人们注意的事实还包括:有关"边际利润"这个概念不是千篇一律、绝对不变的,而是随着所研究问题的条件变化而变化的,尤其是随着与之有关的时间的长短而变化的。我们可以非常容易地找到在经济活动中导致人的理性沦陷的证据:在一种经济原因所产生的结果中,那些不易看出的结果往往比那些表面的、随便就能观察到的结果更为重要,且两种结果方向相反。

经济危机时期,企业资金链断裂是一种频发的信用行为失衡现象。民间借贷活动本身存在诸多不规范的信用行为,如鱼龙混杂的各种担保公司,潜藏在社会经济活动中的各种信用与行为的风险,折射出信用与行为的乱象。其中,常见的一些老板欠债"跑路"事件,就是民间借贷信用与行为"失控"的例证。

中国浙江省温州地区的私营经济历来活跃,素有"民营资本天下"的称号,民间借贷信用行为比较普遍,民间借贷金额都达到了几千万、几亿,甚至十多个亿的规模。

据有关方面的调查统计,温州有 89% 的家庭、个人和 59.67% 的企业参与民间借贷。温州地区的民间借贷总规模曾高达 1 100 亿元,借贷的利率水平也超过历史最高值,一般月息是 2 到 6 分,有的高达 1 角,甚至 1.5 角,年利率达 180%。但事实上,在温州做实体经济的大多数中小企业的毛利润不会超过 10%,一般在 3%~5%。

在这种信用与行为均衡的结构下,信用风险程度远远超出合理边际。由于行为失控而导致"崩盘"的结局,是无法避免的。近期,"老板跑路"事件在温州乃至全国各地频频发生,预示着中国的整个民间借贷市场将严重"失控"。

更让人担忧的信用行为失控的风险在于,这些钱并不是那些"跑路"老板自己的,基本都是通过信用中介机构(担保公司、小额贷款公司等)或中间人(或叫"资金掮客"、"地下钱庄"、"高利贷者")从民间借来的,一般是普通家庭把钱交给中间人,中间人再把钱交给公司,是层层上交并从中获利的金字塔式传递型信用行为。一个老板"跑路"后,这个传递型借贷信用行为链条,就像

"多米诺骨牌"一样,把风险或损失沿行为的反方向迅速扩散,最终成百上千个普通家庭和出借资金人的借款就血本无归。显然,民间借贷信用行为的"资金链条"的任何一个环节出现"失控",都很容易把普通人或正常的实体经济逼上绝路,更不用说整个资金链了。

再譬如,在2012年世界经济危机期间,中国国内钢铁市场处于"冰河期",历来钢材贸易发达的长三角地区接二连三地发生了多起钢材贸易商的"跑路"事件。

钢贸业,由于行业特点决定了企业利润的增加很大程度上与实际贸易规模有关。因此,钢贸业作为资金密集型和信用规模需求"饥渴型"行业,本身的信用行为往往是部分商业银行的短期贷款及承兑汇票业务"大头"。一旦钢材贸易供需或市场价格出现不利状况,必然加剧银行整体授信风险。除了授信过度集中的风险外,江浙沪一带的部分钢贸业贷款还藏有信用行为隐患。不少钢贸业是以仓单质押或库存商品质押等担保方式在银行获得流动资金贷款的,但实际钢材质押品普遍存有"水分",存在一批钢材被重复抵押及向上游"托盘"大型钢企借贷虚假质押等信用虚置的问题。此外,一些钢贸企业老板自己出资组成担保公司,再以担保公司为出资人企业以及关联企业提供担保,加上关联企业自行联保、互保,使得钢贸贷款中融资方、担保方和交易对手存在复杂关联信用行为关系,对银行贷款形成多头担保和过度担保,使银行实际承担的信用风险难以缓释。正是因此,出了问题,老板"跑路",将是所涉贷款银行的"信用重灾"。

直观企业借贷的动机,寻求信用扩张是行为第一因素,也是风险产生的基点。实际操作中,大多数中小企业因为自身信用与行为条件的主客观缺陷,信用与行为均衡要求的基本条件无法满足,必然很难从银行获得贷款,除非有其他足以补偿客观缺陷的信用资源或行为能力。而在政府紧缩"银根"政策的当下,一面是中小企业缺钱需要信用"输血的饥渴",一面是民间大量富余资金急于信用扩张的行为"祸水",在社会缺乏对信用与行为有效制约的情况下,两者必然一拍即合。

不仅在温州,"家家房地产,户户典当行"曾成为内蒙古鄂尔多斯高利贷、房地产行业"泡沫"和"发烧"现象的写照;江苏贫困县泗洪,也一度因为民间借贷,制造出名车云集、个人资本投机"一夜暴富"的景象。非法集资、民间高利贷、私人担保这类民间信用行为具有普遍、盲目和投机的特点,资金链断裂、老板"跑路"、中介公司破产等信用行为风险爆发,无疑会对该地区经济造成"毁灭性的打击"。

显然,信用与行为均衡要求一个人在选择其经济利益目标时,习惯因素会让他一方面按信用价值进行选择,另一方面也取决于他受道德约束因素所带来的行为效益,而并非单纯作为"理性人"追求利益最大化。

1-3 金融信用与民众"占领华尔街运动"

人类社会文明是不断进步的。"这种进步比其他任何事情都能使人实际关心这一问题:所有人初来这个世界时都应有过文明生活的公平机会,都应有免受贫困痛苦和免除由于过度机械劳动所带来的令人呆滞的影响的机会。但这个问题不能完全由经济学来解答,因为这个答案部分地要依靠人类本性的道德和政治能力来解决,而经济学家并没有了解解决这些事情特别方法的能力;他必须像别人一样做,尽力去推测。但是,由于这个答案还属于经济学范围内的事实和推论,因而经济学主要的以及最关心的也正是这一点"。新古典经济学不否认经济发展是渐进的。经济学家们也承认,尽管经济的进步有时会由于政治的变故或经济危机而突然停顿或倒退,但是任何一种经济活动偏离正常轨道都不是突然的。

在经济活动中,信用与行为均衡也是一个渐进的过程。

实际上,不同信用由于不同的动机、目的和目标行为因素的相互作用,对经济发展规律的影响与实际社会信用供需并不完全同步,尤其表现在人的社会福利、工资收入、资产扩张、实体经济的信用增长上。当社会信用积累速度跟不上财政金融信用扩张行为的速度时,会导致整个社会信用的"空心化"和"泡沫化",使社会整体信用供需平衡被破坏,最终导致"经济危机"或"金融灾难"的爆发。早在19世纪末至20世纪初,纽约华尔街便已发展成世界金融中心,并成为美国金融地标之一。在鳞次栉比的大厦背后,隐藏着各种危机。华尔街凭借其掌控金融信用体系的优势,对美国的资本和财富拥有绝对控制权,也使少数金融大鳄逐利行为的"理性"极度膨胀,不惜借机疯狂掠夺。这股掌控社会信用的力量足以影响政治格局,让美国政府也退让三分。

1929年,华尔街的贪婪曾招致了一场金融信用大灾难——美国经济大萧条。当时,华尔街的金融信用体系允许投机使用保证金制度的行为,相当于不断放大投机的信用杠杠。比如,最热门的投资信托或投资公司股票,当其普通股上涨时,使用信用杠杆的投资信托股票竟以几何级数增长,造成信用疯狂扩张、价值泡沫化,引发了信用与行为关系的严重失衡。这种信用疯狂扩张的行为且日渐虚拟化的模式隐含了一大风险:一旦资金都看空行为时,信用价值体系面临崩溃,股票价格泡沫破裂,市场将加速崩溃。1929年10月19日,谣言四起,人们的信心遭受打击,资本市场信用开始崩溃,纽约股市显露大抛盘迹象。28日,道琼斯指数狂泻13%。1天后,几乎所有的人都在尽全力清仓,道指竟在一天中雪崩22%。到了11月,道指已惨遭腰斩,令数以千计的人跳楼自杀。

鉴于华尔街的无法无天,为了均衡金融信用与行为关系,1933年接任的罗斯福总统下决心要改变这种状况。在他主导下通过的《斯蒂格尔法案》,将银行的储蓄部门与投资部门强行分开,该法案禁止银行包销和经营公司证券的行为,令美国金融业形成银行、证券分业经营模式。另外,罗斯福还签署了第一部规范证券交易的法案——《联邦证券法》,要求所有的新股发行必须在联邦证券交易委员会成立公司、规定高管卖空自家股票属非法行为等。

看上去,罗斯福已将"金融信用与行为监管的缰绳"强行套在了华尔街这匹"野马"上。但是,如果套在华尔街脖子上的"缰绳"足够紧,美国又怎么会在2011年爆发大规模"占领华尔街运动"呢?毫无疑问,"占领华尔街运动"的本质是不同行为主体的信用行为对抗,也是不同行为主体的信用与行为的均衡博弈。

其实,华尔街金融资本的疯狂逐利与金融监管之间的信用及行为的均衡博弈,从来就没有间断。始于20世纪80—90年代的美国金融监管松动,就是对华尔街"信用与行为的均衡监管"失控的开始,1999年通过的《格雷姆—里奇—比利雷法案》不仅彻底废除《斯蒂格尔法案》有关条款,更在法律上消除银行、证券、保险机构的信用行为边界,令美国结束了长达近70年的金融分业历史。无论是摩根大通这种传统商业银行,还是友邦这种保险商,都可以从事高风险的投资活动。2008年,随着美国国内抵押贷款违约率急剧攀升,持有大量次级债的金融机构巨亏并陷入信用危机。随后,雷曼破产、"两房"被接管、美联储巨额资金援助花旗和摩根大通等,拯救华尔街金融机构成为美国政府不得不出手干预的事情。

显然,如果将"占领华尔街运动"看成某些美国普通人的一时躁动,那就错了。一方面,该运动参与者代表了美国民众对金融危机爆发的担忧,他们已无法容忍少数权贵们的贪婪和腐败。另一方面,信用与行为严重失衡带来的金融危机,掠夺了99%的大多数美国民众的家庭资产。

美国金融危机的本质是美元模式下的净债务危机,根源是美国主权信用行为的失控和国家信用与行为的严重不平衡。其所反映的美国社会经济严重衰退状况,可能进一步推动美元在未来持续贬值。因为美国政府债务只能靠不断增发货币、让货币贬值,更进一步地实现信用扩张以解决信贷压力,增加就业,扩大出口和增加流动性,刺激经济复苏。显然,金融信用与行为失衡,结果是灾难性的。

1-4 主权信用的死结——"欧债危机"

在日常信用活动中,"欠债还钱"和"诚实守信"的原则似乎是天经地义的。但在主体信用缺失的情况下,不同主体利益诉求的行为动机和目标都会随之发生明显变化,信用的模式和结构完全不同于常规,将不依照人的主观意愿和预先估计产生结果。人的因素,如行为偏好、不确定性和信息不对称性等,会使信用产生明显变化,出现欠债无法如约偿还、市场融资成本大幅度上升或信用丧失等情况。

这些情况的出现,将导致行为主体的信用评级下降,而当这些问题在某一时期集中出现在一个国家主体的身上时,债务问题的解决,似乎就是"死结"。譬如,2010年12月以来,全球三大评级公司(穆迪、标普、惠誉)不断下调希腊主权信用评级至最低等级"垃圾级",这是愈演愈烈、危机深重、短期难以缓解的欧洲债务危机的开端。此后,三大评级公司对整个欧洲国家主权信用和欧洲各大金融机构信用评级的全面下调,让整个欧洲,尤其是以欧元为统一货币的欧盟陷入主权信用危机,面临"崩溃"的边缘。

一、信用与行为均衡与否直接影响到主权信用的评级

自从希腊爆发债务危机以来,西班牙、葡萄牙、爱尔兰、意大利等欧洲国家相继陷入了主权债务危机,不仅国家财政入不敷出,而且主权信用评级也相继被下调,金融市场剧烈动荡,各大金融机构纷纷陷入"信用危机"的泥淖。号称"欧盟三大经济体"的意大利、法国逐渐被拖下水,连一向稳健、经济实力强大的德国也遭受影响,进而影响到整个欧洲的经济,并且严重拖累了世界经济的缓慢复苏,甚至有造成世界经济"二次探底"以及再次陷入衰退的可能。由于陷入美债危机,美国自顾不暇,现阶段很难出手救助欧洲国家;日本遭遇了地震、海啸与核辐射三重打击,短期内也指望不上;加上英国自身难保和经济全球化对危机的链式传播,形成了"火烧连城"似的全球信用危机。

为了早日从欧债危机的泥潭中摆脱出来,欧盟也在进行着各种努力。可以预计,随着欧洲金融稳定机制(EFSF)的运转,欧盟财政平衡协议的达成,以及有关财政紧缩措施的出台,欧债危机将会出现缓解迹象。

然而问题在于,欧洲国家主权信用长期以来依靠高财政赤字运转,以及由此累积起来的巨额债务风险敞口,长期存在的高福利支出与经济低效率增长之间的矛盾,导致民众福利权益与政府紧缩财政政策的对抗,主权债务短期内无法妥善解决,违约似乎是一种"必然"的结局。

二、主权信用评级下降造成危机的传导

早在2008年的金融危机中,欧洲银行业就因为持有大量华尔街"有毒资产"而遭受巨额损失,至今未恢复元气。由于政府债务缠身,对银行的救助能力也受到质疑。欧洲存在问题的银行很多,如果出现银行倒闭浪潮,政府亦无力救助。欧洲主权信用违约的行为后果是灾难性的,可能扰乱全球金融信用体系。让人们非常纠结的是,欧元区采取任何救助行为都必须考虑信用评级被降至"选择性违约"和"违约"的威胁,这将可能导致危机传导至欧元区核心大国的更坏后果。如何救助,目前依然还是"悬而难决"的问题。

信用危机带来的现实矛盾在于,主权信用评级的下降,进一步增加了希腊主权债务违约的风险。一旦希腊违约,势必对意大利和西班牙产生更严重的影响,导致筹资行为成本更加高昂,两国债券收益率可能超过7%,这是融资行为成本不可持续的分界线。而信用危机的"链式传导行为",使得法国债券也面临风险,从而令欧洲核心国家的债券市场受到影响。

希腊违约也可能引起葡萄牙和爱尔兰的评级下调,使这两国的债券收益急速上升。这些国家的银行目前已经对欧盟央行的信用支持非常依赖,希腊违约将使这些银行更难从银行间的资本市场融资。如果葡萄牙最终不能偿付债务,西班牙银行体系将受到巨大冲击。西班牙银行是持有葡萄牙债券最多的银行,超过800亿欧元。作为第四大经济体,银行业的崩溃将使西班牙面临银行再资本化的压力,使本已经捉襟见肘的财政信用状况岌岌可危。与之关联的情况是,西班牙银行业对德国和法国有直接影响。

信用行为的不确定性进一步增加,让原有的抵押品不再合格。原先希腊可以用主权债券作为抵押物而从欧盟央行获得贷款。欧盟央行曾表示,如果希腊评级被降为选择性违约(更别提违约),则希腊债券不再具有抵押品资格,将切断对希腊银行的资金供应。尽管欧盟央行出于防止整个欧元区崩溃的原因不会采取如此激烈的措施,比如,其仍可能用迂回方式提供资金给希腊,或使用"紧急流动性救助行为方案"提供资金,或是直到三家主要评级机构都下调希腊评级为违约再切断资金供给,或是通过提供额外信用担保增强希腊债券信用,但一切都处于更加不确定的状态。

融资的成本上升,使金融资产价值下降,信用价格上升,银行必须进行资产减记。如果希腊评级被下调,则持有希腊债券的银行,不论其账面记录的是票面值还是原始值,都必须调整减记,确认损失。欧洲主权债务危机将严重波及欧洲的金融系统和各大小银行,成为一场全面的主权信用危机和"金融灾难"。欧元区是世界第二大经济体,欧元是第二大国际货币,如果爆发危机,不

论是在金融方面还是实体经济方面,都会对全球信用体系和货币信用制度产生重大影响。而债务危机爆发近两年来,欧洲一直是反应迟缓、应对乏力,其出台的各种救市的措施,要么治标不治本、要么远水不解近渴,这些因素都在很大程度上导致了危机愈演愈烈。

如今系统性信用风险迫在眉睫,如果再拿不出有力的行动方案,那么整个欧洲恐将因信用行为失控而付出沉重的社会代价。而事实上,人们并没有看到欧洲国家解开这个"死结"的曙光。

1-5 信用扩张行为带来的经济"泡沫化"

通常,基于对某一国家主权信用的信任和对自己资产进行保值增值的需要(本质上是一种个人信用扩张),债权人会用自己的资金购买某一国家的主权债券。从债权人购买主权债券的那一刻起,主权债务国能不能按双方约定的期限还本付息,对债权人而言,就是一个既不确定也不可控的信用行为。会不会发生主权信用风险,完全由承担资金归还责任的主权债务国的财政信用状况、政府信用意识和信用行为能力所决定。如果真的发生主权债务国不能按照双方约定的期限将所借资金全数还给债权人,那么债权人就会因此遭受所购买主权债券资金全部或部分损失,主权信用风险也就发生了。

显然,债务国的主权信用状况、信用与行为的均衡能力等变量是风险是否会发生的关键。值得注意的是,具有决定性作用的是信用和行为,而不是货币!

通常,"风险"的基本含义是未来出现损失或损害的可能性。对于未来事件存在不确定性,风险则是因此带来的不利后果。

信用风险是由信用行为不确定性以引起的不利后果。所谓"不确定性",即事件的可能结果有多个而并非一个。已发生的事件,其结果是唯一的;过去或当期已发生的事件不具有不确定性,也不存在"风险"的概念。根据信用与行为均衡原理,信用与行为风险是伴生的,是基于信任基础上的行为不确定性带来的不利后果,而这种不确定性主要是由信用与行为不均衡导致的。

一、信用扩张政策的依赖症

自凯恩斯主义问世以来,各国的宏观政策深受其影响,使经济患上了信用扩张行为政策依赖症,忽视信用扩张行为均衡机制的约束,其结果是西方发达资本主义国家的经济自由化催生了"资本"疯狂逐利行为,破坏了市场信用与行为的均衡关系,扭曲了市场价值与价格之间本来的面目。

在新古典经济学中,对于市场和政府怎样在社会经济活动中发挥作用的争论一直没有平息过。自由主义市场派主张完全放开政府对市场信用行为的管制,一切让市场做主,由供需关系自行调节资源配置。而凯恩斯则提出,自由主义市场并非完全正确,市场供需关系调节资源配置往往会因需求不足而导致失衡,因此国家干预行为是必要的,其中政府可以通过信用扩张行为刺激需求增长。长期以来,凯恩斯主义成为各国政府应对经济衰退奉行的教条。在经济衰退期,都愿意推出扩张性财政政策,而在经济繁荣期却不愿意实行紧缩性财政政策,导致财政支出的政策刚性;而财政收入在经济衰退期间下降,赤字就成为经济的常态。华尔街肆无忌惮的金融信用扩张行为在"制造"了经济虚假繁荣的同时,也催生了无数"泡沫化"的虚拟信用,大量"价值虚拟化"的金融衍生品纷纷出笼,资本信用体内循环演变出各种"钱生钱的游戏",而能带来真实信用价值增长的实体经济却被逐步边缘化,这就催生了危机的爆发。

譬如,欧元区制定了欧盟各国财政赤字占GDP的比重不得超过3%、政府债务占GDP的比重不得超过60%的规定。由于欧盟国家之间经济和市场环境有显著差异,因此存在货币信用统一而财政信用无法统一的矛盾。对欧洲五个深陷主权债务泥潭的国家:希腊、西班牙、意大利、葡萄牙、比利时而言,欧盟关于财政赤字的规定缺乏法律约束力,各国财政供给与社会工资消费、福利保障需求的信用支出比例严重失衡,社会信用与行为的均衡关系形同虚设,债务负担远远超出自身信用所能承受的界限,而财政收入增加的来源和实际经济增长能力有限,一时难以自救,只有不断通过紧缩财政、增加负债、提高融资成本,以此扩张信用,通过信用扩张的方式来缓解主权债务压力,但这又势必造成主权信用等级的不断降低,面临破产。

二、税收、收入和福利刚性是信用行为不均衡的根源

不可否认,信用扩张偏好是每一个行为主体都具备的行为共性,这是"理性行为人"自利本性的必然选择。

欧元区产生的理论基础——最优货币区理论,最早由罗伯特·蒙代尔于1961年提出,其后麦金农、哈伯乐和弗莱明等经济学家对其理论从不同侧面进行修正、补充和完善。所谓的"最优货币区",是指不同的地区采用同一种货币时不会影响市场的均衡,或者在市场均衡被打破之后,存在一种使市场自动恢复平衡的机制,这样在两个不同的国家或地区可以使用同一种货币,不会减少人们的福利水平。蒙代尔曾采用需求转移的例子来分析两个不同地区在遇到需求冲击时,市场信用与行为恢复均衡的机制和条件。他认为,信用要素充分流动是最优货币区的标准,尤其是劳动力的自由流动可以对货币区结构失

衡进行有效的调节。

但蒙代尔的分析是建立在静态分析的基础上,是一种静态、短期需求冲击分析,而供给冲击、制度冲击、文化差异、国家间增长不平衡和发展阶段的差异并没有纳入其考虑范围,因此,蒙代尔的分析是不全面的。譬如,在西方民主选举制度下,为了拉选票,每一届总统候选人既要维护个人(或某个社会集团)政治和经济利益,又要同时满足选民的利益诉求;既要争取平民,又要照顾富人。所以,在选举期间,为争取富人,总统候选人就承诺减税,刺激经济;为了争取平民,就承诺增加政府支出,提高福利待遇,提高平民的失业保险、养老保险、医疗保险待遇。一方面政府税收收入下降,另一方面福利支出却在增加,每一届政府都必须不断透支信用,通过大量举债和增加纸币发行量来弥补亏空,这必然导致财政赤字。日积月累,形成巨大的政府债务"窟窿"和经济泡沫,最终导致主权信用危机。

发达经济体普遍实行最低工资制和低税收、高福利制度,在人类普遍存在的信用扩张行为愿望的推动下,随着经济增长,税收和福利的刚性、劳动力工资持续增长是必然趋势。在全球化的背景下,资本逐利的本性和信用扩张行为趋向,引导了产业资本的转移,税收、高福利以及劳动力成本增长,让美国日渐虚拟化的经济在很多方面失去了实体经济增长的竞争力。特别是在传统的制造业方面,资金、技术和制造业生产线大量转移到劳动力供应充沛、成本相对低廉的国家和地区。这不仅带走了技术和生产线,而且带走了就业机会、资金、GDP与税源。

毋庸置疑,这种在边际成本和利润效益核算下的产业资本转移,对这些国家的企业信用扩张行为来说是有百利而无一害的,但对政府财政收入却是一个很大的打击,使其在减少财政赤字、弥补亏欠上缺乏足够资金来源;不得不走上持续施行信用扩张行为以增加虚拟信用的比重,举债来弥补信用供给不足的"不归路"。

三、资本流动行为带来的社会信用损失和亏欠

如前所述,欧洲债务危机与欧元制度的缺陷有关。经济全球化浪潮导致发达国家的资金和技术源源不断地向新兴市场国家流动,作为社会信用基础的实体经济日益弱化,虚拟经济和虚拟信用过度扩张,导致发达国家税收下降,财政赤字扩大,最终造成社会信用品质下降、信用成本增加和长期信用亏欠。

社会经济结构本身是动态变化的,如果今年两国的经济结构相同,实现货币统一,明年结构不同了怎么办?是否就要取消货币统一呢?统一货币犹如

一种固定汇率机制,但要比固定汇率机制走得更远。在固定汇率制度下,如果意大利里拉与德国马克挂钩,实行固定汇率制,则当意大利产品竞争力超过德国时,意大利可能长期保持对德国的贸易顺差,导致德国马克大量流入意大利;但是由于德国马克不能在意大利流通,意大利企业必须将德国马克兑换成意大利里拉,从而引发意大利大量发行基础货币,最终导致通货膨胀。

与此同时,意大利中央银行通过发行基础货币获得美元储备后,又通过大量购买德国债券,回流到了德国流通领域。结果,两国的流通货币总量大大增加,意大利出现通货膨胀。假如德国马克可以在意大利流通,意大利里拉可以在德国流通,而且两国货币实行固定汇率,那么,虽然贸易顺差导致意大利境内货币流通量增加,但意大利不会启动基础货币发行,这样意大利境内德国马克的增加等于德国境内马克的减少,两国的货币发行总量就不会增加。但这时两国货币会面临新的问题,即,当德国因为贸易逆差导致就业不足时,德国可能启动宽松的货币政策,于是德国马克的供给增加,马克相对于意大利里拉贬值,固定汇率崩溃。另一种情况是,在双币流通的条件下,意大利市场将不愿意接受德国马克,在德国,意大利里拉受欢迎,逼迫马克退出流通。

这就是所谓的"克鲁格曼不可能三角定理":独立的货币政策、固定汇率与货币的自由可兑换是不相容的。其直接的含义就是,任何一种信用都必须与其对应的行为效用保持均衡,否则经济目标无法达成。所以,要维持意大利和德国之间的自由兑换和固定汇率机制,就至少一个国家需放弃政策独立性。这很可能造成一种后果,当一个国家经济过热、需要紧缩性货币政策时,却不得不执行扩张性货币政策。如果两个国家试图根据自身的情况实行独立的货币政策,两国的货币政策效果将大打折扣,难以达到预期效果。

四、社会经济中信用与行为的均衡

经济学上的边际利润、边际效用规律,是可以用来评价信用与行为均衡是否恰当的。

如边际规律,当我们把信用、货币和行为效用看作一个整体经济均衡的要素时,采用边际规律判断一个经济体系内的主体信用与行为是否均衡,是从其满足经济发展的程度来确定的,这就是我们所说的边际确定的经济均衡状态。

因为需求的种类无穷无尽,但每一种需求都有其限度。从边际规律来看,社会经济活动中的信用与行为是这样的,当一个经济体系中不同主体的任何一方获取经济利益的行为效用,超出了其信用边际所限定的范围,并因此获得了超额利益,此超额部分不论是何种行为方式获得的(如垄断、不平等交易、价格泡沫或欺诈等),都必然会造成交易对手之间经济关系的失衡,进而引起行为成本和货币交易价格的异常波动,使整个经济体系处于非均衡博弈状态。按照非均衡博弈——纳什均衡的原则来讲,这种状态将一直持续到交易双方都回归到边际限定的范围,达到彼此新的信用均衡状态为止。

用边际利润规律来解释,在人的每一种经济活动中,无论是信用要素、货币要素还是行为效用,都有一个最低限度——边际。在此边际范围内增加使用任何一种行为效用、减少货币要素量或增加信用要素都是无害的;但是如果超出这个边际限度,再增加货币要素或降低行为效用,就会产生递减的效用,除非确有增加货币要素或减少行为效用的需要,且与其一起存在的其他要素也同时随之适当增加。很明显,在边际一定的情况下,货币和行为效用的选择关系远没有其均衡关系对信用品质好坏的影响直接和明显。

由边际导致信用扩张行为的博弈关系,带有普遍规则性:

(1)边际利润的成本并不决定其价格。

(2)决定价格的要素所起的效用,只在边际限度内才能清楚地表现出来;超越边际限度,要素的增加,只能导致负效用。

(3)必须依据长期、持久的多元变量结果来研究的边际,与必须依据短期、一时的波动来研究单个变量的边际,在性质和范围上都是不同的。

这的确是造成以下事实的主要原因:在一种信用扩张行为因素所产生的结果中,那些不易看出的信用行为结果往往比那些表面的、随便就能观察到的单个信用变量或货币行为变量结果更为重要,且两者方向相反。弗里德曼指出,有人说自己在赚钱,对他来说意味着"收入"或"进项",感觉上只与他盈利或损失状况有关;如果他说自己手头有钱,对他来说意味着资产,与他本人的"资产负债表"上的数字改变多少有关。很少有人会考虑作为信用替身的货币与自己行为的均衡问题。在现实生活中,货币这种虚构的东西倒不脆弱,相反,人类共同拥有的货币信念,价值显得非常之大,以至人们在遭到极为严重的挑战之时,也固执于这种虚构而死抱着不愿意放手。

这是多么令人难以理解的信用与行为!

这也告诉人们一个简单而浅显的道理:货币作为大家共同并普遍接受的交易媒介的存在,依赖的却是"约定俗成"的信任和行为。也就是说,今天,整个货币体制依赖的居然不再是物的价值,而是人们相互接受的,从某种观点看来不过是虚构的东西。

1-6 经济活动中的"异质"与"异象"

人文科学远比自然科学复杂,近年来,数理统计模型和计量数学等科学工具的引入,大大改变了经济学研究的面貌,让人们对未来经济发展趋势的预测成为可能。马歇尔认为:"纯数学在经济问题上的主要用途似乎是在帮助一个人将他的一些思想迅速地、简短地、准确地记录下来,以供他自己使用;并且能确保他对他的结论有足够的且仅仅是足够的前提。"但撇去人具有社会属性和意识行为特征的"理性人"及"均衡"假说,以及数理模型,人为的数据量化和过于精确化的计算,让人们仅凭数学公式和准确计算方法也无法解释现代经济活动中普遍存在的"异质"、"异象"现象。

一、新古典经济学的局限性和行为经济学的研究

新古典经济学所普遍采用的纯数学方法,在经济问题上的主要用途似乎在于帮助个体,而不是经济活动中的全部主体。马歇尔在《经济学原理》的序言中写道:"本书告诉人们有必要面对这样的困难:不要将一个经济问题的各种因素,看作是由一项单方面决定另一项因素的结果——甲决定乙,乙决定丙,等等,而是要将它们看做是相互决定关系。大自然的作用是复杂的,如果硬把这种作用说成是简单的,并且设法用一系列的基本陈述来描述它,最终是不会有什么好处的。"

譬如,新古典经济学对信用与行为风险的预测,并不是把信用与行为之间的关系当作相互决定的关系,采用的传统方法——数学模型计算方式,通常得出的结论是基于静态的假设前提,而并非动态的真实环境,只能局限于自己认知水平和熟悉范围之内,与真实状况相去甚远。行为经济学研究则将研究视角放在动态环境里,把人的信用要素、行为要素作为变量进行观察,从而找到真实经济活动中人的信用与行为均衡关系,去理解和阐释人类在动态环境里"经济理性"的"异质"、"异象"现象。

比如对信用行为风险的预测,"风险程度"主要是指:风险可能发生的概率以及风险发生后可能造成的损失。新古典经济学乐于从"理性人"假设的前提出发,考证其信用的历史数据,并通过模型或公式化的计量来判断风险程度。这种做法常见于金融业普遍采用的信用评级方法和绩效考核评价行为,尽管采用的评级方法是一致的,但所得到的结果却往往不是原先预计的那样。因为评级所采用的数据和事实,普遍存在非及时性、非现场性和事后反映的问题,与真实情况相去甚远,这样,误差就产生了。

如银行对于一个信用评级在4A级的信用企业Q和一个信用评级在3A级的信用企业K,给予企业授信的标准是不一样的。因为根据信用评级预期,给两家企业授信的风险程度是不一样的,评级结果"理性"地告知银行:Q企业的信用状况好于K企业,能够给予更多的贷款资金支持。但实行下来却发

现结果并非跟评级结论吻合。原因在于，Q企业将信贷资金投入到并不赚钱的项目，而且负担了更多的银行利息和财务成本，降低了贷款资金的使用效率，因此，必然对还款能力造成负面影响；K企业则将信贷的资金投入到一个较好的项目，很快就产生了效益，提高了资金的使用效率并减少了财务成本，因而增加了其还款能力。

能说信用评级就不准确吗？或者是Q企业运气不好而K企业运气好，或者是银行做错了？显然都不是。根源在于所谓的信用评级只是用静态的历史事实和静止数据来判断动态的未来结果，这种"动与静"带来的偏差或误解，导致了"理性"的沦陷，也验证了休谟关于"事实不能决定价值"的结论。马歇尔则明确指出："各种边际用途只表明价值，但并不决定价值。边际用途和价值都是由供求的一般关系来决定的。"

此外，每一个信用行为都是有递延性特征且具有风险可能性的随机变量。基于过去的经验，人们一般会选择风险程度较低的行为，但前提是风险程度可以预测。事实上，并不是所有风险都能够被准确地预测，只有当人们熟悉一个事件的变化规律时，人们才能相对有把握地对这一事件的风险作出判断。而对于尚不为人所知或不明确的事件，人们对事件未来出现的可能性与结果的预测，就会因受到认知水平和熟悉程度的限制而束手无策。正是这样的认知基础，使行为经济学能够更加全面、准确地预测与估计人的真实信用品质，从而规避风险。因此，对信用与行为的均衡关系所存在的风险程度往往可以预测和估计。

二、危机改变信用与行为均衡方式

危机可以带来信用与行为的均衡方式吗？新古典经济学"理性人"假设前提下的相关理论可能无法很好地解释这个问题，但行为经济学的答案是肯定的，事实也确实如此。

人类行为学的研究表明，行为是人适应其生活环境的一切活动方式。即，行为是人所做的有利于目前自身生存和未来生活（包括利他因素在内）的一切事情，是推动社会进步的主要因素。对于个体行为而言，就是对内在因素变化和外在环境变化做出的整体性响应。人的行为不仅是自身不断适应环境变化的一种手段，同时也是受意识支配而表现出来的外在活动。当外在环境出现不利于自身生存或未来生活的情况时，人原有的行为模式或行为趋向必然会向更加有效的方向做出局部调整或根本性改变。

这个道理类似于人类探索如何"火中取栗"的过程。

当人知道板栗可食用，而且烧熟了比生吃要好消化、营养易吸收、口味也香得多的时候,就开始把板栗放在火里烧烤。但一开始人并不知道如何去取这个烧熟了的板栗,于是就有胆大的或无知的冒险者将手伸进火取栗,结果是栗子取出来了,手也被烫坏了。

这时人就会放弃"取栗"的行为吗？

若是情感的需要,有可能会,也有可能不会;若是本能的需要,当然不会。人们会通过观察和思考,研究发现用夹子去取,既可以取出板栗,也不至于烫坏了自己的手;接着人们又发现用不同材料制作的夹子,可以让这个过程变得更持久、更有效;再接着人们发现板栗不仅可以烧烤,还可以用水煮、磨粉、用沙子炒等多种方式来做,并且效果更好。在行为效用提高的过程中,人又发现板栗如果烧过、烤过,焦煳变质了,就不能再吃了,取出来也只能舍弃。人就是在不断地取栗过程和板栗自身发生的变化中,找到规律和解决办法的,并通过研究来作出合理解释。如果我们把信用看成板栗,行为效用是如何取出来,火盆是社会环境和外部条件,取栗过程是信用行为的话,那么用"火中取栗"来比喻每一场经济风险或危机会改变人的信用与行为均衡,在行为经济学上的寓意就十分清楚了。

危机改变了世界各国原有的信用与行为均衡关系,逼迫人们不得不做出各种经济政策的行为调整。如一系列危机事件的爆发对国际经济环境和金融秩序造成了极大的冲击和破坏,使金融市场产生了强烈的信贷紧缩效应,而由于狭义信用中的货币扩张政策造成的危害,不仅继续向实体经济蔓延,也正在逐步向人类社会的各个领域扩散,并有愈演愈烈之势。尽管人们已经认识到这种危机缘起是信用体系,其中,根是在这种体系和制度下的货币,源是在这种体系和制度里的人类行为。但在如何实现全球信用体系均衡和有效金融监管合作上,出于"理性人"的本性,各国难以采取一致行动,而困扰世界经济的货币信用制度和社会信用体系问题在短期内不可能根本解决,因此,危机并没有过去,世界经济依旧疲弱。

从信用与行为均衡的要求看,所有危机的爆发都与信用过度扩张行为有关。导致全球信用行为失控的根源在于自由市场经济、货币信用机制的失灵和信用扩张行为的长期失序。德国总理默克尔说:"本次危机所暴露出来的问题,是几十年来自由市场经济积累起来的,要从根本上解决这些问题绝非一朝一夕或短期内可以办到的。"与之相应的是,危机以一种特殊的方式表明,当前存在新秩序、新规则、新工具和新机构变革的需要。

譬如,资本主义经济学派与社会主义经济学派的经济制度之争,依然处于激烈交火时期。在信奉社会主义经济制度的一些人看来,他们相信俄国革命领袖列宁在《论国家革命》一书中关于"资本主义是垂死的、腐朽的、没落的社会形态,资本主义必然走向灭亡,社会主义注定要胜利"的断言,他们认为资本主义存在并得以"苟延残喘"的根本原因,是人们还没有足够的觉悟或觉醒,应当唤醒人民以暴力革命的手段推翻这个制度。但在把资本主义经济制度作为"宗教"信仰般看待的另一些人眼中,他们却认为资本主义经济本身有"自我完善"和"自我修复"的能力,每一次经济危机的出现,催生的并不是社会主义经济体系的胜利,而是资本主义经济体系在局部的"弃恶从善"或"行为改良"。

由此可见,对人类来说,在社会经济制度优与劣的争论中,不仅仅是理论的对与错的问题,也是对理论与实践是否契合的检验。一种经济制度的延续与传承,上升到社会层面就是政治问题,关系到一种社会信用与行为均衡方式的消亡或诞生,而经济危机恰恰是这种变革的催化剂。马歇尔说:"现在像往常一样,那些高尚而热心的社会改造家们曾对他们想象的虚构制度下的生活描绘了美丽的图像。但那是一种不负责任的想象,这是因为这种想象的出发点是这一虚假假设:在新制度下人性将迅速改变。而这种改变在一世纪内,甚至在有利的条件下也是不可企求的。如果人性可以得到这样理想的改造,那么即使在现存私有财产制度下,经济上的慷慨捐献也会在生活中占统治地位;而且源于人类天性的那种私有财产就成为无害的了,同时也成为不必要的了。"

三、行为事实与信用价值的联系

人类为认识、研究外界事物的便利和逻辑化、数学化,不断选择用很多变量来描述各种事物运动。在社会经济活动中,信用和行为变量无疑是最核心的因素。通常,人们根据变量所描述对象的认识论属性,将变量分为事实变量与价值变量两种。所谓事实变量,是指用以描述事物客观属性的变量;而价值变量,则是指用来描述价值判断者的价值判断的变量。

事实是客观的,而价值往往是主观的,由于人类认识的主观属性,每一事实与价值之间的联系,都是某特定判断者在特定时间及条件下所建立的,并不具有客观规律性。然而,任何一种变量都具有哲学属性,但却不被新古典经济学所注意。在现实社会经济里,股市的低迷、货币的疯狂、价格与价值的背离、经济泡沫以及普遍存在的"拜物主义"倾向和对物质利益的过度追求等等,往往容易被纳入"事实决定价值"的唯心主义和实用主义范畴。在事实与价值的联系上,哲学家休谟则明确提出过一个重要的法则——休谟法则:即在"事实"与"价值"之间不存在确定关系。这种情况被哲学界称为"二歧鸿沟"。这一法则阐释了一个重要的社会命题:事实不能决定价值。社会经济中被人们作为事实的行为与作为价值的信用之间,"异质"、"异象"其实是常态,而这些恰恰是信用与行为变量关系的要害。

四、信用与行为的共同特征——不确定性

人类经济活动的不确定性是另一个自然法则。一切都是变数,没有人会准确知道明天将会发生什么。从根源分析,不难发现:人类社会所有类型的危机,都是与人类信用与行为均衡有关。当然,这样的比较与衡量是难以进行实际操作的。但在实际社会经济生活中,类似不确定性带来的风险,普遍表现为人类信用扩张而形成的社会信用失衡或行为失序,并由此催生了社会经济各种"泡沫化"的危机。换句话说,每一次由于不确定性带来的风险或危机,都是人的"理性"错误造成的"灾难"。这种"灾难"的发生同自然灾害随机发生一样,往往给人类社会造成破坏性影响。行为经济学一针见血地指出:除自然界的原因外,社会经济灾难大多是人的信用与行为不确定性引发的。新古典经济理论丧失优势的原因在于,它所基于的"理性"选择和"均衡"假定暗示着个体或群体具有行为的同质性,这种假定由于忽略了真实世界存在的事物之间的差异性和人在不同条件下认识能力的差异性,导致了主流经济理论的适用性大打折扣,这既是它无法合理解释"异象"存在的根本原因,也是迫切需要进行理论解构与学术重组的根本理由。

第二章 现实社会中的人
——理性与非理性

研究社会活动,包括所有经济活动在内,首先研究的是人本身。人是所有社会活动的主体,也是最核心的部分,脱离人这个主体去研究信用与行为,显然是行不通的。

理性——一般是指概念、判断、推理等思维形式或发展活动,和感性相对。具体是指人在处理问题时,能够按照事物发展规律和自然进化原则来考虑,同时在考虑问题、处理事情时不冲动,不凭感觉或主观臆断。

在经济学里,理性是"合乎理性的人"("理性人"、"经济人")的假设条件。新古典经济学"理性人"的假设,是对经济活动中所有人的基本特征的一般性抽象。这个被抽象出来的基本特征——经济理性,是指每一个从事经济活动的人都是利己的。也可以说,每一个从事经济活动的人所采取的经济行为,都是力图以最小的经济代价去获得最大的经济利益。

新古典经济学家认为,在经济活动中,只有这样的人才是"合乎理性的人",否则,就是非理性的人。要弄清人的理性行为的来龙去脉,就必须从人的主体性角度入手去研究,这涉及不同研究领域对人的描述,以及对人格品质、责任能力、行为能力在各学科上的不同解释。

2-1 行为主体"人"的概念

信用与行为均衡,与人的自然属性以及社会属性密切相关。它是一种动态体系,人是这个体系中最核心的部分。已有的人类学资料表明,人在社会经济活动中所表现出来最重要的特征,不是他的自然属性,而是他的社会属性——有意识的行为。

譬如,新古典经济学的假说:"人"是具有高度抽象意义的"理性人",他是以实现自身利益最大化为行为动机的人,即无限自利性的人。实际上,这种假说掩盖了人性真实的另一面,忽略了理性人的社会属性中存在有意识行为能力的局限性等特点。显然,并非所有自然人都是经济学所研究的对象,也不是所有自然人都属于信用与行为均衡关系的合格主体。因此,我们把行为主体——"人",作为本章节讨论的重点。

一、人——自然人(行为人)

为了简单起见,本书讨论的"人",包括自然人(行为人)在内,与通俗意义上的"人"的概念略有区别:它是一种涉及人的法律地位和社会资格的概念。

法律赋予自然人的定义是:自然出生的人;而行为人则是:实施事实行为的人。

通常情况下,生物学和行为学对人的普遍认知是:人是躯体和灵魂的结合,人是行为的主体,也是人类社会活动的主体。行为学则按照自然人行为需求不同,将其划分成若干行为层级:

(1)人的行为推动生物学进化。简要地概括为:人是地球生态系统中的一种普通动物,是自然界生物行为选择进化的结果。

(2)人的行为促进社会进步。人类个体之间的社会交往活动形成了传统、习俗、价值观以及法律等,这些共同构成了人类社会进步的基础。

(3)人的行为动因是内在需求:人类的行为都是有意识的活动,这种有意识的活动是人心理作用的反映,行为则是心理活动直接的外在表现。

从行为研究角度看,人和人的行为是完全不能分割的一个整体,人的本质属性是社会属性,动作是人行为的外在表现,行为是人社会属性中内在意识性主导下的可变动作。人是行为的主体,人的行为是人类社会活动动与静、主观与客观的组成单元。由此推演得出结论:

人——自然人(行为人),是社会经济活动中的主体。在法律层面上,自然人是自然出生的人,行为人是实施事实行为的人。

生物学所界定的自然人主要由两大部分组成:一是躯体,这是人的物质部分;二是灵魂,这是人的精神部分。人的躯体属于物质部分,哲学上理解为人的客观存在。人的物质部分的需求,主要源自生理需要,由本能行为给予满足,进而影响灵魂。人的灵魂属于精神部分,哲学上理解为人的主观现实。人的精神部分的满足,源自情感活动,主要由心理行为、意识行为和文化行为等社会属性给予。

诚如米塞斯在《人类行为的经济学分析》中所说,有充分满足感和幸福感的人,是躯体与灵魂或信用与行为同时具备协调、统一、和谐三大因素的人。

第一,人是自然(多维度生物圈)的本我存在,人能在生物圈获得两个层次的和谐幸福,即初级追求真、善、美所获得的和谐幸福,高级追求价值、意义、超越所获得的和谐幸福。

第二，人具有自主性和创造性。从行为学角度来说，人的本质只是一种思维、运算方式，而手脚等动作执行器官是为感知器官提供更方便的信息采集服务。大脑承担着思维的运算与存储信息的工作，存储信息以便思维的随时调用。

第三，人具有发展的本质。人的实践本性决定了人可以通过有意识、有目的的自主创造性活动不断地进行自我否定、自我超越、自我实现，即人具有发展的本质。

人的发展，包括三个方面：人格发展；生态发展；能力发展。

第四，人具有历史性和现实性。人总是生活在具体的时间与空间中，人的自我是在不断发展的历史和现实生活中逐渐生成的，人的自我的生成与发展要受到一定历史和现实条件的制约。

二、社会人

"社会人"假设是西方社会学家梅奥等人依据霍桑实验的结果提出来的。这一假设认为：人们最重视的是工作中能与周围人友好相处，物质利益是相对次要的。梅奥说："人是独特的社会动物，只有把自己完全投入集体之中才能实现彻底的'自由'。"

"社会人"假设的主要观点有：

(1)交往是人们行为的主要动机。

(2)非正式组织通过人际关系的影响比正式组织的管理措施和奖励的影响更大。

(3)组织领导者应当满足职工交往、友谊等的需要，因为工作效率会随着职工社会需要的满足程度而提高。

"社会人"假设出自于管理学研究的需要，管理学中人际关系学说的独特之处是对人的本性的基本论点。简单地说，他们认为职工是"社会人"。

人不但有经济方面和物质方面的需求需要得到满足，更重要的是有社会方面和心理方面的需求需要得到满足。

正是基于对人的本性的这种认识，管理学人际关系学说认为，企业要调动职工的积极性，就应该使职工的社会和心理方面的需求得到满足。因此，"社会人"假设是从与科学管理理论相反的角度，研究如何提高企业的生产效率的学说。社会学家梅奥认为：

(1)对于社会人来说，重要的是人与人之间的合作，而不是人们在无组织的人群中互相竞争。

(2)所有的个人主要是为保护自己在集团中的地位而不是为自我的利益

而行动。

(3)从霍桑实验的结果可以发现,人的思想和行动更多的是由感情而不是由逻辑来引导的。

"社会人"假设有如下三个特点:

(1)人在劳动中同其他人进行交往,紧密地结合在一起。经营管理者如果忽视人际关系的调整,必然造成生产中的重大问题。管理学从"经济人"假设过渡到"社会人"假设,从以工作任务为中心的管理到以职工为中心的管理,无疑是管理思想与管理方法的进步。资本家参与管理,满足工人一些需要,在企业中确实起到了缓和劳资矛盾的作用。

(2)一个工人进入工厂后与同班组其他人的关系如何,在很大程度上决定这个工人的工作表现,并直接影响其才能的正常发挥。"社会人"假设认为,人与人之间的关系对于激发动机、调动职工积极性比单纯物质奖励更为重要。因此,这一点对于企业制定奖励制度有一定参考意义。但这是一种依赖性的人性假设,对人的积极主动性及其动机研究还缺乏深度。

(3)企业经营管理人员只要抛弃职工是"群氓"的错误观念,重视企业内部的人际关系的不断调整,就能获得惊人的效果。

社会人与自然人相对。在社会学中社会人是指具有自然和社会双重属性的完整意义上的人。通过社会化,使自然人在适应社会环境、参与社会生活、学习社会规范、履行社会角色的过程中,逐渐认识自我,并获得社会的认可,取得社会成员的资格。

三、理性人(经济人)

在经济活动中,主体所追求的唯一目标是自身经济利益的最大化。如消费者追求的是满足程度的最大化,生产者追求的是利润最大化。"理性人"假设实际是对亚当·斯密"经济人"假设的延续。"理性人"(经济人)假设是从新古典经济学中抽象出来的,它是新古典经济学理论两大基础假设之一,主要是指:经济活动中,作为经济决策的主体都是理智的,既不会感情用事,也不会盲从,而是精于判断和计算,其行为是理性的。

"理性人"(经济人)的行为选择特点主要表现在:

一是自私。即人们的行为动机是趋利避害、利己的。

二是完全理性。即每个人都能够通过成本—收益或趋利避害原则来对其所面临的一切机会、目标及实现的手段,进行优化选择。

具体而言,在信息充分的前提下,理性人的行为表现有:

第一,理性人具有关于他所处环境的完备知识,而且,这些知识即使不是

绝对完备的,至少也是相当丰富的;

第二,理性人有稳定的偏好;

第三,理性人有很强的能力,能预测出每种选择的结果;

第四,理性人总是选择最优。理性人能够找到实现目标的所有备选方案,预见这些方案的实施结果,并依据某种价值标准在这些方案中做出最优选择。所以,"理性人",就是会预测、有创造性、能寻求自身利益最大化的人。

"理性人"假说是经过不断发展,逐步完善起来的。李嘉图将数理方法运用到经济分析中,用抽象的逻辑演绎系统代替现实的经济运动。由于引入了边际的概念,"理性人"的理性性质就有了量的表示,即个人追求财富最大化就可以直观地表示为对经济变量求极值。至此,"理性人"假说的内容被转化为"理性人的最大化":消费者追求效用最大化;生产者追求产出最大化或成本最小化。

此后,瓦尔拉斯和帕累托分别提出了基数效用论和序数效用论,量化了"理性人"的价值目标;希克斯解决了效用与货币收入之间的联系问题,并且用预算线与无差异曲线的切点确定最优消费组合,避免了可能涉及道德的价值判定。

20世纪50年代,"理性人"假说发展到了极致,具有了纯粹工具主义的属性,彻底放弃了任何道德伦理观。阿尔钦提出,完全"自利性"作为一种工具主义假设,放弃了任何利他考虑;弗里德曼认为,经济理论的基本假设不必进行现实检验,但一定要有猜测能力,假如理论的假设能够用来猜测未来,那么从理论导出的各种命题就是对世界的正确描述。一切命题只要推导逻辑正确,都是现实世界的一部分,只不过有的命题尚未从可能转变为现实。

四、理性行为人

我们知道,从不同的学科研究角度抽象出来的"人",并非自然状态下出生的人,而是在非自然状态(社会的、区域的、经济的、法律的不同环境)下存在的"人",是带有一定主观意识和学术性质的抽象假设。据此类推,为了表述和研究的便利,本书把新古典经济学所概括的"理性人"假设,拓展为理性行为人。意指兼具自然人(行为人)和社会人特征的有行为责任能力的"理性人"。理性行为人假说,除具备新古典经济学"理性人"假说的自然属性外,更多则是他的社会属性、经济属性和有意识行为的特点。从行为责任能力的角度看,主要有6个理性行为特点:

(1)目的性。目的性是指信用行为是一种有意识的、自觉的、有计划的、有目标的、可以加以组织的活动。

(2)动机性(主观能动性)。动机性指人的信用行为动机是客观世界作用于人的感官,经过大脑思维所作出的一种能动反应,并且人的信用行为不是消极地适应外部世界,而是主观能动地改造世界。

(3)预见性。预见性是指人的信用行为方式和信用行为结果等是可以预见的,因为人的信用行为具有规律,通过学习人能够借助信用行为规律作出相应预测。

(4)程序性。这里所讲的程序性主要是指两个方面:一是符合社会人伦道德规范的约定俗成;二是体现社会主体意志和强制力的法律、法规等制度性规定。

(5)多样性。多样性是指人的信用行为因性格禀赋等原因,有方式、性质等区别。

(6)可度性。可度性是指人的信用行为通过各种手段可进行计划、控制、组织和测度,并可测算出大致规模、额度、范围、限度等。

2-2 经济活动中人的法律主体地位

行为经济学强调:参与社会经济活动的人,并不都是合格的理性行为人。言下之意就是,并非所有人都有参与社会经济活动的"资格"或"身份",也不是所有自然人都具备必要的经济行为能力。任何人都无法要求一个本身不具备行为责任能力的人信守诺言、履行义务、承担相应的法律责任,实现并保持自身信用与行为的均衡。

人的社会属性是最根本的属性。社会属性所认定的行为人,无论是生理、心理活动,还是人伦道德或契约规定意义上,都既是自然人,也是社会人。即他既是自然状态之下的人,也是被社会法律制度(或称作"契约规定")授予社会行为主体资格的人。前者注重人的信用行为的自然属性,后者注重人的信用行为的社会属性。显然,无论什么社会活动,人的资格或身份问题总是首当其冲要考虑的因素。

人的行为还可分为有效行为和无效行为两种。决定行为是有效还是无效的因素,除行为本身的合理性和能力强弱外,理性行为人在社会经济活动中的法律行为资格、行为能力以及行为责任能力,也是最关键的法理依据和法律特征。任何理性行为人的信用行为,首先都需要从社会经济和法律制度层面,去认识和辨别他的主体资格或身份的合法性。

一、社会经济活动中人的法律主体地位

(一) 自然人的法律定义

基本定义为：自然人是在自然状态下出生的人。

自然人行为主体资格的法律行为特征：

(1) 自然人主体资格具有广泛性。即任何人要缔结信用行为法律关系，不论其是否愿意，都要接受社会法律关系的调整。

(2) 自然人主体资格的平等性。法律上的平等是机会平等，而不是实质平等。所有人都有平等的信用行为权利、信用行为义务。与自然人个体定义相对应，"人"的概念还包括社会组织形式的法人和社会人。自然人与法人都是民事主体，社会人则不具备法律层面的民事行为主体地位。

法人是由若干个人组合起来的一种社会群体性组织，是指具有行为权利能力和行为能力，依法独立享有民事权利和承担民事义务的组织，是社会组织在法律上的人格化。

法律意义上的社会人与社会学的一般社会人表述有所不同，其是指脱离母体后，还没有经历社会化过程的人。只具有人的自然属性，而不具有人的社会属性，因此也不具备信用行为的法律主体资格。

(二) 自然人分类及信用行为责任能力界定

自然人在法律上是根据权责对等的原则来加以区分的。自然人的能力包括权利能力和行为能力。按社会生活地域归属和身份划分，自然人有公民与国民的区别。若按行为经济学假说划分，自然人有社会人、理性人、理性行为人的区别。

需要明确的是，尽管所有的公民都是自然人，但并不是所有的自然人都是经济学意义上的理性行为人。譬如，从法律层面上讲，由于国与国之间的社会、经济、法律以及政治制度不同，国民拥有的权利义务和公民拥有的权利义务不尽相同，享受国民待遇和享受公民待遇是有区别的。根据人认识事物和判断事物的能力差异，自然人行为责任能力通常采取双重划分的标准，一是年龄，一是精神智力状态。以年龄作为划分自然人行为责任能力的客观标准，以精神智力状态作为划分自然人行为责任能力的主观识别标准。

二、社会经济活动中人的主体行为责任能力

如上所述，人的主体行为责任能力是确定社会经济活动中主体资格的重要依据，是确定主体行为是否有效的关键因素，也是行为经济学对信用与行为均衡关系前提能否成立的主要判断根据。因此，从法律层面上看，我们所说的

理性行为人核心要义是他以信用形式为代表的民事行为责任能力。各个国家的法律制度普遍根据一个自然人是否具有正常的认识及判断能力,把自然人分为有行为能力人、无行为能力人和限制行为能力人。这三种人的自然人年龄和行为责任能力是信用行为法律界定的主要界限:

1. 有行为能力人是社会活动中具有法律效力行为资格的主体,即在法律上能实施完全有效法律行为的人,主要依据是自然人已成年和具有承担社会责任的行为能力。完全行为能力人具有完全信用行为能力,能够认识和判断自己信用行为的后果,因此应对自己信用行为承担法律责任。通常,以精神健全的成年人为有行为能力人。已满十八周岁的人,称为完全行为能力人,具有完全信用行为能力,可以独立进行信用行为活动,同样有实现信用与行为均衡的能力。

2. 无行为能力人是社会活动中不具备法律效力行为资格的主体。即自然人未成年或缺乏承担社会责任的行为能力,因而不能实施有效法律行为的人。突出的特征是:他们不能因其行为取得法律规定的权利及义务,而无法让自己或他人的信用与行为之间形成均衡。法律规定,无行为能力人的监护人是他的法定代理人。

3. 限制行为能力人是社会活动中部分条件具备法律效力行为资格的主体。即界于自然人幼年与成年的年龄之间或只具有部分承担社会责任的信用行为能力,能部分实施有效法律行为的人。法律层面采用自然人年龄与信用行为责任能力作为判别依据,其实际意义在于,自然人的年龄只是判断人的行为能力的客观标准,而以人的认识能力和判断能力来确定人的信用行为责任能力则是主观问题。

理性行为人假说与理性人假说的区别:

从社会学角度说,行为是人进行的从外部可察觉到的活动,是人应付环境变化的一种主要手段。人类之所以不同于其他一般的动物,是由于人类的社会属性,在自我意识的作用下,在自然属性基础上逐渐形成的不满足的本性,这种本性通过行为展现并作用在现实社会活动中。其中,行为选择偏好是造成人的行为异质的主要缘由之一,而且是占主导地位的变量因素,也是理性行为人的重要构成因素。在研究人的经济属性中,是把经济人放在自然人(行为人)和社会人基础上纳入经济学研究范畴的。所谓人的本性是不满足的,指其在社会经济活动中的行为都是有意识的行为,这种行为的目标是不断实现自身经济替换。

为了方便研究经济问题,人们常把人的诸多行为中,那些因生理需要或本能因素而导致的无意识的动作撇除(因为无意识的动作是动植物因生理需要共有的本能反应,非人类专属),认为:与理性行为人的行为有直接关联的动作都属于人类有意识的反应。正如米塞斯指出的那样:"人类行为是有意识的行为。换句话说,人类行为是意志施行后转化为行动,是有目标的,是行为人对外界刺激和环境状况的有意识的反应,是行为人针对能够决定其生存的事物状态进行的有意识的调整。"由于人类始终具有不满足的意识和与之对应的行为,从而导致了人类更强的渴求(求知)欲,以及占有与实现欲,从而促进了人类自身和社会的不断发展和进步,进而使人类能从一般动物种类中脱颖而出。

什么是人的不满足本性呢?

概括起来,理性行为人的不满足本性就是人不满足于现状的意识,即以现有比较好的东西换取更加好的东西的一种心理愿望或行为。在经济活动中,理性行为人的表现总是希望我的或者我们的事物比别人的好,表现为试图让自己或者团体的利益尽量实现最优化,而不是"理性人"假设所说的完全自私和追求利益最大化。

一般人的行为由 5 个基本要素构成,即行为主体(人)、行为客体、行为环境、行为手段和行为结果。行为经济学"理性人"假说被本书拓展为"理性行为人"概念,是从人类共性方面来界定的:

我们把具有相应参与社会活动能力,因本性的不满足并且能够在自我意识支配下,以满足和实现自身利益最大化为目标进行活动的人,称作"理性行为人"。

由于每一个行为主体(人)都兼具生物和社会属性,经济自利性的基础主要取决于本能意识,所以,理性行为人的行为可分为:

本能行为。本能行为是由人的生物属性所决定的。包括:①摄食行为;②睡眠行为;③性行为;④攻击和自我防御行为;⑤学习模仿行为等。需要注意的是,人的本能行为与动物的本能行为有本质区别,因人会受到思想、意识、文化、心理、社会诸因素的影响。因而,人的本能行为中还包含有知识、智慧、文化等不同程度的理性成分,而动物几乎没有。

社会行为。社会行为是由人的社会属性所决定的,人的社会行为都是受意识支配的。人在经济活动中的所有行为都是社会行为,但其不是人的社会行为的全部。社会行为是人与周围环境相适应的可变化行为,是在人与人的社会交往或交换(交易)过程中确立的。社会行为的来源主要包括家庭、学校、社会团体与组织、区域地理环境等。

人就是这样通过不间断的学习、模仿、与他人交往、交换(或交易)等行为,逐步理解到必须使自己所做的事情得到社会的承认,必须符合人类道德规范,遵守行为规则和使之具有社会价值。人的社会属性决定了他的行为是受意识支配的有目的的活动,也决定了他的行为具有"理性"特点(学术上也称人格品质为人性化特征或个性特质)。"理性人"假说概念中人的"无限自利性"和"追求个人利益最大化",在这里被诠释为经济行为的"有限自利性"和追求个人利益"最优化"。

这种诠释的理由主要有如下几个方面:

1. 感受和应答能力是理性行为人的第一要义。自然人的许多行为有其遗传基础,这一点是经科学实验屡次证实的。心理学家一般认为,行为是有机体的外显活动。一般的行为都需要人有感受和应答的能力才能完成。

2. 通过行为变量推动社会发展是理性行为人的典型特征。人的行为分为本能行为和学习行为两大类,本能行为是非变量,学习行为是变量。科学研究表明,一般人的本能行为比较固定,与同一种族的个体间基本一致,即使是单独隔离生活(排除向同种个体学习的可能性)也依然出现并保持一致。而学习过程是一个条件反射的行为过程,只有通过学习带来的行为变化,人才能更有效地适应他所处的具体社会环境,人的行为变量特征在此发挥了不可替代的作用。

3. 理性行为人的行为包括动机、目标和愿景三个基本单元。人的本质属性主要为其社会属性,但参与社会活动的人并非全都可以视作"理性行为人"。理性行为人的行为与个体能力有不可分割的内在和外在的联系,是人能力的综合反映,因此可以确定理性行为人的行为有动机、目标和愿景三个基本单元。

4. 心理偏好(或偏爱习惯)是理性行为人的重要构成因素。在理论上,社会属性是人的本质属性。格式塔心理学认为,人的行为主要由人的心理活动与社会环境的相互关系决定,人的绝大多数社会行为都是受心理支配的。社会环境是多变的,人仅靠本身定型的本能行为根本无法应付种种意外。由于遗传、习俗、环境、需求等差异存在,社会环境对不同人产生的心理刺激作用是不相同的,这就导致受意识支配的人的行为会出现选择偏好现象。

三、理性行为人的行为权利能力和行为责任能力

人的行为是法律事实的一种。

法律所调节和制约的对象,不是理性行为人的本身而是理性行为人所实施的行为。从经济和法律层面考察人的行为责任能力,是指行为主体以独立的行为参加社会活动、享有社会权利、承担社会义务的地位和资格。即行为人享有行为权利能力就可以参加社会活动,享有社会权利,承担社会义务。

从法律角度看,人的行为一般分三类:

1. 合法行为。凡符合国家法律规定或为国家法律所认可的,能够引起法律后果的行为是合法行为。这种行为在民法上主要表现为民事法律行为。

2. 不合法行为。是指不符合法律要求或违反法律规定的行为,包括违约行为、欺诈行为、诱骗行为、侵权行为、不履行法定义务的行为等。

3. 事实行为。法律行为之外的行为还包括事实行为,如口头承诺、证人作证、失信、反悔等。事实行为是指行为人主观上不一定具有发生、变更或消灭正常行为法律关系的意思,但客观上能够引起这种后果的行为。行为作为法律事实依据,是在人是否成年作为划分行为责任能力基本界限的基础上,考察行为人的行为权利能力和行为责任能力。

人的行为能力取决于其意识状况,在社会经济和法律意义上主要是指自然人认识问题和判断问题的能力,这与人对事物认知、识别、判断、决策的意识水平有关,即是否具备意识能力。如果一个人能够认识和判断自己社会行为的后果,则其有意识能力,即具备行为责任能力。

四、主体行为责任能力制度的应用

在社会活动中,信用行为主体的行为责任能力制度是最基本的经济、法律制度(或叫"契约制度")。法律上的"行为责任能力"也可以被称为"行为归责能力"或"行为过错能力",是指行为人侵害他人民事权利时能够承担民事责任的资格,或者说是对自己的过失行为能够承担责任的能力。经济学和金融学上"信用行为责任能力"的含义,主要侧重于经济主体的法律信用行为资格、实物、资金或等价物的偿付或利益补偿的能力。金融行业内通常将经济主体具有的信用行为责任能力叫作"信用度"、"资信"、"担保能力"或"资金实力"。

法律上,用信用行为责任能力来衡量信用行为主体,其核心是信用行为主体是否"具备认识其信用行为责任所必要的理解力及经济承受力"。

1. 根据这一制度,只有当信用行为人对其信用行为的性质及后果具有识别能力(经济学上把识别能力看作人的理性),也即"认识到其信用行为的不法以及随之的责任,并且以任何方式理解其信用行为的后果"时,理性行为人才有可能承担责任。信用行为责任能力包括侵权责任能力、违约责任能力和其他责任能力。

2. 信用行为责任能力是过错认定的前提。经济主体如果没有信用行为责任能力,就无法认定过错,更不会承担过错责任。在传统法律中,每个人只对自己的过错行为承担责任,而过错的存在首先要求信用行为人具有识别能力,如果信用行为人不具备识别能力,则信用行为人在主观上就不可能具有过错。正是在这个意义上,行为经济学上的信用行为责任能力也被称为"过错能力"。

3.信用行为责任能力虽然也以信用行为人的一些客观要素,如年龄、法人资格为标准,但与一般行为能力的不同之处在于,它在认定时仍应具体判断。即经济学上所讲的信用行为自主性。从责任主体的角度来看,只有在确定信用行为人具有信用行为责任能力之后,才需要进一步考察他的信用行为是否有过错。

4.信用行为责任能力并不完全是决定信用行为责任"有"或"无"的标准。它在判断过错,尤其是未成年人的过错方面,是以未成年人的同龄人发育的一般状况为基准,进而判断该未成年人是否达到了可以导致他过失的必要的成熟程度。这里,过失的判断是依据客观标准,即以一般同龄人的成熟度为标准,而不是依据个人信用行为特征。

5.信用行为责任能力制度不仅仅与过错、也与其更深层次的基础——私法自治理念(既经济学所称的"平等自愿原则")发生联系。信用行为涉及人身及财产私有的权利,按照私法自治的要求,每个人都要依其意思做出信用行为,其反面要求就是每个人都要对自己的信用行为负责。自主决定与自己负责,正是法律上自由意志的两大根本原则——意思自治(或私法自治)与过失责任原则的基础。

五、信用行为主体过错原则的法律约束作用

明确的结论是:任何一个社会活动中合格的信用行为主体,必定是符合法律制度规定,具有相应信用行为责任能力和信用行为能力的个人或群体性组织。因而,社会经济活动的合格参与者应该是能够认识自己信用行为责任能力和信用行为能力,并能够为之承担相应的信用行为责任后果的人,这成为判断个人或群体性组织的社会信用行为是否有效的最重要前提和基本原则。一种合格、合理、有序的信用行为,必然是在区分行为主体是否具有合格行为资格和对应行为责任能力的前提下展开的,离开或偏离这一基本原则,人的信用与行为就会陷入失衡、失信、无序和混乱,信用与行为的均衡就无法达成。

"理性人"假设强调信用行为自由的优先性,这与鼓励自由竞争的市场经济制度密切相关,但这也为后来的国家信用扩张行为失控埋下了"伏笔",也是其无法合理解释主权信用危机和经济危机为何周期性爆发的症结所在。"理性行为人"假设则关注信用行为责任能力制度,将其视为非常关键的信用要素,并作为其判断理性行为人在社会经济活动中信用与行为是否合理有效的可靠性前提。

1.信用行为自由的优先性要求,信用行为人承担责任的前提是信用行为产生于理性行为人的自由意志,而理性行为人的自由意志则要求经济主体须

具有对信用行为一般后果进行预知和判断的能力,这种能力就是责任能力。从信用行为责任能力作为过错认定前提的功能出发,依反面解释,在行为人具有信用行为责任能力时,即应对其信用行为过错承担责任,该制度可以发挥惩罚过错的功能。

2. 信用行为责任有无的依据是信用行为人是否具备识别能力。按照理性主义哲学的观点,只有在一个人就信用行为的动机、目的、后果具有充分的判断力时,他对其信用行为所引起的后果承担责任才是合理的。在意志主义哲学中,人之所以成为人并具有人的尊严,根本原因是意志自由。"那种可以由纯粹理性决定的选择行为,构成了自由意志的行为"。理性行为人具备认识能力,意味着他认识到了信用行为的危害性,因此就具备主观被谴责的可能,让其承担责任就实现了法律的社会信用行为约束、调整与制裁功能。

3. 信用行为责任能力制度和行为能力制度,两者是密切相关的。一方面,信用行为能力制度以一定的年龄为标准进行判断,这同样可以适用于信用行为责任能力;另一方面,没有信用行为能力,一般也没有信用行为责任能力。

作为社会活动最普遍的行为——信用活动,行为责任能力制度和行为能力制度凸现其重要性。社会信用活动中与资金有关的借贷行为,是以偿还为条件的价值运动的特殊形式,多产生于货币借贷、商品赊销或预付过程。这类行为称作"信贷",但只是众多信用行为中的一种。

所谓"信用行为",是指人或经济组织履行自己的义务,承担相应的责任,兑现自己的承诺的一种行为。

信,是贷方相信借方有能力偿还所借的有意识行为;用,则是贷方将自己资金的使用权转让给借方的实际行为。这种行为多发生在不同的信用行为主体之间,不仅具有普遍性,而且其行为后果对社会的影响相当大。正是这样的原因,法律对信用行为主体资格的认定和行为能力的厘清就十分关键,即行为主体有没有实施信用行为的法律资格和行为能力,能不能承担起因实施信用行为而产生后果的责任,这是行为责任能力制度和行为能力制度所要界定的范围。

社会信用活动领域从行为经济学角度可以区分为交易领域和非交易领域,与这两个领域相对应的分别是法律信用行为领域和侵权信用行为领域。在法律信用行为领域中,行为能力发挥着调控的作用;而在侵权信用行为领域,行为责任能力同样具有一种调控的作用。由此可以看出,通过行为能力和行为责任能力在不同领域中发挥作用,可以保持整个社会信用制度的体系性和完整性。

2-3 经济活动中人的信用行为基础

对于人的信用行为来说,信与不信是一回事,所信孰真孰假又是另一回事。所信属真,可以形成惊人的社会建设力量;所信若谬,则可以变为吓人的社会破坏力量,这与人本身存在差异以及处在不同发展阶段有关,基础在人。有史以来,地球上生存过的人不计其数,但却没有任何两个信用行为完全相同的人。这就是行为不确定性带来的信用风险与危机,也是区别个体信用行为差异的基本依据。时代、环境、社会经济以及他人的行为方式改变,迫使人要借助个人意识和需求来调整自己的信用行为,以求得最佳适应,这种共同的发展过程也存在着很大的个体差异性。

一、本我元

人的行为发展包括人的观念意识和功能发展、心理特征和信用行为能力的发展、社会特征和行为责任能力的发展三个方面的基本内容。在实验观察和实证的前提下,行为经济学提取以下一些人的信用行为现象作为基础"证据":

1. 人的观念意识和行为能力发展是一切信用行为发育的基础。实验观察和实证证明,其发展主要受遗传和本能控制。

2. 在观念意识和行为能力发展的同时,人在心智和信用行为方面也发展起来。人之所以有别于其他动物,除其语言能力之外,更主要的是有超乎于一切动物的智能,包括抽象、判断、逻辑、思维、想象等方面。然而,要使人真正由自然人转化成理性行为人,还需要信用行为的发展。人在信用行为方面的发展主要包括个人社会化、自我、他人和环境观念的形成,人的信用行为发展是通过社会化和参与实际经济活动来完成的。

人的信用行为发展的动因。关于信用行为动因(动机),生理学、心理学、经济学以及行为学研究的相关结论是:人的信用行为是在大脑皮层控制之下,由本我、自我和超我三部分意识为主体构成的一种内在联系(结构)的复合动因(动机)来决定的。人的信用行为是多种动因综合作用的结果。其中,本我是关键。这里所谓的"本我",按弗洛伊德的说法,叫作"一口利己欲望和本能沸腾的大锅"。本我意识是人的一切信用行为动机的源泉。

因此,人的信用行为的发展,首先应是本我元的扩充和固定。每个人因遗传、生存环境和生活经历的不同形成各自独立的本我意识。有的人本我意识可能以低级欲望需求为主,而有的则可能以高尚精神动机为主,当然有的也可能是善恶均等或不均等。人类学家阿什利·蒙塔古说:"毋庸置疑,我们生来就具有基因所赋予的做出各种行为的潜能,但这些潜能变成实际能力的方式更取决于我们所受的训练,即取决于学习……我们真正继承的是塑造和完善自身的能力,我们不是被动地接受塑造,而是自己命运的主宰。"人在信用行为选择上的自我意识和超我意识,是一种通过后天学习而建立起来的、能对信用行为的可靠性作出判断的机制,具体体现为一个人对自己信用行为的判断和控制能力。

总之,从本我意识中复制的信息只有通过自我意识和超我意识的关卡,才能形成有效的信用行为冲动,进而表现出显性的信用行为。本我意识构成信用行为的基础条件,自我意识主要负责对信用行为的非社会条件的判断,而超我意识则主要负责信用行为的社会条件的判断。

二、信用行为动因

无疑,任何一种信用行为的出现无不与人类生活的自然环境、社会环境有关。社会历史学家认为:人类的每一种行为都是由环境决定的,并随自然环境的变化而变化,随人类社会的发展而发展。上述观点有助于我们理解人类信用行为发展的主要驱动力量,即动因(动机)。除了快乐和需求满足是人类信用行为发展的主要动因,还包括以下几个方面的动因:

(1)外界环境(包括社会环境、信用环境和各种自然环境条件等)是信用行为发展的根本动因。显然,人的一切信用行为都是为使一定的生活环境、交易环境、经济环境条件改变而发展起来的。

(2)人的生理、心理、生活消费、社会交往需求是信用行为的内在动因。同处一个经济环境中的人,其信用行为也千差万别,这在很大程度上取决于个体的不同需求和需求满足程度之间的差异。

(3)外界对某种信用行为的肯定与支持,以及内在的由于该信用行为而获得的满足与快乐是人的信用行为发展的又一动因。人的某一种信用行为,只有得到外界的一致肯定和支持,并确保自身得到益处,这种信用行为才会以一种相对固定的意识程式驻留在本我元库中备用。

外界对人的某种信用行为的否定与限制,人由于该信用行为而遭受到痛苦、挫折与失败,是发展自我意识与超我意识的根本力量。人只有通过主观信用行为的失败、挫折和痛苦、被外界否定与限制,才能不断地强化自我、超我的信用行为判断能力,保证其信用行为的发展。在日常社会经济活动中,关于信用行为的例子,常见类似下列现象:

某一个人 A 与另外一个人 B,要就某一件事或某一笔交易,达成一次交往合作或一桩买卖交换关系。如果 A 和 B 是亲属或熟人,彼此非常了解对方的话,只要双方的信用行为能力相对均衡,甚至有时并不均衡,但出于自我意识中的高度人伦信任,交往合作或买卖交易都比较容易达成,也不会过于斤斤计较各自的利益得失。因为出于一贯的信任和人伦信用,他们知道对方都会"领情"或"默认"。

在 A 与 B 彼此并不熟悉的情况下,那么他们各自就需要尽可能多地获得与自己交往对象或交易对手的历史信用行为事实或信用行为信息,以便建立起彼此交往合作或买卖交易的基本信任。

他们会按照生活常识和过去所积累的经验以及各自的"理性"意识,根据不同交往合作或买卖交易的需要,自动对对手的信用状况和行为动机作出评估权衡和预测判断,选择行为决策。

而对手的信用状况、对手的信用行为责任能力、对手的人格品质,如禀赋、偏好、品德、操守等信息的获得总是不对称的,往往因人而异。显然,如果缺乏足够信息来源,没有较高的意识水平和较强的认知能力,这样的信用行为决策总是低效率、高风险和不完备的。即使人们普遍具备"理性",但按照这样的信用行为程序进行决策,在人与人的交往或合作过程中,信用行为出现非理性的"异质"、"异象"还是比理性的"同质化"更为常见。

例如:商业活动中拖欠货款、逃废债、恶意欺诈,民间借贷纠纷中的"跑路事件"、"老赖"等等,常常是明明有钱可还,却就是不还,有意地选择失信、违约,甚至欺骗;即使是过去曾经在银行借贷,长期信用记录良好、信用评级比较高的一些企业,也随时会因为自身某种利益的需要,或因不可预见的风险发生,而突然改变原有的信用行为,成为某家商业银行贷款不良、信用风险的根源。

三、信用行为异质、异象产生的根源

如果说人类的快乐和需求的满足,是产生信用行为的主要动因,那么,影响信用行为的其他动因,就是造成人信用行为异质、异象的相关因素。在动因关系上,这些因素就是信用行为异质、异象形成发展的根源。影响人信用行为形成发展的基本因素甚多,但主要集中体现在五个方面:

1. 遗传或文化传承因素。人的信用行为是由遗传决定,还是由环境决定,一直是生理学争论的焦点。但唯一不争的事实是,实验观察和实证研究都证明,人的某些行为确实可以遗传,有的属于先天性基因遗传,有的属于后天习性模仿遗传。笔者认为,人的某些信用行为是由后天习性模仿遗传下来的。

一方面,从本能行为看,遗传基因决定了人类行为的可延续性,而遗传基因的突变决定了人类行为习性的不断发展。基因和习性的复杂性决定了人类

行为的多样性。另一方面,从信用行为看,遗传基因除决定人的基本生理结构特征外,还决定了一系列信用行为趋势或称信用行为性状和倾向性。这主要体现在资格身份和行为能力上。遗传通过基因和习性的传递,把一般人类的信用行为长期进化所保留的优点继承下来,如人格特征、道德伦理、基本行为规范等。更重要的是,由于人在长期社会交往中懂得,信用行为是有效合作的基础,只有与他人形成有效合作,才可使自身信用需要得到满足,进而形成如果不按照这样的"方法"行事,就会造成痛苦、损失等不利情况发生的相对固化的内在意识。

此外,人的信用行为模式,受到文化传承的深刻影响,或者其本身就是一种文化的体现。譬如:人们日常生活中互相借钱,在明确借贷关系上,有些人喜欢凭口头承诺借钱,有些人则乐意采取打借条、立凭据的书面形式,这与一定的文化和生活习惯有关。一般而言,生活在不同文化氛围的人群,其信用行为可能有很大的不同;在同一文化背景下,由于亚文化结构的不同,其信用行为习惯也有很大的差异。文化的发展,也可使某些信用行为习惯被改造。

另一方面,由于社会劳动条件和劳动收入的不同,人们对特殊物质的要求也能与信用行为密切联系起来,不同职业、不同社会劳动需要会影响人的信用行为。重体力劳动者、运动员、文娱工作者等,由于工作环境、劳动条件的特殊及工作性质的不同,所采取的信用行为的模式均有不同。

社会因素对信用行为的影响是明显的。如社会政治制度、经济制度、文化传统、习惯习俗、社会地位等等对信用行为有很明显的影响。特别是心理因素对信用行为能够产生巨大影响。从一定意义上讲,人所具有的良好信用行为上的遗传因素和文化传承习性因素,实际是过去历史环境和社会环境长期作用在人类自身的优势积累的结果。

2. 环境差异因素。环境是人的信用行为发展的外部因素。根据环境因素对人的信用行为发展的影响分类,环境因素包括物质的、精神的两大方面,具体内容包括自然生态的、地理区域的、意识心理的和社会关系的等。

(1)环境对主体信用行为的影响作用有内、外之别。环境在主体信用行为发展过程中的影响主要包括两个方面:

一是刺激、诱导各种信用行为的发生,促进人的信用行为所蕴含的本我、自我和超我意识的发展,即刺激、丰富人自身的发展,我们称之为"环境的丰富作用"和"发展作用"。这种丰富和发展应该同时包括两个方面:物质财富的丰富和精神财富的丰富。

二是环境协助实现主体的各种信用行为,包括提供刺激、接受信用行为的反应等。因此,环境既是人的信用行为激发者,又是其接受者,我们称之为环境对人的信用行为的归化作用,即环境影响功能作用。

(2)环境对信用行为还有选择作用,包括生物学选择和社会文化选择。人在不同环境里必须保证自身信用行为有可靠的支撑,人格意识、心理状态、所处的社会环境等对人的信用行为发展有重要影响。小环境选择是自身的品质、信用行为责任能力,而大环境选择则兼顾生态、地理、心理,甚至社会条件。

(3)环境在刺激强度和丰富内容上提供了足够的时间和空间。在人的信用行为发展过程中,各种环境刺激是必不可少的。信用行为发展不仅要求环境刺激因素的内容丰富,而且要求有一定的时间和强度。研究证明,在人的发展过程中,即使遗传正常,若缺乏足够刺激,其发展出的信用行为是不全面的,速度是缓慢的,可靠性是低下的。只有足够的环境刺激和充裕的物质条件,才能让人发展出丰富的本我意识、强烈的自我意识和高尚的超我意识,能培养出良好的信用行为。

3. 自我学习因素。学习是人的信用行为发展的重要条件,人受遗传和环境影响,若不学习,至多只能实现屈指可数的几种本能行为。而人最重要的信用行为必须通过学习来实现。

通过教育来学习信用行为,主要指前人或本人的信用行为的经验、技能或知识经后人或其他人对该信用行为的全面认识、理解之后,再去练习和实现的信用行为模仿方法。日常生活中的信用行为多通过模仿实现,而一些专门或复杂的信用行为,例如金融行为、信贷活动等则多通过教育和学习来实现。

信用行为学习还有一个学习内容的选择问题。由于遗传和早期生活的影响,每个人的本我意识构成内容不同,则学习的兴趣、爱好和能力也不完全一致,因而由本我意识复制出的学习冲动的内容就差异很大。譬如,有的对品质效益感兴趣,有的对责任能力感兴趣,有的对货币借贷感兴趣,有的对财富价值感兴趣。如果你适应这种兴趣,则本我意识中这一信用行为会更加牢固、更加充实,今后也就有更强的驱动力去实现该兴趣的信用行为。

4. 个体成熟度因素。在生理学研究中,个体行为成熟度可理解为社会、心理和生物学规定的,从生命开始到生命结束整个生命周期中,不同阶段的行为规范或行为模式。也就是说,人发展到某一阶段应具备哪些行为才算成熟。若还未成熟,则要进行行为调整,以达到成熟的标准。

人在出生前和出生初期,生理需要是唯一的,对他来说:存在就是信用。此时人的信用行为发展主要由遗传、本能、习性控制,以完成生物学行为为主;稍大些之后,生理需要逐渐减弱,心理需要明显增强,但仍无生活独立性和物质交换的必要性,无较大危害他人的欲望和利己能力,因而主要实现个人信用行为发展,由人伦道德信用行为主导,对社会规范的信用行为发展可以不顾。

而一旦人成为社会法律意义上的"成人"后，就必须按法律、社会道德规范来安排和调整自己的信用行为，并根据个人信用行为成熟度来理解和贯彻信用行为道德规范，进行自律、他律和法律约束，发展相应的信用行为。如果一个人的信用行为与上述规范不一致，他便需要纠正或调整自己的信用行为，与社会信用环境和条件相适应，以确保自己信用行为的"正常"。

在一定条件下，成熟度还能激发某种新的信用行为，抑制某种不当信用行为，保持某些信用行为。需要指出的是，虽然信用行为有成熟度的不同，但此成熟度的弹性很大。针对不同的个体，若以其时序年龄为界，则不同年龄阶段的信用行为有很大的重叠。这是因为人的信用行为发展和改变过程都是比较缓慢的。

当然，这种缓慢也是有益的。若太快，则人的心理随时都会处在紧张状态，这是不利的。

5.安全防御因素。人处在一个不断变化着的社会中，人的信用行为不可能毫无失误地适应社会的变化。因此，人的信用行为失败、失误、偏差几乎是不可避免的。但人在长期的生活实践中产生了对挫折的心理防御能力，也可称为"适应方式"(对挫折情境的一种反应)，但它在性质上是属于防御的(自我防御，使之不受焦虑等的侵害)，是一种防御机制，也可称为"防卫方式"。

人的防御机制，通常是指长期应对挫折后的心理反应机制。

通常，人的心理防御方式有积极和消极两种。在心理行为表现上，因挫折的性质与个体人格的不同，有不同的表现方式：

(1)文饰作用。即为失败找理由加以解释，来达到维护自尊和减轻个体焦虑的目的。

(2)表同作用。个体受挫折后，可崇拜某一有名气的成功者，或以成功者为自己学习的榜样，以促进自我优良品格的发展。

(3)代替作用。个体为了自尊，可将不符合社会标准的动机巧妙地加以改造，使之成为符合社会标准的动机。同样也可以将可能会导致彻底失败的某种活动用另一种会取得成功的活动代替。

(4)投射作用。个体将自己身上不为社会道德所容忍的缺点投射到别人身上，从而达到在潜意识维护自尊的目的。投射作用的性质与文饰作用相同，都是以某种理由来掩盖自己的缺点。

(5)压抑作用。或称"动机性遗忘"，个体通过生活经验，知道自己一方面要尽量避免失败，另一方面还应将引起痛苦的经验排除于个人记忆或意识之外，此种作用为压抑。个体为了保护自己，就不得不动用压抑机制，将冲动抑制。

(6)反向作用。正常情况下人们的动机与行为总是一致的,但在自我防御时,行为行进方向与动机相反。

但是,应该强调的是,个体在应用这些防御方式的时候,会逐步促进其形成某种解决问题的态度或习惯。这些习惯或态度,有其积极的一面,也可能有消极的一面。研究人的信用,并将人的信用行为纳入自然界和社会经济体系内予以通观,应该着眼于人的信用行为整体性、协调性和可持续性。

四、人类有意识行为的分类

我们以行为主体的人性(人的静态本质)、人的意识(人的动态本质)及人的信用为考察对象,把人的行为适当区隔后,选取其中关联性最明显的内容,整体反映和把握人的行为规律及其社会意义。

通常,人的有意识行为大致有如下三个类别:

1.意志行为。是指人有明确动机目标的信用行为。

这种信用行为,根据个人信用行为动机与整体长远目标是否统一,又可分为有积极主动动机的信用行为和无积极主动动机的信用行为。所谓"积极主动性"就产生过程来讲,是指个体动机与信用行为的整体长远目标的统一程度,它包括个体目标与群体目标的统一程度、战术目标与战略目标的统一程度、短期目标与长远目标的统一程度等等。我们有时可能会认为,一些具有不愉快、消沉情绪的人会具有消极被动的信用行为动机,而一些外在现象也证实了这种状况。但实际上,这里所说的信用行为动机的积极主动性或消极被动性,不在于人们的认识和情绪等心理活动是否愉快或消沉,而在于人们的认识和情绪等是否能与群体的行动目标相符合。很多看起来消极被动性的心理活动,只要与积极主动的目标联系起来,往往就会有积极主动的性质。

2.潜意识行为。是指人具有明确目标但无明确动机的信用行为。

经济活动中人的潜意识行为,即人们想做但又不知道为什么要这样做的信用行为。

潜意识行为在日常信用行为中表现为两个方面:

一是语言随意地流露与不经心的动作举止等;

二是神经性症状,即过分强烈的潜意识形成的变异信用行为,包括压抑、反应形式、投射、文饰作用、升华等等。

潜意识是指人们平常被压抑的心理活动,或者当时未知觉到的本能欲望和经验。潜意识中的内容由于不被人们的道德价值意识和正常理智所接受,所以只有通过各种各样伪装的形式表现出来,像梦境、谎言等就是个人在清醒时不能由意识表达的压抑的欲望和冲动的表现,但做梦不是信用行为,只是大脑这个身体机体的动作。

3.娱乐消遣行为。是指有明确动机但却无明确目标的信用行为。

娱乐消遣行为是指那些总是想去做但却不在乎甚至不知道怎么做以及会做到什么程度的信用行为。简单地说,也就是人们日常所谓的"玩"或"消遣"的过程,也是人们俗称"戏耍"的活动。

由于"玩"是生物学习进化需要,所以求奇求新求变是其主要的信用行为特点,是一种对自身乃至外界各种事物发展变化进行研习与欣赏的过程。在某种程度上,"玩"的信用行为价值在于它对人、动物、生物的学习进化具有积极推动的意义,娱乐消遣行为可以说是人或动物所共有的本能学习与实验行为。

值得注意的现象是,理性行为人的上述信用行为分类存在互相转换的过程。在社会经济活动中,人的意志行为、潜意识行为和娱乐消遣行为互相制约、互相牵制,一个人的意志行为往往是一个克服潜意识和娱乐消遣意识的过程。例如:信用行为学习和锻炼,从进化过程来说,也可归之于娱乐消遣行为,这些娱乐消遣行为在进化过程中本来是一种有意识但目标并不明确的信用行为,但是,当其在社会经济活动中转化为吃饭、穿衣、骑自行车、电脑打字等等生存生活技能以后,往往就会成为一种自然的信用行为反应,尽管这些行为不必要用意识去专门控制,但它明确的生活、生存乃至工作的经济利益动机却又是十分显著的。

同样,人的运动过程也可说是一种无意识但目标动机明确的信用行为,但这些运动行为同时也是人类性格形成的基础,性格对人类信用行为的影响是明显的。正如俗语说:"一种思想导致一种行为,一种行为导致一种习惯,而一种习惯则导致一种性格。"此外,人类的许多信用行为会因负反馈而自行终止,新出现的强烈的外部刺激会停止正在进行的信用行为,并开始另一种信用行为——逃遁(或称为"风险规避")或失信违约。

2-4 "理性人"假说下"沦陷的理性"

"理性人"假设是指抽象的人所进行的理性选择。什么是理性选择?也就是说,参与经济交换关系中的人对他们的偏好和目标具有理性的认识,对如何实现这些偏好和目标也具有理性的认识,对每一种可能出现的变化都能正确衡量其机会成本。

经济学的"理性"是指:确知所有选择集合中正确的解。理性选择就是在人所面临解决问题的机会集合中,总是能够选择正确的一种组合。比如,新古典经济学的目标之一就是要证明市场机制是有效的,可是结果却将整个市场都证了伪。这并不能说明"理性人"假说存在什么不足,只能说明这种假说尽管在基本原理上是完全正确的,但在具体细节和与真实人的问题上,由于诸多原因,造成了"沦陷的理性"现象。

一、"理性人"假说下人的"沦陷的理性"

造成"理性人"假说下人的"沦陷的理性"的原因很多,鉴于篇幅的限制,这里主要列举几种比较典型的原因。

人"沦陷的理性"现象之一——虚构与虚拟。

米塞斯在《人类行为的经济学分析》中指出:"经济学理论的深入阐述如此依赖于计算的逻辑过程,这就使得经济学家们没能认识到经济计算方法中的一些基本问题。他们总爱把经济学看作一个过程性的事情,而忽略了它不是一个最终的假定,而是一个更为根本的现象所要求的派成出来的简化。他们误解了经济计算,认为它是所有人类行为的一个范畴,忽略了它是特殊条件下,人类行动中所固有的唯一范畴。"他列举了经济学中价值和价格基本理论的易货贸易,对虚构进行了分析,如现代价值和价格理论显示出,个人选择,即他们对一些东西的偏好,而舍弃其他东西的情况,在人际间的交换中导致了市场价格的出现。同其他需要运用的假想结构类似,价格和价值理论运用了一个市场结构,在这样的结构中,所有的交易都是通过直接交换进行的。这里没有货币,商品和服务与其他的商品和服务直接交换。为了认识到交换最终是以经济中第一批商品与其他商品相交换实现的,必须抛开货币在交换中所起中间作用这个事实,这个假想结构是有必要的。

货币本质上也只不过是人际交换的一种媒介。但是人们又必须切实防止这种直接交换的假想市场结构引起幻想。分析下来,米塞斯认为:存在一种严重的错误,其来源和顽固性都基于一种被曲解了的假想结构。这种错误在于假设交换媒介只是一个中立性因素。根据这个观点,直接和间接交换的唯一区别就在于后者只是多了一种交换媒介。人们认为,货币引入到交易中不会影响买卖的主要特征。但人们不可以忽略这样的事实:在历史过程中,货币购买力发生了巨大变化,而且这些变化经常使整个交换体系产生很大震动。不过可以认为这种震动是由不恰当的政策所引起的特殊情况。只有"不良的"货币才会引起混乱。

人"沦陷的理性"现象之二——失真与失控。

经济学家在对人类交换行为的研究过程中,曾经提到过这样的实证:信用行为的出现源于人类交换,信用和信用行为随人类社会的生产、生活的发展而发展。即使是在没有货币因素介入的情况下,如在十分原始和最简单的以物易物交换过程中,信用行为依然贯穿其间,凸现人的真实"理性"。

在中国为数众多的少数民族中,基洛族曾经较长时期生活在云南边陲交通闭塞、人烟稀少、与世隔绝的深山老林里。他们很少与外界交往,基本上过着原始的狩猎生活。当他们需要粮食、盐巴、炊具等日常生活用品时,只能拿自己狩猎得到的猎物或猎物的毛皮,与外界的人进行以物易物的交换。

他们在进行交换活动时,并不与外界的人直接接触,更不会使用货币以及当面讨价还价,而是把用于交换的猎物或猎物的皮毛做上标记,摆在山间小路边等待路人进行交换。当过路人看中猎物或猎物皮毛,愿意进行交换时,只要留下相应的粮食、盐巴等日常用品作为等价交换物便可以拿走它们。

这样,基洛人的"商品"信用交换过程就算完成了。

可是让人们有些疑惑的是:在这样缺乏面对面、市场化、货币媒介和讨价还价过程的信用交换中,怎样保证交换对手在"经济理性"自利前提下的信用行为做到可行和可信呢?在没有第三方作为信用交换行为中介的情况下,基洛人如何保证自身利益不受损害而且顺利完成交换过程呢?

在对此类交换过程深入研究后,人们发现,基洛人在把用于交换的猎物或猎物皮毛做好标记摆在路边后,他并没有走远,而是带着弓弩藏在路边茂密的灌木丛林里,守护着整个交换过程的进行,监督着外界交换者恪守信用行为规则和遵守以物易物交换的规矩。如果外界交换者不恪守信用行为规则或违反以物易物交换的规矩,不仅交换不能正常完成,而且在基洛人箭弩随时可以射杀的强力威胁的行为监督下,失信者要为他的失信行为承担风险责任,付出相应的代价甚至生命的高昂成本。

这个例子比较充分地显示出,在社会交换中,任何形式的交换过程,行为人的经济"理性"始终存在,同时人的经济"理性"行为是与信用相匹配的,否则一定存在失真的现象或问题,导致交换行为或交易合作的失败(无效)。此外,任何一种信用与行为均衡除双方分别都恪守自律原则外,还需要一定外力加以监督和制约,否则,人的经济"理性"或许会因为失控而成为"脱缰的野马"。显然,不论人类在何种社会经济形态中生活,"经济理性"是人的信用与行为均衡过程中一以贯之的意识本质。

人"沦陷的理性"现象之三——"不完备"能力和曲解。

即便在西方,对"理性人"假设的怀疑也由来已久。但在"理性人"假设的前面又隐含了以下一些假设条件:

(1)信息是完全的。即当事人确知所有与其偏好和目标相关的信息。

(2)信息收集成本是可以接受的。

(3)当事人是全能全知的,他能够确知所有相关信息的价值以及用处。但有史以来可能只有上帝具备这种能力。

(4)信息处理是及时、完全和准确的。

(5)人始终是具有利己心的。

但是,以上这些假设在现实中都是完全不能成立的。在一定的社会环境和历史条件下,任何人的认识能力、思维智慧和实际行为能力等都是有限的,譬如,对某个交易过程而言,受渠道和来源的限制,人不可能将所有有用的信息收集齐全,也无法解决交易过程中信息不对称的困难。因此,"理性人"假设将面临许多无法解释和解决的现实能力问题:

(1)既然人是理性的,那么,每个人的最初行为就是最佳的,帕累托最优在市场运行一开始就已经达到,其表现是平均利润为零。

(2)既然帕累托最优是一个市场运行的最始配置,那么,这个市场运行的结果一开始就平均利润为零。

(3)既然人始终是自利的,那么,在理性状态下,每一个参与市场的当事人都事先知道了平均利润为零的结果,即他的所得只能抵偿他的付出,而没有利润,因此他的选择应该是不参加市场。

(4)既然当事人始终只能选择不参加市场,因此,市场将是永远不会存在的。同时获得2002年度诺贝尔经济学奖的卡尼曼和史密斯,经过30年的实验也证明:人不可能是理性的。

二、对"理性人"假说缺陷的剖析

新古典经济学"理性人"(又称"经济人")假设的实质,就是对"人"进行一种概念性抽象,即为了经济学分析、解释、推导的需要,对微观人的特点进行抽象,并根据这种抽象分析其决策和行为。

虽然通过抽象可以避免经济学陷入"人性"本身无边无际的争论中,从而更有效地集中讨论相关的经济学主题。但这种经济学抽象实际上就是将人不当成"人",而是一个纯粹的"经济动物",从本质上混淆了人与动物的区别。在现实社会活动中由于这种"经济动物"本身并不存在,所以人类经济活动中"异质"和"异象"纷呈不断,而且难以避免和解释。

首先,"理性人"假设适用的对象有限。任何一种假设都有各自的研究目的,它必然会为了分析和解决某一种问题、现象或过程而忽略掉其他一些因素。

由于人在社会活动、经济领域中所处的地位不同,有些是基础性的,有些是附带讨论的,因此进行抽象的必要性就不同。如果说人的行为目的、目标、动机和方式可以完全由外界条件——比如社会习惯、环境、制度、法律等来决定,那么对人的抽象也就不那么重要了。如果经济研究可以从其他方面而非个人(或者微观经济主体)的行为开始的话,"人"的问题就可以忽略。总之,并不是所有的经济问题都适用"理性人"假设。

其次,"理性人"假说在假定人是"自利的理性人"的同时,还存在一系列相关假设,包括资源供给不受限制、市场信息对称、人的信用行为十分确定、人的知识水平足够、市场信用机制充分有效等,但实际上这样的条件在现实中并不存在。

即使是追求"利益最大化"的"理性人",他们一旦遇到物质利益与精神利益的双重选择,其判断也会出现巨大的差异,其权衡标准也可能会背离这种"假设",甚至完全相反。最后,即使人是"自利的理性人",但由于每个人的"自利"程度和"理性"程度的差异,也可能出现不同等级和程度的"理性人",从而使这种假设变得多样化和复杂化。尤其是"自利"的标准差异,会使人的选择出现巨大不同,如对自我牺牲、无偿捐赠或娱乐、吸毒、赌博等消费行为的选择。

再次,由于经济学研究角度、研究需要的不同,对于人的抽象也各不相同。譬如,作为经济管理学基础理论的"管理人"模式,是在人的"有限理性"假说的基础上提出的。这种理论认为,在现实世界中,人受到自身在认识和计算能力方面固有的限制,以及信息不完全、时间有限的制约,只能在力所能及的范围内进行选择。

人的"经济理性"受到信用行为规律、心理因素和社会环境等多重因素的直接影响,必须在均衡的条件下作出与自己信用行为责任能力相符的选择。无论如何选择,都是多重博弈的结果,只有较好没有最好。因此,不论主观愿望怎样,人们追求的都只是可以实现的"满意的状态"而不是"利益最大化"。

在经济发展初期,尤其是市场化和工业化水平较低的情况下,由于市场严重供不应求和收入水平较低,因此市场主体受价格约束较大,生产者和消费者的选择有限,这种条件下,"理性人"假设是有较为广泛的适用性的。在现代经济社会,生产者和消费者市场的细分越来越重要,从而对不同人群进行经济研究也越来越重要。在市场上,生产者和消费者分为不同的类别和群体,其知识结构、社会地位、受传统文化影响程度等的差异,导致经济生活中人的"理性"水平出现差异,决定了"理性人"假说适用水平的不同。任何假说都有一定的局限,然而,经济学又不能没有假设,其关键在于分析其"假说条件"与研究动机、研究过程和研究结论是否匹配,进而去探讨这种"假说条件"是否合理、能否成立。

三、学术界对"理性人"假说的批判

（一）来自马斯洛需要层次理论的批判

1943年美国心理学家马斯洛提出了著名的"人的需要层次"理论。该理论认为，人是有需要的动物，需要有不同的层次顺序，只有较低层次需要得到满足后，较高层次的需要才会出现。需要层次理论提出，人类经济活动的最终目的是满足自身的需要，而经济人的需求行为偏好是复杂多样的，影响人类生存和发展的因素都会影响其需求行为偏好。因此，人类追求的利益目标是一个多元的效用函数。这种理论把人类的利他行为视为最终利己的手段，是为了获得无形资产或满足自己的更高层次的需要，用西蒙的话说，"这种利他实际上意味着明智的利己"。需求理论否定了传统的"理性人"假说把经济利益作为人的唯一需要的观点，使"理性人"假说向现实迈进了一大步，提高了经济学对现实社会的阐释能力。

（二）来自西蒙有限理性的批判

理性人利益最大化行为假设是以完全理性为条件的。由于具有完全理性，人才能够找到实现自己目标的所有备选方案，预见到这些方案的实施后果，并依据某种价值标准在这些方案中作出有利于自己的最优抉择。但在西蒙看来，这种理性的定义是有缺陷的。他认为，人不可能知道利益最大化行为的全部备选方案。由于外部环境是不确定的、复杂的，信息是不完全的，人的认识能力和计算能力是有限的，经济行为者不可能把所有的价值考虑统一到单一的综合性效用函数中，因而，人是有限理性的。由于人的理性是有限的，因此了解所有备选方案及其实施后果，对不确定的未来估计出一致的现实概率，实际上是办不到的。因此，在信用与行为的均衡决策过程中，人们遵循的并不是最优原则，而是满意原则。也就是说，现实中人追求的不是效用最大化而是效用适度。

（三）来自制度学派"社会—文化人"的批判

新制度学派代表人物诺斯在《制度、制度变迁与经济绩效》一书中指出：人类行为比经济学家模型中的个人效用函数所包含的内容更为复杂。有许多情况不仅是财富（利益）最大化行为，而且是利他的和自我加的约束叠加，它们会从根本上改变人实际作出选择的结果。譬如，他提出用"社会—文化人"来取代"理性人"，即用具有多重目标并且其目标在形成过程中受到他人决策及社会环境、地域区隔、文化结构和意识形态影响的人，来取代单纯追求经济利益最大化的独来独往的人。这种批判的意义在于，它揭示出了人的信用行为的多面性和复杂性，把对人的假定向现实又推进了一步，并且把人们的研究目

标从给定的一种经济效用或福利函数引向研究个人信用行为目标或信用行为偏好的形成过程。

(四)来自行为科学心理实验的批判

理性人的这种理性行为是以一系列的假设为前提,如可比性假设、连续性假设、传递性假设、省略性假设、主导性假设和不变性假设。然而,许多行为科学的心理实验结果却表明,现实中人的信用行为选择常常背离理性人理性行为的一系列假设前提。尽管这几个假设对理性选择是不可或缺的,但它们在心理实验中或在现实行为中又的确有反例。从心理学家实验所用的数据中可以看出,在现实社会活动中人的信用行为表现里,有相当一部分人的信用行为违背了上述假设。行为科学对理性人假设的心理实验批评的贡献,是在假定了单个人在了解全部方案及可能结果之后,揭示出人类信用行为选择的非理性(非最大化)和做到理性选择困难最明显的一面。

(五)来自莱宾斯坦 X 效率理论的批判

哈维·莱宾斯坦抓住新古典经济学基本假设与现实不一致的缺点,对它进行全面的批判。他用 X 效率理论揭示了人在生产领域中同在消费领域中一样,其行为也不是最大化的。"X 效率理论",是考虑生产组织内部,因错过了充分利用现有资源的机会而造成的某种类型的经济低效率。这个 X 代表造成非配置(低)效率的一切因素,X 低效率表现为企业的生产活动没有在生产可能性边界上进行。究其原因,主要是"完全地或部分地缺乏尽全力有效利用各种经济机会的动力"。由于动力(也可能是压力)不足,特别是由于直接从事生产组织工作的管理阶层和工人(即"内部人")能够对自身的努力程度进行相机抉择,管理者和工人的信用行为在生产活动中成为最大化决定因素,此时,最大化成了一个特例。

四、"理性人"假说的现实困扰

新古典经济学抽象出"理性人"假设作为理论基础。若从经济学"理性人"假设观察,人们之所以会对交易(或交换)机会作出反应,是因为自愿交换通常可以给交换双方带来利益。正是对自身利益最大化的追求促使人们不断拓展交换对象的范围并不断创造新的交换行为方式。但这种观点只孤立地考虑了人信用利益满足的一面,却忽视了人信用行为表达未满足的另一面。真实的情况是交易信用行为发生后,人的利益满足最大化有时很难实现。

理性认识是人类认识的高级阶段。与感性认识相对,理性认识包括概念、判断、推理三种形式,其特点是它的概括性和间接性。理性,其实是指在理论中依靠逻辑推理得出可靠结论,但这丝毫没有涉及逻辑推理的前提是否完备的问题。

但现实的情况证明：结论的可靠性与结论的完备性是两个概念。"理性"的优势在于：当前提可靠时，它能使结论是可靠的。一种结论不可靠的理论会有价值吗？但是理性的不足在于它并不必然导致结论是完备的。在实践过程中，由于人的认识能力和思维能力的限制，加上信息不充分，我们很少能看到前提完全可靠的例子。

譬如，在金融企业绩效考核中，工作业绩指标或创造业务利润数量往往是重点，当管理者给职工下达任务时，总会"理性"地选择其中一项具体指标进行考核，按照考核结果进行奖惩。

假定企业管理者给职工甲、乙都下达了一年内完成10万元利润的任务指标，考核结果是甲、乙都完成了预定任务，考核奖惩如期兑现。

但这个表面上"理性"的选择，就一定公平合理吗？其实不然，甲完成10万元利润，只耗费了3万元成本、6个月时间，获得奖金2000元；乙完成10万元利润耗费了5万元成本、10个月时间，也获得奖金2000元。显然，这样的考核对企业管理者来说是不"理性"的，对甲来说是不公平、不合理的。在这样的"理性"考核中，谁做错了？只能是"理性"不完备的原因。

通常人们认为，不理性是指人在正常思维状态下时，根据单一的感性认知而作出片面的总结和处理事件时易受个人性格等因素影响。非理性是指人在正常状态下，除艺术行为外的不正常行为，如任性、精神失常、无意识是三种非理性的极端状态。但却忽视了有相当一部分非理性事件，是由于人自身认知缺陷、认识能力局限、误解误读或行为能力不足等原因导致的。如，通常人们对货币本质的认识，对超额利润的追逐以及虚拟信用的过度扩张等。

人的理性和非理性是辩证统一的。

第一，理性和非理性是有区别的。理性是人的主要方面，对人起主导作用，它是人的一切思想和行为的标准和中心，人的一切思想和行为的变化都围绕着这个标准和中心摆动。非理性是人的次要方面，对人起干扰作用。但是，非理性的存在也有它的重要意义：只有承认非理性，我们才能区别不同的人性，才能理解人性的多样性；非理性是理性的量度和环节，不承认非理性，就无法衡量，也无法理解理性。

第二，理性和非理性是相互渗透的。理性中有非理性，非理性中也有理性。人的理性受非理性的干扰，而人的非理性中又蕴含着理性，在潜意识和本能中受理性的支配和左右。

第三，非理性是相对的，理性是绝对的。非理性是在一定时间、一定空间、一定条件下的一定范围和程度的非理性，是理性的特殊状态和表现形式，而理性是无时不有、无所不在的，是永恒的。

理性的前提是感性，因为人总是在感性的状态中发挥理性。"交易经济学的信用理论，应该是建立在人类行为学的坚实基础上的"。就市场中交易活动的信用行为而言，只要两个消费者（或生产者）的边际效益替代率不同，不论能否给双方带来同样的利益，就总会存在互利互惠交换合作的可能性，而这种可能性并不完全取决于人的"经济理性"，有时直接决定于双方信用行为偏好是否互知、信用与行为的均衡能否有利于合作、会不会发生交易行为成本等其他因素的影响。显然，在两个消费者边际效益替代率相等时，互惠互利交换的可能性才算穷尽。这恰恰是新古典经济学"理性人"假说无法解释的一些信用交换行为。

2-5 关于"理性人"假说的修正

人们的信用交换行为的目的是实现自身利益或商品资源的有效配置。行为经济学指出，实际交易行为不单是指满足人自身利益需求的决策和动作，还包括参与主体心理波动变化表现出的决策和动作。只有当所有消费者（或生产者）对任意两类商品（交换物）边际效益替代率相等的情况下，社会商品（交换物）分配状态才属于有效率配置状态。有效率配置状态是经济学中一种不存在套利、交换可能性的商品分配状态。只有在这种状态下，人的交易（或交换）行为产生的可能性才会终止。

一、"理性行为人"概念的析出

（一）历史溯源

新古典经济学将"理性人"和"均衡"假说作为理论基础，但实际上不被其注意的信用行为"非理性人"，却同古典经济学有着同源的关系。

斯密是近代经济学的开山鼻祖，也是将经济学与人类行为紧密联系起来分析的先师。很多人都知道《国富论》是他经济学研究的鸿篇巨著，却较少了解其一生中投入最长时间和最多精力写作的却是一部伦理学和社会学的著作《道德情操论》。马克思和帕累托一向被这两个学科的继承人共同奉为奠基人，马克思的《资本论》是政治经济学的经典，韦伯一生中涉及经济学的著作不胜枚举：《世界经济通史》、《经济与社会》等。马歇尔的《经济学原理》对于诸多经济学理论的阐述，也都是从论述和研究人的行为动机开始的。他曾直接地说："经济学主要研究人类活动的动力和阻力"，"在这一切方面，经济学家研究的是一个实际存在的人，即一个有着血肉之躯的人而不是一个抽象的或'经济的'人"。

二战以后,世界的一大特征是,经济发展成为世界的主旋律。此间,新古典经济学脱颖而出,它企图解释一切的野心也随之勃然而起。1985年,社会学家格兰诺维特在其发表的一篇文章中发展了波兰尼曾提出的一个概念——"嵌入性",即认为一切经济活动都是嵌入社会关系中的。稍后,他又提出了三个命题:

第一,经济行为是社会活动的一种形式。

第二,经济生活是依赖于社会体系而运行的。

第三,经济制度是一种社会制度建构。

总而言之,他认为经济制度起初未必源于理性行为选择,很可能是社会历史、习俗和传统文化的遗留,仅靠理性选择不能充分解释经济行为,但新古典经济学家却在剔除人的"非经济动机"方面走得太远了。实际上,每个个人、群体、民族、制度、话语、思潮、学科,都会在一定程度上自我膨胀,这是生命体及其承载的一切事物的本性。均衡从来不是源于自我约束,而是靠着其他力量对某一势力的无限扩张的抵抗。

米塞斯在其巨著《人类行为的经济学分析》中,系统阐述了人类行为对经济活动的影响作用,建立了人类行为与经济分析的有机联系,指出人类普遍具有信用扩张欲望。同样,美国行为经济学家加里·贝克尔认为:"经济学之所以有别于其他社会科学而成为一门学科,关键所在不是它的研究对象,而是它的分析方法。"他认为,经济分析方法不仅可以解释经济行为,而且可以解释"语言的进化、出席礼拜频次、法律制度、动物绝种,以及自杀、离婚率,等等"。一言蔽之,行为"经济分析提供了理解全部人类行为的可贵的统一方法"。

(二)面对现实理性积极地扬长避短

"理性人"假设只是复杂人的一个概念性抽象,它的缺陷在于关注人与经济的收益关系,忽视了人与经济行为的依附互动关系,排斥人的精神因素、心理因素、信用因素、行为因素的影响作用。理性人在强调人的自利性特征的同时,把利他因素、感情因素、意识因素、心理因素等反映人的主观能动性的行为特征统统给抹杀掉了,造成"理性人"假设不可避免地存在"客观被动"的缺陷。

行为经济学认为,人的利他因素、感情因素、心理因素、意识因素在人的经济理性中占有相当大的成分,信用与行为的均衡起到了主导作用,甚至对人的决策发挥着决定性的影响作用。譬如,以"理性人"和"理性行为人"的假设为前提去做某家企业制度安排,两者间的差异是明显的。行为法经济学有三个现代范畴,即有限理性、有限意志力和有限自利。可见,它对现代人的行为本性做了清晰描述。如果我们从人类信用的标志之一——物权(亦称"私有产权")的相互依存和彼此互动的行为来分析,就能看到信用与行为关系变化的端倪。

1. 物权和人的行为互动关系清晰。市场经济是残酷的,同自然界"物竞天择"一样,你不追求利润的最大化、不追求效用的最大化,就难以存活下去。从这个方面讲,人类社会似乎是一个"利"者生存的社会。如果物权和人的行为互动关系是清晰的,也许在某种环境、某个条件下,个体理性、个体利益可以达到最大,但却不一定能使集体理性、集体利益达到最大,因为群体的博弈行为、市场博弈行为限制了理性的范围。博弈论中,"囚徒困境"就是个人利益与集体利益相冲突的典型。所以,追求利益最优化是一种可能,但人最终不可能使得所追求的利益最大化。但这并不是说人们不想最大化其利益,而是多种因素导致其不可能实现。

2. 物权和人的行为互动关系不清晰。现实社会中,即使同在市场自由和公平竞争的环境下,只要物权与人的行为互动关系不清晰,必然让不同企业的制度安排与人的假设前提不同,直接造成企业制度安排和人的行为互动差异,从而影响到企业的经济效率与效益。

这可以说明为何一些企业制度安排效率低,而另一些则效率高,其根源在于企业制度安排的不同。譬如,在企业生产经营的实际过程中,管理者若只考虑"理性人"假设前提,在物权不受监督的情况下存在"所有者缺位",这会使得物权和人的行为互动关系混淆,进而使得企业效率低下。在此过程中人在经济活动中的短期行为严重,理性人的本性会以异化形式表现出来。

当企业财产谁也没有真正拥有、谁也不用对其真正负责时,就会出现因为人的不负责任的信用行为造成大量企业物权和资产流失的现象,少数人的利己行为甚至会把企业掏空,导致其濒临破产。根源正是人在自身理性没有硬性制度和物权意识的约束下,往往会从自利行为动机出发,以个人信用扩张或利己作为信用行为目标的优先选择,达到侵占他人物权的信用行为目的,从外部效应中使自己利益最大化。在外部条件或环境适合,缺乏有效信用行为制约的情况下,人都有自我利益扩张的冲动,从而导致与理性需求完全相反的结果产生。

法经济学上著名的"科斯定理"指出:"如果两个代理人通过议价过程可以达到效率点,那么议价的结果就不受双方产权分配的影响(只会影响到由哪一方来做出支付)。"从效率的观点看,这条定理减轻了法庭必须"裁决正确"的压力。还是那句话:只有在任意两种交换物边际效益替代率相等的情况下,社会分配状态才属于有效率配置状态。无论法庭作出何种判决,当事各方都会迅速有效地通过协商来达到产权的最佳配置。

但如果人的行为偏好依赖于参照点,并且法庭判决相当于设定了一个参照点,那么科斯定理就不再成立:未获产权的一方通常不愿意支付产权占有方所要求的款项,哪怕他在不参与分配时会同意这样做,或者本可通过得到产权获得更多利益时也是如此。很明确,在物权与人的行为互动关系不清晰的情况下,解决理性人自利最大化和物权公有的矛盾,必须以"理性行为人"假设为前提。即,在信用与行为互动关系不清晰的情况下,人类普遍存在的信用扩张行为偏好与利益冲动的本性难改,人类社会中某些个人或小团体对利益追求的偏好得不到有效约束时,产生各种"腐败"或"贪污侵占"是不可避免的现象,而且不可能杜绝。

结论是:人在难以抑制的自利心冲动下,物质诱惑和权力带来的利益追逐催生了腐败,在人的自律意识不强、社会法律制度不健全的情况下,占据社会资源分配高地的权力腐败就不可避免。要抑制腐败这一有害的人类社会经济现象发生,在人的信用行为上,首先要使人成为理性行为人;其次,明确界定信用与行为互动关系及边际限制;再次,健全社会信用制度和行为规则,实施有效的监督机制。

可见,理性行为人的概念为人们提供了一种思路,即认为法律和规则是"权威式的"。如果人们经常不经意地犯一些会后悔的错误,那么设定一些法律制度和行为规则来提醒或限制他们犯这种错误将是大有裨益的,同时这对约束或抑制人的非理性行为有效。

二、对"理性人"假设的拓展

针对"理性人"假设存在的"被动性"缺陷,20世纪后,经济学逐渐与行为学、社会学、政治学的理论相互渗透。由经济学家所开创的人的理性选择理论,在近30年中,从对经济活动的分析渐渐延伸到对政治与社会现象的分析。而这一扩张趋势表现为经济学家以这一理论分析非经济活动,如阿罗对信任的解释。他认为,信任是经济交换的润滑剂,是控制契约的最有效的机制,是含蓄的契约,是不容易买到的独特的商品,等等。

这一扩张趋势同样表现在政治学家和社会学家对这一理论的应用,如社会学家科尔曼对信用的分析。他提出,信用是一种社会资本,可减少监督与惩罚的成本;信用少感情,多计算,信用的双方——托主与受托人都是理性的;群体中的团结是有意识的产物,产生于共同利益的直接交流。

将理性选择的逻辑推向极致的还属艾克斯罗德及其操作的数学工具。而理性选择理论的基础和预设前提是经济理论家建立的,要完成对这一理论的深层批判,就必须把重心转向他们的预设前提"理性人",并由此扩展到如下两

个问题的讨论:

人的行为动因中除了个人经济利益,还有其他重要的动因吗?为追求某一目标除了理性还有其他重要的手段吗?多数经济学家的理性定义与传统理性定义存在明显分歧。行为经济学家描述了以往非经济学家的理性定义:理性是人在逻辑意识指引下的思考和认识产生的行为能力,它可以更广义地定义为问题的解决和批判的思想方法和行为表现方式,但只有在强调了逻辑意识成分时,它才成为值得单独讨论的特定思想方法和行为方式。无论人的想象、试错法这类活动有着怎样出色的成果,在本能驱动下的行为,都是被排除在理性行为之外的。

显然,心理学倾向于将理性定义为"认知过程",而将非理性定义为靠感情机制作出选择;詹姆士将理性视为"称作推理的特定思考过程"。由于人类具有以推理和行为实现目的的能力,因而理性被归于人类。这些理性定义都不包含"追求个人利益"的意思,但这类定义不仅没有销声匿迹,甚至一些经济学家很认同这类定义。萨帕斯就赞同亚里士多德学派的观点,认为理性人"根据良好的理智行事"。缩小理性定义的内涵,从中摒除"追求个人利益"与"成功"的含义,不是消除了行为经济学与新古典经济学理论上的分歧,而是在理性的定义得到澄清后,对"理性行为人"假说的认识与理解也就豁然开朗了。

三、经济学与人类行为学的结合

以经济理性解释人的信用行为是经济学与行为学相互渗透的生动例证。近代经济学的奠基人斯密,并未将"功利"视为人类行为的唯一动因。例如,斯密认为,社会分工"不以效用为目标,它是人类所共有的、特有的、互通有无的倾向"所导致的。同样,人追求社会声誉与追求个人物质利益的信用行为也是不同的,在一定程度上是彼此分离和独立的。追求个人利益的行为目的是个人的物质享乐,是以个人价值为取向的,其快乐的指标是自己的肉体感官。追求社会声誉的行为目的是个人的心理满足,是以群体价值为取向的,其快乐的指标是自己与他人的信用行为价值差额,即起码不要在自己所看重的某种信用行为价值上低于他人。

真实社会生活中的人绝大多数都是以群众价值为取向的,即他的得意与失意都是在与他人信用行为价值对比中形成的。人的信用行为价值能受到他所尊重的人和他相信其判断力的人的承认或赞扬,比什么都重要。追求社会声誉与追求个人物质利益彼此分离的另一个重要根据是,为了追求社会声誉,人们会自愿牺牲用于消遣的时间,甚至主动牺牲自己的健康、利益乃至生命,表现出明显的利他性。"理性"解释或许在百分之八十的时间中是正确的,却只适用针对现实社会"百分之二十的解答"。因为它忽视了一些重要的因素，它不仅在解释政治体制、社会法律、信用机制时，而且在解释人主要的情绪，诸如愤怒、骄傲、羞愧等时，也都是不充分的。此外，在解释人类社会经济生活的很多方面也是不充分的。单纯理性不仅不经济，而且因为个体间的利害冲突，在很多情况下是不能成功的。

经济理性是指个人在内在、外在的一定约束条件下实现自己的信用行为效用最大化。虽然理性人假设是新古典经济学用于分析和把握经济规律的重要工具，但是却遭到了较多的批评和质疑。这种假设不完全符合社会经济的现实，它单纯用理性人的假说去理解并阐释人类社会经济问题，因而只看到了一些表面现象，在很大程度上偏离了人的本质特点，并未正确解释理性人在现代经济学中的真正含义，更无法解释人在社会活动中常常存在经济理性和行为理性对立的事实。

经济学家们认为，人是复杂人，如果不做出"理性人"假定，经济学的发现只能是偶然，不可能有理论上的简化，无法处理纷繁芜杂的经济现象。没有"理性人"假设就不能认识经济规律，也不可能制定出任何有意义的经济政策。"理性人"假设是经济学具有分析力的重要标志。从道德人、复杂人向"理性人"假设的转化，是经济学成熟的重要标志。有些学者认为，"理性人"假设只是认识经济规律的一个工具，并不是提倡自私自利。如果人是道德人，则社会几乎不需要任何制度安排，也不需要任何经济政策，甚至连国家都不需要。

但理性人这个假设从本质上忽视了人的信用行为具有多样性和复杂性，排斥了心理因素、文化因素和环境因素对人的信用行为造成的深刻影响，把人简化成利己的"经济动物"。人的利己本能被看成信用价值的导向和行为政策的趋向。行为经济学从人的行为哲学本意上，是排斥经济学所谓理性人这个假设的。马克思的政治经济学分析理论，就不同意单纯理性人假设，主张"人是各种社会关系的总和"。同时，马克思在《资本论》中说："分析经济形式，既不能用显微镜，也不能用化学试剂。二者都必须用抽象力代替。"显然，"理性人"假设面临的理性对立，不是要假设还是不要假设的问题，而是如何要、怎样要的问题。没有抽象假设，就无法分析经济问题，无法解释经济社会中人为何要奋斗。

米塞斯、贝克尔等行为经济学家，在人类行为经济分析里并不反对有类似的假设，但强调这种抽象性假设必须从人的现实行为中获得，不能与人的行为变量因素完全分离。据此，行为经济学中的"理性行为人"的假设，也就呼之而出了。

人类行为学对人最简洁的抽象概括就是：人＝躯体＋灵魂。新古典经济学的庞大理论体系建立在两个预设前提上：理性人和理性行为。令人惊讶的是，这两个概念竟然高度地相似，不仅保持了人类行为学对人的物质构成和精神结构有机组成的概括性描述，而且把人与行为的关系通过理性（认知能力和意识反应）纽带紧密联系起来。

1. 阿马泰亚·森对"理性行为"的定义是：在确定性情况下，理性行为有两种主要的探讨方式：

第一种方式强调内在的一致性：行为的理性须符合这一要求，即来自于不同子集的各种选择应以一种有说服力、成体系的方式相互对应（通常被解释为偏好，x 比 y 较受偏好或 x 和 y 无差异）。

第二种方式是以对追求自身利益的推断来表示的。阿马泰亚·森指出："内在一致性"与"个人利益最大化"的结合并非必然，毋宁说是特例（即帕累托最优）。即一方面，个人利益最大化不是一定要通过一致性来达到；另一方面，一致性的方式也不只服务于个人利益的追求，完全可以服务于其他价值的追求。

新古典经济学的两个预设前提——"理性人"和"理性行为"的定义都是以这两种因素为核心：内在的一致性（即有序的偏好）和追求个人利益最大化。似乎可以认为，缺少了其中一个因素，就不称为"理性人"或"理性行为"了。显然，单纯"理性人"或"经济人"的概念会导致两重混乱。其一，理性人与理性行为的定义竟然如出一辙；其二，定义中的两种因素不是必然相关却可以融为一体。混乱的根源在纯理性的定义中，理性人的定义可以设定为"个人利益＋理性行为（内在一致性）"；理性行为可以定义为"内在一致性"（或曰有序的偏好，还可以像有些经济学家加上"传递性"），却没有加上"个人利益"的理由。

2. 行为经济学"理性行为人"假说。如前所述，从行为经济学中可以抽象出一种"理性行为人"的概念，理性行为人，通常是指那些在行为主义意义上是理性的人。他们具有完全充分的行为目的和动机，并拥有有序的偏好、完备的信息和无懈可击的计算能力。在深思熟虑之后，他们会选择那些能够比其他行为更能满足自己偏好或利益的信用行为。合格的理性行为人都具有双重素质，既具有充分的人类行为学特征，又是主流经济学范畴所假设的理性人，他具备与其经济活动及行为方式相应的责任能力、信用素养和行为知识。这里的理性是手段与目的，不存在行为偏好的来源或价值的问题，理性行为人本质上是人的经济理性与行为理性的有机统一体。

2-6 理性行为人与社会习俗

任何经济理论可能都无法回避社会习俗在其中发挥的巨大且无法抗拒的

作用。在不同社会习俗的影响下,人的信用行为常常不完全依从理性,在市场博弈中常有令人匪夷所思的行为。

马歇尔直截了当地说:"经得起时间考验的那些习俗,总是含有保护弱者免受随意侵害的规定。"

一、社会习俗是什么

人类学家认为,社会习俗是人类调适生活的一种手段和方式,它起源于人类为满足需求所作的信用行为努力,也是一种与社会的历史文化传统和居住区域环境特点有关的信用行为。在人们的社会活动里,行为包含的传统习惯、地方风俗、生活习性、文化传承、伦理道德是与社会习俗交织在一起很难精确区分开的概念。

习惯可兼用于个人与社会,习俗则完全是社会性的。习性指客观存在的习俗在个人主观意识中的内化,道德乃是习俗中与是非密切关联的部分,因而是习俗中更为强制的部分。一些独特的社会活动始于信用行为而不是信用思想,开始处于无计划状态,它们的历史在被制度化前没有留下理性的痕迹。但它具有无形的社会力量,个人在具备思考能力之前就已经受到了习俗的影响。

从定义看,习俗是指一种独特的一致性行动,这种行动被不断重复的原因在于,人们由于不假思索的模仿而习惯了它。它是一种集体方式的行动,任何人在任何意义上都没有要求个人对它永远遵奉。从另一个角度可以说,习俗是一个群体与同一时空相结合的必然产物。空间意味着人所属的领地和存在于领地之上的群体与社会;时间则意味着历史,而不是当下之瞬间。习性是习俗在人意识中的内化。习性高于理性,就是宣称个体、个人、主体都是社会的、集体的。习性是人社会化了的主体性。理性行为人的理性之所以受到限制,不仅因为受现有的信息限制,更重要的是因为人类思维在社会认知方面是受到限制的。因此,人的行为既是历史的产物,也是整个社会的产物。

二、信用既不是理性行为,也不是简单的社会习俗

人类的基本信用以一种命定的方式把人的资本属性、价值归属、自我认同、他人的评价等因素与人本身融合在一起。在人的信用表现上,信用通常表现为人的社会习俗行为的属性——信任。基本信任本质上具有无意识的社会性。基本信任以一种内在的方式与不同时空的人或社会组织相连接。也就是说,信任处在全知与无知之间,信任处在理性与非理性之间。

行为为什么能够从社会科学日益渗透到整个经济学中?摒弃所有的社会习俗而以单一的理性解释,人类行为之所以与实际情况并不吻合,是因为这一

学术取向实际上只是近代人类某种性情的部分折射,而不是全部。社会习俗中的习惯和惯例构成人的本体安全感和信任。社会成员间对相互习惯的依赖及对相互保持习惯的信任,形成了社会关系和公共秩序的预期性。

日常惯例造就了生活的稳定和预期性,并造就了人们心理上的安定和信心,这种心里的感受帮助人们掩盖和克服本体信用的不确定性以及行为的不可预期性。"习惯本身大都基于有意识的选择"。经济学特别关心的就是人们的行为在生活当中经过深思熟虑,且在未做某事之前总是先考虑好其利害得失。当人们的确遵照习惯、按照惯例,不假思索地做某事时,其实惯例和习惯本身就几乎是细心地观察不同行为过程产生的利害得失的产物。

行为惯例是本体安全感和本体意义上的信任赖以形成的基础,而这种本体安全感与信任又是日后种种信用赖以发育的基础。

行为科学实验证明,在情感以及一定程度的认知意义上,扎根于现实中的行为,是对个人信用有信心的感受。这是在婴儿的早期经验中获得的,通过早期看护者爱怜的注意而得以发展。从早期生活开始,在潜在空间中的婴儿和看护者之间关系的锤炼过程中,习惯和惯例扮演着基本的角色。在个体的后期信用行为中,惯例、协调性的信用习俗与本体安全感之间的核心连接得以建立。

三、时空的结合是社会信用习俗产生的温床

行为与人的"领地",与他所拥有的一定的时间、空间有着密切的关系。因为"领地"的边界帮助人们获得充分的相互间的识别信息,并且行为对记忆有着不可分割的依赖关系,所以,信用行为一定与社会习俗有着不解之缘。时空合一,即一个群体在一定的空间里共度漫长的时光,这是人类有史以来的生存状况,也是某种社会习俗产生的温床。但现代社会中的资本主义经济制度正在用信用行为扩张、个体行为自利以及自由市场原则不断侵蚀、腐化着这一悠久的传统信用生存模式。

现代信用的一大行为特征是时空分离,即多数人的信用行为始终处在时空的不断流变之中,信用行为的时间将分别在不同的信用行为空间中被打发掉。另一大特征是"脱媒化趋势"或"抽离化机制",即信用要素被信用扩张行为从社会习俗、地域性场景中"脱离",在无限的时空中"重组",也就是以货币符号——纸币(或其他符号形式)和虚拟信用两大系统取代社会习俗、地域关系。这两大结构变迁,都将瓦解传统社会的信用结构,并寻找与货币符号和虚拟信用系统联姻的新信用行为机制。

四、信用习俗对现代社会政治、经济制度的影响

在理性行为人与社会习俗关系的讨论中,信用习俗对社会政治、经济制度的影响是绕不过去的话题,而制度对人类社会经济活动和人类的信用与行为有着十分明显的约束规范作用。

耐人寻味的是,那些成功地建立了现代法律制度和信用机制的国家,尽管也面临新旧信用机制转型的难题,但大多并未对其自身的传统和社会习俗给予人为的、蓄意的打击,而那些以"革命"的方式对自身传统和某些社会习俗给予致命打击的国家,都或多或少遭遇到信用危机。譬如,经过一系列"革命"风暴的中国,新的社会政治、经济制度已经建立,但在自身发展过程中的每一次社会转型期,社会的诚信制度和诚信环境总呈现恶化现象。当前中国社会经济环境最大的危机,其实就是整个社会,包括政府、企业以及个人的公共道德滑坡、诚信文化缺失。

这说明,一个地域社会习俗越是传统,信用资源越深厚,也越善于接受新的信用机制。新旧信用机制之间的关系,应该属于传承转化而非不破不立。有一个明确的结论是:在自身传统和社会习俗已被彻底摧毁的地域建立新的信用机制,近乎无中生有,这是最为艰难的。社会转型趋势不足以成为"理性人"理论的新根据。因为由人伦范畴的血缘、道德、风俗、文化和伦理等构成的社会信用习俗,只是将其与信用有关的一部分关系转让给新的信用媒介——法律契约,但并未将之全部让渡给经济理性。

弗里德曼在评论人们对待货币的行为时说:"将一种物品或另一种物品作为货币使用,是出于一种习惯,而且是一种终生具有的习惯。"在现代信用成为被人们接受的信用行为责任能力依据的情况下,社会信用习俗与传统道德自身也从未退出过社会舞台,依然形如故我。

五、行为责任能力是"理性行为人"的社会规范

理性行为人信用行为的动机以及目标是,追求利益最优化而不是最大化。行为经济学的利益最优化原则要求人们在做出信用行为决策时尽可能全面、系统地考察,尽可能将其中的负面影响变为正面的,或将高代价的负面影响变为低代价的,它是以实现信用与行为的均衡作为结果的。这样,任何信用与行为的均衡决策,都不能以单纯的利益最大化为原则,而应以市场行为博弈的方式和利益最优化为目标导向原则。在理性行为人看来,市场信用博弈不只是在双方之间,而应在自身、对手和监管者三方之间进行。其中第三方不仅是指对博弈双方行为产生外部性的影响者,也包括实际博弈行为参与者。

作为"理性行为人",其行为责任能力由如下原则规范:

首先,人与社会环境和谐是"理性行为人"共同认可的信用行为责任能力准则。其次,理性行为人与社会环境和谐的共识,应当体现在信用行为责任能力制度上,体现在符合社会习俗、道德伦理、文化传统、心理意识、区域环境、法规与法律等一系列信用行为责任能力制度的综合能力之中。再次,理性行为人与社会环境和谐主要表现在个人生态安全、社会需求与利益保障、社会信用体系健全和社会公平与正义等诸方面。推广到整个社会就是,和谐社会建设的核心是人与人之间的信用与行为均衡。其中,个人生态安全、社会公平与正义、权力与民主是对信用与行为的均衡有决定性作用的三大要素。

简单概括就是:法制、平等、民主、自由。其主要含义是:

个人生态安全:失去生态安全的效益是虚假的、短期的。因此,有关信用与行为均衡决策应将生态安全置于首位,并具有否决权。人的信用行为因素对安全的影响有着高度的不确定性,有关信用行为决策应恰当地考虑这种安全不确定性所引起的风险。安全往往作为对效益最大化原则的约束与补充。

公平与正义:社会和谐的基础是信用与行为的均衡,这个基础需要公平与正义。一个人在社会中的"权利、责任、义务"是统一的。理性行为人的公平与正义不仅要使权利享有者承担起与其权利相应的社会责任,而且应当承担这一权利带来的经济责任,承担起随之而来的信用行为责任。这种责任可以是个人之间的、地区性的,也可以是国际性的。

权力与民主:从法理角度讲,社会权力是所有成员权利的高度集中,是法律强制力的来源,而民主则是社会权力可以让所有成员平等分享,它是法律权益的分解。对于人类社会来说,社会权力意味公众信用和群体利益的聚集,而社会民主则是公众信用和群众利益的分摊。

自由与人格:从人的自然属性和社会属性的要求来说,自由是人的自然属性中最为宝贵的部分,也是最稀缺的"资源",它的获得需要通过人与人之间真诚和友好的合作来实现,而人格品质则是人的社会属性中不可缺少的价值组成,是最重要的社会活动"资格"与"私有产权",它需要受到其他人的保护和尊重。

只有这些部分有机融合,才能构成一个真正完备的"理性行为人",在这些前提条件难以实现的情况下,人只能是各有差异的"非理性行为人"。因此,从"理性行为人"假设条件及人的信用行为责任能力来看,人与权力结合的行为需要法律约束,人与民主联姻的行为需要平等协商,自由与人格平等的行为需要合作与尊重。离开这些基础的支撑,人在现实经济活动中就无法回避"沦陷的理性"现象和各种现实困局。

第三章　现代信用的均衡与不均衡

信用,是个十分古老的话题。马歇尔认为:"一个人的财富是由他的外在的财物中的那些能用货币衡量的东西构成的。"实际上,如果从信用就是财富的具体认识来看,他只说对了一半!因为,把信用作为"财富"来看,它不仅包括可转让与不可转让、可用货币衡量与不可用货币衡量的形式,而且包括物质形态与非物质形态、有形资产与无形资产。

因此,人的信用是内涵十分丰富的"财富"。

3-1　信用的"均衡"概念内涵讨论

在社会活动中,信用作为人类必不可少的行为效用要素,是塑造世界的"力量"和"资源",人必须依此而生。但今天,值得人们警觉且令人十分困惑和尴尬的事实是,在现代社会活动中,这种原本稀缺的"资源"和不可缺少的人类"力量",却被人们在不经意间所忽视、遗忘甚至白白浪费掉了!

我们先简要回答一下如今需要人们反思的问题:

有史以来,人类先信用,后货币,还是先货币,后信用?

答案很明确:信用是人类与生俱来的"躯体",信用行为则是理性行为人体现出来的"经济灵魂",货币是人类后来所添加的、用于御寒、遮羞、装扮的"外衣",因此,自然是先有信用,才有货币!

但在现实社会经济活动中流行的看法却是:货币＝财富＝信用。

但不可回避的"货币现实"规律应该是:如果说货币的效用是以一个人为了实现或满足他的愿望而愿意付出的价格的话,那么他由此而获得的满足感大体上应该相当于"购买"时所希望的满足感(货币使用价值——消费行为边际均衡状态)。如果我们假定,在这期间不允许他在性格和爱好上有机会发生任何变化,那么经济学边际规律就发生了作用:"某物对任何人的边际效用,是随着他拥有此物数量的每一点增加而递减的。"但实际情况并非如此,即使人们手中的货币再多,他似乎仍不满足,依然孜孜不倦地、顽强地追求自己拥有的货币数量的进一步增多。

显然,这里似乎出现了一种奇怪而矛盾的现象:一个人拥有某物数量越多,假定其他情况不变(即货币购买力和他支配下的货币数量不变),那么他对购买此物所愿付的价格越低。换句话说,他对此物付出的边际需求价格是递减的。只有他愿出的价格达到别人愿意出售的价格时,他的需求才是有效的(即货币交易边际均衡状态)。由此得出一个结论:对于货币所代表的财富、信用价值等因素,必须考虑货币的边际效用的变化。在同一时间内,如果一个人的物质资产不变,那么货币的边际效用对他来说就是一个固定数量。马歇尔指出:"一个人的财产分配于不同需要的满足之中。因此同一价格在各种购买量的边际上就能测量出相等的效用。"显然,这个货币价格就是边际均衡时(静态)的价格或代表的币值。

现实生活中,我们随时可以看到这样的事例,如在国家法定货币币值不变(利率固定或汇率不变)的情况下,一个人越是富有,其货币的边际效用就越小;每当他的资产有所增加时,他对任何一种利益所愿付出的价格就随之增加。同样,每当他的资产有所减少,货币对他边际效用就越大,而他对任何利益所愿付出的价格就随之减少。毫无疑问,货币边际均衡状态决定了货币效用。

甚至有相当多的人错误地认为:先有货币才有信用。原因竟然只是"因为信用看不见、摸不着,货币看得见、摸得着。信用算不清,货币值算得清"。这使得现实社会生活中对一个人信用好坏的判断,往往蜕变成"说话算不算数,有没有钱"的粗略衡量。在各种"货币"潮水般涌来的现实面前,人们对货币的信心开始松动、迷茫、困惑、崩溃。

与之不同的是,把理性行为人作为社会经济活动主体看待时,考察货币是沿着——人(人格品质)≈信用≈货币+行为效用(基本均衡)≈行为效用/货币(均衡边际)——历史沿革的逻辑关系进行评估、判断并得出结论的。

按照经济学"正常需求和正常供给的均衡"(马歇尔)理论进行货币讨论(这里假定货币被视作与信用等价的"特殊商品"),几乎所有不易毁坏的商品的交易都受到未来估计(这里可以理解成人对货币的信任或信心含义)的影响。人为生产一种商品所作出的所有努力和牺牲必须付出的货币额叫作"商品货币成本"(或商品生产费用),当供求均衡时,可将一个单位时间内生产的商品量叫作"均衡产量",其售价可以叫作"均衡价格"。

这样的均衡是稳定的。这就是说,如果价格与它稍有偏离,就会有恢复的趋势,就像钟摆沿着它的最低点来回摆动一样。所有稳定的均衡都有这样一个特点:即在均衡状态中,需求价格高于供给价格的那些数,恰恰也就是小于均衡数量的那些数量,反之亦然。当供求处于稳定均衡时,如果有任何意外事故使供给离开均衡,则将有某些"力量"会立刻发生作用,使之恢复到均衡位置。以此观点来观察分析信用,其均衡规律也大抵如此。不过,从根源上看货币毕竟只是静态下的信用的绝大部分,而不是其全部。

因此,我们需要强调,信用是人类社会活动的核心要素,均衡状态是人的核心经济状态,也是衡量人经济活动行为责任能力的根本依据和基础。

3-2　人的信用产生与行为发展

人类的进化不是偶然性的结果,而是一个渐变的过程,但进化的每一步都是基因突变带来的结果。哲学上称这种现象为事物的偶然性中包含必然性,渐变性中包含突变性。每一个事物的发展都有它自己的历史。人类的社会活动历史证明,一个人在社会活动中能否有效实施他的行为,取决于他具有的基础信任或原始信用。因为人类社会对没有基础信任或原始信用的人,是普遍具有排斥、对立和敌视倾向的。一个人一旦缺乏基础信任或原始信用,任何社会交往和合作都无法形成,他将无法获得自身生存所需要的"利益",从而不能在人类社会中立足。

一、信用是人类社会的一种客观存在

基础信任或原始信用,一般主要有三种行为形式:
(1)信任使用。即由于心理信任而付诸实施的行为。
(2)遵守诺言。即按照口头约定或契约关系有意识地履行承诺的行为。
(3)借贷活动。即特指以资金偿还为条件的价值运动。

从信用的字面意义看,"信"是"人"和"言"的组合,"用"是动作、运作的意思,概括起来,原始信用就是以"人言"为据或以"承诺"为前提所获得的个人行为责任能力,诺言或承诺是信用行为的具体表现。

人们日常生活中的相互交往关系、社会生活中的沟通、协商、合作以及博弈关系,经济活动中的"借"与"贷"的关系等,都离不开信用发挥作用和效能。信用也是所有市场交换的核心内容,尤其是在人类社会的经济活动中,它是人类经济交往关系中最本质的东西。在人的社会意识层面上,信用表现为人与人之间交往行为过程中的认同和信任。从这个角度理解,信任是人一切社会行为的基础。

这可以从信用产生和发展的历史轨迹看出。自人出生的那一刻起,信用就像烙印一样"镌刻"在每一个人的身上,成为人的躯体和人格的重要组成部分,表现为人与人之间的情感信任和依赖关系,并随着人类社会的变化而变

化、进步而进步。例如:婴幼儿天生有着对母亲信任依赖的情感,这种原始状态的信任和依赖关系往往局限于家庭或族群、部落成员之间,从生命的起点开始,到生命的终结结束,维系其一生。

虽然这种人类信任和依赖的情感,并不是真正意义上的信用,但却是人伦信用产生的基础。这一时期的人类信用,受个体行为责任能力的限制,主要表现为血缘关系上的信任,有着自然属性。

囿于交换范围和交往的对象集中在他所熟悉的血缘、亲缘、友情和从属关系范围内,他的信用行为决策只取决于他对身边人和熟悉生活环境的信任,他所有交换活动也只限于此,而他的信用行为选择,主要依赖当时的社会伦理规范和道德秩序,对社会活动不能产生影响。但这种信用不会随未来社会的变化就消失殆尽。

这对人的信用本质来说,有非常重要的佐证作用:一个人的有效信用,是从基础信用发展而来的,是从他"成年"之后(即具备社会法律所确认的年龄划分和信用行为责任能力双重属性),有正常行为责任能力和社会交往(或交换)活动后形成的,并随社会发展而发展变化。它是人自身拥有的物质形态与非物质形态有机结合的特定表现形式。

由若干人组成的社会群体组织(企业、政府、团体、国家等),其信用产生和发展的基本规律大致也是这样。有所差异的是,它的有效信用一方面是由社会道德伦理决定的,另一方面也是在所处社会法律制度与信用行为责任能力规定性安排下形成的。原始信用尽管是人类社会的一种客观存在,随行为主体的信用行为责任能力的逐渐增长而变化,是形成人类社会信用行为责任能力的本质基础,但它并不等同于能真实体现人的社会属性内在本质的信用变量,更不同于现代社会的信用变量形式。

人的信用随人的进步而进步,随社会发展而发展,这是指信用作为社会人格的重要组成部分,是客观存在的东西,不由人的意识所决定,但与人的意识变化有着不可分割的联系。

值得指出的是,社会群体组织信用与个体的信用有所不同的地方在于,除普遍存在的人伦信用外,契约信用的产生发展很大程度上与社会法律制度和信用行为责任能力规定性的存亡有关。

换句话说,基础信用是人类社会所赋予人的"名片"或社会群体组织所特有的"专利"和"附属物",是物质形态和非物质形态有机结合的特定价值表现形式,是与人身和群体组织本身不可分离的价值体现,也是人或群体组织能够正常参与社会活动的基础与前提条件。显然,信用是人类社会不以人的意志为转移的客观存在,是社会人格的象征。

二、信用是人类社会发展进步的结果

除客观存在的因素外,严格地讲,信用是在人类社会进步和发展的过程中随着社会分工、市场交换活动逐步发展起来的,是人类发展和社会进步共同作用的结果,也是人类生产交换活动与人类情感、需求、行为融合交汇的产物。

信用的发展与人类社会的发展同步,从原始社会到商品社会以及现代社会的过程中,人类信用主要经历了:

发展阶段:原始信任—原始信用—近代信用—现代信用;

信用形式:人伦信用—契约信用—法律信用;

信用状态:自然状态—有形物质状态—初级商品形态—商品价值形态(媒介形态)—价值符号形态—虚拟价值符号与行为融合形态等传承性演变。

1. 人伦信用。自人类社会有以物易物的原始交换活动开始,信用就出没其中,充当起人与人交往、物与物交换的媒介。原始社会的信用行为不是完全凭借信用,更多的是依赖人与人之间的信任。这种信任作为信用的原始形态往往建立在人伦道德基础上,即所谓的"熟人社会"、"情感交往"和"信任交换",在有限的社会范围内发挥效能。原始社会中人与人的社会联系主要是血缘关系、宗亲关系,信用则产生于部落群体内部的生产和生活需要,从信用行为的角度看,部落群体活动的边界即是信用的边界。

在生产力水平极端低下的原始社会,个体只有通过群体的劳动才能获得必需的生活资料,而在群体劳动中个体间的分工合作又必须依赖于家族或部落内部的信用——信任,每个人都努力按照家族或部落内部的约定俗成完成自己的任务,并凭借信任对他人行为作出合理预期。任何不能尽到自己责任的个人,都会遭到家族或部落内部其他成员的一致谴责或相应惩罚。这一阶段,信用处于"人—物—人"的对等地位,"相互信任、遵守约定"成为原始社会的信用制度和基本信用行为规范。

随着人类劳动生产力的提高,进入农耕社会的信用,既出现了包括与人的身份等级依附相联系的人际道德信用,也出现了由于商品、货币、债权、债务等买卖交换关系的存在而形成的原始信用行为。在农耕时代,由于缺乏必要的人身和买卖自由,人们的交换活动相对集中在一个知根知底的"等级社会"和"习俗社会"里,并由此形成维系这一社会形态的信用及信用行为的道德准则。这种习俗社会的道德规范使信用既有平等合作的特征,也孳生出多种形式的人身依附和等级身份不同带来的社会人格不平等关系。此时的信用是"人—人—物—人"的隶属关系。例如:奴隶主与奴隶的人身依附关系,奴隶既没有平等交换的权利,也被剥夺了原本属于自己的信用;社会交换职能发生在奴隶主与奴隶主之间。这一社会形态下的市场交换,尽管带有平等合作的信任成分,但人身依附和等级地位成为信用的决定因素,社会信用行为的作用范围十分局限。

2. 近代信用。私有制和社会分工使得劳动者各自占有不同劳动产品,而剩余产品的出现则使人类市场交换和交换范围的扩大成为可能,信用作为交换媒介的形式也随之变化。此时的信用,是依照"人—物—物—人"的对等关系形成,是在人伦道德基础上以人身依附、权责等级为核心的。"打狗看主人"、"看菜下饭"、"欠债还钱"和"人死债烂"等俗语都是习俗社会信用的直观表达。

近代资本主义私有制出现以后,人的逐利本性和信用扩张的冲动,促进了社会化大生产和劳动生产力的提高,社会分工不断发展,大量剩余产品不断出现,替代实物信用参与价值交换的媒介——货币开始活跃在不同交易者之间,此时的社会信用关系建立在"人—物—货币(原始货币、铸币或贵金属货币)—物—人"的基本链条上。随着商品生产和市场交换范围的扩大,商品流通出现了矛盾——"一手交钱,一手交货"的交易方式由于受到客观条件的限制经常出现困难。于是,挂账、赊销、预付货款等不同类型的先期、延期支付的信用方式应运而生,产生了信用与交换行为的时空分离。

显然,商品赊销形式的出现,意味着卖方对买方未来付款承诺的信任,意味着商品让渡和价值实现发生时间上的信用分离。这样,买卖双方除商品交换关系之外,又形成了一种债权债务关系,即"人—物—货币(媒介)—人"的信用关系。当赊销到期、支付货款时,信用行为的媒介——货币不再发挥其流通职能而只充当支付媒介,这种支付只是信用价值的单方面转移。正是由于媒介货币作为替代信用的支付手段,使得商品能够在早已让渡之后独立地完成信用价值的实现,从而确保了信用的兑现。整个过程实质上就是一种区别于实物交易和现金交易的交易形式,即信用交易。

近代社会,信用的行为形式开始从人伦信任转变到契约约束,从熟人社会到习俗社会再到陌生人社会,从人身依附、人身独立到人身自由,信用关系演变呈"物—人—货币(金本位)—货币(金本位)—人—物"状态;实物形态在交换过程的不断隐退,并不断抽象成"人—纸币—纸币—人"的现代市场信用交易行为,进而演变成现代虚拟信用。由于引入媒介——货币,真实信用随着市场交易中实物形态的逐渐退出而"隐居幕后",货币中介职能越来越丰富,而且变化多端。当货币的媒介性质被人们用来替代真实信用,继而作为信用价值符号的特殊商品对待时,信用交易就超出了一般商品买卖的范围。尤其是在脱离了"物质本位"和"金本位"信用保证基础后,原本作为流通、支付、储藏手段的货币率先加入了市场交易,出现了借贷、投资、货币买卖、虚拟信用交易等活动。现代信用关系逐步进入了"信用—人—纸币—符号—符号—纸币—人—信用"或"信用—人—纸币—行为—行为—纸币—人—信用"的虚拟信用行为循环。从此,货币的运动和信用连接,形成了社会经济活动新范畴——金融业。

3. 现代信用。随着现代社会经济发展形态的变化,现代金融业不再是单纯的信用中介机构,而是置身其间的参与者和社会经济活动的枢纽与核心。

在市场经济发展初期,市场信用行为的主体大多是以延期付款的形式相互提供信用的,即以商业信用为主;在市场经济较发达时期,由于货币媒介引入到信用与行为的关系中,催生了初期金融业,并在社会分工的大趋势下,逐步细分为以现代银行业、保险业、证券业、信托业为代表的多元化的现代金融体系。其中,随着现代银行的出现和发展,银行业的货币信用活动逐步取代了大部分商业信用活动,成为现代经济活动中最主要的信用行为方式。

这种信用行为方式,除依旧需要符合传统的社会伦理、道德、习俗、文化的基本要求之外,还应不断与现代社会发展的需要相适应,随着人类科技手段不断提高,电子技术、通讯技术在社会信用行为中得到广泛运用,越来越多的非货币化的交易媒介被大量引入,现代信用呈现出"脱媒化"、"虚拟化"、"权属化"和"符号化"的趋势,越来越多的虚拟信用形式开始出现在社会经济活动中。

正因为现代信用交易行为变化趋势不断加快,更加凸显出加强现代社会的法律制度体系建设和强调信用行为责任能力的重要性。十分清楚的一点是,从古到今,无论信用内涵和形式如何变化,"诚实守信"始终是贯穿其中的,并成为人类所共同遵守的亘古不变的信用行为准则。

3-3 信用的概念及行为含义

人们关于信用是什么的研究和表述历来就没有统一过。关于信用的含义很多都是从各自研究领域的角度,对信用作出一种概念性的描述,对信用变量真正含义的认识,却往往是仁者见仁,智者见智,并没有十分明确的学术界限和准确定义(国内有关信用学理论的参考书籍比较多,其中比较简单且容易看懂的是吴晶妹的《现代信用学》,有兴趣的读者,可以从中找到自己需要的材料。由于本书对于信用研究的出发点和很多概念与方法完全不同于该书,甚至存在学术抵触,因此不便多加引用,也不赘述)。

由于信用本身的多重性、多样化、虚拟性和隐含性等特点,用数量化方法统计或计算信用是不可能的事情。广义信用与狭义信用的划分也并没有从根本上厘清信用概念,人类只能从"程度"或"等级"、高或低概念对其进行描述。信用究竟是什么?迄今,学界与业界并没有给出准确而全面的答案。或许信用是一类"只能意会,难以言传"的东西,以至于时至今日,学术界在涉及经济活动的理论研究上,宁可看重对货币的研究,也较少重视对信用的分析。在日常生活中,人们往往相信货币的"魔力",而容易忽视信用的存在,这使货币与信用的关系经常出现"错位现象"。

由于信用对我们研究人类社会活动和信用行为规律很重要,因此,有必要对其从学术概念上加以厘清。

一、信用变量的概念

在日常生活中,人们习惯于把信用当作财富或货币的象征,认为信用就是财富,信用就是货币,而市场信用通常以货币财富为主要的表现形式也进一步强化了货币财富就是真实信用的误解。加上为了使用上的方便和价值交换核算方式的简洁,便于人为直观和数量统计的需要,人类自觉或不自觉地误把信用与财富、货币等容易计算的内容画上了等号。

现实社会对人格品质以及行为责任能力的评价,主要依赖的是财富或货币多寡,而不是真实信用的本身。这为接连不断的金融危机和经济风险留下了"伏笔"。其实,不仅财富或货币具有变化的多样性,人类信用本身就是一个多变量要素相比较的结果,这也决定了信用的变量特征。

即使作为"信用"象征的财富本身,也是一个多变量的要素组合。马歇尔在《经济学原理》里给出了财富的定义:"财富是人们要得到的东西,即满足人类欲望的东西。"

他从存在形态上对"财富"做了进一步的详细说明,指出:财富是人要得到的东西,分物质形态和非物质形态两大类。

物质形态财富有实体性和权益性特征。包括有用的、有形的东西,以及有使用这些东西从中获利或等到将来再获得它们的一切权利。诸如社会法律中"物权私有"的概念,所指的物权就是个人物质财富部分。这其中涵盖了大自然给予理性行为人的土地、水和空气等基础生产生活的物质。具体有农产品、矿产品、渔产品和工业产品等,建筑物、机械等,货币、抵押品、股票、有价证券、票据和其他债券等,各种垄断权、专利权、版权、公司股权等,交通使用权和其他使用权等,还包括旅行、参观机会等外在的物质利益的便利。

非物质形态财富有虚拟性和权属特征,主要包括两类:行为技能、标识性。前一类是由人自身的特点和活动及享乐的才能构成的,技能即技术和能力,如行为能力、行为责任能力、经营能力、管理能力以及服务技能、技能知识、专门的技能等等;后一类是对人有利的与别人的关系构成的外在物质识别性特征,如私有产权、文化传统、声誉、品牌、口碑、标识等等。

此外,信用按照权属划分,可以分成可转让的与不可转让的两种类型;按照行为方式则可分为有效信用与无效信用两种类型。马歇尔指出:"一个人的财富是由他的外在的财物中那些能够用货币衡量的东西构成的。"借助外生媒介变量——货币不仅使财富更加具体化,而且使"信用"变量有了可以用数量进行衡量的有效工具。

个人拥有的一切可以用货币加以衡量的东西,就是一个人所拥有的并能得到别人认可的总信用。这种信用变量数值的大小与信用品质或信用质量没有直接的因果关系;社会公共财富中个人只拥有应当归属自己的那一部分东西和相应支配的权利,超出或多占的部分,不是真实信用衡量的范畴。

从概念归属和行为状态上,通常将信用划分为两大类别:

第一类是从信用的性质归属上划分:广义信用和狭义信用。

第二类是从信用的行为状态上划分:传统信用和现代信用。

1. 从信用变量的性质归属上划分。

(1)广义信用。涉及人类生活的方方面面,属于道德伦理的范畴,涉及习俗和法律制度;有亲情友情和血缘关系,包含地域、习俗、文化、环境、习惯、心理偏好等因素。不同的民族、不同的文化、不同的地域、不同的环境、不同的社会发展阶段和社会政治经济体制中的人们,对信用的理解及对信用行为的动因、目标、后果的判断千差万别。

广义信用,只能从人类相同的伦理道德、地域、文化等方面进行原则性的分析,很难形成一致的信用概念和信用行为对错的结论。由此可见,在人类的信用与行为函数模型体系里,广义的信用体现社会道德伦理占主导地位的特点,是人伦之信、承诺之信、行为之信和道德之信。人伦信用贯穿于人类社会活动的方方面面,以最原始、最基础的信用形式出现,是人类道德的心理映像。

广义信用,俗称"社会信用"。它是人类社会信用的普遍表现形式,最核心的表现是对遵从"诚实守信"原则的"信任"情感和行为方式。通常,不把广义信用与财富或货币信用形态对等看待,而只是作为信任或信心的表现。本质上,它体现在人类衡量行为是非对错的心理反应上。

狭义信用,是专指与人类经济活动以及市场交换行为有直接联系,与主体利益密切相关,并以"借贷"信用活动为内容的信用。

借贷信用最典型的特征是它与人类经济活动联系密切,与人类社会的生产、生活、消费市场交换(交易)信用行为中商品买卖、资金运动、价值转移和利益实现等过程有关,是人与人彼此处理这类活动所依赖的行为基础和决策根据。

狭义信用,是以社会法律制度安排以及人类信任、承诺、信心等人伦道德信用为基础,以契约(或书面合同)方式表达,以财富、货币、有价证券等为内容的一种价值权属形式。

狭义信用最典型的表现是资金借贷行为,即通常俗称的"信用"。

需要特别注意的是,在日常生活中,人们习惯于把它与实际财富或货币信用联系起来,即信用≈财富,或信用≈货币。从本质上看,实体财富或货币因素等构成的信用,常被人们用于衡量物质价值或经济利益,但这也只是狭义信用范畴里特定状态下信用的特殊表达形式,它并非与真实信用价值权属完全对等的信用。

2. 从信用的行为状态看。

(1) 传统信用。传统信用观念认为,信用是人与人相互交往中的一种信任关系。日常生活中,大多数人以及新古典经济学理论对传统信用的基本解释都侧重于借贷行为。信用是指能够履行诺言而取得的信任或能够按照借贷约定完成交易行为的承诺。

货币银行学则侧重于信用与货币媒介之间的等价性考量:

货币=信用;货币=财富;或货币=资本。

传统信用通常包含以下几个方面的行为内容:

a. 诚实守信;b. 信任和委用;c. 相信和采用;d. 以能履行跟人约定的事情而取得的信任;e. 不需要提供物资保证,不立即支付现金,而凭信任所进行的借贷行为或交易行为。

(2) 现代信用。现代信用的突出特点是它的虚拟性。一般现代信用观念认为,从人类社会不断变化发展的趋势看,现代信用具有日益宽泛的行为变化趋势。

现代信用更像社会现实的、普适的、实用的一种特殊形态的"货币"或"无形资产",是与人格特质紧密联系的一种名誉、一种财富、一种标识、一种品牌、一种责任能力等。它在社会活动的很多场合都能够发挥类似于普通货币一样的"商品化"符号特质,象征着财富、价值,可以携带、转移,可以储藏,甚至可以直接用于交换,并被现代社会广泛使用。

但现代信用却又不完全等同于普通货币,其虚拟成分的增加,使其在信用行为方式和信用价值采用货币媒介衡量的尺度上差距甚远。通常,主要从以下六个方面认识现代信用:

· 现代信用是一种社会人格品质和品牌标识;

·现代信用是人的一种社会行为责任能力;
·现代信用是行为主体所拥有的"无形资产";
·现代信用变量是以行为主体所拥有的有形资产及财富的总量数值为基础的,可用货币价值进行衡量的计量指标;
·现代信用是可用于市场价值交换的"特殊商品"和信用交易行为的一种权利"符号"或以货币为媒介物进行交易的"筹码";
·现代信用是现代社会各种"借贷"活动和人类利益实现的核心内生变量。

3.信用的基本概念。

(1)狭义信用的概念:信用,是人的有形物质财富和无形物质资产的集中象征——行为责任能力或以此体现的行为效用。

一般情况下,为了便于理解和研究行为经济学,通常人们所说的"信用",主要侧重指与人的经济行为关系密切的狭义信用变量。

具体说,信用是统一货币衡量所体现的人类物质性价值象征和无形精神意识状态的结合,是一切社会合作以及交换行为的基础,是可以用货币等媒介物衡量的所代表的人身权利与义务,是依附于行为主体的"人格品质"、"品牌形象"、"无形资产"和"意识标志",是用货币符号代表的财富价值和信用行为责任能力的"特殊商品"。

信用是综合反映行为主体人格品质特征、行为责任能力的表象符号,是行为主体拥有的有形财富、物权、货币、权益等特殊商品所代表的客观价值基础,是行为主体如约实现经济利益、完成"商品"价值交换、财富储藏与社会流通等信用行为目标的契约承诺和交易性变量,是社会经济活动中,人与人之间各类"借贷"信用行为的权利"符号"和"筹码"依据,是行为主体信用行为决策的衡量心理指标。

(2)广义信用的概念:现代信用是指主体以人格品质标识或采用货币进行衡量的价值形态以及相应的行为责任能力。简而言之,信用是行为效用与货币媒介物数量相比较权衡后反映的结果。

即信用$\approx$行为效用/货币;或 $f(Y) \approx b'f(X)/f(a)$。

按照行为经济学原理,上述信用定义的内涵为:

①信用是人的客观本质属性;

②一种信用通常包含两大结构组成——物质形态的成分和非物质形态的成分。

物质形态成分主要是指人的自身存在和归属这种存在的,可以用统一货币或等价物进行交换、衡量和计算的物质财富部分,如货币、资本、财富、权属、实物、商品、矿产资源、土地、房屋,等等。

非物质形态成分主要是指人的人格品质和行为责任能力,以及与人相关的标识性、特征性、财产性的无形权益和基于道德或信任原因而形成且无法用统一货币或等价物进行衡量、计算,只能靠估计、判断、预测等手段确定的意识成分。

一般在实际考察现实社会活动中人的信用时,运用信用定义在判断、评估、分析和预测信用状况上,主要考察其货币和行为效用。

任何一个经济个体的信用,都包括物质形态信用和非物质形态信用两大部分,两者缺一不可。如果任何一方缺失,则人的信用丧失,即使保留部分信用,其信用行为也只能在此范围内适用。从要素要求讲,这个经济个体就是不具备信用的人或者说是信用要素不全的人。这也意味着如果一方实施信用行为,不仅信用与行为均衡无法实现,而且会有更大的不确定性或利益损失的可能性。

二、对信用变量含义的解释

结合现代"信用"定义,由信用≈行为效用/货币,或 $f(Y)\approx b'f(X)/f(a)$ 均衡函数模型分析,可以从四个角度来解释"信用变量"(以下简称为"信用")的内在含义:

(一)从伦理的角度

从伦理角度理解"信用",它实际上是指人信守诺言的一种道德品质。信守承诺的行为是一种主观意识的行为,往往因人、因事、因时而异。从伦理道德层面看,信用主要是指参与社会和经济活动的当事人之间所建立起来的、以诚实守信为道德基础的"践约"行为。从这个层面来看信用,它对一个国家、一个民族都是至关重要的,因为一个社会只有讲信用,才能够形成一个良好的社会信任结构,而这个信任结构是一个社会正常运转的重要基础。现代生活都是建立在对他人诚实信任基础上的,这一点的重要性要远比人们通常认识到的程度大得多。

从商业伦理角度来看"信用"的含义,诚信既是指与自身所接受的最高行为规范相一致的信用行为,也是指将伦理道德要求加于自身的信用行为。诚信的最大特点是:道德规范是自加的和自愿接受的。所以对于企业这个"理性"的主体而言,要强调商家及其管理层的信用行为自律。更为重要的是,它限定了诚信的范围,即伦理上要以无可非议的、正当的财富价值或经济利益为自己的追求最高的信用行为的道德底线。

(二)从金融和经济的角度

现代社会经济是一种高度发达的市场经济、信用经济,追求利益、创造财富、营造和谐、互利合作乃是保障人的生存、满足人类需求和实现人类社会科学发展的首要前提。个人信用缺失,给个人带来的不仅是物质利益和经济利益的损失,同时也带来信誉以及社会人际关系的相应损失,在正常的社会活动中会使自我陷入非常难堪的境地。不健全的个人信用行为,往往会受到社会道义与公众的谴责,受到社会法律的制裁与处罚。在现代社会中,信用的作用范围已扩大到社会的方方面面,扩展成为每一个人、每一家企业以至每一个国家应有的责任和应尽的行为义务。在人类社会的可持续发展过程中,信用不仅产生经济效益和物化的社会财富,而且产生人类信用行为精神化与和谐合作的社会财富。

从经济层面看,信用是财富,是货币,是资本,是由价值尺度衡量的"标识物",同时也是在商品交换或者其他经济活动中,授信人在充分信任受信人能够实现其承诺的基础上,用法律契约形式向受信人放贷,并保障自己的本金能够回流和增值的借贷行为。按照货币银行学有关货币特征及功能的描述,我们可以说现代信用是具有货币特征和信用行为责任能力含义的特殊商品。这种商品包含了行为主体的物质财富与精神财富的所有要素品质。简言之:信用是金融商品,是具有信誉价值和使用价值的特殊商品。

从金融的角度看,信用实际上是一个与时点对应、行为静止状态有关的离散变量和间断函数(即函数模型特征上的点状不连续而非线性连续),是指特定时间间隔内一定数量货币资金和变动关系在信用行为上的表现。譬如:信用"商品化"实际上是指"在一段限定的时间内获得一笔钱的预期"。你借得一笔钱或赊销一批货物,实际上就相当于你得到了对方的一个"有期限的信用额度"。在人伦信用社会,你之所以能够得到对方的"有期限的信用额度",大部分是因为对方对你的信任,尽管有时也可能是因为战略考虑和其他的因素。但在现代社会,能有效维系信用这一"商品"交换行为的基础,不单是人伦道德,更重要的取决于人的信用行为责任能力和法律契约规定。

(三)从社会道德和法律的角度

从法律角度理解"信用",它本质上是社会法律规定下的人的契约行为道德和信用行为责任能力的有机结合。实际上有两层含义,一是指行为主体之间的一种关系,但凡契约规定的双方的权利和义务不是当时交割的,存在时滞,因此就存在信用行为道德关系;第二层含义是指双方当事人按照社会法律制度和契约精神规定享有的权利和肩负的义务。

在这个层面上理解信用有两点需要注意:一是契约必须是符合社会法律

制度规定和社会道德规范的书面约定或是有相关保证性的承诺。我们可以把契约看成狭义的经济合同,小到两家企业之间的供货合同,大到两个国家之间的数以亿元计的债务;也可以看成广义的社会道德伦理契约,比如子女与父母之间的契约关系,父母有抚养子女成人的义务,子女也有赡养父母的义务。二是契约的另外一个非常重要的特点,那就是非即时交割,这是构成法律上的信用行为的必要条件。如果权利和义务的实现是同时进行的,如以物易物的当面交换等,那么就不会构成信用。这两者之间必须存在一定的时间差或时间间隔才会出现信用。

(四)从财富、货币、资本的角度

在经济社会,人们之间以交易(或交换)为行为目的的经济活动日益普遍和频繁。在市场交易活动中,信用行为效用对人类经济利益和市场环境的影响越来越显著、越来越重要,人们逐渐意识到需要单独从金融层面研究狭义信用,给出它明确的含义和界定。

在货币金融学中有一个重要的流派,即以18世纪的约翰·劳为先驱、以19世纪的麦克鲁德以及20世纪的熊彼特等人为代表的"信用创造学派"。在信用创造学派眼中,信用就是货币,货币就是信用,信用创造货币,信用形成资本。约翰·劳说:"信用是必要的,也是有用的,信用量增加与货币量的增加有同样的效果,即它们同样能产生财富、兴盛商业。通过银行所进行的信用创造,能在一年之内比从事十年贸易所增加的货币量多得多。"约翰·劳的基本逻辑是这样的:货币就是财富——货币不必是金银,而以土地、公债、股票等为保证所发行的纸币为最好——纸币是银行的一种信用——银行通过供给这种信用,就可提供丰富的货币——给经济以最初的冲击——依靠这种冲击,就可以使国家富强、经济繁荣。

传统经济学狭义信用的普遍概念是:信用=财富=资本=货币。但如前所述,在行为经济学基础上建立起来的信用与行为函数模型变量分析中,实际情形与之有所不同,经济学关于狭义信用概念的只是诸多情形中的一种特例。由此可见,人类把信用变量简化成货币、财富、资本的代名词,实际上与真实信用变量形式相距甚远,甚至是一种真实的"误解",至多也只是某时点行为静止状态下(即 $f(X)=0$)的真实信用变量的特例形式。但正因如此,信用变量与外生变量——货币之间可以建立起便于统计和计量的直接衡量关系,在给人类带来交换便捷、核算准确和携带安全、交易方便、可以储藏等好处的同时,或许还充分满足了人类受内心"欲望扩张魔力驱使"的需求,让人类获得了心理的快乐与满足,即使是凯恩斯本人所讨论的社会有效需求不足问题,最后开出的"药方"——国家干预市场的手段,也无非是增加货币供应量。

总之,在金融活动和金融家的视野里,信用就是货币,货币就是信用,这一认识是被人类广泛接受并付诸实践的,但不可否认的是,它带着人类误入了"货币幻觉"和信用盲目扩张的歧途。

涉及金融信用行为,人们普遍把财富、货币、资本当作金融信用的具体化身。金融信用即货币,货币即财富,即资本。狭义信用传统含义明确指向经济活动中的金融借贷行为。因此,狭义的信用,通常被金融经济界作为专业术语:资信。

需要明确指出的是,资信与财富、资本、货币等并非真实的信用变量,只是人为设定的外生变量,属于信用行为媒介变量,也不完全等同于真实信用变量。资信在行为金融学上不过是特指某一行为主体在特定时期内,与一定数量的资金价值运动有关,有明确本金与利息偿还约定的借贷行为而已。

(五)信用概念在评估、判断、分级和估算上的应用

如前:$M \approx f(Y) \approx b'f(X)$;$f(Y) \approx b'f(X)/f(a)$。如果我们在实际经济活动中判断交易对手信用状况的话,只要考察交易对手两个方面的要素是否完备,就能够比较迅速而且相对准确地得出结果。

具体做法就是:给自己提出两个方面的疑问来回答:

1. 交易对手的货币因素是否符合均衡标准?
2. 交易对手的行为效用因素是否令你满意?

然后将这两个答案合并起来权衡,得出自己的评估判断并作出相应决策。在 $M \approx f(Y) \approx b'f(X)$ 或人 ≈ 信用 ≈ 行为效用的基础上,通常对此函数模型分析有如下几种相比权衡的结果:

当行为效用静态或行为无效时,$a \neq 0$,则 $f(Y) \approx f(a)$。即在某一独立时点上,信用变量=货币变量=财富;信用变量与货币变量或财富相等。在此状况下:当 $f(a) > 0$,则 $f(Y) > 0$,信用与货币正相关,意味着货币量或财富、资本增长,信用扩张;当 $f(a) < 0$,则 $f(Y) < 0$,信用负相关,意味着负债、财富亏空、资本欠账越多,信用收缩。

在货币因素不存在的情况下(非经济活动),$f(X) \neq 0$,则 $f(Y) = b'f(X)$。即在货币因素不存在的情况下,信用取决于行为效用。此时意味着:信用=信任度=履约率=兑现率。对同一种行为,若 $b' > 0$,则 $f(Y) > 0$,正相关,当行为效能参数为正值(正向扩张),信用正相关,即守信、履约、承诺兑现;若 $b' < 0$,则 $b'f(Y) < 0$,负相关,行为负效用,即发生失信、违约、欺骗等行为。若出现 $f(Y) = 0$,主体无信用,不相关,无效行为。

当 $f(X) > 0$,$f(a) \neq 0$,$b \neq 0$,则 $f(Y) = b'f(X)/f(a)$。即这是真实信用的常态,意味着某一个时段内的行为效用与货币媒介数量之比,结果保持相对均

衡。例如：经济增长速率与货币供给速率均衡。

在货币数量相同的情况下，信用与行为效用成正相关，行为效用越高，信用度越高。例如：保持正常货币供给，提高经济效率。

在行为效用相同的情况下，信用与货币数量增加成反相关，货币数量越多，信用度越低。例如：经济运行不变，货币供给激增。

此外，在具体分析上，需要考虑不同情况下信用总量本身是变化的。信用变量不是单因素、单向性的，而是有明显不确定性和受外生变量影响的，表现出间断函数因时点变化而变化的特点。

3-4 现代信用的多重性、扩张性、虚拟化行为特点

现代社会的发展与变化，除原有信用媒介物——货币被人们广泛接纳外，越来越多的新媒介也开始逐步被人类社会所采用。这一方面增加了现代信用蕴含的品质多重性，也使信用行为的复杂性、不确定性显著增大，使不同的社会发展阶段有不同的信用，不同的行为主体的信用差别明显；另一方面，信用媒介要素的增加不仅使信用本身不断变化，也造成不同经济周期的信用不同。即使是在同一社会、同一历史时期里，不同的人也具有不同的社会人格，不同的人往往具有不同的信用品质。不同的信用普遍具有"物与非物"的双重品质特征。

若从信用就是物质财富的含义理解，除大自然给予人类有形的或无形的"馈赠"之外，人类财富由两大部分组成，一是以货币价值为象征的物质财富，一是以契约权益为代表的非物质财富。所谓信用具有"物与非物"的双重品质特征，指的是现代信用普遍包含的物质性因素和非物质性因素的双重品质，具有典型的价值归属性和行为性的双重运动方式的特点。正是基于这个特点，现代信用名正言顺地成为人类社会重要的经济资源和无形财富。而正是由于货币等媒介的介入，使之成为人类社会随时可能出现"妖魔化风险"和"灾难性危机"的根源，这足以让人类对现代信用的"魔力"心生恐惧与担忧。

由于人类认识能力的局限性，现代信用学对于现代信用的理解和认识，大体只有以下几个方面的内容：

1. 现代信用具有时点特征的标识性。如前所述，信用凝聚着人的社会人格和行为责任能力，是标识与识别一个个人（或社会群体组织）参与社会活动的身份资格和可信任程度的依据，或者说，是包含个体社会人格属性在内的特殊商品。现代信用的商品属性可以俗称为社会活动中人的名片或商标。现代信用具有时点特征的标识性，以人能否遵从社会"诚实守信"行为原则为最低

衡量标准。因为现代信用是个体与社会群体组织追求自身利益的基础,也是形成良好信誉、遵从社会秩序以及法律制度安排、行为道德规范的依据,更是外界判断、识别和衡量的依据。

2. 现代信用的扩张性、扩散性和虚拟性。或许,由于现代信用本身所具备的社会人格特质,使它孕育于人类社会习俗的时空合一和信用行为秉性雷同的土壤上,却生长在时空间隔、外部媒介不断引入的影响和核心要素不断抽离并变化的社会环境中,造成现代信用具有扩张性、扩散性和虚拟性特点。

其中,信用时点驻留越久、时间间隔越长、扩散能力越强,所包含和显示的虚拟性成分就越多、越复杂,同时反过来又造成时空分离和核心要素抽离的现象越明显,即形成幻觉。凯恩斯经济学中的一个重要概念就是所谓的货币幻觉。即人们趋于按照名义值进行决策,而不会在名义值中剔除通货膨胀因素并转换为实际值(有关"货币幻觉"的详细内容,我们后面章节会述及)。在现代社会经济活动中,人们简单而错误地把信用等同于货币媒介,这正是"货币幻觉"产生的根本原因。现代信用的这一发展趋势,称为现代信用的行为扩张性和效能虚拟性。

从现代信用的角度来说,除货币幻觉本身包含着传统的虚拟(也叫媒介)特征外,也囊括了其他的信用形式。人们普遍把传统货币(货币银行学称货币为一般等价物、价值符号和交换媒介)视为信用变量的替身(这其实是现代社会流行的一种最大误解和错误认识根源),也把各种象征信用变量的工具视为人类社会正在流通着的"货币"(即虚拟信用的意识根源)。如各种商业票据、有价证券、资产契约证明、纸币以及现代各种电子货币、记账符号、提货单、代金券、承兑汇票、权益证明等,都成为具有货币信用性质和资产价值功能并被现代社会广泛应用于交换和流通的信用变量替代品。

现代信用借助金融中介媒介变量工具的虚拟化行为过程,依靠信息技术、电脑科技的虚拟信用的扩张、创造功能,不断"化实为虚"、"杠杆化操作"和"以小博大",尤其是随着大量期货、期指、远期交易、期权、信用衍生品、金融合约掉期、次级债、大额存单等创新信用产品的出现,信用本身的虚拟性被日益扩张、散布和传播开来。在现代社会经济活动中,产生越来越多的广义和狭义"货币",形成在不同领域都能够存在的虚拟信用和符号数字式信用的狭义信用形式。现代信用的行为扩张性、功能扩散性和效能虚拟性,在行为学上都具有加大信用行为不确定性和信息不对称性的双重风险。利弊各半,既可以对人的信用能力形成有效约束,如口碑效应、模仿效应等,使信用总量被充分有效扩大,成为形成良好社会信用环境与信用秩序的内生力量;又由于信用意识、信息渠道、扩张工具和行为方式选择的不同,造成信用行为责任能力上的社会法律行为限制与公共道德约束缺失,会成为社会信用的"泡沫化"现象和各类金融危机与信用风险的策源地。

3. 现代信用的时间间隔性。所谓时间间隔,原本是自然科学的名词,是指物体运动从起点到终点所要花费的时间;在社会学里是指事物因果关系产生的先后顺序,是先有因后有果,还是先有果后有因的辨义;在行为经济学里,通常是针对人的信用从行为动机开始到目的达到必须经历的过程,或指信用从产生到被人们所认识并接纳的过程(信用行为的历史记录),这一过程所耗费的时间就是信用的时间间隔。除人的本能信用行为外,所有的社会信用行为都不是瞬时完成的动作,因此时间间隔(经济学又叫"时间贴现"或"时滞现象")是人类社会活动中信用与行为之间普遍存在的必然现象。

4. 现代信用的分类。现代信用按人类社会活动领域的不同,一般可以分为两大类:

一类属于社会经济活动领域的信用。通常,按照以理性行为人为基础的信用与行为函数模型进行理解,即人≈信用≈行为效用,且信用≈行为效用/货币;在行为静止或无行为发生的情况下,行为效能=零,这时才出现信用=货币(特定时点下的信用)。凡在不符合这一关系或形成时点关系错位的情况下,信用就失真或畸变。

现代社会经济活动的信用在传统道德原则的基础上,主要采取契约(书面合同)信用行为形式。一个独立完整的经济活动下的信用行为必然包括两个重要行为环节,即承诺与兑现(或立约与履约)。一般情况下,遵循"承诺在先,兑现在后"的信用行为规则。

在现代社会,这实际上属于契约信用行为,是一种社会道德伦理和法律制度安排。只有在全部的交易活动完成以后,经过一定的时间间隔,买(卖)方才能知道卖(买)方是否履约以及履约的程度如何,也才能了解信用行为的具体结果。也正是因为信用具有这种时间间隔性,才使得信用行为的不确定性和信息不对称性相应增大,使得社会信用行为天然具有风险性。

另一类属于社会非经济活动领域的信用。这类信用主要是指信任的人伦信用行为,主要体现在无货币因素的情况下,即以理性行为人为假说的信用与行为函数模型中,当"货币"=零,则信用≈行为效用。如果"货币"≠零,则必然会出现与之相对应的信用行为无效或失真。它以文化、道德、伦理、传统习俗、行为习惯等为基本前提,诚实守信的信用行为是核心原则。不用具体的约定,可以没有契约,但信用行为上是约定俗成的老规矩,大家都知道应该怎样去做,怎样才算是有信用。

由于这类信用行为没有明确的契约信用限制,没有具体的时间要求和信用行为界限,一切遵守约定俗成和诚实守信的信用行为原则,因此在一定程度上具有现代信用变量扩张性、扩散性和虚拟性的特点,同时也存在与经济活动中信用行为的扩散性和虚拟性相类似的天然风险。

5. 现代信用具有的社会性、大众化特点。现代信用具有一定的社会性,主要是指,在人的认知水平下,信用是一种心理现象。由于人的心理反应和心理活动直接受到社会历史、文化、道德、传统、惯例等因素的影响,因此,无论哪种信用,无一不具有浓重的人文色彩,都表现出一定程度的文化、道德、伦理等社会心理特征,体现为人与人之间特定的社会关系。这种社会关系最终构成了整个社会的信用环境,成为人类社会有序发展的基础。正因为信用具有这样的社会性,并被社会大众广泛采纳和认同,现代信用制度才会成为现代社会制度的重要组成部分,信用才会受到全社会的关注与重视。

在传统的社会形态中,血缘、宗法的纽带以及不可交易但可以继承的土地财产等,形成了以人为权益界定的垂直封闭的信用和交换机制。这使得一部分人从一开始便可以特定的身份(农奴主、贵族、国王等)和世袭的方式获得信用,形成社会人格歧视和人身交换权益限制,这种尊卑等级的差别造成人身依附的不平等、人与人之间的权益不平等、价值交换的不平等以及市场主体先天不平等的博弈竞争关系。这些信用不平等因素的存在,不仅阻碍了人类社会的发展进步,也违背现代信用是平等主体的根本要求。

行为主体间人格平等、博弈合作、等价交换是现代信用的基本准则。现代信用作为行为主体人格平等的基本准则,意味着要求废除任何人身的依附和权益等级,在信用关系和信用行为上实现人权平等、人格平等、身份平等和相互交换平等。

6. 现代信用是一种普适之信。这里所讲的"普适之信",是指一种超越亲情人伦信任关系的、无等级差别的、行为规则一致的,并被社会公众广泛接受和认同的平等权益、有效承诺与相互期待。人类行为学指出,只要人类在利益上存在相互需要和依赖,人们就会主动借助契约信用行为和货币媒介影响下的信用,形成新的社会经济联系和交换关系,而不再局限于"熟人社会"或"封闭市场",于是各种带有普适价值的现代信用应运而生,民间也就有了"信用就是保证"、"信用就是力量"、"信用就是资源"、"信用就是金钱"的通俗说法。

传统人类社会的信用受社会生产力落后、活动空间狭小、地域间交往困难、市场范围狭窄的限制,加上人类自身认知水平和信用行为责任能力等多种因素的制约,交换信用行为大多是局限性的、非经常性的。而且主要在"熟人社会"和封闭的习俗社会环境中,与之相适应的信用变量是以社会习俗和道德伦理为基础、以相互信任为信用行为依据的人伦信用形式。随着人类社会的发展和科技的进步,人类社会的分工越来越精细和专业,市场全球化和贸易国际化的趋势,让人类交换行为越来越频繁,范围越来越广,越来越深入,人与人之间建立在物质基础上的相互依赖性空前加强,因此,一种与之相适应的"共同的信用"作为交换媒介——信用"货币"(非传统意义上的货币信用)也就逐渐独立出来,依靠现代信用而不借助货币媒介,人们已经可以进行市场交换和合作了。

7. 现代信用是一种制度诚信、法律诚信和契约诚信。在几千年的人类文明史中,诚实守信是人类社会一脉相承、源远流长、共同遵守的信用行为准则,也是处理一般社会关系的基本准则;进入现代社会,传统信用逐步让位于现代信用,市场博弈、契约信用和法律制度取而代之,成为现代社会的典型特征,也是现代信用的基础和落脚点。

与传统信用的人格诚信完全依赖道德约束不同的是,所谓制度诚信(或称"规则诚信"),是指一种以契约诚信为载体、以法律诚信为保障的现代社会法律制度性安排和信用行为规则约束。现代信用是上述三方面诚信集合,适应社会发展需要做出的行为选择,而其中选择的关键在于现代信用品质。

什么是现代信用的品质因素呢?

从前面关于信用变量的有关叙述中,一个简化的概念就是:所谓信用品质其实是一种人格品质,本质上是基本信用以一种命定的方式把人的资本属性、价值归属、自我认同与他人的评价等因素与人本身信用行为责任能力融合在一起的综合反映。

个体的信用品质取决于下列三个方面的行为变量因素:

(1)个体行为发挥效用,是加强的,还是削弱的;

(2)采取的行为方式或行为效率,是有效的、无效的还是负面的;

(3)货币性变量的性质属于数量有效增加还是实质性减少,表现在个体身上是储蓄性积累还是负债性透支;表现在群体组织身上,是自然性扩张还是人为性(虚拟性)扩张。

3-5 不同信用关系下的行为方式变化

从社会发展的实践中,人们懂得了信用既是财富,也是人与人之间长时间积累的信任和诚信度。信用以变量形式在社会变化和发展过程中全方位地调整人与人之间相互关系的同时,也不断地进行着自我调整,其概念内涵也发生了变化。如前所述,根据人类社会的发展变化,信用行为方式主要有三大类:

一、人伦信用方式

人伦信用,是指人们在社会生活交往中,因血缘、宗亲、熟人等关系产生的信任情感,是依照人伦道德的"诚实无欺,遵守诺言"而形成的信用关系。在信用学概念上,人伦信用是指人们过去所有履行承诺的正面记录,这种记录既是每一个人过去信用行为表现以及结果的历史记载,也是人与人互相信任的心理基础,是一种人人可以尝试的、与自我约束有关的有意识行为。原始信任是人伦信用的起点。总体上看,原始信任内涵中带有明显人的本能特征和信用行为初步意识,血缘、宗亲、部落归属以及交换方式等变量因素都发挥着主导性作用。血缘、宗亲、部落归属以及交换方式等因素的不同,即意味着彼此信用的差别。

人伦信用是与社会形态相对应的状态,后期的人伦信用比前期的概念内涵要广泛和深入得多,但依然没有完全摆脱对血缘关系、宗亲意识、道德基础、社会地位的依附,人所享受权利和承担义务的信用行为责任能力,不仅天生不同而且也不是完全独立、全部自主的,依旧听命于人。人伦信用以自律为主,因此它只适用于原始信用行为的范畴。

二、契约信用方式

私有制以及社会分工的出现,使得人类社会交换方式和交换工具发生了重大变革。最典型的信用关系变化在于,由直接交换扩展为间接交换,由熟人社会演变到陌生人社会,由小区域面向大市场;交换工具从以物易物转变到媒介交换,由单一特殊媒介交换转变成多媒介、多层次、多类别交换。人彻底从纯粹的物—物、物—媒、媒—媒、媒—物交换关系中"解放"出来,并融入了人类精神交换或灵魂交换的成分,实现了人身自由和信用行为独立,但所需规范的信用行为、权利及义务间的信用关系日益复杂,单纯的人伦信用无法适应需要,契约信用也就由此而诞生了。

近代社会的信用关系,是以社会化的大生产、大流通、大交易、大消费为背景,以社会习俗和契约规定为特征的信用形式。它超越了单纯的血缘关系、人伦关系、道德关系的界限和情感纽带,以社会人伦道德和自律为基础,与有实物价值对等的货币信用保证基础相适应,更加依赖他律和社会习俗约束,故契约成为限制性规定的近代信用。在现实生活中,人类在经历了以物易物交换阶段后,契约信用借助货币交换和市场交换蓬勃发展起来。契约信用,是指一种以书面承诺或契约限制性规定,建立在授信人对受信人作出的偿付承诺基础上的借贷关系,是后者无须付现金即可获取商品、服务或货币的行为责任能力。一种流行的契约信用的解释是:"信用这个范畴是指借贷行为。这种经济行为的特点是以收回为前提的付出,或以归还为义务的取得,而且贷者之所以贷出,是因为有权取得利息,后者之所以可能借入,是因为承担了支付利息的义务。"

三、法律信用

现代信用都可以统称为"法律信用",它是比一般契约信用更高层次上的信用形式,是约束力更强、范畴更宽泛、含义更多元、强制作用更明确的信用形式。法律信用,是在社会共同意志下形成的最高价值形态。它是人类社会在对传统人伦信用以及契约信用批判地加以继承的基础上,在行为自律和他律的规则中,吸纳了社会公平、正义、民主以及人格独立、行为博弈、合作发展等变化因素,融入了现代市场经济不可缺少的秩序规则和法治精神,而形成的适合现代市场经济和社会发展的,蕴含道德操守、法治文化、契约精神和社会价值取向的信用形式。

其中,法律制度和法律规定成为约束和规范现代信用的核心要素。法律信用,主要体现在人的信用权益和信用行为责任能力上,即依法拥有的并且可以实现的利益期待和责任能力。《牛津法律大辞典》的解释是:"信用,指在得到或提供货物或服务后并不立即而是允诺在将来付给报酬的做法。"对于行为主体来说,一方面他必须具备相应法律制度规定的信用行为能力和信用行为责任能力,才能获得相应的信用;另一方面作为信用关系,是人与人之间的相互行为关系,他有对自己信用行为承担法律责任的义务,也有主张自己信用权益及损失的权利。有关法典对信用权益的解释是:"提供信贷意味着把对某物(如一笔钱)的财产权给以让渡,以交换在将来的某一特定时刻对另外的物品(如另外一部分钱)的所有权。"行为责任能力的法律约束体现在:当事人信用行为违反诚信原则和法律规定、契约义务的,应当依法赔偿对方利益损失,按契约约定义务条款承担相应的法律责任。

现代社会经济活动日益活跃,现代信用不断发展,以金融信用为主要信用形式的信用行为日渐丰富,各类金融衍生品、信用掉期合约、证券、期货、合同债权、担保、保险、票据、电子交易、虚拟货币等现代金融信用商品,纷纷进入市场交易、债权债务交易以及借贷关系的行列,现代信用不仅充分体现时代特色和法治精神,而且诚实守信的道德原则和契约限制性规定依然是现代信用行为的基础,体现出法律信用、契约信用、人伦信用融为一体,彼此不可分割的结构性特色。

3-6 信用的主要形式及行为表现

人类社会发展到今天,信用包含着极其丰富的内涵。它可能是人类认识中最为复杂、最难以捉摸的经济概念之一。为弄清信用的来龙去脉,我们从狭义信用(以下简称"信用")入手,按受信对象来说明信用的基本形式及行为表现特点。

一、国家信用(主权信用)

国家信用(主权信用)是一种社会公共信用,它是一国拥有社会财富总量的象征,是法定公权力带有强制性特点的信用。又可以称之为"权力信用",即在国家层面,权力=信用。它是一个国家最高法律——宪法赋予政府拥有并使用社会所有信用资源和支配公共权利的信用行为责任能力。它将代表社会大众意志的权力授予政府,这也是其强制性行政的最高权力。

国家信用至少包含着这样两层意思:

首先是国家和国家之间的借贷关系,即所谓的主权信用。通常表现为一个国家的举债能力和信誉品质。如著名的布雷迪债券、美国国债、欧洲政府债券,以及政府贷款、发达国家对落后国家的援助性低息贷款、投资基金贷款、世界银行贷款等。

其次表现在政府与本国的企业、居民之间的借贷关系上。政府代表国家强制力(主权)发行国债,由国内企业和居民购买,这实际是以国家主权作为权益保证而进行内部融资的信用行为。政府先向企业和居民借到一笔钱,然后进行公共项目或基础设施的建设投资,提高国家信用行为责任能力和经济增长实力,并在到期时偿还本息。一般国家债务违约都属于主权信用违约,主权信用违约可以导致国家"破产"。

在狭义信用行为上,主权信用表现为一个国家政府的举债能力。

国家信用实质上是政府信用,政府信用也称"公共信用"。在现实社会生活中,政府或国家公共机构为了公共事业的发展和国家利益的维护,需要支付国防、教育、交通、保健及社会福利等社会公共开支,故需要庞大的信用支持和经费支撑。

但是,通常情况下,政府财政税收的增加往往赶不上公共信用支出的增加,因此,政府每年都会出现庞大的赤字。为弥补财政赤字和促进经济增长,各级政府往往习惯于借助自己"财政特权"实施信用扩张和经济刺激政策,增加自己的财政收入,提高本身的信用行为责任能力。最常见的做法就是:采取扩大财政赤字或举债的办法来弥补不足,借助发行政府债券或出售各种信用工具筹集资金。这些政府债券和信用工具就代表政府凭借自身法定公权力对持有人所做出的将来偿还借款的承诺。

这种偿还债务的承诺来自国家政府,即国家信用(主权信用);若来自地方政府或公共机构,则称为"区域政府信用"(地方债)或"区域公共信用"(地方公共信用)。国家信用(主权信用)是一个国家的最高信用形式,而地方政府或社会公共机构以享有国家法律授予的权利所具备的信用,属于区域性政府信用。在信用度的等级上,由于法律授予的权利范围和行为责任能力的大小不同,享有的社会信用资源总量差异较大,一般区域政府信用度或公共信用度一定低于国家信用(主权信用)。

二、企业信用(商业信用)

企业信用与商业信用,泛指一个企业法人授予另一个企业法人的信用,本质是卖方企业对买方企业的货币借贷。

企业信用通常也叫"商业信用"。企业信用是一家企业在社会中生存和发展的"信誉与品牌",是企业本身拥有的物质财富、流动资金和生产价值总量等资本性因素的综合反映,是企业立足自身参与市场交换行为能力的象征和承担行为责任能力的衡量标识。

企业和消费者之间的信用常常是一种存在时间间隔的信用行为关系,企业信用的缺失,对企业自身来说无疑是"灭顶之灾"。它带来的不仅是社会信誉的丧失、资金供应链的断裂、商品交换行为的终止、借贷关系的破裂、消费者的不信任,还将受到社会法律的制裁和处罚,被市场淘汰出局甚至无法生存。

企业与企业、企业与个人之间的信用,主要体现在两个方面:

一是商业信用(也称"交易信用"),它主要是指企业与企业之间的非现金交易,也就是人们常说的赊销。

二是企业与个人之间的信用,这种生产—消费形式的信用在我们的日常生活中是很常见的,它通常是消费在前,缴费或扣费在后或预存、预交再补足差额的信用行为过程。

比如,日常生活中,水、电、燃气等资源消耗性消费,电话、网络等通讯工具的信息享用性消费,通常都是一种有时间间隔性的消费信用行为。

它们的共同特点,都是社会经济活动中市场交换领域具有价值互换、行为博弈、互利合作关系的信用。企业信用表现,包括生产制造企业在信用行为上,对企业法人地位的客户进行的赊销,即产品信用销售。在产品赊销过程中,授信方通常是材料供应商、产品制造商和批发商,而买方则是产品赊销的受益方,他们是各种各样的企业客户或代理商。买方以自己企业的名义取得卖方所授予的信用。企业信用还涉及商业银行、财务公司、其他金融机构对企业的信贷,以及使用即期汇款付款和预付货款方式以外的贸易方式所产生的信用。商业流通企业、零售企业、服务业等商业企业的信用表现与之类似。

三、金融信用(银行信用)

金融信用或银行信用,亦称"货币信用"或"借贷信用"。银行信用主要表现在拥有货币资产总量及运用资产的信用行为责任能力,组织货币价值的运动和它的信用行为方式。

通常是指发生在银行或金融机构与其他行为主体之间的货币形式的运动、资本货币化存储、资金价值转移、债权债务清算和资金借贷关系,是衡量银行或金融机构经营特殊商品——货币的综合服务行为能力和信用行为责任能力的标识。从这个角度理解银行信用,说银行是最典型的货币信用企业并不为过。

银行与企业、个人之间的信用是相互的。银行要从企业与个人中取得信用,也就是要向企业与个人借到钱,这是它们的生存之根基。同时,企业与个人也需要向银行取得信用,企业可用它解燃眉之急,或投资扩张等;个人可用它应不时之需,进行生产生活消费,提高生活质量等。

从性质上讲,金融业,包括银行,是一种信用中介服务性企业,与普通企业的区别在于,它专门经营特殊商品——货币及货币信用。银行与一般金融机构的区别在于,银行经营货币信用的业务与其他金融机构业务的侧重点和货币商品不同,本质并无多大区别。银行信用通常由自身信用与授给企业或消费者个人的信用两大部分组成。在金融产品销售或企业赊销过程中,银行等金融机构为买方提供融资支持,并帮助卖方扩大销售。商业银行等金融机构除自有资本金的信用外,还以举债"特许权"方式吸收储蓄存款、企事业单位存款,发行金融债,销售金融信用产品来聚集社会的货币资本。再以借贷信用行为用货币方式授予借款人信用,贷款和还贷方式的确定以借款人信用评估等级为依据。

一般来说,商业银行对不符合其信用要求的借款人会要求提供抵押、质押作为信用风险保证,或者由其他信用中介企业、担保公司为这些企业做出信用风险担保。后一种情况实质上是信用中介企业、担保公司向借款人提供了信用,是金融信用的特殊形式。

四、个人信用（消费者信用）

个人信用在社会生活中是最普遍、最广泛存在的信用形式。在人类社会活动中，商品生产、交换以及流通的最终目的都是满足人的消费需求，人在社会经济活动中最本质的内容就是其消费行为，每个人都是消费者。因此，个人信用在社会环境里，也叫"消费者信用"。

从狭义信用的角度讲，个人信用是社会活动中每一个人所表现出来的道德品质和信用行为责任能力，是本身拥有可自由支配的财富价值和货币资金总量的象征，也是信用价值交换行为的人格品质标识。个人信用的特点，是指消费者以对未来偿付的承诺为前提的商品或劳务的交易行为关系。

随着人类社会的进步和发展，消费者信用行为方式不断丰富起来。尤其是西方工业化革命及第二次世界大战以后，社会分工和工业化大生产的出现，科技突飞猛进，生产力大幅提高。为了推销产品，刺激消费增长，银行家以及商人们设计出许多新的产品销售方式和信用工具，诸如远期买卖合约、实物期货交易、分期付款、赊购证、信用卡、记账式贵金属买卖等。各类新的消费者信用形式的不断出现，既扩大了市场交换的规模、丰富了商品交易的内容，也使消费者凭借个人信用就可以提前得到他们想要的东西。如果以消费信用的使用目的为标准，消费者信用的行为表现形式，可以再细分为零售信用和现金信用等。

（1）零售信用。零售信用是指零售商向消费者以赊销的方式提供产品与劳务，是消费者直接用来向零售商购买最终产品的一种交易媒介。通过这种方式，企业或零售商增加了销售量，争取了更多的消费者。在现代市场经济条件下，零售信用已经成为市场竞争的一种手段。在零售信用中，具体可以划分为循环信用、分期付款信用和服务信用。

循环信用是零售商与消费者之间的一种协定。依据协定，零售商允许消费者在事先约定的限额内，以信用交易购买各种商品。零售分期付款信用的特点是要求受信方支付首付款，然后要在一定期限内按期支付固定的金额，直到还完全部款项为止。它与循环信用不同的是，消费者要与企业签订销售合同，在余款支付完后信用交易自动终止，所以它又叫作"封闭信用"。

服务信用专指消费者可以先期获得专业人士的服务，在收到账单后再行付款，是专业服务提供者对消费者所提供的短期信用。专业服务信用类似上述的循环信用，只是由专业服务替代了实际商品。

（2）现金信用。现金信用即现金贷款。当消费者由于各种原因需要现金时，可以向金融机构申请贷款，消费者得到现金，其授信主体是金融机构。

现金信用比零售信用进步了很多。零售信用将交易限定在具体的商品上,而现金信用则可以使消费者购买任意商品或作其他用途。与零售信用一样,现金信用因偿还方式的不同,分为分期付款贷款、单笔付款贷款及一般用途信用卡三种。

分期付款贷款是一种贷款的协定,它约定借款人在将来的一段时间内,以固定而有规律的付款方式偿还贷款。借款人必须提供收入及财务的安全性证明,使贷款人对借款人将来偿还贷款抱有信心。

单笔支付贷款是一种短期的贷款,贷款期限通常短于1年,并规定在期限终了时,借款人应将全部贷款一次性付清。

一般用途信用卡由银行、金融公司或大公司的财务部门发行,是发卡公司对于持卡人预先核准的贷款凭证。此种贷款通常设有信用额度,即持卡人使用信用卡购买商品或支付费用的最高限额。

3-7 现代经济中的信用与行为

在经济学范畴中,金融信用有其特定的含义,它是指一种借贷行为,表示的是债权人和债务人之间发生的债权债务关系。这种借贷行为是指以偿还为前提的付出,且这种付出只是使用权的转移,所有权并没有转移,偿还和支付利息是它的基本特征。此外,它还是一种以法律制度和契约约定作为行为约束和利益保障的普遍行为模式。如前面所讨论的那样,采用均衡函数模型作变量分析时,从信用与行为的均衡关系中,可以清晰地看到金融信用在现代经济活动中发挥的核心作用。

一、现代经济是一种信用扩张性质的非均衡经济

首先,信用扩张是现代经济的一个非常突出的特点,无论是国家、地区增加公共福利支出,还是为了企业生产、个人消费的目的,都需要通过信用扩张来增加收入或借助于负债来形成信用平衡关系,满足日益增长的物质、精神等各方面需求,因此,信用扩张是不同行为主体普遍偏好的信用行为选择。

对国家、地区、政府、金融机构而言,扩大国债规模、增加货币供应量和加快货币流通的速度,以及缔结更多借贷关系、扩大信贷经营规模、创造更多信用工具等,往往是有利的行为选择;对企业来说,扩大生产规模、更新设备,需要借助于各种信用形式去筹措资金、改进工艺、推销产品、增加自己的盈利;对个人而言,信用的扩张意味着获利的可能性增加。

其次,债权债务关系是现代经济中最基本、最普遍的经济关系。经济活动

中的每一个部门、每一个环节都渗透着债权债务关系。经济越发展，债权债务关系越紧密，越成为经济正常运转的必要条件。另外，现代经济中信用货币是最基本的货币形式。各种经济活动形成各种各样的货币收支，而这些货币收支最终都是银行的资产和负债，都体现了银行与其他经济部门之间的信用关系。所以，金融信用扩张行为就成为一种最普遍的经济关系。

二、现代经济中不同行为主体的信用与行为

不同信用关系中的个人、政府、金融机构等行为主体的经济活动都离不开金融信用行为。具体表现在：个人通过在银行的储蓄行为或取得消费贷款的行为等，与银行形成了金融信用行为关系。个人购买国债、企业债券、股票等行为与政府、企业、市场形成了债权债务的金融信用行为关系；企业在金融信用行为关系中既是货币资金的主要供给者，又是货币资金的主要需求者；政府通过举债、放贷形成与居民、企业、金融机构或其他机构之间的金融信用行为关系；金融机构作为信用中介，从社会各方面吸收和积聚资金，同时通过贷款等活动将其运用出去；国际收支的顺差、逆差的调节也离不开金融信用行为。这说明金融信用行为关系已成为现代经济中最基本、最普遍的经济关系。

三、金融信用在现代经济中的核心作用

现代信用对现代经济发展的推动作用主要表现在：现代信用对金融信用行为的最大作用，是保证现代化大生产的顺利进行和社会经济的增长，即金融信用行为从信用规模和资金上为现代化大生产提供条件；在资本利润率引导下，金融信用行为使资本在不同部门之间自由转移，导致各部门的资本利润率趋向相同水平，从而自然调节各部门的经济发展比例；在现代信用制度基础上产生的金融信用行为通过信用创造功能和创新信用流通工具代替金属货币流通，节约流通费用，加速资本周转；金融信用行为的"虚拟信用"方式与手段，让期货交易、权益交易、产权交易和股权交易等成为资本市场诞生的"助产士"和"护士"，不仅为社会直接融资和信用交换打通了渠道，也为实体经济中各类股份公司的建立和发展创造了条件，同时，金融信用行为聚集资本，扩张信用规模的作用通过股份公司的形式也得到了充分发挥。

综合以上三个方面，不难看出现代信用在现代经济中的作用：现代经济是一种以金融信用行为为主要内容的社会活动，同时金融信用行为能够借助新媒介和信用工具实现信用扩张，使现代信用向"脱媒"、"虚拟"趋势不断发展。

严格来讲，现代社会经济中的信用与行为均衡效用，既有积极的一面，也有消极的一面。

其积极的一面(即行为效用为正向或正值)表现在：

(1)现代信用可以促进社会资金的合理利用。通过借贷行为，资金可以流向投资收益更高的项目，可以使投资项目得到必要的资金，资金盈余单位又可以获得一定的收益。

(2)现代信用可以优化社会资源配置。通过信用行为的调剂，把资源及时转移到需要的地方，使资源得到最大限度的运用。

(3)现代信用行为可以推动经济的增长。一方面通过信用动员闲置资金，将消费资金转化为生产资金，直接投入生产领域，扩大社会投资规模，增加社会就业机会，增加社会产出，促进经济增长；另一方面，信用可以创造和扩大消费需求，通过消费增长刺激生产扩大和产出增加，也能起到促进经济增长的作用。

其消极的一面(即行为变量为反向或负值)表现在：

现代信用是金融信用的特征。通常情况下，信用变量或行为变量本身，都是无法进行数量性观测或测量的范围型、程度型变量，无法用准确的数学方法或统计计量来确定，只能以性质属性和"效用"、"范围"、"程度"等进行差别性比较。因此，金融信用所具有的人性化背景和货币化、虚拟化和信用创造功能，在缺乏有效制约和监督管制措施的情况下，金融信用的扭曲和人的经济行为的"理性"结合，会导致不同的局部风险或信用扩张风险和经济泡沫的出现，严重时能够导致社会整体信用以及金融危机和经济危机的发生。

此外，无行为效用的特例(即行为变量为零)，只取决于货币变量，但它是完全由货币变量决定的静止的或无行为效用状态的特例。

(1)信用风险(信用行为危机)。一般情况下，风险是指造成损失的可能性或结果产生危害性的可能范围，风险程度是由可能造成损失的大小或结果产生危害的可能性的范围的深度、广度来确定的。显然，风险的最高形态是危机(有关信用风险的具体定价、度量和管理，读者可以参看美国经济学家达菲、辛格尔顿的专著《信用风险》一书，本书在此不再赘述)。

通常，信用风险是指债务人无法按照承诺偿还债权人本息的风险。在现代社会信用关系已经成为最普遍、最基本的经济关系情况下，信用行为是直接影响社会信用均衡的关键因素。现代社会日趋复杂的社会分工和市场化的自由经济，使社会各个行为主体之间的债权债务交错，形成了错综复杂的债权债务链条。若对现代信用行为的决策和监督控制不好，整个链条上有任何一个环节断裂，都会引发信用关系的连锁反应，进而对整个社会的信用均衡造成很大的危害，对社会经济产生巨大的影响，形成风险或危机。

(2)经济泡沫(虚拟信用扩张)。经济泡沫，是人们用来形容某种资产或商品的价格大大地偏离其基本价值和金融信用可靠程度的术语。在信用与行为函数模型变量分析上,即:真实信用≠已有信用,或 $\Delta f(Y)=f(Y1)-f(Y2)=-f'(Y)$。

通常,经济泡沫的开始是资产或商品的价格暴涨,价格暴涨是真实信用结构不均衡的结果。从供需关系角度讲,意味着信用供需关系不平衡,即这些资产或商品的信用需求急剧膨胀,极大地超出了信用供给。而金融信用则通过人为过度的信用创造功能(如过度放贷、大量增加纸币发行数量、有价证券虚拟化、金融衍生产品、信用掉期、金融杠杆化等行为方式)对这种膨胀的信用需求给予了现实购买力和支付能力的平衡支撑,在实际信用的基础上,人为增加了大量虚拟信用成分,使信用均衡发生结构性偏移而形成经济泡沫。当虚拟信用不足以支撑主体行为时,势必造成虚拟经济不断扩张而实体经济的不断萎缩,财政收入、资产价格虚高,货币效用下降,造成汇率波动、通货膨胀、信用失衡、市场风险累积等,一旦这种信用行为超出其能力承受的限度,经济泡沫破裂,金融危机和经济危机就随之爆发了。

在人类社会发展历史中,历次不同程度、不同范围和不同表现形式的金融危机、经济危机都在告诉人们一个重要的道理:对人类社会而言,信用风险是与生俱来的、无法回避的,但其行为风险是可以防范和规避的;通过人类自身努力和信用行为调整,信用的相对平衡是可以实现的。因此,防范和化解各类信用风险,强化对现代信用行为的监管和控制,实现和保持社会信用的合理平衡,是现代社会一个永恒不变、常提常新的话题,也是金融信用的命脉。

3-8 行为经济学对信用理论的贡献

近代以来,随着社会经济的发展与变化,主流经济学频频遭遇现实"异象"的解释困境,行为经济学家们不仅对"理性人"和"均衡"理论不断提出异议,也有理论创新,尤其是近年来诺贝尔经济学奖获奖者的研究成果成为经济学研究的翘楚。从这些行为经济学理论研究成果中,可以看到行为经济学解析经济"异象"的成功之处和对信用变量分析理论学术贡献的端倪。

一、近年来世界行为经济学研究的轨迹

2001年,美国教授乔治·阿克尔洛夫、迈克尔·斯彭斯和约瑟夫·斯蒂格利茨的研究成果,在20世纪70年代奠定了"对充满不对称信息市场进行分析"的理论基础。其中,阿克尔洛夫所作出的贡献在于阐述了这样一个市场现实,即卖方能向买方推销低质量商品等现象的存在,是因为市场双方各自所掌握的信息不对称。斯彭斯的贡献在于揭示了人们应如何利用其掌握的更多信

息来谋取更大收益。斯蒂格利茨则阐述了有关掌握信息较少的市场一方如何进行市场调整的有关理论。

2002年,美国经济学家丹尼尔·卡尼曼和弗农·史密斯提出各自的理论。卡尼曼成功地把心理学分析法与经济学研究结合在一起,为创立一个新的经济学研究领域奠定了基础。史密斯则开创了一系列实验法,为通过实验室实验进行可靠的经济学研究确定了标准。

2003年,美国经济学家罗伯特·恩格尔和英国经济学家克莱夫·格兰杰分别用"随着时间变化的易变性"和"共同趋势"的方法分析经济时间数列,从而给经济学研究和经济发展带来巨大影响。

2004年,挪威经济学家芬恩·基德兰德和美国经济学家爱德华·普雷斯科特分别提出各自观点。这两位经济学家的研究成果主要集中在两个方面,即有关宏观经济政策的"时间一致性难题"和商业周期的影响因素。

2005年,拥有以色列和美国双重国籍的罗伯特·奥曼和美国人托马斯·谢林在经济学方面也作出自己的贡献。这两位经济学家通过博弈理论分析增加了世人对合作与冲突的理解。他们的理论目前被广泛应用在解释经济学和其他社会科学领域中不同性质的冲突以及寻求长期合作的模式上。

2006年,美国经济学家埃德蒙·费尔普斯对20世纪60年代后期盛行的"菲利普斯曲线"理论提出了挑战。费尔普斯指出,通货膨胀不仅与失业有关,也与企业和雇员对价格和工资增长的预期有关。他的研究加深了人们对于通货膨胀和失业预期关系的理解,对经济学理论和宏观经济政策都产生了重要影响。

2007年,美国经济学家莱昂尼德·赫维奇、埃里克·马斯金和罗杰·迈尔森在创立和发展"机制设计理论"方面作出了贡献。"机制设计理论"最早由赫维奇提出,马斯金和迈尔森则进一步发展了这一理论。该理论有助于经济学家、各国政府和企业识别在哪些情况下市场机制有效,哪些情况下市场机制无效。

2008年,美国经济学家保罗·克鲁格曼整合了此前经济学界在国际贸易和地理经济学方面的研究,在自由贸易、全球化以及推动世界范围内城市化进程的动因方面形成了一套理论。他的新理论能够帮助解释自由贸易和全球化对世界经济产生什么样的影响以及世界范围内城市化进程的驱动力等一系列重要问题。

2009年,美国经济学家埃莉诺·奥斯特罗姆因为"在经济管理方面的分析、特别是对公共资源管理的分析"获奖,奥利弗·威廉森则因"在经济管理方面的分析、特别是对公司边界问题的分析"获奖。

2010年,美国经济学家彼得·戴蒙德和戴尔·莫滕森,以及具有英国和塞浦路斯双重国籍的经济学家克里斯托弗·皮萨里季斯凭借其对"经济政策如何影响失业率"理论的进一步分析,摘得2010年诺贝尔经济学奖桂冠。三人的理论可以解释许多经济现象,包括"为何在存在很多职位空缺的时候,仍有众多人失业"。三人建立的经济模型还有助于人们理解"规章制度和经济政策如何影响失业率、职位空缺和工资"。

2011年,诺贝尔经济学奖授予普林斯顿大学的克里斯托弗·西姆斯和纽约大学的托马斯·萨金特,以表彰他们在宏观经济学中对成因及其影响的实证研究。二人的获奖理由是:二人解释了是什么让世界经济形势至此,下一步全球宏观经济可能发生的变化,政策将作何改变。二人所开创的研究方法解释了一个基本问题:是什么导致了什么。瑞典皇家科学院表示,他们二人从定量的角度来回答经济发展中遇到的问题,而这些都是自然科学很难回答的。

2012年,诺贝尔经济学奖依然授予了行为经济学家,奖励其在"均衡稳定分配"方面的研究成果。

二、信用与行为问题主导着当代经济学研究方向

针对现代经济活动出现的新矛盾、新问题,按照新古典经济学研究,看一下历史的数据,发现过去很难将历史和数据区分开来。

若是仅依靠新古典经济学理论,一是无法解释微观经济学当前出现的问题,以及人的行为异象对于其他事件所带来的影响,或者说对于以后的经济发展能带来什么样的预期困难。二是主流经济学的"理性人"和"均衡"假说,终究无法将人的"理性"和人的"心理行为"有机地统一起来,也同样无法将信用的"均衡"关系与人的行为联系起来以找到问题的原因和解决问题的出路。或许正是这样的理论困境和现实世界经济危机的双重压力,让经济学家和其他学术研究者必须另辟蹊径,通过行为异象的研究,从经济行为的观察和实证研究中寻找答案。

事实证明,对于复杂的信用问题,建立 $f(Y) \approx f(a) + b'f(X)$ 和 $f(Y) \approx b'f(X)/f(a)$ 这样的信用与行为均衡和边际均衡函数模型描述,能够比较简洁、直观地阐释问题,这也是一个正确的方向。

例如:对经济学研究中历史和数据区分的难题。托马斯·萨金特的研究已经显示了结构性的宏观经济计量学可以被用于分析经济政策的长期变化。这一方法可以应用于研究家庭与企业根据经济发展来调整他们预期的宏观经济关系。萨金特阐释道,"二战"之后,许多国家实施高通胀政策,但是最终在经济政策中实行了系统性的变动而回归到一个较低的通胀水平。克里斯托弗

·西姆斯基于所谓的"向量回归"提出了一种方法,用以分析经济政策的临时变动以及其他因素是如何影响经济体的。西姆斯和其他的研究者运用这一方法解释了央行提高利率所带来的影响。通常要一两年时间,通胀率才会下降,而短期内经济增长已经逐渐下滑,而且只有到好几年后才会回归正常的发展状态。尽管萨金特和西姆斯同获诺贝尔奖是因为他们各自进行了独立的研究,但他们的贡献在好几个方面都是相辅相成的,他们的开创性工作已经在世界范围内被研究者和政策制定者所采用。今天,他们提出的研究方法已成为宏观经济分析中必不可少的分析工具。

全球金融危机爆发3年后,在欧债危机和全球金融市场剧烈波动的背景下,2012年及以后一段时期,危机能否顺利化解,世界信用体系是否需要重构,世界经济是否会二次探底抑或陷入长期停滞,成为人们普遍关切的事情。多位诺贝尔奖大师发出的声音是:欧美经济陷入长期停滞的可能性很大,而如何解困,经济学家们也是见仁见智,开出各自的药方。多位诺奖得主认为,主权债务危机是整个西方信用体制面临的一个重大问题。如果政治家不能尽快控制这场危机,美欧经济将陷入长年停滞,并与亚洲和拉美国家的崛起趋势相反,他们将走向衰落。他们认为,西方可能出现的衰落和欧元区崩溃应由政策失灵承担责任。主权债务危机是扼制经济增长的"杀手",货币权力的渗透正在瓦解人类的信用意志和财富激情,国家间信用的严重失衡、市场经济行为遭到人为扭曲被视为主因。

埃里克·马斯金指出:"西方国家负债成瘾将毁灭西方制度。"政治家必须清醒并紧急行动起来,否则西方经济的混乱局面将持续多年。詹姆斯·莫里斯认为,"西方经济较长时间陷入停滞的可能性极高"。迈伦·斯科尔斯也表示:"如果当前政策继续混乱,欧洲和美国将再现日本那所谓的'失去的十年'。"彼得·戴蒙德说,世界经济存在二次探底的"真正风险",欧洲主权债务危机以及许多国家政府对失业问题重视不够是两大风险源。美国和许多欧洲国家正在谈论紧缩财政问题,如果西方主要经济体实行过度紧缩政策,其影响将通过出口等方式传导到世界其他地方。约瑟夫·斯蒂格利茨表示:"另一个全球衰退风险是明显的。不过我不认为会像2008年衰退那样糟糕,因此这次不会像上次那样令世界猝不及防。"

埃德蒙·菲尔普斯说:"西方在过去几十年里生活奢靡,因此他们的一部分未来已被提前消费掉了,现在必须为过去的错误付出代价。"他认同欧元区可能萎缩的观点。菲尔普斯认为,目前世界经济面临的一个比欧债危机更大的难题是美国政府债务问题。他说,美国的财政状况是可怕的。据估算,美国的公共债务,加上其他债务,累计超过66万亿美元。如果对这个问题不予理睬,美国可能会陷入日本式的经济停滞,因此需要采取措施激发美国经济活力。

从上述经济学家观点可以看到,经济学将信用与行为两大变量结合起来研究非常迫切。

第四章 真实行为的效用与边际效用

人的行为,时时刻刻受到信用的影响。它维系和影响着所有的人际关系、合作关系、交换关系等。信用不仅可以改变人们当前的社会生活质量,还将对未来的生活产生深远的影响。如果说,这个世界上每一个人和文明社会都拥有一个共同的前进力量,这就是信用。没有信用,人的一切都将无法继续存在。

如果这个力量被很好地培育和运用,它可以为人和人类社会发展进步带来巨大的经济效益。行为之所以能够成为推动人和社会发展进步的动力,除它可以带来巨大的经济效益之外,根源在于它直接影响到信用的品质。

从人的信用行为活跃的领域来讲,如前所述,按照信用分类方法,人类行为由广义行为和狭义行为组成。

广义行为:涵盖所有的人类社会行为。

狭义行为:专指某一领域或某一方面的社会行为。

就狭义信用行为而言,一类是社会非经济活动且不包含物质利益要素的行为,即一般狭义社会行为;另一类则是社会经济活动且包含明确物质利益因素的行为。本书侧重于后者。所有人类行为的依据都是人的心理意识,信用是人有行为效用的行为价值的真实映像,不同信用行为本质都是相同的,没有截然界限。自古以来,人类信用,都是个体或群体组织在不断发展变化的人类社会中体现自身行为责任能力的关键品质。

4-1 人的行为效用对信用的影响

在日常生活中,人有对未知事物的"好奇心"、"质疑度"以及喜欢"追根问底"的行为习惯。通常,人的信用对日常行为的影响,主要是通过人的行为信息心理偏好施加的。换句话说,对于个体行为来说,其实施的都是或多或少带有个人偏好的行为。

人的信用行为本身包含的一个最重要因素是行为效用。而通过 $f(Y) \approx f(a) + b'f(X)$;$f(Y) \approx b'f(X)/f(a)$ 均衡函数模型分析,可以清楚地看到行为效用与信用之间的正相关关系。但每一种需求都有其限度。

　　源自人类本性的这种平凡而基本的"理性"倾向,可用需求饱和规律或效用递减规律来说明:某物对任何人的全部效用(即此物带给他的全部快乐或其他利益)是随着他对此物拥有量的增加而增加的,不过速度不如拥有量的增加那样快。如果他对此物的所有拥有量是以一致的比率增加,那么由此获得的利益是以递减的比率而增加的。换句话说,一个人对一件物体的拥有量有了一定的增加,便会得到部分新增加的利益,这部分新增加的利益会随着他已拥有的数量的每一点增加而递减。他仅仅是因受到吸引而购买的那部分东西,可以称为他的"边际购买量";因为他还处于犹豫不决的边缘,不知是否值得花钱去购买,他的边际购买量的效用,可以被称作此物对他的"边际效用"。

　　或者,他不去购买此物,而是自己去制造,那么,此物的边际效用,就是他认为刚好值得他去制造的那一部分的效用。

　　显然,从人的经济"理性"角度看待边际效用规律:某物对任何人的边际效用,是随着他拥有此物的数量的每一点增加而递减的。但这里需要注意一个暗含的理性假定前提条件是:我们假定,在这期间不允许使理性人有机会在性格和爱好上发生任何变化。而现实事例证明,这种假设条件下的边际效用规律反映的只能是特定现象或普遍现象中所包含的共同理性,而不是真实事物的全部真相。

　　譬如,边际效用规律揭示出需求与价格的关系:一个人拥有某物的数量越多,假定其他情况不变(就是货币购买力和在他支配下的货币数量不变),那么他对此物稍多一点所愿付的价格就越低。也就是说,他对此物付出的边际需求价格是递减的,只有当他愿出的价格达到别人愿意出售的价格时,他的需求才是有效的。

　　此外,行为效用与信息传导机制相互作用,有效行为可以显著地影响个人或整个社会在时间和金钱上的损耗,影响所形成的经济效益的质量和实际价值。现实的例证是:良好行为信息所带来的信用行为效率是最高的,而信用行为成本是最低的。在行为效用如何影响信用因素方面,人是主动的要素,是可以有所作为的。人不仅可以正确运用信用行为,而且可以学会如何合理地创造或控制信用行为。行为效用是难以量化的心理变量,它与无形的、同样无法简单量化的却必不可少的信用变量之间的关系,从内在因果关系的定性分析中可以发现:行为效用,是指一定行为成本下行为效率的高低以及对行为对象所发挥的作用。行为总是影响两个结果:经济效率和行为成本,经济效率与行为成本则是间接影响信用的重要因素。由此可知,任何人的失信行为带来的信用损失都是非常巨大的。

一、个人行为效用影响信用心理

人的行为效用与心理意识活动有关,反过来行为效用也影响人的信用心理。如把现代信用视为类似货币的"特殊商品",正像一般性商品品质包含品牌、质量、使用价值、性价比、耐用性、供需关系等一系列因素那样,现代信用需要通过具体的行为来实现,那么行为就是很实用、很具体的心理反应,其中个人行为效用占据主导地位。以人与人交往中最常见行为——个体借贷行为举例:

假定,由于某种生活上的需要,A向B借1 000元急用,并承诺到时候一定连本带利返还。

在这种情况下,一种信用行为存在两个现实问题,一个问题是:A能够借到钱吗?另一个问题则是:B肯借给A吗?

要立刻回答这个问题,是比较困难的事情。

因为这样一种似乎是非常普通的个人之间的借贷,也就是通常所说的"民间借贷"的合作行为,所包含的行为变量因素是复杂多样的,需要A与B各自搞清楚来龙去脉是复杂的、多层次、多因素和多样化的,也是不透明的。诸如:A与B是否存在人伦关系,熟人还是陌生人;A过去是不是守信用,为人做事的道德品性如何,有没有偿还的能力,为什么需要借钱……一系列需要A与B互相了解清楚的信息,这显然是比较烦琐的过程,也是缺乏行为效率和耗费信用成本的事情——行为效用不高。

但这些都是当事人心理上对这件事本能的自然反应。而如果B了解A或A了解B的信用品质的话,即使借贷双方有上述那么复杂的一连串心理活动,B借出钱、A借入钱的信用行为博弈就简单、明确、直观了许多。B只要了解A的信用状况,若再有一种信用行为旁证手段作为参照,无论是熟人还是陌生人,借助契约行为,双方就容易达成借贷合作。也许就是一句话的事情,仅需一刻钟的时间。

可见,信用在人的生活中是多么重要,行为效用多么关键。

因此,在现代社会信用行为中,为进一步提高行为效用,人们从提高借贷效率和降低信用行为成本耗费入手,除采取契约约束和法律行为方式外,还采取见证人或引入社会信用评级机构作为借贷第三方,对借贷双方的信用行为进行见证或评级并给出公正的评估,使借贷双方可以充分直观地掌握交易对手的信用和行为信息,增加交易的透明度和提高借贷行为效率。信用直接决定了人与人合作的成败,那么,在经济活动中,行为效用就是丝毫不能忽视的因素。

譬如:在上述例子中,如果 A 与 B 之间的借贷行为没有第三方参与的话,除上述情况外,还有这样几种行为可能发生:

①借款到期,A 把 1 000 元如约还给 B,并支付了利息,合作成功;②借款到期,A 没有把 1 000 元如约还给 B(或故意拖延),也没有支付利息,合作违约;③借款到期,A 由于投资失败等原因,暂时没有还 1 000 元给 B 的经济能力,合作风险发生;④借款到期,A 生意破产,无法归还欠 B 的 1 000 元,合作失败。

毫无疑问,这一切都与 A 的信用品质水平是提高还是降低的程度有关,也与其行为效用有关。信用品质对提高人们的生活质量以及帮助人们实现信用行为目标有着极大的影响。即使有了这些事实和数据,有能支持的证据和所有需要的背书认可,但如果没有借助好的行为效用博得信任,那什么也做不成。

一方面,信用问题会影响所有人的行为效用;另一方面,人在社会生活中行为效用的好坏,直接表现为人与人相互合作的信任与不信任。换句话说,如果信用代表的就是人的行为责任能力,那么行为效用就是信任最基本的出发点。

信用的反面就是行为无效或失效,意味着人与人合作的猜忌和怀疑。当信任某人,就对与他交往或合作有信心,对他的办事能力有信心;当不信任某人时,就对他有所怀疑,怀疑他的所作所为。如果在社会生活中处于上边所说的那种境地,或者处于一种因为缺乏信任而造成的官僚政治环境中,或者只是低效率的情况,它就是做事所要付出的行为成本。

二、高度信任和行为动机影响行为效用

社会生活中的高度信任其实就是一个信用品质问题,在经济领域主要体现在信用度或信用等级的高低上,在个人信用上则体现为人格品质的好坏。"品质"好坏在一定程度上决定了行为效用的有效程度和合作的成败(从人的行为本质来讲,"动"与"静"是行为均衡的分界点,也是造成理论与现实产生距离和差异的关键原因。新古典经济理论倾向于"静态"分析,而行为经济学主张"动静结合,动者为先")。笔者对经济学界的繁杂且晦涩难懂的数学公式化计算和常规统计计量结果(笔者并不反对概率统计和模糊数学以及集合论)抱有怀疑,因为人的"感情"和性格、习惯以及习俗,根本无法计算,只能借助于"可能"、"大概"和"估计应该是"之类词语的描述。而且经济学理论公式计算数据多数来自静态报表和人为臆测,可靠性值得怀疑,即使是以数学计算为科学工具的会计报表和企业财务数据多数也是真实性不足的事后监督与反映,

很难做到事前预测,也难符合经济动态活动的真实性(有关经济数据计算、信用度量及评级方法有一些专门的著作,读者可以参看,本书主要侧重于定性分析,而非定量计算理论)。

在信用方面,"品质"好坏直接影响行为效用。而行为效用中动机又起着重要作用。通常,行为动机"纯与不纯"是人们用于判断信用品质的一个相当关键的要素,也是决定行为效用的关键一环。当一个人的信用行为动机被怀疑时,其所做的一切都不会被合作对象信任。结果是,有关合作的行为决策速度大大放慢了,而且有可能导致合作失败。譬如,在一家公司中,老板的行为动机如果总是被下属或合作者认为存在欺骗性,所有人做事都得再三考虑,每一个人都会自然或不自然地变成权衡公司内部信用的行为决策者,而不是纯业务经营或商业活动任务的忠实执行者。此外,老板的信用度越不高,人们对自己行为面临的风险顾虑越大,人格禀赋中的"损失厌恶"心理就越明显,从而使公司内部每一次合作都会步履维艰,公司只会面临低效、内耗和分裂,显然这种信用损失是巨大的。相反,如果老板能够让自己的信用状况改善,就能够使整个公司的面貌焕然一新。经济效率提高了,行为成本降低了,行为效用增加了,合作关系融洽了,也会取得更好的合作成果,而这一切改善的起点就是老板的行为。

在这个全球化的时代里,失信行为可以预见的后果是:一个缺乏人类社会合作关系的时代,必然是一个危机四伏、动荡不安的时代。当今人类低度信任问题存在于不同国家的各个社会层面,渗透于政府、市场、组织、金融机构、经济关系、人际关系和个人生活中,它滋生出让人怀疑一切和愤世嫉俗的情绪,而这种情绪的蔓延会形成一种社会行为的恶性循环。

三、诚实守信是维系良好行为效用的基础

缺乏信用的行为会破坏和摧毁所有的人际关系与合作。实际上,低度信任本身就是行为效用不良的定义。譬如:如果知道自己将要进入的公司的老板是一个已经被事实证明缺乏信用且行为不诚实的人,你会有何感想?显然,你觉得进了一家存在"风险"和"陷阱"的公司。日常生活中,人经常对自己做出承诺,比如说设定人生目标或新年愿景等,但实际上往往又实现不了。显然,不能兑现承诺的行为,构成的信用肯定不好。

现代社会普遍存在行为变量问题,让人始终处于不同的信任危机之中。它通过社会、组织机构、人际关系等各个层面影响着人类社会生活和经济生活各个方面的信心。虽然很多人对暂时失去的信心,还是有比较强的心理复原力,但负面行为对人持续的心理反映,在接连不断有失信事件发生后,恢复信

心的速度是很慢的。人会对他人变得更加怀疑,会用少数人的行为来外推更多人的信用行为,这种思维的代价是昂贵的,也凸显出人类构建诚信社会环境和每一个行为主体保持自己诚信行为的重要性。

四、行为信息对信用有显著的影响力

有研究表明,行为信息占有量的不同对人的信用心理的影响是不同的。托马斯·弗里德曼指出,由于信息科技的发展和通讯高科技,大大缩短了人与人之间的时间与空间距离,也扩大了社会人流、物流、信息流和交流合作的范围,信息化的科技提升了人对信息占有的数量和质量,疏通了获取信息的渠道,因此世界变得"扁平"。"平"的世界经济始终是围绕着人与人、人与社会、社会与社会、社会与国家、国家与国家等多重行为关系在运转,而所有这些合作关系成功与失败的关键在于信用行为博弈的结果,博弈均衡的达成在于是否能够获得足够的信息。这种行为信息占有量的多少不仅影响着人的信用,也影响了人的信用心理,由此改变了"平"的世界中人的行为效用。

行为信息为什么对人的信用有如此显著的影响力呢?原因之一,对人类行为而言,行为信息无疑是人具有主观能动性的本能表现和尽可能满足自身发展需求的"理性"意识表现,它有助于提高人的行为效用。原因之二,人对行为信息占有量的多少直接决定了行为效用的好坏。以现代人类的行为特点和契约信用属性看,因为人类安全感的需要,如果没有相应行为信息来源,没有足够完善的信息能够覆盖开放社会的所有信用,就没有开放的社会;没有行为效用,也不会有"平"的世界。同样道理,只有有充分的行为信息才能让人类推倒心理围墙,清除障碍,消灭摩擦,自由地行动起来。信用行为主体拥有的行为信息量,是所有利益相关者(客户、合作伙伴、投资者、同事等)建立、发展和构建良好信用合作关系的基础,是在当今时代成为一个"合格交易者"的关键。

4-2 人的有意识行为对信用的影响

米塞斯认为,一个会行为的人必定有某些让他感到不快乐的来源,同时他也相信自己有能力移除不快的来源,否则人类根本就不会行动。在社会活动中,一个人完成了他最紧迫的目标后,他接着会转向第二紧迫的目标,而第二紧迫目标的重要性又总是比他的第一紧迫目标要弱些。也因此,当一个人达成越来越多未来的目标时,个别目标的满足感(或称为"边际效用")也会因此减少。这种现象又可以称为"边际递减"。

他提出的另一个行为边际效用的结论是:人类所有的决策都是以排序方

式为基础的。也因此,一个人不可能同时进行一种以上的行动,知觉的大脑在同一时间只可能处理一个决策,即使这些决策可以被迅速排列亦然。人类只会优先移除那个最使他感到不快的来源,接着再移除排序第二紧迫的不快来源。

此外,米塞斯认为,主观意识的价值是不可能以数学方式计算的,人不可能以基数来评估自己的价值。因此在人类社会中,许多人类行为都处于人与人之间的贸易中。一个人将他视为较不重要的东西与另一个人交换他视为较重要的东西,而另一个人也对贸易抱有相同的期望,希望换得他认为较重要的东西。这些行为,会直到他快乐和满足的行为目标实现为止。需要明确的是,尽管社会活动中人的任何信用行为都是有意识的行为,但不是所有的有意识行为都会影响到信用。只有那些发挥行为效用的有意识行为才真实地影响着信用。有意识行为依赖行为效用对信用产生影响。

一、影响信用的四个基本行为要素

人的有意识行为对信用产生影响的四个要素,是决定行为的最基本因素。前两个是关于品德的,后两个是关于信用行为责任能力的。而这四个要素对人在社会活动里建立起彼此信任的相互合作关系都是必要的。

第一个要素是诚实。这是行为效用的首要问题。一般人们对"诚实"的理解就是"坦白"。尽管诚实包含坦白,但远远超过坦白的范围。诚实还包括完善的人格、履行诺言、言行一致、表里如一的信用行为责任能力,以及经济上可靠的物质保证等。还表现在人有信心坚持自己的价值观和信仰。信用不良的行为多数都是不诚实的行为。

第二个要素是动机。动机关系行为效用的目的、方案和追求结果。如果行为动机很纯,或是出于共同利益的考虑,信用就会增加。

第三个要素是能力。能力就是体现行为效用中行为责任的手段,包括人本身的天赋、态度、技能、知识和信用行为方式。这是创造经济成果的手段。例如:一个银行普通职员可能很诚实,也有很好的行为动机,但如果没有从事银行职业的所必须具备的技能,比如说真假钞识别技术,那他当银行出纳就没有职业信用,也得不到客户或银行信任,自然也没有经济成果。能力还包含通过后天的教育与培养,形成人与人之间建立、培育、传递和构建信任的能力。

第四个要素是成果。这指的是过去行为效用上行为责任能力的历史记录。简单地讲,就是履约率的高低,或成败记录的比率,都会影响人的信用。如果实现了自己所承诺过的事或总是能做成某一类的事,就会树立正面的社会形象,不仅信誉随之而来,信用也会提升。在商业术语中称作"品牌效应"或

"商业声誉"等。

行为效用所包含的诚实和动机要素,是有意识行为反映的结果,即人的品德问题。如果按信用状况划分,人类社会无非有三类人:无信用的人、讲信用的人、守信用的人。区别这三种人最直接和直观的方法就是看他们在行为效用上的差异,而与人种、肤色、民族、国家等其他因素无关。行为效用所包含的能力和成果要素,是有意识支配行为的能力。在任何一种社会体制、信用制度、国家范围或习俗文化中,人都无一例外地要有好的行为和有效果的行为。但这种行为不会是天生就有的,一种好的信用行为要靠个人用自己的实际行动去建立,需要通过努力去获得整个社会的接纳与认可。譬如,人在社会活动中需要通过正确地为人办事或自觉地遵守社会秩序规定、公共道德规范,以及相应的法律、法规,建立良好的行为信息和信用记录等。

二、影响信用的四个基本行为要素分析

影响人的信用的行为效用包含四个行为要素,尽管理论上这四个行为要素是一个整体,但不同的人的行为在这四个要素上的表现不一样,某人可能某些方面强一些、某些方面弱一些。而对其他人来说,看到的只是行为效用一个总的结果:有信用或没信用。

一种错误认识是把诚实和道德画等号。认为是道德的缺失导致了失信或危机,在面对社会问题时的关注点是行为"合规"而不是"有效"。即用是否符合规定或制度来定义行为,而不是用诚实、动机、能力和结果来分析行为,把行为变量四个要素等同于"照章办事"或"遵纪守法"的普通行为。往往专注于按行为规范和其他法律规则做事,而不是培育诚实、明确动机、坚守原则、实现价值。这种自外而内的做法不仅是错误的,而且会对信用行为决策形成误导,造成风险和损失。行为诚实具体体现在人的信用上,至少还包含下面所说的三项同样重要的因素:

一致(契合)。当行为目的和行为没有差距,人格完善、表里如一时,就可以说是诚实的。这种行为现象简称为"一致"。是说人的信用和行为是人格上的一致,而不是服从规定的一致。

谦虚(自律)。行为诚实还包括谦虚。行为好坏与人的品德有关。通常,谦虚的人是以自律为出发点的,是主动兑现承诺而不是解释承诺或任意承诺。谦虚代表的是承诺认同原则,并把原则置于自我之上,支配行为的是原则精神,而不是盲目的自信。

勇气(守信)。行为诚实还包含坚持做正确事情的勇气,这种勇气表现为守信或守诺。在困难的情况下,这种行为可以给予他人很大的信心激励和鼓

舞。勇气也是个体行为的自身品德表现,这种品德表现可以给其他人带来信心和信任的保障。

通过这些方面的改善,可以增加信用,提高经济效率,降低行为成本,也能够减少或防范由于不诚实行为带来的利益损失和丧失信用带来的风险。

4-3 行为控制对信用的影响

除人的有意识行为外,人的行为控制对信用的影响作用也是极大的。从行为效用的角度看,任何有效行为都是受控制的行为,无效行为或失效行为都是失控或不受控制的行为。如果人的行为不加控制或不可控制,人的信用就时刻面临着风险。这里存在一个悖论:经济学"理性"行为都是人的有意识行为,是受人本身控制的行为,但它在现实表现上却往往是"非理性"的。譬如,诚实行为是人类的有意识行为,在行为意识和行为动作上是可以控制的,也是最需要优先加以控制的,但在经济活动中却常见人"理性"地为了自身利益而乐于撒谎、捏造事实或故意隐藏缺点或不足的现象。

譬如,人们误认为在当今人类行为中货币行为是最诚实的,但实际并非如此。需要明确指出的是,如果说这个世界上存在"谎言"的话,那么,没有什么比现代货币——纸币这个"谎言"更大的了!而且具有戏剧性色彩和讽刺意味的是,绝大多数的人至今依然对此痴迷不已。很少有人发现或追究它早已被一部分人用"偷梁换柱"的手法,抽去了它自身的媒介性质,把本应该代表的真实信用价值,悄无声息地用国家权力和符号行为替代了。而且这种不诚实的行为,并非始于纸币,早在铸币时代、贵金属货币、金本位等不同时期,那种缺斤少两、以次充好、以假乱真、以少博多、以虚代实等做法,就一直没有停止过,而且愈来愈变本加厉。直到发生恶性通货膨胀,人们才对此有所察觉,但似乎又无奈何。具体地说,当今人类所谓的金钱至上、拜金主义不过是与符号崇拜、图腾崇拜或偶像崇拜类似的祭祀行为,如果剔除其中的权力追逐和心理安慰因素外,并无实际的意义。

一些心理学家指出,货币行为真正需要关心的不只是立法和执法的问题,还有人类理性心理行为偏好问题——难以遏止的信用扩张冲动、核心价值观缺失、不能明辨是非的问题。

下面就行为效用的行为影响因素分别进行分析。

一、信守承诺的行为

在中国经常讲的一个民间故事就是"狼来了"。放羊的孩子抱着戏弄别人的心态,不遵守自我承诺规则,每次高喊"狼来了"的时候,都在不断失去别人对他的信任,他的信用变得越来越糟糕。当这种谎言被多次重复,狼真的来了的时候,就不再会有人前去帮助他了。这个故事从做人必须信守承诺、保持行为诚实的角度,说明了谎言导致失信的危害和兑现承诺的重要。因为,每一次诚实行为都是信守了对自己的承诺,也证明了对他人做出更大承诺的能力,有意识地提升了自己的信用品质。承诺是信用的一种行为形式,信守承诺则是证明信用的一种行为过程。如果考虑从何处入手来提高信用,绝对没有任何其他的事情比信守承诺能更快地提高信用。

第一,承诺不要超越自己行为能力的界限。任何行为都是有边际的,行为效用同样有边际。如果超越了自身行为能力的界限,则会造成因无法承担起全部的信用行为责任而导致的失信后果。另外,要搞清楚信用行为的目标、方向、任务和承诺之间的区别。

第二,承诺要以人格平等的心态对待。这涉及行为合作和人际关系。即对自己承诺的信用行为要以人格平等的心态对待,不能对己宽容而对别人严格,不管是关于约会时间承诺的小事,还是关于投资项目、签约做事结果承诺的大事,都应该平等认真地对待。

第三,不轻易承诺。这涉及人的自身行为能力和行为责任能力问题。做承诺时自律很重要,要注意承诺行为出于谦逊而非自大。

当信守承诺面临困难时,常有两种行为方式可以选择:

第一个选择是在把有关信息清楚明白告知对方的前提下,改变自己的信用行为来兑现承诺,这会增强诚实,巩固信用。

第二个选择是在不把信息告知对方的情况下,主动降低行为目标要求而坚持信用行为,但会削弱诚实,也会侵蚀自信,损害未来信守承诺的能力和信用品质记录,甚至会改变价值观。

二、信仰和价值观的维护

人的信仰和价值观,是直接影响行为的关键因素。

所谓维护行为信仰和价值观,就是在行为可控的情况下,会主动坚持信用行为原则,坚持按照自己的价值观办事。反之,人会放弃行为原则、违背自己的价值观来做事情。因此,明白自己的行为信仰和价值观关系到信用,也是行为效用能够体现的关键。有些事物的价值是不好测量的,有些行为也不是人为可以控制的,如生存的价值、品德的价值、思维的价值、本能行为、心理活动、无条件反射等,但对于人的有意识行为、对于关系到信用品质的行为效用要素,人是可以控制也是必须加以控制的。

譬如,通过始终如一的信用行为证明自己的信用品质,包括对客户承诺、诚实守信、拥有团队合作精神、对人尊重等等。如果想做一个高信用品质的人,那就需要有自己的核心价值观。如果根本不知道信用内在的因素是什么,就不可能自内而外地扩展信用。通过明确行为目标和行为价值,可以帮助人找到自己的信仰和价值观。最有用的是确立一些行为信条和宗旨。

信用行为的时滞、不确定性规律告诉人们,采取任何一种信用行为或者实施任何一种主体信用行为控制的方法,都会带来一种以上的相应后果,而每一种后果都有其自身的演化规律,利弊与实施者的主观愿望没有内在的必然联系。在现代信用环境下,一种良好的经济行为至少需要每一个人同时具备三个要素:诚实、守信和信仰。

从人的自然本质和社会属性上分析,可以把现代信用看作人先天赋予、后天养成、随社会环境和主客观条件变化而变化的行为情感。单纯从信用行为表现上看,似乎它与人的喜、怒、哀、乐无异。譬如,信仰信任是信用与行为的一种情绪化的情感表现形式——对某人、某事、某种思想和理念深信不疑,行为如影随形。而人的情感又是会变化的,"朝信暮疑",不过对这种变化可以进行人为控制。

三、培养健康的行为心理

健康的行为心理不仅对人的生活重要,对人的信用也重要。因为健康的行为心理可以从本质上提高行为效用。

人的行为要素之一——诚实,既需要谦虚也需要勇气,这些都需要人能自觉地培养自己健康的行为心理。譬如,在人类的物质欲望上,如何克服内在的虚荣心理、攀比心理、自利心理等;在信用扩张行为的原则上能自律,不违背基本行为准则,不随心所欲地超越信用行为边际,能够自律并认同他律,自觉遵守法律;在认识和理解外部世界以及社会变化规律上,谦虚地承认可能有自己还不了解的原理,一旦发现了这些原理,能够遵循它们等,人的这些行为改变都需要有健康的行为心理支持。对于建立良好的信用或改善行为效用,培养健康的行为心理是行为控制的一种好方法。

例如,人"经济理性"的贪婪和过度的信用扩张行为可以摧毁社会信用、带来经济危机,而诚实和适度的信用扩张行为却可以创造社会繁荣和经济增长,这也与人是否具有健康的行为心理有关。

物质财富的增长和资本的积累本应该是经济增长的动力,但人对"发财梦想"的迷恋和信用扩张行为的过度依赖,往往会造成正常社会信用行为秩序的混乱和信用品质心理的扭曲。在不健康的行为心理支配下,人类物质欲望会不断恶性膨胀,资本主义信用制度让一些国家政府和个人在社会信用环境中"自利",拜金主义、实用主义盛行,对信守承诺、遵纪守法、恪守契约、维护自己信仰和价值观的信用行为不屑一顾,这导致社会的信用状况日益恶化,成为当今信用扩张行为过度、货币信用体系失衡、全球金融危机、欧洲主权债务危机和经济衰退等现象产生的根源。

四、讲实话,办实事,给人恪守诚信的行为印象

行为效用的好坏依据事实行为结果。这个结果不仅影响信用,也影响人的心理活动和形成的行为印象。例如,人在社会生活中,最难打交道或不能有效合作的人,就是那些不讲清全部实情的人,因为他们故意遗漏某些真相或歪曲事实。人与人的直率交流是诚实行为的表现,它是信用行为决策信息最可靠的来源,是建立在人与人彼此坦诚和真挚互动基础上的交往与合作,对形成良好的信用至关重要,也是行为效用形成不可缺少的环节。

它包含两个方面的行为因素:讲实话和给人正确的印象。

讲实话却留给人假象是有可能发生的事情。给人正确的印象就是清楚地交流信息,不要被人误解。与人交流沟通是建立信用最重要的渠道之一,准则就是:所说的都应该是真实的、实际的——不仅仅是简单的、正确的。直率交流的反面就是撒谎和欺骗。

当然,和其他的行为一样,信用行为的信息交流也不能直率得过分。虽然直率的交流对于建立信用来说很重要,但多数情况下,人与人之间的行为差异与动因不同还是客观存在的,任何行为合作都是通过博弈过程实现的,作为自身利益和安全防卫机制的需要,在实际行为过程中,还需要技巧、智慧和正确的判断,为信用与行为之间找到一个平衡点。

4-4 经济活动中信用与行为的相互印证关系

经济行为对信用的影响,几乎无处不在,它通过行为效用的变化体现出来。比如,某商业企业有一个绝对信任自己的供货商,跟他合作事情就办得很快,彼此也不需要花费什么营销成本来维系关系。但另一个对自己没有什么信任感的供货商,似乎总有没完没了的问题,还要花费很多人力、物力、时间和精力来跟他维持关系。这对"时间就是金钱,效率就是生命"的商业企业来说,花费时间和精力的行为等于白白地花钱,是总经营成本的显著增加。实际上,几乎所有企业的管理者都懂得行为效用影响的不单是经营成本,还影响着企业的信用品质。在研究如何采取措施提高企业的利润时,他们往往会把商业

行为与人际关系、效率、成本等经济要素联系起来分析。例如,"税"意味着每个人额外的支出,也意味着个人可支配信用额度的"收缩"。但按照社会法律和国家强制力的规定,每一个人必须交税,税是社会公共财政收入的主要来源,也是人类共同维持社会正常运转必需的成本支出。对每一个纳税人来说,税是一种社会强制性的纯投入、无产出、更没有效益的经济耗费。而在社会活动的人际关系交往中,人都不知不觉地在付着一种隐藏的低信任税,也称"行为成本",即为顺利交往或相互合作而必需的相应经济支出或体力精力的耗费。实际上,在每一个人的"心理账户"里,并没有"低信任税"和行为成本以及行为红利、信用收益这些项目。但这些"税收"、成本、红利和效益等,在实际社会活动中无所不在,它存在于组织机构里、人际关系中,有些甚至是可以间接量化的,而且往往是很高的,会对行为效用产生影响,而这恰恰是影响信用最显著的因素。

一、低度信任会使行为成本翻倍

社会学家曾经形象地说:"一个充满不信任的社会实际上是在向所有的经济活动征收一种税,一种高度信任的社会里没有的税。"这种税是人为自己行为所付出的成本,是影响行为效用的因素。

在现实社会活动中,这种低信任行为税不仅存在于经济活动之中,而且存在于所有的活动之中,是人必须为之付出的信用行为成本和额外耗费。不同的信用品质会使这种成本耗费有显著的差别,信用越差,付出的信用行为成本越高,直至损失殆尽。在社会交往中,没有一种行为是可以零成本或零耗费的,信用变量不同,所耗费的信用行为成本不一样,会带来行为效用的变化。

二、守信的行为可以带来经济效益或红利

守信的行为可以明显提高行为效用,带来的经济效益或红利也是真实、可测算并且可观的。在不同企业并购案例中,守信行为程度不同的公司在并购过程中所获得的红利是存在差异的,行为效用越好的公司获得的红利越多。在行为效用很高的情况下,人所收到的红利,就像一个货币乘数,大大提升和改善着人生活和工作的各个方面。不仅体现在提升的工作效率、降低耗费的行为成本和获得可观的经济利益上,还体现在更快乐的心情和更高的生活品质上。

三、行为效用隐含对经济信用的影响

在现实世界里,人的行为效用一直是真实存在的,它本质上是一种行为品

质因素。这种品质因素是通过行为效率形式或效果的高低差别来体现的。对于现实生活中的多数人来说,由于信息的不对称、行为的不确定和社会博弈关系的存在,是难以直接看到信用所隐含的行为效益变量的。不管是高还是低,行为效益变量和信用在商业活动的经济公式或计量经济学公式里都是一个"隐藏的量"或"无法计算的量"。用行为经济学理论建立的信用与行为函数模型分析,行为效用对信用的影响就非常直观:

即,在 $f(Y) \approx f(a) + b'f(X)$ 以及 $f(Y) \approx b'f(X)/f(a)$ 函数模型中,b' 这个隐藏的行为效用参数(或称"行为效率参数"),本质上是人的行为变量的内在参数。它与行为的乘积 $b'f(X)$ 就是行为效用,直接影响着信用品质。在货币因素无变动或不影响的前提下:

当 $b'f(X) > 0$,意味着行为效用为正值,表示采取正向、积极的行为,对行为产生正效应,其乘积为正值,与信用正相关;

当 $b'f(X) < 0$,意味着行为效用为负值,表示采取负面、消极的行为,对行为产生负效应,其乘积为负值,与信用负相关;

当 $b'f(X) = 0$,意味着行为效用为零,表示人不采取行为或静止,不影响行为效用,其乘积为零(即行为为静止状态或保持原状),与信用变量不相关。

显然,提升行为效用,可以减少不必要的行为成本,改善信用品质。例如,行为学公式:人的社会活动=战略×执行=结果。若根据行为经济学,把(战略×执行)统一看作信用行为的话,这个公式里应该还包含一个与人的行为密切关联的隐藏变量:行为效用。因为任何一个人的社会活动都离不开行为效用,没有行为效用的社会行为有什么实际意义呢?这个公式就变为下面的形式:(战略×执行)行为效用=结果(-1、0、1)。

这说明,在人的行为上,即便有好的战略和好的执行力,也可能因为低行为效用而偏离轨道,但也会因为高行为效用而使成果倍增。高行为效用可以创造更好的协作,把战略和执行的乘数再放大。同样,一家商业企业可能有很好的战略规划,也有很强的执行能力,但最终的结果有可能被低行为效用必须交纳的"税费"破坏,也有可能因高行为效用带来的红利而增强。就彼此的关系来说,高行为效用不一定能挽救一个糟糕的战略,而低行为品质一定会损害一个好的战略。这个隐藏的变量对信用的影响有可能比什么都大。例如,建立在高行为效用基础上的服务外包合同,比起建立在规定了各项惩罚条款的严密协议基础上的合同,会给双方分别带来高达 40% 的信任红利。高行为效用企业的股东回报比低行为效用企业的股东回报几乎高 3 倍。与此类似,从个人的角度来说,有着高行为效用的人更有可能被提拔、赚更多的钱,得到更好的工作机会,也因此会有更满足、更快乐的生活。

4-5　信用与行为主要遵循的规律

米塞斯把快乐和满足感作为人类行为的最终目标，认为其他一切因素都是围绕这个目标的实现而展开、延伸或扩展的。这不仅从理论上把人类行为与一般动物行为划清了界限，也为行为经济学分析找到了实验观察和实证的对象。

实际上，人的信用与行为有一定的规律：

1. 目标律。任何信用行为都指向一定的目标。这些目标可能是主体之外的任一客观事物，如金钱、住房、轿车、职位、名誉等。目标是人需求的预期结果，这些结果推动人们付出努力去获得。

2. 动机律。所有信用行为均有动机驱动。动机启动并维持人类行为的观念、意识、心理状态。这些观念、意识、心理因素包括欲望、需要、兴趣、信念、情绪等。人的信用行为在动机的驱动下指向目标，目标获得后人会产生新的动机。

3. 强化律。如果某一信用行为达到了预期目标，或获得了意想不到的有利结果，则说明信用行为重复发生的可能性增大。预期目标或有利结果作为强化物增大了信用行为重复出现的概率，这就是强化律，或叫"结果律"。

4. 遗传律。一个人的信用行为特征，部分取决于从父母那里获得的基因的状况。如果遗传基因有缺陷，将导致人类信用行为的变异。此外，一个人的信用行为偏好也或多或少受到遗传因素的影响。譬如，一贯喜欢"一手交钱、一手交货"的现场交易行为的父母，其子女在成年后的交易过程中采取现场交易方式的意识倾向性，要远远高于其他人；而喜欢借贷消费的父母，他们的子女成年后也有较多喜欢借贷消费的倾向。行为遗传学用选择性繁殖实验证明了人的某些行为特征可以遗传给后代。

5. 环境律。人类信用行为除受遗传基因制约外，还受环境因素的支配。越来越多的研究证明，人的信用行为不仅受父母行为习惯、家庭状况、教育过程、社会活动等的影响，而且与出生后的生活环境有关。虽然人格、能力等是相对稳定的，但人在不同情景、不同地域、不同生活方式下的信用行为会发生变化。不同情景要求一个人表现内心的不同侧面，不同地理区域环境对信用行为有不同约束，不同生活方式养成的习惯和意识有所不同。

6. 发展律。个体出生后，随着年龄的增长，信用行为能力在不断地发生变化。如认知能力的提高、个人性格的改变、财富知识的积累、劳动收入的变化、观念意识的变化、心理状态的变化等。法律根据人的行为能力，把人划分成发展变化的不同类型:自然人、法人(由多个自然人组成的有社会法律地位的组织);有行为能力人、限制行为能力人和无行为能力人。精神分析学把人一生的信用行为发展分成八个阶段,认为每一阶段都存在一种危机,如果每一阶段的危机都得到有效解决,则会产生良好的信用人格特质;如果不能得以有效解决,则会产生一些不好的信用人格特质。

7. 差异律。人与人之间在能力、人格特质、价值观、工作态度、兴趣、信念、动机等方面都存在显著差异。这些差异源于遗传、环境、情景、活动、职业、家庭等因素的不同。组织成员的个别差异是信用行为多样性的重要原因之一。人的信用行为多样性还包括年龄、种族、民族、性别、教育、婚姻状况、工作经验、收入、宗教信仰等方面。

8. 本我律。是指如果一个人的法律意识、道德良心薄弱甚至泯灭,他的信用行为就会表现出"理性行为人"的本来面目。

这种规律使经济学对人类行为从静态、个性化、同质化的研究,向动态、共性化、异质化研究转变,本质上也是对信用、货币、资本、财富以及金融行为效用等经济变量分析结论的再利用。例如,在资本还处于早期扩张年代时,马克思就给它定了性:资本的基本属性就是贪婪和不劳而获。人类社会发展到今天,人在对待资本的态度和行为上并没有改变。这种态度能够根深蒂固的根本原因在于人性没有发生本质变化。

因此,如果人的自私利己观念不发生改变,行为方式也不会变化。

例如,在传统的实业领域,产业资本的利润率一般在 10% 以下。长期以来,美国汽车产业利润率只有 5%,对于西方发达国家的金融资本来说毫无吸引力,因为从跨国产业转移和金融衍生品交易中可以赚到几倍甚至几十倍的利润。尽管本质上,那些在金融市场虚拟衍生出来的"货币"或"信用",不过只是一些电子符号。就像赌场里的筹码一样,它们不代表任何真实的价值。现代科技通信与信息革命,又进一步加快了这一金融信用的"虚拟化"和货币资本扩张的进程。据统计,目前全球每年的货币交易额高达 700 万亿至 800 万亿美元,其中与商品生产和流通有关的部分只占 1%;全球每年的金融商品交易额超过 2 000 万亿美元,而世界 GDP 总额只有 50 万亿美元,与商品生产和流通相关的金融活动仅占 2.5%。从卡恩曼所描述的人的心理行为"期望理论"来讲,掌握资本垄断大权的人或资本家们当然不愿意回到发展物质产品生产的老路上去。而正是资本主义这个庞大的"机器"依靠其占据世界货币信用主导的地位,把资本这种贪婪的本性与不劳而获的金融信用行为"癌症"传染到了全世界。

第五章 信用与行为均衡函数的理论研究

经济学上的信用是以人的社会信用、心理信用为基础的,即授信人(债权人)是以对受信人(债务人)所作的承诺(如:还款)和行为责任能力的信心为基础,从而决定是否给其授信的。

近几十年来,人类经济活动的日趋复杂与多样化,使人们对经济世界的认识不断深化。关于人的信用与行为的研究尽管有很长的历史,各种学术理论著作和研究成果也不断问世,但以新古典理论为核心的经济学依然遭受来自现实经济世界的各种冲击与挑战。在各种信用危机事件不断、金融衍生品大量涌现、货币信用普遍失控、世界范围内主权信用、主权债务问题积重难返和经济异象频现的当口,有许多难以解释、与理论主张相悖的经济现象出现,因此,一直以来被西方社会奉若"圣明"的新古典经济学开始成为人们质疑和攻讦的目标。

正是源于人们对经济活动"异质"、"异象"不断地质疑,催生了行为经济学,也催生了其支系——人类的信用与行为研究。

5-1 什么是行为经济学?

一、行为经济学概要

行为经济学又称为"心理学的经济学",就是在心理学的基础上研究经济行为和经济现象的经济学分支学科。行为经济学为经济学提供了更为现实的心理学基础,从而能有效地提高经济学的解释力。正如马歇尔所说:"经济学的发展是而且一定是缓慢而又不间断的。新的学说不是推翻而是补充完善了旧的学说,并且扩充、发展且有时还修整旧的学说,甚至还因为重新设定侧重点而常常赋予旧学说不同的特点,不过却很少推翻旧的学说。"行为经济学与新古典经济学正是这样一种学术关系。但行为经济学并非是新古典经济学的再版,而是对它的继承与发扬。

行为经济学"非理性异质化"理论与新古典经济学"理性同质化"理论的区别在于，前者专注于人类行为与经济现象之间的心理活动，把个体行为的异质性纳入经济学的分析框架，并逐渐把其浓缩成两种基本假定：

1. 认为所有经济个体都是有限理性的。即个体可能无法对外部事物与他人行为形成完全正确的信念，或可能无法做出与信念一致的正确选择，而导致不同个体或群体间形成异质的外部信念和行动。

2. 认为不同个体不完全是利己主义的，还具有一定的利他主义。即个体在一定程度上会对他人的行为与行为结果进行评估，并由此对他人行为产生异质的价值判断。

在这两种基本假定下，现实经济活动中，人类异质性行为和异象问题较好地被融入经济分析体系中，并得到了合理解释。

经济学家对人类行为与经济活动的关系研究由来已久，从亚当·斯密的《道德情操论》到米塞斯的《人类行为的经济学分析》都有论述。限于当时的历史背景和人类认知环境，人类行为并没有得到经济学界的普遍重视。直到20世纪70年代，心理学家卡尼曼和特维斯基吸收认知心理学等领域的最新研究成果，通过改造新古典经济学中的效用函数，建立起全新的个体行为选择模型，并激发后来的经济学家把研究拓展到经济学的各主要分支和相关领域，从而形成了如今的"行为经济学"的基本框架。科林·F.凯莫勒和乔治·罗文斯坦在《行为经济学：过去、现在和将来》一文中，较为详尽地阐释了行为经济学的主要框架和轮廓，并作出了大致如下的一些具体描述。

他们指出：行为经济学的核心思想是，在经济分析中强化心理学基础，并使之更符合现实，这将有利于改进经济学自身的方方面面——能激发经济理论的洞察力，更好地预测实际现象，制定更合理的政策。这种思想并不是全盘否定以效用最大化、均衡和效率为基础的新古典经济学范式，相反，新古典经济学范式用途很广泛，它为经济学家研究各种经济（甚至是非经济）行为提供了一个理论框架，可以推导出可检验的预测，其中许多预测都得到了检验。而被质疑的预测则能够为新的理论发展作铺垫。

目前，行为经济学的理论研究还是比较分散的，并没有形成一个独立而完整的学术体系。它所做的主要工作大多集中在对一般理论的一项或两项假设进行修正，使其更符合心理现实或更加贴近事物真相。通常这种修正并非是激进的办法，只是使经济学方法中并不起核心作用的简化假设得以放宽而已。

例如，新古典经济学的核心理论对很多问题都没有特别说明，即该理论强调人们不关心公平问题，人们按照线性方式权衡风险结果，或者人们对未来贴现是符合恒定指数函数的。

而依据行为经济学理论,本书所做的挑战性探索是将新古典经济学的"理性人"假设修正为"理性行为人",论述现实中不理性现象出现的根本原因,并给予解释和说明;同时根据现实观察结果,提出在信用、行为、货币三者之间建立函数关系式,用以直观描述信用与货币和行为的对应均衡关系,并对信用与行为均衡做出比较系统的说明,阐述不同情况下和不同经济活动中信用与货币和行为均衡关系的变化等。

此外,行为经济学的另外一些假设则对新古典经济学中关于人的计算能力、意志力和自利程度的无限(或称"最大化假设")提出挑战,这些假设都承认人的计算能力、意志力和自利程度是有限的,因而被称为"过程理性",它为解决一些现代计算法无法给出准确答案的问题提供了可行的推断方法。如本书中讨论的以信用为核心,以货币、行为效用为对象的行为效用、均衡、边际等度量性概念。

需要说明的是,行为经济学完全按照一般经济理论现实性、普适性和可操作性三个标准来构建自己的学术框架。

首先从现实性来讲,行为经济学的研究重点就是现实经济活动中人的心理反映和具体行为现象。行为经济学的理论还力图保持普适性。例如,类似本书所建立的信用与行为均衡函数模型:

$M \approx f(Y) \approx b'f(X)$

$f(Y) \approx f(a) + b'f(X)$

$f(Y) \approx b'f(X)/f(a)$

其中:b'为行为效用参数。

行为经济学在一般模型基础上只增加一两个参数,当这些参数取特定值时,行为经济模型就简化为一般模型。行为模型与一般模型的联系可以通过对这些参数的估计来实现。一旦参数确定,行为经济模型就可以像一般模型那样广泛使用。行为经济模型往往比一般模型要多一两个参数,虽然增加行为假设的确会使模型变得难以处理,但在动态和策略互动的分析中,行为经济模型有时比一般静态或理性模型更准确。例如,在信用与行为均衡函数模型中,若以一般理性模型表达,则为:$f(Y) \approx f(a)$,即行为效用参数等于零(静止状态),信用≈货币,这与新古典经济学货币理论中对货币本质的描述完全吻合。但由于实际情况并非如此,行为效用在其中有十分关键的作用,因而按照动态和策略互动的分析要求,在模型中增加行为效用参数来确定行为效用,采用$f(Y) \approx b'f(X)/f(a)$的函数模型则更贴近真实状况,也比一般模型描述显得要准确得多。

再比如,行为经济学家卢卡斯在1986年注意到,在动态模型中,理性预期只能得出多条通货膨胀或资产定价的路径,而适应性预期却可以找出单一的路径。在博弈论中也是一样,纳什模型对双方一致性的要求使得某些博弈有多个均衡点存在,而以认知演算为基础的模型对这些情形往往能做出精确的预测。

凯莫勒与赫罗文斯坦认为,行为经济学具有现实性、普适性和可操作性的最为贴切的例证,要数它对损失厌恶心理的阐释和理论应用。比如,损失厌恶是指相对某一参照点来说,同等程度的损失给人们带来的心理影响要大于同等程度的利得的影响,人们喜欢受益,但不喜欢损失。这已被数以百计的实验所证明。损失厌恶比一般连续的、凹的财富效用函数更准确地描述了现实,其常常能在一般模型预测失灵的时候给人们提供帮助。例如,它能解释金融领域的股权溢价之谜、价格弹性的非对称性等。损失厌恶的大小能够用参数估计出来,它等于相对于某个参照点的损失所带来的边际负效用和相对该参照点的收益带来的边际效用的比率(也就是相对于零点的微分的比率)。但这个损失厌恶系数取1的时候就会变为一般模型。在现实的具体应用中,损失厌恶已经被证明具有可操作性(尽管这并非易事)。

二、行为经济学的研究成果

行为经济学已有的研究成果主要集中在两个大的方面:

一是讨论经济行为的基本问题——社会偏好和个体选择。

阐述了四个方面的内容:禀赋效应和心智账户;不确定性下的决策和前景理论;跨期决策和时间偏好;公平和社会偏好。

二是讨论一些具体的社会经济现象,并从人类行为经济分析的角度对三个主要经济领域给出合理阐释。

1. 宏观经济领域侧重讨论心智账户和自我控制对储蓄动机的影响、双曲线贴现和货币幻觉对宏观经济政策的影响、人们的社会偏好对就业的影响等;

2. 劳动经济学领域侧重关注公平和互惠等社会偏好对劳动供给以及经济参与人的激励影响等;

3. 金融领域则研究人类短视心态、损失厌恶、行为扩张等心理因素对个体或群体真实金融行为的影响,讨论信贷、股权溢价、投资者行为、经济泡沫、市场价格波动、诈欺、信用违约等内容。

行为决策研究是行为经济学借鉴最多的心理学分支,它一般将研究分为两个方面:判断和选择。其中,判断研究是分析人们对概率进行估计的过程;选择研究是在考虑已有的相关判断的基础上,分析人们进行具体行动的选择过程。

判断事件发生的概率在经济生活中是很重要的，比如你是否会在一次经济萧条中失去工作？你是否还能找到其他适合购买的房子？它是否跟你现在准备购买的房子一样让你喜欢？政府是否会提高利率？企业合并是否会增加利润？你到伦敦度假期间是否会下雨？等等，对这些问题的回答都包含着对可能性进行判断的过程。新古典经济学用来描述概率判断的标准理论是包括统计样本的概念和根据新的信息更新概率的贝耶寺准则。但贝耶寺准则中有几个特点是不符合认知现实的，它不大可能正确地描述实际情况，因此行为经济学在此基础上进行了修正，采用认知心理学提出的启发式机制来解释人们的判断方法，取得了一些成果，诸如，代表性、小数原理、偏差等。

其次，行为经济学还在心理学"偏好理论"研究上取得了进展，标准偏好理论包含了几项严格的可检验的假设，比如，偏好是"独立于参照点"的——也就是不受个人短暂的财富状况影响；偏好不会随着各选择的表面描述的差别而改变，并且，引致偏好不会随着衡量它的精确尺度而变化，只要所用的方法是"兼容激励"的，即给予人们适当的激励使之表达出真实的偏好，等等。所有这些假设都已被证明在很大程度上是人们并不遵循的。例如，框架效应、锚定效应、偏好逆转、情境效应、构造偏好、一致随意性等等。

此外，行为经济学还研究前景理论、跨期选择、时间贴现、公平问题和社会偏好、行为博弈论、或有估价、心智账户、分类效应、期望效用、禀赋效应、参照依赖、损失厌恶、从众效应（羊群效应），以及对风险和不确定结果的偏好等等。

本书所阐述的信用与行为均衡函数模型，也是以行为经济学研究成果为基础，采用选择研究的方法进行建模并描述的一种形式。

但批评家指出，行为经济学并不是一整套理论体系，而是若干方法和思想的汇编。作为正在成长中的经济学研究理论的前沿学科，行为经济学并不是一个独立发展的分支，它更像是一个学派，或是一种建模的方法，它的作用是帮助人们理解更具一般性的并以行为为基础的理论。从实际情况来评判，这种看法是正确的。

三、行为经济学的应用

在具体理论应用上，行为经济学指向的领域有：宏观经济学与储蓄、劳动经济学、金融、法学以及一些其他方面。

有关经济行为控制的研究。

行为经济学指出：任何行为主体都必须控制自己的行为，以适应所生存的环境（包括自然的、社会的和自身的环境），与环境和谐共处。如果不加控制而放任自流，人的行为理性会导致整个社会信用结构的紊乱与失序，形成威胁人自身生存空间的不同风险或危机,导致主体最终被环境所淘汰。

它提出人类的经济行为控制方法可以分为两个大的层面：

其一是自我控制。自我控制的主要目的,是要使自己能与其他的社会成员和谐相处。其办法称为"修养"。

其二是社会群体的控制。社会经济行为控制的主要目的,不但要使得社会成员彼此之间能够和谐相处,还要使得人类社会与自然环境之间也能和谐相处。

在社会行为学中,对社会群体信用行为的控制又称为"统治"或"法治",二者的差异在于权力运用的方式上。统治,是某个社会集团对社会成员采取权力垄断或集权管理的方式。法治,是采取民主制度和法律手段管理社会的方式,这两者主要体现为国家主权、政府权力和社会法律强制力。在同一社会群体之中,由于相同的习俗和文化,成员的个性之中会有较多的共同点,因此就形成了社群成员某些信用行为的共同特征。对于一个民族和国家来说,这些行为的共同特征就是其民族性和国民性。

主要体现在四个大的方面：

1. 教育体制：它是人获得知识和塑造灵魂的主要方法,也是控制社会信用行为、把握社会发展规律的根本办法。

2. 法律制度：它是某个社会群体为了适应生存环境的需要,共同制定且必须共同遵守的行为规范和准则。其中,包括典籍明订规则和非典籍明订规则两种：

(1) 典籍明订规则：是指各种规范、章程、条例、制度、纪律、政策、指示、法令、法律等等,还包括民事交往中的合同、契约以及国际交往中的申明、备忘、协议、条约等等。它们都是用文字对所要限定的信用行为做出明确规定,其条款得到国家和社会的保障,对社会成员的信用行为有强制性的约束能力,违反者要受到制裁和惩罚。其中,国家法律和社会信用制度是最重要的两种限制社会成员信用行为的典籍明订规则。

(2) 非典籍明订规则：是指某一社会中自然形成的风俗、习惯、道德、伦常等等,虽然它们不受任何法律的保护,违反了也不会受到制裁和惩罚,但是社会成员若不遵习俗、不守伦常、不讲道德等,自然会受到其他社会成员的谴责和排斥。所以这种非典籍明订的行为规则,对于个人的信用行为,同样具有强大的约束力。

3. 谋略计划：它是某一主体为了控制局部的社会群体行为而有意布置和设计的一种局部环境条件,其中包括信息(真实的或虚假的,对称的或不对称的)和强制的手段(也包括强制措施或战争手段)。所谓"谋略计划"是短期局部控制群体信用行为的一种常用方法,实施者通常都要利用某些条件和制约性手段才能达到目的,例如欲望、感情、环境、信息等等。

4.信仰信任。行为经济学上的"信仰与信任"并非专指某一社会的文化、政治和宗教的信仰,而是泛指一种人在信用行为中价值取向的心理现象。研究发现,在人的信用行为里的"信仰信任"现象,同时包含着"信任情感"、"认识一致"、"心理认同"和"目标愿景"等。

在现代社会环境中主体的经济行为控制所遵循的基本规律是:

(1)在现代信用环境中,具有特定个性的人有特定的行为表现。

(2)在相似的环境之中,具有相似个性的人或相似共性的群体,有相似的信用行为表现。

(3)任何一种行为,都会相应产生一种以上的结果。任何一种主体信用的行为控制,也都会相应产生一种以上的结果。而任何一种信用行为的结果,都有其自身固有的演化规律,与行为者和实施行为控制者的主观愿望无关。

5-2 信用与行为的变量理论基础

与宏观经济学不同,本书研究的主要是微观基础,即主要研究社会总体经济中具体的行为主体信用与行为均衡关系及其变化规律,回答并解释由人的信用与行为所带来经济活动"异质"、"异象"产生的原因及其后果,并对此提出,可以通过一些有关信用的"评级方法"、"程度评估"和"状态判断"来帮助行为决策,这很像一个人的身体健康状况可以借助医院的医疗仪器测量得出体温、血压等具体指标一样。通过研究信用与行为均衡关系,对社会经济体系以及个体信用状况做出分析、判断、评估、评级评价、预测等,进而反映真实情况,找到解决问题的办法和出路。

这种研究主要是研究信用、货币、行为等变量,在这些变量之间建立必要的联系,证实一个变量变动是否会引起其他变量变动以及对其他变量影响的程度有多大,等等。并把宏观经济学研究中均衡分析和边际分析方法作为参考依据和基础旁证。

一、研究的对象——信用与行为变量

马歇尔认为:"经济学研究人在日常生活事务中的活动、思考等行为,但主要是研究在人的日常生活中最有力、最持久地影响人类行为的那些动机。"在他看来,不论是高尚的还是卑鄙的动机,在性质上都是无法衡量的,只有在人的具体行为表现中才可以看到人类本性的作用。他指出:"尽管大部分人在经

商中都会有比较高尚的品格,在经商中也像在别处一样受到个人情感、责任观念和对高尚理想的追求的影响。"但这并非否认人们日常商业活动最执着的动机,还是获得物质报酬或利益回报——工资。

然而,"工资在使用上可以是利己或利人的,也可以是高尚的或卑鄙的。在这一点上,人类本性的多样化就起了作用"。正是由于有这种对商业活动最执着的行为动机,以及明确而准确的"货币"(我们视之为信用)衡量,才使经济学远远胜过其他各门研究人类的学问。米塞斯曾对经济学家以数学公式或纯数理模型对人的经济行为进行评估提出质疑:"人并非物理上原子式的个人,而是运用其自由意志在世界上行动的人,不能像工程师处理非生命物质的技术那样来处理人,那种试图通过统计方法来找出所谓规律的经济学是误入歧途的。"这一观点从人类社会不断发生的经济危机事件中得到了验证,证明人的经济行为确实存在不确定性和难以准确计量的非理性特点。毫无疑问,把人的信用与行为作为研究对象,构建信用与行为均衡函数模型的尝试,是运用行为经济学方法对人的信用与行为关系进行分析,在信用与行为均衡函数模型中引入货币变量和行为效用参数,通过函数模型分析的方式让有关问题描述更简明,而且更接近现实,并试图以此把经济活动中涉及信用与行为均衡的"异象"、"异质"的根源问题解释清楚。借助行为经济学基本原理,把经济活动中信用行为的异质、异象抽象成两个基本假定:

个体都是有限理性的。这种分析是把现实社会每一个原本复杂、多样的个体信用抽象成相同的"行为效用/货币"二元有机组成。认为人的信用行为主要取决于行为控制,行为受心理因素影响,也是复杂、多样和多变的。因此,个体可能无法对外部事物与他人信用行为形成完全吻合的判断和正确的信息,或无法作出与信念一致的信用行为决策,即使凭单纯理性作出的预测,也存在信用行为偏差和误导的可能性,这将导致不同的个体形成"异质"的偏好、选择和行动,即个体理性的有限性。例如,人的经济理性是导致信用扩张的共同动机,但不同主体信用扩张的行为目标和结果,与经济理性动机比较,却是差异巨大甚至完全相反的,这恰恰证明个体经济理性不可能是无边际的,只能是有限的。

个体不完全是利己主义的,还具有一定的利他主义倾向。社会活动中的人并非是单纯生物学意义上的人,因为从人是肉体与灵魂的有机组成角度来看,人与其他高等动物最大的区别在于"灵魂"部分:人在社会中的信用行为都是有意识的行为。个体在一定程度上会凭借自己的意识,主动地对他人的信用行为以及信用行为结果进行评估和衡量。由于不同个体的认知程度和心理意识差异,得出的评估结论和衡量结果是不同的,这意味着个体或群体会对他人的信用行为产生"异质"的价值判断,故只会采纳与自己价值判断相一致的行动。

二、关于经济变量的概念

自人类社会出现以来,人们就面对着层出不穷的各种行为变量。虽然在不同的领域当中,人们对不同变量的界定是不同的,但有一点是共同的,即研究对象是一个不确定的、动态的、可变化的系统。

(一)基本概念

变量(variable),简言之,是具有非主观变异性的数据。原是一个出自数科学的名词,并在现代计算机技术 C 语言中被广泛应用,又称"随机变量"。由于其非规律性变异产生的结果——不确定性,是人类社会所有事物包括人本身在内所共有的特征,因此,对不确定性的变量分析被逐渐地运用在不同学科的研究领域。

在实际情况中,在不同的领域,变量有不同的定义方法。

在数学中,把不断变化的、可取不同数值的量,叫"变量";在统计学中,分组指标则因观测所得数据具有变异性的特点,称为"变量";在社会学经验研究中,变量是表示有差异性的社会特征或社会因素的一个术语,由于社会特征和社会因素表现形式不是唯一的,个体测量到的特征都具有不同的取值,又称"变项";在心理学实验研究中,变量是人为设计的刺激和行为之间关系的条件变化因素,用来揭示机体内部的心理机制;经济变量是指在经济活动中其数值可以变化的事物等。毋庸置疑,社会的任何一个系统(或模型)都有变量,这些变量按照相互影响的主被动关系分为自变量和因变量。由自变量与因变量构成的系统或模型简单讲可以是一个函数模型,复杂讲也可以是整个社会系统。若我们以世界当中的某些事物为特定研究对象,选择研究其中一些变量对另一些变量的影响,那么主动选择的变量就指定为自变量,而被影响的变量就称为"因变量";如果所选择的自变量和因变量之间可以形成叠加,则可简称为"二元变量"。

实际上,现实社会经济活动中人们所做的各类经济变量分析,就是对人及相应事物或经济现象不确定性的分析。

例如,行为经济学家托尔曼认为,行为的最初原因主要有物理的和生理的两类,分别称为"环境变量"和"个体差异变量"。其中,环境变量包括:补给时间表、目标对象的适度性、刺激物类型及其所提供的方式、所要求的运动反应类型,先行的或后继的迷津单元模式。个体差异变量包括:遗传特征、年龄、所受训练、特殊的激素、药物和维生素所维持的生理状态等。在有关行为经济学研究的模型中,托尔曼认为,它们(亦称"实验变量"或"自变量")与行为变量(亦称"自变量")之间的关系,绝不像行为主义学者所说的刺激物的类型及其所提供的方式对应着所要求的运动反应类型关系那么简单,二者之间还存在一系列不能被直接观察到的、但可以根据引起行为的先行条件及最终的行为结果本身推断出来的中介因素,即中介变量,它们是行为的实际决定因子。

信用与行为变量分析正是针对这一特点,在人类的信用与行为关系讨论中,研究行为自变量和信用因变量的均衡关系以及活跃在它们之间的货币因素,并以货币变量充当信用与行为变量间的中介变量,使之构成信用与行为相互关系的实际决定因子。

(二)运用变量概念对现实经济问题的分析与阐释

宏观经济学以及微观经济学研究的对象——人类社会经济活动,是一个具有不确定性、动态的、可变化的复杂系统,它所囊括的各种变量,通常被称作经济"标志值"、"变数"或"变质",即数值、变异性或价值变化的量。诸如,资信等级、GDP、消费者信心指数、商品价格指标、企业采购量等等。譬如,行为经济学家弗里德曼通过几十年对货币现象的研究,明确阐释了他对货币的几个结论性的观点:

(1)通货膨胀永远是而且在任何地方都是一种货币现象;

(2)对货币变动效应的偶然作用(以智利与以色列的比较实验为例)的一个证明:在不同的情况下,相同的货币行为可导致截然不同的结果;

(3)自1971年美元彻底脱离金本位制后,如今每一种货币都成了不兑现货币,货币所依赖的只是政府的权威或认可(即现代货币权定理论)。

对此现象,弗里德曼颇有嘲讽意味地说,从远古到1971年,每种主要货币都是直接或间接地与一种商品相联系,但是,从美元脱离金本位制后,再没有哪一种货币与商品有任何联系。虽然各国央行包括美国联邦储备体系,仍然在会计账簿上以一个固定的名义价格为黄金保留了一个账上名目,但它只是已消失的"咧嘴傻笑的柴郡猫的微笑而已"(此语出自童话《艾丽丝漫游奇境记》)。经济变量比较典型的社会意义和现实价值在于,它揭示与发现了人类普遍具有的信用扩张的行为秉性和物质欲望满足的需求。

基于人类行为背景取得进展的一个例证是行为金融学(也称为"金融行为经济学")。行为金融学的成功,部分源自标准的基准模型与丰富的现实数据之间相当明显的矛盾,它用行为倾向填补有助于消除对金融市场和基本理论理解上的差异。在笔者看来,即使已显成功之势的行为金融学,本质上依然应该归属于行为经济学对信用行为变量的研究分支。这种认识的提出,并非全盘推翻原有学术概念,只是就我们所处时代和社会发展阶段出现的新情况、新问题、新矛盾,期望以此打破经济学,以纯数据统计、数学公式和定量计算的方式替代人类思维孤立研究人类社会经济活动的僵局,重新审视人在经济活动里的真实信用行为轨迹,对经济学的信用理论作出必要的修正和完善。

三、信用与行为均衡关系研究

在行为经济学的研究对象中,有些经济变量是可以定量量度的,如货币总量、财政收入、税收、商品价值、消费价格、工资收入、产品产量等,但也有一些经济变量或影响经济变量的因素无法定量量度,只能给予定性的描述或用程度范围来表达,这一类变量大多用于表达品质或属性,如信用、行为、表现、效果、趋势等,只能是程度上的衡量比较,估计评价结果,而无法准确计算彼此的数量差距。譬如,信用与货币价值的对等价值量,行为效用对工业产品增加值的影响大小,职业、性别、身高对人的工资收入的影响,战争、自然灾害或意外事故对 GDP 的影响等等。

分析经济体系或个体"理性行为人"的信用与行为均衡关系,解释经济活动出现"异质"、"异象"的原因,建立的信用与行为均衡函数模型,研究的是行为主体人、信用变量、货币变量、行为变量之间在程度上的因果联系。其中,研究对象是变量间的因果关系和相关关系,重点是彼此间的"均衡"。在因果关系中,如果说行为变量是导致信用变量的因,则必然存在这样的联系:行为和信用之间存在关系;这种关系是非对称的,即行为的变化先于信用的变化,而不是相反;不管其他因素存在与否,行为的变化必然会引起信用的变化。

核心均衡关系:人(人格品质)≈人伦信用≈行为效用;

基本含义是:社会经济活动中的人,是以人伦道德为基础的信用为行为责任能力象征的核心要素,其社会活动能力取决于他本身的信用或事实行为。人的事实行为是个体信用的体现,信用则是个人通过事实行为表现或反映出来的责任能力。

(1)第一个依据在于:一切信用与行为均衡都是以人为基础和核心的。原始社会是人的基本成长时期,也是信用的"萌芽期"。原始社会处在以物易物的交换阶段,这一阶段的交换活动,并没有货币中间物(交换媒介)的出现,人们主要是以粮食、牲畜或劳务交换其他商品,或以其他商品交换生活必需品、购买劳务等。每一次交换都是交易对手按照自己的需求,以面对面相互评估对方的物的形式,选择自己"中意"的来完成交易。这种情况下的信用,主要取决于交易对手之间是否兑现(实施)交换的行为。此时,信用与行为有直接联系:信用主要通过人格品质或事实行为效用来确定。

人(人格品质)≈人伦信用≈行为效用(事实行为);

核心表达式为：$M \approx f(Y) \approx b'f(X)$。

其中：M代表理性行为人，Y代表人伦信用，X代表行为效用。

(2)第二个依据在于：一切信用与行为均衡以人与人交换与交往为基础和核心。在近代社会物权私有和原始市场时期，商品交换和人际交往成为主流社会的需求，是信用的"生长期"。近代社会采取实物货币和间接交换方式。这一阶段的交换活动，由于人类社会分工的出现，社会经济形态开始复杂起来，人们的交换范围扩大、交换形式也日渐复杂，交换商品明显增多，为了交换便利和支付方便，人们开始采用某种被大家共同认可并信任的实物（如特殊的石头，精美的贝壳，金、银、铜贵金属等）作为等价物充当交换媒介来替代真实交换商品的价值，这时"货币"就出现在原始信用与行为的关系中了。此时的信用与行为均衡为：信用通过行为效用与实物交换媒介的比较权衡关系来确定。

人（人格品质）$\approx$ 契约信用 $\approx$ 行为效用/实物交换媒介；

均衡表达式为：$M \approx A + b'f(X)$；

边际表达式为：$M \approx f(Y) \approx b'f(X)/A$。

其中：A代表实物交换媒介。

(3)第三个依据在于：一切信用与行为均衡是所有社会合作和经济活动、人际交往的核心和基础。现代社会是完全"陌生人"的社会，也是人的信用形态、行为方式日趋复杂多样化的时期，科技手段、科学工具、现代生活方式等不断涌现，使信用已经进入"成年期"，进入现代社会货币符号或虚拟形式和间接交换与替换阶段。这一阶段就是我们当前所处的社会阶段。在这一阶段，人类社会分工和经济全球化趋势十分明显，市场交换内容日益丰富，自由化和一体化成为时代特征，货币形态也不断发生着根本性的变革；人类的信用形式更加多元、广泛和复杂，尤其是纸币形态和虚拟货币的出现，使人类信用与行为的均衡关系也随之复杂起来。

但抽去非本质、非要素的经济变量因素，从人性的本质来概括分析，统览现代社会人类文明生活的方方面面，人的信用与行为均衡的变量要素很多，但核心部分就是信用、货币和行为，可以采用下列函数表达式给予明确描述。

（一）本书得出的重要结论

在一定时间和空间的范围内，人类社会静态下的一切信用与行为均衡，都可以通过与此同一状态时的行为效用与货币媒介数量比较权衡的程度或数值高与低来确定、评价、测算和预判。

（二）其表达式可以写成如下一组函数形式

(1)核心均衡表达式为（类似数学连等式）：

人(人格品质)≈本身的信用(广义信用)≈行为效用；
$M \approx f(Y) \approx b'f(X)$。

(2)均衡函数表达式为(类似数学回归方程形式)：
信用变量≈货币变量＋行为效用参数×行为变量；
$f(Y) \approx f(a) + b'f(X)$。

(3)边际函数表达式为(类似数学微分公式或比例函数)：
信用变量≈行为效用参数×行为变量/货币变量；
$f(Y) \approx b'f(X)/f(a)$。

其中：$f(Y)$代表信用函数，b'代表行为效用参数，$f(a)$代表货币函数，$f(X)$代表行为效用函数。

(三)关于该均衡函数表达式中"理性行为人"的描述

现代社会经济活动中的人(理性行为人)，是以人格品质为表征、现代契约精神为依据，由物质因素(或以货币为媒介物加以衡量的财富)与非物质因素(或以有意识行为特征表现的实际行为效用)共同构成的社会经济活动单元，是具有完备人格特征和相应信用行为责任能力的合格行为主体。由此得出的一个重要结论是：占据现代经济支配地位和主宰地位的人，其核心要素是他本身的信用。现代货币是人实施自己社会经济行为的重要媒介物。现代货币的基础是信用，信用的基础是行为，人在经济活动中所有具有的主观意识的信用都是通过货币与有效行为同时进行表达或反映出来的。

在行为经济学的研究、宏观经济分析和金融等实务以及人们日常经济生活的应用中，这个结论可以用于对具体问题的分析、判断、选择和解释(有关的具体应用我们将在后续章节给予说明)。

(四)上述核心均衡、基本均衡、边际均衡三个关系式可以用于描述人的信用与行为均衡在现实经济活动中的一些现象，主要有下列的一些理论阐释

1. 在社会经济活动中的人，是以人格品质为表征的理性行为人，理性行为人的经济性特征是其信用行为责任能力，即信用度。因此，区分经济活动中的个体人，就是行为主体本身具备的信用或拥有的行为责任能力。人≈信用≈行为效用。

2. 在静态的社会经济环境中，个体信用取决于他非物质形态的行为效用以及可用货币衡量的物质形态财富数量之和，边际为二者相比得出的比较权衡结果。

即均衡状态为：信用变量≈货币变量＋行为效用；
边际状态为：信用变量≈行为效用/货币变量。

在动态的社会环境及相关关系中，信用变量是离散性变量，行为变量是连

续性变量;在相互关系上,信用与行为效用成正比,与货币数量成反比;在对应关系上,信用变量受行为效用与货币变量之比的限制,每一次成功合作的核心,是信用与行为的相对均衡。

3.信用与行为均衡和均衡边际相比权衡的具体表现为:

(1)行为变量和信用变量间的变化是相伴随的,两者是对应关系。

(2)两者相关关系可以是正相关,即两个变量的变化方向相同。

(3)信用与行为变量函数形式是间断函数,行为自变量是连续函数,可以与线段相关,具有矢量特点;信用因变量是离散函数,受外生变量货币离散性影响,只能是点相关,具有标量特征。

4.作为特例,在真实信用行为变量相关中,还存在"伪相关"。即行为变量与信用变量相关只是表面上的(例如,当$f(a)>0,f(X)=0$时),它实际上是由虚拟变量或称设计变量的第三变量——货币变量$f(a)$引起的,当货币变量消失时,行为变量和信用变量的相关关系亦随之消失;"伪零相关",即行为变量和信用变量本来存在相关关系,而第三变量——货币变量(由于货币本身不具有自然属性,而是人为设定的价值符号与交换媒介,因此也称为"虚拟变量")分别与行为变量、信用变量各自相关,导致对行为变量与信用变量显现出不同程度的影响,在特殊情况下(例如,货币变量完全虚拟的纸币环境中)甚至会出现不相关的反常现象。

四、信用与行为研究的心理学基础

人格在每个阶段都有特定的心理社会发展任务,从而决定了人类的信用与行为的心理社会发展特征。譬如,一个未成年人的信用行为与一个成年人的信用行为比较,两者之间的差别是十分明显的:一个缺乏自主意识的人的信用行为和一个有意志目标的人的信用行为,也必然是不相同的。

社会环境决定论认为:人类生命中的每一个阶段都会产生关键性的信用行为变化;社会环境可以改变人类的信用行为;处于一定社会环境中的人类有能力改变自己的信用行为。

任何一个系统(或模型)中都存在许多变量,不同变量之间保持着特定的均衡关系,从而构成系统的整体性和协调性。在经济函数模型中,内生变量是指该模型所要决定的变量;外生变量是指由模型以外的因素所决定的已知变量,它是模型据以建立的外部条件。外生变量,也叫"设计变量"、"虚拟变量"或"第三变量",它是因与内生变量关系密切而被人为引入的。譬如,在信用与行为函数模型中,把信用和行为当作内生变量,而行为效率参数、货币等则是外生变量。货币变量被定义为外生变量,原因在于在现实社会经济体系里,它原本就是作为信用媒介身份出现的。

经济体系的内生变量,又叫"非政策性变量",是指在经济机制内部由纯粹的经济因素所决定的变量,不为政策所左右,是"一种理论内所要解释的变量",可以在模型体系内得到说明,是由模型决定的;外生变量则是不受自变量影响而受外部条件支配的变量,通常只起解释变量的作用。它们在系统(或模型)中,只影响其他变量,而不受其他变量的影响。

此外,系统参数通常是由模型以外的因素决定的,往往被看成外生变量。外生变量能够改变内生变量,而外生变量本身不能在模型体系中得到说明。信用行为变量因素除分别被区分成内生变量、外生变量外,还有存量和流量的概念。存量通常是指在某一时点上所观察到或测定到的经济变量,如信用总量(或总规模)、货币发行总量、贷款规模等;流量则是某一时期内所观察到或所测定到的经济变量,如现金流量、货币流通速度、行为效率、时间间隔等。两者的关系在于,存量制约或影响流量变化,而流量的变化又会引起存量的变化;流量的结构变化会引起存量结构的变化。譬如,货币变量通常能够由政策控制,并以之作为政府实施宏观经济调控的手段从而实现其政策目标的变量。

5-3 信用与行为理论研究的含义

人的信用行为,始终是与人的心理变化密切相关的,采用函数模型变量分析的方法,信用与行为研究是以行为经济学理论为依托,真实体现了社会经济活动中信用与行为是受心理因素影响的。信用与行为研究的含义主要如下:

一、如实反映基本信用行为

人在社会中生存,每天都要消耗生产品,而生产品获得的途径主要有两条:一是通过物质资料的生产劳动,生产创造出必要的物质生活资料,解决吃、穿、住、行以及文化、娱乐活动的需求;二是通过交易(或交换)的行为获得,对于持续性的、必备的生活物资,人会有规律性的需求,这种需求的连续性满足通常都是借助货币媒介的交易行为去获得。市场买卖关系、借贷行为和生活必需品交换是微观主体的基本信用行为,并与人的生产、生活、消费活动存在密不可分的联系,在这一社会经济循环系统中,信用、行为以及货币各司其职,分别发挥着自己的作用。

对于简单的交换经济学来说,市场上产生的信用与行为均衡状态,将无一遗漏地通过货币媒介,实现交换可能带来的所有潜在利益。一方面,有物质生活资料生产劳动的存在,人类社会才能存在和发展,物质生活资料生产是人类社会存在和发展的基础;另一方面,人若要获得生活所需的全部物资,必须拿自己的劳动成果去交易(或交换)。这种以"互惠互利、公平交易、等价交换、诚实无欺"为基本行为原则的交易(或交换)活动,构成了人类社会经济活动的主要内容,而交易(或交换)行为的本身既是购买也是消费过程。人的现代经济困境或许在于见人不见行、见物不见人的"理性"孤立与割裂,这也成为行为经济学与新古典经济学的区别所在。

二、体现真实的利益导向关系

在市场环境下,交换是实现社会资源有效配置的重要行为手段。经济学讨论交换行为的一个基本前提是效率:市场交换是自愿进行互惠互利的交换,也是独立主体之间平等的交换,效率主要体现在主体资格对等和具体行为方式上。所谓"自愿",是指交换行为是按照交换双方各自的需求意识和主观意愿实施的;独立主体之间的平等,是指市场交换参与者是具有相应主体人格和符合行为责任能力要求的个人。现实情况是,市场中人的理性会导致交换效率的下降,常见的是不平等主体之间的交换、强迫进行的非自愿性交换,这两种情况都不利于产生互惠互利的效果,也无法实现社会资源的有效配置。这既是理性交换的范畴,也不会形成均衡。

缺乏效率的社会交换可能给交换双方带来利益,如,人类劳动与经济收入是一种交换,但劳动所产生的利益增量不一定会均匀分配,也并非完全遵从等价交换的原则,实际利益分配的结果取决于交换行为主体的"讨价还价"行为能力和所掌控的社会权力。显然,人类社会普遍存在的收入差距,很大一部分原因不是由于劳动效用变化或价值因素影响,而是人类分配行为的结果。此外,市场供求关系与价格调节机制的波动,虽然受市场资源配置均衡性的直接影响,也让本身是行为主体的人和其有意识的行为选择,成为决定交换效率和社会资源配置均衡性的关键所在。行为经济学分析得出的结论是:在推动社会进步时,人要有效地改变内生变量,只能从改变影响内生变量的外生变量入手,如果不改变外生变量而想去直接改变内生变量,那么,不仅会事与愿违,而且很可能把事情搞得更糟。

三、解释信用与行为均衡的本质

作为经济学概念,信用与行为是和社会分工、商品生产、市场交换、货币经济相联系的范畴,所有的社会经济活动都是在商品—货币关系基础上产生的,通过相应的行为过程来实现。

信用与行为的均衡关系,不仅是人类经济活动的基本关系,也是贯穿于整个人类社会活动中的核心关系。这种均衡并非一般经济学数量计算上的对等,而是在其程度、效用、范围、功能上的对应或相称,信用是行为效用与货币衡量数量相比的结果。信用与行为,是理性行为人社会身份的两张不同的"名片",也是人类社会活动中相互影响的"伴侣",包含着极其丰富的内涵。在经济活动中,它们与货币相结合构成一个完整的"计量天平式"均衡经济体系,调整着整个经济体系的各种内在价值关系。

一方面,信用作为人类社会关系里最核心的部分,是人伦道德最具体的内容,它与人性相生相伴,与人的心理活动导致的行为互为依着。可以说,在无货币因素存在的情况下,人的信用与其行为保持对应均衡的状态,即怎么说的就怎么做。表现为日常生活中"一言九鼎"、"一诺千金"、"诚信无欺"等履约兑现的行为能力,反映其遵守诚实守信行为原则的物质基础强弱。这也证明在几千年的人类文明社会发展史中,诚实守信的道德规范一直以来都是人类处理一般社会关系的基本行为准则。另一方面,信用作为经济活动中物质利益的"象征物",当人的行为处于未发生或静态情况下,人的信用则取决于包括自身所经历的"行为历史"及拥有"货币"数量两大因素的行为责任能力。

信用行为,人们习惯把它视为人的社会行为中的一种,并从"它是指以一定的经济标的物为载体,以借贷为特征的经济行为"中得出它主要是信贷活动的错误认识。这种认识缺少了信用行为变量所包含的人格性质和社会道德因素,因而是不全面和不完整的描述,也从根本上混淆了信用概念及其本身包含的丰富内涵。显然,这不能反映信用行为的全貌。马克思则简明扼要地指出,信用是人类社会价值运动的一种特殊形式,是以偿还和付息为条件的价值权益的单方面让渡。马克思曾引用英国经济学家图克的一段话:"信用,在它最简单的表现上,是一种适当的或不适当的信任,它使一个人把一定的资本额以货币形式或以估计为一定货币价值的商品形式,委托给另一个人,这个资本额到期后一定要偿还。"这样的描述,强调了信用的偿还性行为特征,也定义了信用依赖行为实现的过程。但许多经济学家对信用本质界定都存在一定的片面性。

卡尔·布鲁内说,"经济人即会计算、有创造性并能获取最大利益的人,是进行一切经济分析的基础"。其实,这已经包含了信用与行为因素在内。马歇尔是这样作出解释的:"宗教的动机比经济的动机更强烈,但是宗教动机的直接作用却不如经济动机对人类生活的影响广泛。"他虽然没有直接否定意识对人的信用行为动机的直接影响,却用经济动机的普遍性借口,否定了行为因素对信用发挥的主导作用。甚至得出了"是贫困毁了穷人,而不是邪恶"、"研究贫困的原因实际上就是研究人类中的一大部分人的堕落的原因"等社会贫富经济决定论的错误论述。而从信用行为的本质上看,人的贫困并非人自身堕落的结果,而是人所选择的社会制度和信用行为的"邪恶"带来的贫富差距和社会信用分配的不平等造成的,是不公平的经济、法律制度带来的,人类经济理性的过度泛滥加上狂妄的资本主义制度才是造成人类贫困的真正根源。

5-4 函数模型分析解释的信用与行为

马歇尔曾坦率而直接地陈述:"近代的特点是有意识性而不是自私性。"人类难道真的如其所说,是由于时代的进步而摈弃了自私性?进入 21 世纪尤其是 2008 年下半年以来,世界经济遭遇的危机困局,让西方经济学面临着理论大厦"将倾"的危险,让人们不得不重新审视这一"近乎完美的经济理论体系"。

传统的经济学理论将理性人(或称为"经济人")定义为:以完全利己为目的从事经济活动的人,即力图以自己的最小经济代价去获得自己的最大经济利益的人。这种理性人具备了以下三个显著特点:无限理性、无限意志力和无限自私自利。但这都无法解释现实中人的信用行为的多样性和复杂性,能够给出的解释理由只能有下列几点:

一是理性人的概念只是根据人的社会经济环境和历史局限提出来的,完全忽略了人类社会历史会发展变化和社会科技与经济会进步这一事实,而且也没有根据人的心理特点分析行为动机。

二是"货币权定"和"唯货币论"以及传统货币银行学的兴盛,货币虚拟化和价值脱媒化倾向,造成人类对实体经济的疏离并进入货币变量认识的误区,将人类理性带入了信用变量缺失和严重不均衡状态。

三是古典和新古典经济学中抽象理性人的假设条件,作为整个传统微观经济分析的基本前提,主宰了微观经济学所有的理论,对现实经济现象(尤其是与非经济因素相结合的经济现象)的解释并不充分。

一、建立信用与行为均衡函数模型的初衷

20 世纪 80 年代以后,以理查德·泰勒为首的经济学家,从进化心理学中获得启示,认为大多数人既不是完全理性,也不是凡事皆从自私自利的角度出发。《行为金融学》、《市场博弈》以及《信用行为学分析》等成为当代经济学理论研究的前沿,其中非理性人的假设意味着对传统微观经济理论的全面革新(至少是行为"异象"的修正)。应该说,关于非理性人和信用变量的研究,是行为经济学相对于传统经济学来说最具有颠覆性意义的理论突破。

新古典经济学家一向认为人是"理性"的动物,即具有"动物精神"的人。

即现实生活中的人总是倾向于追求最大收益而承担最小成本,信用扩张行为是人生存与发展的必然选择。这个结论基本上是正确的,但忽视了信用扩张行为固然有其理性扩张的一面,也有其非理性收缩的一面(包括主动性收缩、限制性收缩、被迫性收缩等)。人的信用行为包含"理性"的成分,也有"非理性"的成分(具体理由和说明见前面章节)。而人的信用与行为会以某种系统的方式隔离理性,社会学称此为"区隔"或"间隔"。信用与行为均衡函数模型分析向心理学、行为学靠拢,认为现代社会中人的信用和行为都是内生变量,不仅同经济活动中人的本性以及精神心理因素有关,而且与信用活动中人的行为日益"非物质化"、因果行为的"转性化"有关。人类完成每一次交易(或交往),都有赖于反复的行为博弈和信用均衡。信用变量是制约并影响整个交易(或交往)行为结果的决定性因素。交易(或交往)行为的结果和效能不仅受信用与行为是否均衡的影响,同时也受行为效用的牵制和制约。

因此,信用与行为均衡函数模型描述主要体现在两个方面:

一是信用以人身依附为主,并且通过人的行为才能实现;

二是除特例情况外,任何一种信用,都建立在与行为关联的货币因素或用货币衡量的物质因素的基础之上。

正是基于对新古典经济学以上三个"无限性"结论的反对,针对非理性人及信用与行为变量的特点,划清了与纯经济学"理性人"的学术界限,为信用与行为"均衡"找到了"理性行为人"这个主体。信用作为交易(或交往)合作的标志物和衡量依据,是人的人格品质(自身的"无形资产"或"邀约保证")的象征,但在交易(或交往)行为中,这种"无形资产"或"邀约保证"能借助相关媒介(譬如货币、承诺、契约等)和行为效用的综合反映其实体性变化,这是信用与行为均衡函数模型希望反映出来的内容。

二、采用函数均衡模型变量分析的原因

由于个体的信用行为受复杂社会关系的制约,从而导致人的信用行为选择并非都是建立在准确经济计算基础上的。因此,从单纯理性、数学定量化、统计计量角度研究人的信用行为行不通。

对社会活动中的每一个主体来说,信用是变量,行为也是变量。人性既有理性的一面,也有感性的一面,即人性中也有情感的、非理性的、观念引导的成分。新古典经济学是在"边际革命"的基础上产生的,它认为经济理性是与自身利益的最大化等同,理性人是效用最大化的追求者。这样一种工具性假说使数学模型在经济分析中能够广泛应用成为可能。

美国哈佛大学经济学家戴维·莱布森研究了行为经济学,他从心理学和行

为学角度探讨了人类的意志和金钱问题,把经济运作规律和心理分析有机组合,研究市场上人的信用行为的复杂性。例如,有行为经济学家在研究价格与数量变化关系的经济模型中,率先采用价格与数量的二元变量函数模型:$P=a+bQ$,表示价格与数量的关系。其中:a 和 b 是参数,都是外生变量;P 和 Q 是模型要决定的变量,是内生变量。戴维·莱布森在行为经济学领域的研究,为信用与行为的变量研究与分析开辟了一条可行的新思路。

在心理学实验性研究中,对变量的有效设计是心理学变量研究的精髓,也是信用行为经济学变量分析主要借鉴的来源。信用与行为均衡函数变量分析,是在心理学实验性研究理论的基础上深入一步。根据人类社会经济活动中人的行为变化会导致信用随之相应变化的基本规律,借助信用表现为离散性变化和行为呈连续性变化的特征,函数模型设计以行为变量作为可操纵自变量,信用变量作为观察性因变量;同时引入两个外生性设计变量——货币变量(媒介变量、中介变量)、行为效用参数(敏感性变量、效率变量)作为体系变量因素,就可以把信用变量、行为变量、货币变量、行为效用参数以函数形式表达出来。

这一讨论的象征性意义在于,尽管现实社会经济活动中信用变量和行为变量都是难以用简单数学方式或数字形式加以定量分析的,但依旧可以用数学函数的表达形式定性评估、判断、分析,并用来实际估算或构成图表。

人的无意识和非理性行为是一种被现代心理学、行为学充分证明的现象,如:情绪化行为、冲动性行为、从众行为等。建立信用与行为均衡函数模型的原因在于以下三个方面:

第一,基于对人的精神心理因素的研究。

例如,商品品牌的作用日益显著,商品的个性化意味着商品内含的精神文化因素越来越大,人的价值取向如环保意识、生态安全、绿色有机食品的时兴等,日益决定着商品的销售。从整个经济结构来说,信息化经济的要素越来越多,社会"软件"所占社会经济成分的比重越来越大。例如,在西方发达国家,市场经济已进入社会网络化、市场虚拟化时代。在不同的经济周期中,美国股市中的纳斯达克板块超乎常规的大起大落,也反映了当今社会人们的信用行为心理预期在很大程度上决定了资金流向的事实。

第二,拓宽了新古典经济学的研究领域。

新古典经济学家一向认为,人总是倾向于追求最大收益,承担最小成本。但信用与行为均衡函数模型分析表明,人类信用行为固然有其理性的一面,但也有其非理性的一面。外生货币性变量可以以极端的形式干扰人类正常的信用与行为"均衡"关系以及信用行为方式,甚至影响到人本身的价值取向。例如,摆阔性消费和金钱竞赛。信用与行为均衡函数模型分析认为,人类信用行为会以某种系统的方式隔离理性,譬如,货币性变量、行为效用参数、行为变量等不同的取值范围,社会学称此为"区隔"或"间隔"。所以,非理性行为可用科学的方法加以研究。

第三,对传统货币、信用或行为动因研究的革新。

均衡函数模型显示出,经济学不仅是马歇尔所说的"一门研究财富的学问,也是一门研究人的学问",也不仅是"宗教力量和经济力量共同塑造了世界历史",而且也是研究人的信用力量和与之对应的货币性变量运动方式及结果的学问,更是研究人的动机、状态、社会运行、经济成效以及货币、信用和行为动因等现实问题的学问。归根结底,是人类信用的力量塑造了世界历史。

均衡函数模型对传统货币、信用或行为动因的革新在于,人类的信用与行为受复杂的社会关系制约,从而导致人的信用行为选择并非都是建立在人的理性思考和合理预期基础上的。任何货币(金属铸币、贵金属货币、纸币、虚拟货币等)的基础都应该是信用,任何信用的基础都取决于行为效用。货币只是交换媒介的衡量物,既不是人类财富的全部,更不是人类信用的本身。因此,用纯经济理性、货币变量或数理计量方法定量研究人类经济活动是舍本逐末的行为,不仅会造成人在现实经济活动中经常碰壁,甚至会导致人的信用行为选择不断"理性沦陷"、"落入陷阱"或"犯错误"。换句话说,或许就是今天的人类对自己制造的货币如此痴迷,才招致人类自身和社会经济接连不断地出现各种风险和危机。

三、函数模型变量分析揭示的成果

正如莱布森所说:"在我们所进行的经济学交谈中,对心理现象的重要性着迷的人们正向全行业阐述自己的观点。"信用与行为函数模型或许可以帮助人们解释为何经济活动在繁荣时期经久不衰,而衰败时期则难以扭转,其结论揭示了为什么人类的信用与行为特征在现代经济中扮演着重要角色。

信用与行为均衡函数模型,是以信用和行为效用与货币变量相权衡分析的视角去研究和解释经济学中"人"、"信用"、"货币"和"行为"概念的,运用均衡函数模型分析、判断和评估人的经济活动和行为能力,剖析现实社会面临的一些包括信用结构均衡、信用行为关系调整和信用制度安排在内的社会信用体系建设问题。借此研究是什么原因导致人在经济活动中的"非理性",讨论信用风险和危机产生的根源以及在宏观环境下如何获取信用支持和实现信用结构均衡。这不是单个个体的经济问题,也不是单纯思考某一国家财政税收、投资便利、贸易均衡、公共福利措施或单纯的生产、交换、价格与产品消费问题。信用与行为均衡函数模型提出,除现实的风险和危机外,金融机构和银行家们遭遇的最大风险,可能不是存款、贷款、资产回报率、成本、利润和资产负债表等静态数据以及事后反映的可统计、计划或计算的会计因素,而是能否准确把握、经营和评估好自身赖以生存和发展的信用结构均衡,控制好各种信用行为风险,调整好信用与行为之间的均衡关系。

人在社会生活中的信用,是一种以行为主体自身行为责任能力为主要衡量标准的品质变量,它以物资、财富、货币保证为基础,本身或通过媒介体现无形资产、价值预期和行为能力。它不单纯是交易活动中的财富、资本、货币、价值、行为效能的反映,而且是以心理标识物和无形价值的均衡尺度,调整人的经济承诺或书面契约关系以及信用行为责任能力方式,把人的行为与信用紧密联系起来。即,正常生活中的经济个体绝大多数应该是非三种理性的(或部分理性的),而绝非纯理性的。所谓"理性行为人",并不具备稳定和连续的行为偏好以及使这些偏好最大化的无限理性,即使知道效用最大化的最优解,也有可能因为自我控制意志力方面的原因而无法做出相应的最优决策,其经济决策的过程,包含了相当的非物质动机和非经济动机权重。

正常生活中的经济个体,常常不是单纯凭借"理性人"的方式来决定自己信用行为的趋向,而是采取"理性行为人"的行为方式,即,除人本能自利的理性和信用扩张行为偏好的共同因素之外,还受到不同的行为动机、目的、目标以及区域环境、文化习俗、心理意识、市场博弈等其他因素的制约和影响。事实上,无论有多少不同与差异,"理性行为人"信用行为的最佳选择只能是达到"信用与行为均衡"的终极目标。引入"理性行为人"这样一个假设前提和信用与行为均衡函数模型变量分析的目的,是让经济学抛开脱离现实、理想量化、数学化的框框,为人类行为学、心理学、社会学等学科更多研究成果的引入找到有效途径。

四、信用与行为均衡的函数表达形式

对现实社会现象的研究与人类活动的经济分析,是人类文明发展进步必不可少的一个环节。而在新古典经济学中"'货币'或'一般购买力'或'物质财富的掌握',的的确确是经济学所围绕的和研究的中心问题。不过,这样说并非因为它是人类努力的主要目标,也并非因为它为经济学家的研究提供了主要课题,而是因为在我们这个世界里,它是大规模衡量人类动机的唯一方便的方法"。这样,就把人们带入了只注重理性"货币衡量"的心理错觉和行为误区。

关于新古典经济学货币理论,人们至今仍有很多迷茫与困惑。值得庆幸的是，由于相关的人类行为特征在标准经济学框架下难以得到解释，行为经济学应运而生，拓展了标准经济学范围，从而为该问题的解决开辟了道路。大量实证结果表明，行为经济学的核心就是坚信——将经济中人的模型更精确化以改善对经济学的理解，从而使这门学科更加有用。信仰力量和物质力量共同构成了这个丰富多彩的人类社会，从这种经济视野去看真实社会经济活动中人的信用与行为，一方面是对社会信用变量的研究，另一方面就是对信仰力量及物质力量的研究。其中，人的经济活动，物质力量最直观的部分应该说是货币要素，信仰力量最真实的部分就是行为要素。毫无疑问的结论就是：对一个社会来说，是物质的力量和信仰的力量构成了它完整的经济体系——社会信用体系；对于个人来说，信用就是其参与经济活动的能力，这种能力只有建立在其本身货币因素与行为因素均衡的基础之上，人才能成为一个合格的"经济人"。

人的信用与货币和行为均衡，通俗说法是："金钱不是万能的，但没有钱则是万万不能的。"若以金钱表达货币，而能与不能意味着行为，货币因素和行为因素结合成为人的信用。因此，有信用的人才是塑造世界的最根本的力量。"经济学主要是研究人类的欲望、理想及人类本性中其他情感问题的。而这一切的外在表现都是经济学进步的种种动力，这些动力的驱动程度或数量甚至能够相当准确地加以估计和衡量。因此，在某种程度上，人们就能用科学方法来测试这些动力了"。对于这些动力的研究，如果我们用生物学的观点来看待人类社会经济体系或单个经济个体人，它也许更像一个由信用、货币、行为效用三大组件装配起来的"有感情的经济动物"，信用是其躯体，货币是用来保温、御寒、遮羞、打扮的服饰，而行为则是承担"任务"和发挥功效的头脑、心脏、四肢、五官和其他内脏器官等，不同"经济动物"的差别往往与其对组件的选择和运用的不同有关，但维持其生存就必须保证其各组件之间的"供需平衡"。

若用计量学的观点来衡量，这个经济体系或经济个体或许就是一架用于计量重量或衡量权重的物理"天平"，信用作为"权重"放在天平的这一端，货币和行为效用作为"配重"处在天平的那一端。要保持经济体系或经济个体的正常运行，就要求天平两端荷载保持相对均衡，在天平本身荷载可承受的最大限度和信用极限权重范围内，货币砝码或行为砝码可以合理适当地增加，即使存在暂时的不均衡，也可以通过调整砝码的办法解决，故增加或减少的措施，都是有效的。若要保持某种程度的均衡，那么无论是信用权重的增加或减少，还是货币砝码或行为砝码的增加或减少，两端重量的增加或减少都必须保持相对同步。并且，这种增加或减少的前提条件都是不能超过"天平"本身承受重量的限度或能够衡量的范围。

政治经济学告诉人们,在社会经济发展的每一个历史时期,都存在生产力与生产关系、物质基础与上层建筑之间相互适应的过程,以形成相互均衡的格局。如果这个社会关系存在不适应的问题,那么对整个社会体系进行调整就是不可避免的,我们称之为"改革"。当这种社会关系不适应的矛盾积累到社会所能承受的极限或出现明显倒退的时候,不同形式的"革命"事件必然会爆发。"革命"的目标就是建立新的适应关系,实现新的均衡。这就是人类社会"天平"衡量的必然结果。

同样的道理,在社会经济承受能力限度内,一个实现了整体信用与自身货币和行为之间关系相对均衡的社会,才会是和谐的、健康的、稳定的社会。而在个人的经济活动能力范围内,只有自身信用与货币和行为关系保持相对均衡的人,才会真正有力量。如果不均衡,就会存在风险,原有体系需要调整或改革。如果严重不均衡,就会出现危机,原有体系则需要变革或重建。

为了更清楚、直观、简洁地表达信用与货币和行为的均衡关系,本书借助上述"天平承重平衡"的基本原理,采用一种多要素变量均衡函数的表达形式来进行描述。

这个多要素变量的基本平衡关系式是:

核心均衡关系:$M \approx f(Y) \approx b' f(X)$

边际均衡关系:$f(Y) \approx b' f(X)/f(a)$

基本均衡关系:$f(Y) \approx f(a) + b' f(X)$

表达式中:M 代表人本身的人格品质

即人(人格品质)≈信用变量≈行为效用

信用变量≈行为效用参数×行为变量/货币变量

信用变量≈行为效用/货币变量

为避免读者误解,这里需要进一步说明的是,虽然该函数表达式采用了简单的函数模型,但仅仅只是采用数学函数关系式的方法代替文字表达形式,满足本书对信用与货币和行为均衡关系的定性讨论的需要,并非等同于一般数学函数定量计算公式或数理模型。

通过信用与行为均衡所表达的现实人文含义是:

(1)信用是人的人格品质特征和行为责任能力象征。

(2)诚信的人,其行为责任能力主要取决于自身的信用。

(3)合格经济人的信用与行为效用及货币(物质财富)量之商相对均衡。用数学语言描述为,信用与行为效用成正相关关系,与货币量成负相关关系。即,在货币数量不变的情况下,行为效用增加,信用度则提高;在行为效用不变的情况下,货币数量增加,信用度反而下降;在信用度保持相对稳定的情况下,行为效用增加对提高信用有利,而货币数量增加对提高信用度不利,信用度的等级可以通过行为效用与货币数量比较权衡的结果确定。一种信用均衡状态是相应的行为效用与一定的货币数量保持适当比例的状态,或者比喻为行为效用与货币数量之间"供需平衡"。

(4)任何成功的社会分工与合作或经济目标的达成,都以类似这样的均衡关系为基础,这是最可靠的信用保证。

(5)任何一种经济均衡体系,都遵从边际规律。即,在边际范围内,任何一种变量的增加,都会对体系均衡有利;超出边际范围,任何单独一种变量的增加,都会产生不均衡现象,甚至出现反面现象。如果必须增加某一种变量,就应使其他变量与之同时适度增加。

(6)在边际规律和经济均衡的限制下,现实经济活动中的"理性人"常常会因表现出束手无策或理性冲动,而使自身"理性"沦陷。

5-5 传统信用学对信用问题的研究

信用问题,是传统信用学研究的主要方向,也是其他经济学理论必须要阐述的核心内容(读者可参看《现代信用学》等著作)。但令人十分遗憾的是,在信用的概念、作用以及与其他经济要素的关系问题上一直存在较大的学术分歧,容易导致人们在解释经济现象和处理经济问题、进行经济决策时出现认识误区和行为误差问题。关于信用,主要有以下几个方面问题:

(1)信用是什么?是物质形态,还是非物质形态?或两者兼备?
(2)人类的经济活动最终衡量工具到底是货币,还是信用?
(3)人的信用最终取决于货币或财富的数量,还是行为效用?
(4)信用真的是无法衡量且必须依靠"不诚实"的货币吗?
(5)信用在人类社会生活中究竟充当了一个什么样的角色?
……

限于篇幅不便在此一一列出,但这些问题总体上反映出人类社会和传统经济理论对信用问题的理解和认识是模糊不清的,对信用本质以及信用在经济活动中的运用是混乱和无序的,人们受到自身能力的限制,还无法很好地驾驭由信用孳生而来的"货币怪兽"。

一、传统的金融理论还需要再认识

传统金融学的基础理论是"货币银行学",或称"金融学"。"货币银行学"的理论体系是整个现代金融的核心理论体系,而其研究的主要内容是货币资金运动,是研究银行体系组织货币资金运动的一般规律。

但产生问题的原因也在于此。

首先,是货币所反映和代表的信用真实性问题。如果货币代表的信用是真实的,那么人类金融活动就是真实社会经济活动背景下的有效价值运动;如果货币代表的信用是虚构的,那么一切金融活动都是建立在一种完全虚构的环境基础上的"资金运动",任何金融活动带给人类的都只能是"灾难"。

其次,是金融活动中信用的"动态活动"与"静态数据"的关系问题。把GDP数据或社会货币总量或社会经济交易总量用于衡量当期社会信用总量一定正确吗?实际上,在现代社会,信用交易总量已经有相当一部分不能纳入货币交易量的统计之中了。例如,一部分现代网络买卖交易中不用货币而是用数据交换、债务替换或债务传递形式等。如果依旧这样来衡量社会经济发展状况或依此调整社会经济发展,显然无法真实反映实际,也无法与实际吻合。

第三,只重视GDP或货币问题,忽视了信用在整个社会经济运行中的作用,因此在总量与结构上就会出现不均衡。这种不均衡往往与信用活动的具体情况有关,在货币供应量与社会商品与劳务价值总量不变的情况下,如果信用扩张就会出现通货膨胀(这是人类理性造成的"不可逆转"的行为倾向);如果信用萎缩,就会出现通货紧缩(这与人的心理行为上"损失厌恶"和信心下降等因素有关)。无论是"通胀"还是"通缩",直接挑战的都是人类所"信奉"的金融信用和货币信用体系,人们往往只关注基础货币、货币价格(利率、汇率)与货币乘数,而忽视信用,因而造成金融活动许许多多无法挽回的"残局或败局",甚至直接导致一国乃至世界的经济大动荡。

二、对信用的再认识问题

我们知道,信用是人赖以生存、生活和发展的核心内容,信用的产生离不开三大要素:

一是权利和义务。信用作为特定的经济交易行为的要素,要有行为主客体,即行为双方当事人;有"授"与"受"的有效动作,这些因素的存在,要求对交易双方规定相应的权利和义务。

二是被交易对象。有交易对象的存在,信用是动态的,没有交易对象,信用只能以静态的方式或形态存在。如货币、商品、权益、标识、品牌、产权、品质等等。

三是时间间隔。简而言之,没有时间间隔,信用就无法存在(信用是在行为过程中存在和体现出来的);没有时间间隔,信用就无法产生(信用是人类过去行为历史记录的一种)。

三、对信用职能与货币职能的反思

对于信用职能与货币职能的不同也需要人们再认识。

首先,信用具有流通职能。这种职能被传统信用学解释为是商品生产和交换以及货币的流通手段所带来的,也正是这种的被认可,使以银行信用为基础的各种"准货币"(即具有货币流通职能的各种替代性金融票据、其他现代金融工具和方式,如存单、购物卡、信用卡、有事项及数据记载的凭证、有面额标注的代金券、数字符号、电子货币等)大量出现,导致信用流通职能完全脱离了真实信用和银行信用的基础范畴,导致经济活动中计价衡量标准的"错乱"与严重虚构,使得现实货币本身也不再是"唯一衡量手段"(马歇尔语),信用在流通职能上已经与货币"脱离干系"。

其次,信用具有分配职能。按照传统信用学理论,信用可以对社会现有资本进行再分配,可以把收入转化成资本。通过信用可以使一切暂时闲置的生产资本、货币资本和暂时不用的货币收入,转化为现实资本,投入生产和流通部门,或者投向国家。这种分配不仅包括对社会产品的再分配,而且包括对生产要素的再分配。在这种分配过程中,所有权并不改变,但是,社会生产与流通得到了重新组织和安排,社会经济秩序在一个新的基础上又开始了。问题是,当货币作为资本要素介入或替代了信用这个职能的时候,一切都变了。首先是资本,由于货币带来的资本本质变化,金融投资学上"信用=货币=资本"这种均衡关系不再成立,一方面资本没有涵盖它本身所应有的信用要素,也不再具备原本该有的信用分配职能,更谈不上对社会资源进行有效分配,更无法确认所有转化资本的投入方向,进而保证符合生产和流通部门以及国家分配与再分配的需要,而不会出现"资本钱生钱的游戏"和金融资金的"体内循环"与"越界谋利"(例如,股指期货、存单买卖、违约掉期合约、虚拟金融以及金融衍生品买卖等等)。此外,信用在传统货币向现代货币转化的过程中的"不断丢失",造成现代货币在彻底脱离"商品本位制"和"金本位制"后,传统的纸币、现代货币体系与现代信用的彻底"决裂"、"切割"、"脱离"以及"高度虚拟化",使现代货币不再具备有效的社会分配职能,而只是一种符号工具。"货币权定",即货币所代表的信用权益和职能不再由实际信用确定,而是由一个社会中享有分配权力的主体来确定。

第四,在现实社会生活中,"货币权定"成为世界通行的一种"游戏规则"。在国际层面就是国际组织或经济、军事、政治势力强大的国家通过强制性手段实现;在国家层面就是政府采用手中立法与行政的权力,通过国家制定宏观财政、税收、经济、公共事业、福利措施政策等,借助赤字财政预算、国家主权信用举债和调整税收等,有目的地完成自己的利益与实现二次分配;在金融业就是借助政府授予权力的一国央行,通过制定货币政策、货币发行或回笼,商业票据买卖(一种金融强制性买卖方式),调整货币价格和控制市场利率、汇率、信贷规模、杠杆操作、开辟金融市场等办法来调节、分配全社会的金融资源;而在企业则由主要管理者根据各自掌握的权力大小和不同利益需要进行分配;对于个人消费者的分配则不取决于市场,而是取决于"不同权力之间的均衡与不均衡、合作与不合作、平等与不平等之间不同形式的市场博弈"。

行为经济学分析的结论是,由于人的"理性"和"货币权定"两个重要因素的存在,人类有两大弱点无法克服:一是无论什么社会制度,只要没有统一而严格并且切实可行的法律出现,各种腐败现象就无法杜绝;二是人类社会为经济利益而产生各种局部或整体的争斗、革命或改革以及暴力战争等无法避免,除非有朝一日人类消灭货币这个"恶魔"!

四、对于信用的创造功能的评价

人类的信用并非永远不变,也绝不是静态的东西。如前所述,人类信用是动态环境中人的"产物"和"依附品",只要人自身的主观能动性和信用扩张的"动能"(这个动能可以理解成人类的经济理性和需求欲望)存在,信用是可以"创造"出来的!

传统信用学把这种"创造"归纳成:"信用创造了信用工具与信用交易方式,刺激、调节和加速了消费,扩大了需求,有力地带动了生产发展。""信用创造了信用流通工具和转账结算制度,广泛代替并减少了货币使用,从而节约了社会流通费用。信用改变了资本形式,促进了社会产业资本再分配和社会利润率的平均化,使社会生产平衡稳步发展。信用使资本存在形式发生了变化,使不可能流动的资本流动了,使资本及其流动看得清、摸得着、算得清了。资本可以集中一切分散的、零星的闲置资金和货币收入。在社会资本总量不变的情况下,改变资本的分配关系,使个别资本转化为社会资本,使个别部门支配社会资本成为可能"。①

总之,传统信用学似乎在信用创造职能上"竭尽赞美之词"。

但我们需要指出的是,这不是真实意义上的"信用"创造职能,而是被"偷换了信用概念和抽掉了本质"后的"货币或资本"职能!

另外,从人的信用扩张和理性需求来说,无论如何,货币衡量条件下的信

---

① 吴晶妹:《现代信用学》,北京:中国人民大学出版社,2009年,第22页。

用创造职能是一把"带血的双刃剑"！人类使用时必须谨慎、谨慎、再谨慎，因为它可以用于经济战场上奋勇"杀敌"，也可以用于经济萎靡中忧郁"自杀"！

还需要强调的一点是，这种信用创造职能使金融业大厦本已"虚构"的信用基础更"虚"，只要有任何风吹草动，就必然摇摇晃晃。如果经济的暴风骤雨"突起"，那么大厦"关门歇业"或"房倒屋塌"、"砸死人"也是无法避免的结果，这一结果是掀起整个社会经济活动更大的"狂风巨浪"。人类发展史上诸多历史经验教训和现实社会的问题案例，值得人类高度警觉和自省！

五、关于货币的储藏职能与信用关系

货币银行学，特别指出了"货币具有财富储藏职能"。从严格意义上讲，这是信用所不完全具备的职能，因为信用所包含的"身外之物"，如金银货币、房屋、矿产资源、自然资源等物质财富可以储藏或便于储藏，但像一些生活必需品，如粮食、瓜果、蔬菜等就没有办法长期储藏，而信用中包含的人格品质以及与人身依附有关的无形资产、品牌标识、知识产权等则无法保存，人在信用在，人亡信用亡。但有些会由于遗存关系而逐渐消失。因此，这里也存在一个"误区"，即人们通常认为一个人"有钱"、"富有"等生活品质的概念，是从一个人拥有多少可用于交换或储藏的货币数量来区别的，而不是从"信用货币"这个重要概念去衡量的。这也就不难理解，如今这个世界上尽管"好人"、"善良而诚实"的人千千万万，却还有那么多葛朗台似的人物，有那么多像欧也妮·葛朗台小姐那样"悲惨命运"的结局。其实，这一切本来是不应该发生的，但却真实发生了！显然，都是"货币"惹的祸！

六、本书所阐释理论与传统信用学相似与不同之处

除与行为经济学高度接近之外，如果考察本书所阐释的理论与传统信用学的差异，大致有三个方面：

一是与弗里德曼采用模型方法分析信用规模变量与GNP（负债总规模）之间的稳定关系接近。他采用简单比率方法和向量回归的计算，试图阐释货币与信用的关系，并借助一定时期内美国非金融部门的债务指标和GDP估算值进行建模分析，尝试建立三个函数模型，如下：

$X = F(P, M)$；

$X = F(P, C)$；

$X = F(P, M, C)$。

在上述三个函数模型表达式中：

X代表产出，P代表物价，M代表货币量，C代表信用总量。

二是与传统信用学中"信用结构与 GDP 关系分析"的模型函数形似,即,在一定时期内社会信用总量与当期 GDP 总量相比较。

信用依存度(α)＝信用交易总余额/GDP；

当期国民生产总值(Y)＝信用依存度×信用规模流量＋常数。

用函数模型方式表达为：

$Y = \alpha \Delta C + \theta$

其中:Y 代表 GDP,C 代表某个层次的信用规模,ΔC 代表信用规模的流量,θ 代表常数,α 代表信用依存度。

三是对真实经济活动中信用活动的效率认识,基本保持一致。但分析的方法和角度不同(其他比较不一一赘述)。

在此需要特别提醒读者注意的是：

上述比较说明中,阐明了本书与传统信用学的一个重大理论差别和区隔：

传统信用学采用的体系是"货币衡量工具"以及数量型、数学计算型的信用规模定量分析方法,而本书所采用的则是以"行为责任能力——行为效用衡量工具",以及核心均衡、基本均衡以及边际均衡三者结合的定性分析方法。其中最大的差别在于采用衡量经济数据的工具,前者是"货币信用",后者是"信用行为",一个是定量分析,另一个是定性分析。本书认为,用一定时期内的 GDP 数据,衡量并分析宏观经济信用状况,从本质上是错误的。鉴于篇幅,本书对信用与行为均衡的具体演示案例不做过多介绍,读者可自行完成。

七、信用与行为均衡函数模型简单应用实例分析

为了帮助读者更好地理解本书的信用与行为均衡函数模型应用方法,这里简单介绍一个最简便的估算过程。首先需要明确的一个关键问题在于：任何一种经济学理论的函数模型计算,都需要有预定的假设前提,如果没有假设前提存在,会导致判断、评价和估算结果的失真或较大误差。本书选择的一个应用是：以 GDP 代替总信用规模条件下,货币发行中的增量估算问题(目前尚无替代货币衡量的有效工具,该前提仍采用新增信用基本与 GDP 增长量保持一致的设计。如前所述,在此仅为定量计算需要,实际是个"虚构的事实")。

假定,某个国家 1997 年全年的国民生产总值为 10 万亿美元(或类似与美元挂钩的货币),根据经济统计数据,该国当年新增 GDP 总量为 1 万亿美元。为了预测下年度全年货币发行,货币的新增量和相应增发比例需要通过合理估算来确定。另外,分析宏观经济形势和微观经济的各方面情况,有关政府部门确定了 1998 年全年 GDP 增长率为 2%,社会总投资在 1 000 亿美元左右。

在具体分析之前,我们必须给出几个假设前提：

假设该国政府符合"理性行为人"的特征；

假设该国币值在此期间保持相对稳定（或美元币值稳定）；

假设新增社会投资 1 000 亿美元全部用于一个"项目"；

假设投资行为成本为投资额的 5%（即产出/投入比率为 5%），并预计当年产生经济效益是 5 000 亿美元。

那么（具体均衡函数模型见前述，此处省略）：

行为效用＝经济效益＋行为成本＝5 000＋1 000×5%＝5 050 亿美元；

新增货币发行量限额（边际均衡）比率＝5 050/10 000＝0.505；

新增货币均衡发行量＝10 000－5 050＝4 950 亿美元。

这意味着，该国货币发行的控制指标是：1998 年新增货币发行量比例不得超过 5.05%，新增货币数量不得超过 4 950 亿美元，如果超过或低于这个比例和数量水平，就可能导致通胀或通缩现象出现（上述结论只是假设的某种预估，一个国家的实际经济情况远比这个例子复杂得多，变量要素也要多得多。这里只是作为一种推演示范，存在很多瑕疵和粗糙之处，仅供参考）。

第六章 现代经济环境中的信用与行为现象

行为经济学对信用与行为的关系研究,可以追溯到两位经济学家 1952 年发表的两篇文章:一篇是马科维茨的《关于现在财富与习惯上的财富的差别》;另一篇是罗伊的《安全第一证券组合模型》。两篇文章不约而同地把现代信用学和行为经济学的理论观点有目的地结合起来,作为经济分析的工具,开创了行为经济学变量分析的新视角。其后,经济学家斯洛维克 1972 年发表在《金融》杂志上的文章,提醒人们注意一系列关键行为因素以及心理因素,这些关键因素在人们作出信用预测时会引起系统性错误,他指出纯粹经济学专家的判断不准确。譬如,一些行为经济学家认为,现代社会经济活动中的信用受人的行为影响比以往任何一个时期都显著得多,人类经济理性的沦陷导致的行为异化甚至改变了一些正常经济运行轨迹。尤其是 2008 年美国"次贷危机"爆发以来,不论是美国还是其他国家,包括世界各国在内的全球经济正在经历一场"世界信用体系和金融信用制度的大战"。

本书则从信用与行为均衡函数模型的角度分析,提出自己的观点和看法,探讨现代经济环境的信用与行为。

6-1 现代经济环境的信用与行为分析

人对经济"异质"和"异象"的心理反应,是行为经济学的主要研究对象,本书采用信用与行为的事实观察和心理实证的研究方法,借助建立信用与行为 $M \approx f(Y) \approx b'f(X)$ 以及 $f(Y) \approx f(a) + b'f(X)$、$f(Y) \approx b'f(X)/f(a)$ 的人际关系、均衡关系、均衡边际三个函数模型作为变量分析的工具,对相关变量关系进行分析。

首先,这一模型分析十分明确地告诉人们,在现代信用环境中,经济行为关系是虚实结合、相对均衡的关系,任何过度或不当行为都是信用风险或危机的爆发根源;这些变量的均衡可以通过货币变量的合理调节以及改变主体行为效用实现。它回答了一个基本问题:在现实经济活动中,我们分析人的经济活动,是看信用?看钱的多少?还是看具体的行为效用与货币相比的均衡关系呢？显然，是最后一个。因为，经济调控应该以寻求信用与行为均衡为目标。

例如，如果把社会信用看作一个"人类系统"，实业是"造血"的骨骼，资源耗费和金融信用是"吸血"的皮肉，二者必须有个合理的比重；对各国来说，走出大危机的唯一出路是给全球信用体系"止血加造血"——抑制资源泡沫、促使有效信用增长、限制金融炒作、约束信用过度扩张、管住货币滥发、扶持实业和科技创新。

譬如，20 世纪 70 年代前最流行的宏观经济学分析工具——IS-LM 模型，是由经济学家希克斯与汉森提出的"经济均衡"模型，IS 表示商品市场供求均衡时的利率与收入组合，LM 表示货币市场供求均衡时的利率与收入组合，IS 与 LM 的交点就是商品市场和货币市场相对均衡时的利率与收入的组合。交点所决定的利率为均衡利率，决定的收入为均衡收入，在均衡利率和均衡收入支配下，整个国民经济实现了均衡。

很显然，这样以货币经济为背景，把商品市场与货币市场作为两极对立形态的经济分析工具，已经完全不适合现代社会的实际情况，充其量也只是一种主观理想的状态。

柏南克和布兰德曾经试图将商业银行信贷因素加入商品市场，从而将 IS 曲线改造为 CC(Commodity & Credit)曲线，提出了 CC-LM 模型。尽管该模型考虑了银行借贷关系中的信用因素，但却认为货币市场不受信用因素影响，使其难以得出正确的结论。

法科勒从美国财政赤字快速增长这一事实推论，非金融部门债务总额与 GNP 之间的关系弱化，其原因出在非金融部门债务总额中的联邦政府债务出现异常变动，如果剔除这部分信用，则私人非金融部门债务总额（含州与地方政府债务）与实际 GNP 之间的比例关系还是相当稳定的。

他认为，联邦信用与私人信用仍然对宏观经济运行有不同侧面的重要影响，如果宏观模型中不包括这两大变量，则大量有用信息将被浪费。他采用向量自回归方法估计不同信用总量。他得出的刺激反应函数表明，基础货币对三个宏观经济变量：AAA 级公司债券利率、GNP 平均指数、实际 GNP 的效应有影响，但不显著；联邦政府信用对利率、物价和产出的影响也不显著；私人信用则不同，它超额增长，1 年内利率和通货膨胀率显著降低，经过 3 年半的时滞之后，产出也显著降低。

法科勒指出，私人信用冲击代表金融市场上可贷资金出现净增加，这表明信贷可能上升，利率下降；也可能表明储蓄增加，降低总需求，物价和 GNP 均下降。

对现代信用环境中的经济行为,信用与行为均衡函数模型是以人作为主体来研究分类的,并采用这样的方法,对不同身份的主体信用行为进行分析。其分类的理论依据是:①孤立型的个人理论;②人与人之间的自愿交换和合作理论;③信用风险与危机理论;④国家(局部)战争—敌对行动的理论;⑤市场博弈的理论;⑥信用扩张理论。在方法论上将人、信用、货币与行为效用作为一个整体系统看待,形象地把这种分析比喻成"抽丝剥茧"的过程。即如果把单个个体看成"蚕茧"式结构,人是其中的"核心"——蚕蛹,信用变量则是包裹其外的"茧丝",行为变量则类似于"抽丝"的动作,行为变量参数则是"抽丝"行为所采用的速率,货币变量则是被用于"抽丝"的工具,抽出来的"丝"是织布、做丝线,还是用于其他用途,则要视具体需要而定。

6-2 行为经济学的行为理论

行为经济学的行为理论不是一个完整的理论系统,而是由一系列相关行为理论成果和研究组成。在这些行为理论中,最重要的理论之一是前景理论,也称"预期理论"或"展望理论"。它是卡尼曼和特韦斯基在 1979 年提出的。前景理论最初的提出,是对人们在不确定的情况下如何决策的一种正进性描述。

一、前景理论阐述的经济现象

英国经济学家威廉·福布斯在《行为金融》一书中,对前景理论的基本原理做了进一步阐释。他认为,前景理论对行为结果的价值 V 评价取决于两个部分:一是决策权重 π;二是决策带来的后果 υ。每一概率 p 都有一个权重 π,它与概率联系在一起,并且把概率化成算子,并不遵循标准的客观概率测度所具有的特征。因此,他列出前景理论对行为结果的价值评价等式:

$$V(\chi,p;y,q)=\pi(p)\upsilon(\chi)+\pi(q)\upsilon(y)$$

式中,$\upsilon(0)=0$,$\pi(0)=0$,并且 $\pi(1)=1$。因此价值 V 是通过给予权重的结果或者前景来定义的。据此前景分为两个部分:

(1)无风险部分,或者说确定性部分。

(2)风险部分,前景所带来的相对于投资者参照点 y 的额外收益或者损失。

他借助前景理论分析得出结论:人们决策时所度量的是财富的变化。人们对财富的损失和收益的认知常常是不对称的,和后者相比,人们更加关心前者。最简单的参考点常常是 0,或者是当前的财富水平。信用与行为均衡函数模型分析继承前景理论的研究,向信用行为领域延伸和拓展,其核心内容是:人们对于信用价值的评价不是其无风险的部分,而是集中关注在将要面临的信用与当前信用水平的偏差程度。即,信用变量≈行为效用/货币变量的函数式中,(1)Δ信用=(信用变量2)-(信用变量1)的差额状况,以及形成差额所受到不同货币变量和行为效用的影响程度;(2)同一时点下,信用品质取决于行为效用与货币数量相比均衡的程度。因此,在不同的信用风险预期条件下,人们的信用状况、信用行为倾向和风险程度是可以预测的。

信用与行为均衡函数模型分析,借鉴前景理论得出个体信用与行为的主要实验性结论,归纳出五种效应:

1. 确定效应。所谓"确定效应",即处于收益状态时,大部分人都是风险厌恶者。就是在确定的好处(收益)和"赌一把"之间,做一个抉择,多数人会选择确定的好处。

2. 反射效应。反射效应是非理性的,表现在投资行为上就是喜欢将赔钱的行为继续下去。现实是,多数人处于亏损状态时,会极不甘心,宁愿承受更大的风险来赌一把。也就是说,处于损失预期时,大多数人变得甘冒风险。卡尼曼和特韦斯基称其为"反射效应"。

3. 损失规避。信用行为经济学前景理论最有用的结论是:当人做有关收益和损失的决策时会表现出信用行为不对称,即"损失规避":大多数人对损失和获得的敏感程度不对称,面对损失的痛苦感要大大超过面对获得的快乐感。

4. 迷恋小概率事件(或称"小数规则")。小概率事件的另一个名字叫"运气"。何谓小概率事件?就是几乎不可能发生的事件。在小概率事件面前,人类对风险的态度是矛盾的,一个人可以是风险喜好者,同时又是风险厌恶者。传统经济学无法解释这种现象,前景理论解释了这种现象,即人类具有迷恋小概率事件的偏好。人在信用行为取向上真正憎恨的是损失,而不是风险。这种取向偏好,是人类普遍乐于采取信用扩张行为来获取利益的基础动因。

5. 参照依赖。多数人对实际利益得失的判断,是根据不同参照点来决定的。传统经济学认为,金钱的效用是绝对的,而信用行为经济学变量分析则告诉人们,金钱的效用是相对的。参照依赖理论指出,多数人对得失的判断往往根据参照点决定。一般人对一个决策结果的评价,是通过计算该结果相对于某一参照点的变化而完成的。人们看的不是最终的结果,而是看最终结果与参照点之间的差额。人们所谓的损失和获得,一定是相对于某个参照点而言的。这被前景理论称为"参照依赖":生活中的"得"或"失"本质上是人们的一种心理感受,任何得与失都是比较出来的结果。传统经济学的偏好理论假设人的选择与参照点无关,但行为经济学变量分析则证实,人的信用行为偏好会受到单独评判、联合评判、交替对比及语意效应等因素的影响。一样东西可以说成"得",也可以说成"失",这取决于参照点的不同。非理性的"得失"感受会对人们信用行为的决策产生影响。行为经济学变量分析采用前景理论,由此引申出下列三个信用行为变化的基本结论:

(1)大多数人在面临获利的时候是风险规避的;
(2)大多数人在面临损失的时候是风险喜好的;
(3)大多数人对得失的判断往往根据参考点决定。

简言之,人在面临获利时,不愿冒信用风险,而在面临损失时,人人都成了信用冒险家。而损失和获利是相对于信用参照点而言的,改变评价事物时的信用参照点,就会改变人对信用风险的态度。

二、采用前景理论对经济行为进行分析

前景理论与原有的经典模型"期望效用理论"相比,大大推进了人们对人类行为异象的认识和理解,也可以阐释更多现象,但仍无法解释现代信用环境、信用与行为的随机优势等现象。

之后,为改善前景理论,累积前景理论和等级依赖效用理论分别被提出,用以解释随机优势等现象。等级依赖效用理论也适用于解释连续性和无限性的结果(例如,结果为任意实数)。

(一)框架效应变量分析的研究

卡勒曼、阿莫斯和同时期几位行为经济学家研究了类似的问题,后期人们发现,他们的研究基本上都能统一到前景理论里面。

行为经济学、决策学和心理学将此类研究定义为框架效应或框定效应。很多人都做过这方面的研究,其中,卡勒曼和阿莫斯采用了人们对风险回避和风险追逐的信用行为选择作为例子。

前景理论很好地解释了这种现象:框架效应改变了参照点,这样第一种表述给人赢的感觉,当然大家选择的肯定是赢;第二种表述给人损失的感觉,当然大家选择尽可能地回避损失。

另一个商业信用行为的例子,是把利益和损失推广到正面框架和负面框架上。比如说,同一种衣服挂两种不同标注的商品标签,一种标签标明25%化纤,另一种标签标明75%的天然棉,尽管是同一种衣服,但是由于人的购买心理是趋利避害,从环保和舒适的角度喜欢后者的人必然更多一些。这个例子说明,在同样的商业背景下,人在信用行为心理预期上普遍不喜欢负面的表述方式。

（二）信用行为"异质"或"异象"

在现实社会生活中，人在自己的信用行为上常常存在一些矛盾的现象，行为经济学变量分析把这些彼此矛盾的现象称作"异质"或"异象"。譬如，有人一方面想尽可能回避风险，另一方面又乐于追逐风险；人天生有"损失厌恶"的心理，但实际上又有自己的风险偏好。传统经济学难以解释这些矛盾现象。

比如说购买生命保险，一个人一生中发生不幸毕竟是小概率事件，但人们还是想尽可能回避这种几率不大的致命风险。因此，即使不用像购买车辆强制保险那样做硬性规定，还是会有很多人愿意主动买生命保险作为心理补偿。虽然赌博赢钱、买彩票中奖都是以万分之一、几千万分之一的几率出现的小概率事件，但还是有人迷恋买彩票、热衷于赌马或不断去打"老虎机"。

行为经济学家阿莫斯等人将前景理论应用在实验性研究上，总结出在不同风险面前的四种类型：

(1)面对大概率的盈利，风险回避；

(2)面对小概率的损失，风险回避；

(3)面对小概率的盈利，风险追逐；

(4)面对大概率的损失，风险追逐。

这些研究结论，都可以用前景理论的损失回避来解释。显然，掌握行为经济学变量分析的关键原则，对人的社会、经济、政治生活以及日常生活，投资、理财、购物、决策，甚至人生规划等都有用，这在一定程度上展示了信用行为经济学变量分析的指导意义。

（三）现状偏爱和信用行为的改变

正统的经济学家认为，在有充分替代产品的情况下，人愿意为买进一种商品付出的价钱应该等于为卖出同样一种商品付出的价钱。而行为经济学家通过实验证明，事实并非如此。行为经济学家发现，在平等博弈的环境里，商品买卖的出价高低与买卖者实际拥有的掌控权和信用行为心理禀赋有关。在出价高低的竞争中，人总是偏爱现状，不太爱改变，要变也往贴近现状变。

显然，人的心理禀赋是现状偏爱的一种决定因素。简单地说，禀赋就是完全属于个人的东西，诸如性格、脾气、需求迫切性，拥有或已经获得的财富、信用、权力、利益等等。

研究表明，人在信用行为选择上，会习惯于根据自己的禀赋进行决策，而并非完全取决于某种物品的价值或用途等。

行为经济学变量分析上的禀赋，指的是已经属于个人所有的财富或资本、货币、信用或其他东西。譬如，在市场买卖关系中，某人如果一开始手里拿的是钱，那么他买别人的东西时，别人的东西在他眼里或许就是"破铜烂铁"的价值;但是如果他一开始手里拿的是货,想交换别人的钱,那货在他自己心目中就不再是"破铜烂铁"(哪怕它其实就是),而是价值非常高的好宝贝。当然,商品交易市场上"讨价还价"的行为,一方面是买卖双方利益博弈的行为过程,另一方面反映买卖双方"低买高卖"的心理,因为这种心理对自己最有利。不过,研究者发现,即使当人的这种共同心理被排除后,人偏爱现状的禀赋仍然存在。

由此得出结论:人在自己的禀赋上,总是有现状偏爱的心理,并会为此而改变自己应有的选择。这恰好说明,在日常社会活动中,人的禀赋是使正常信用行为改变而导致异象出现的主要原因。

例如,某保险公司在两个地区要改革汽车保险,同样给投保客户两种选择:A. 贵的,赔偿高,权利多;B. 便宜的,赔偿低,权利有限。在其中一个地区,投保客户原来就是买贵的那种保险,改革后,结果75%保民选了A方案;在另一个地区,投保客户原来就是买便宜的那种保险,所以改革后,大部分人选的还是B。

行为经济学的前景理论很好地解释了这种"禀赋"。因为东西的售出、现状的改变在买者心理上都意味着自己的"失",人们往往不管"得"的多少,而是更注重自己心理"失"的感受。人们憎恶"失"并偏爱现状以回避损失,这样就导致了相应的行为结果。

(四)回本作用与"锚定"现象

现状偏爱造成人的信用行为是锚定现象,通常也叫"回本作用"(也称为"逻辑思维定势")。"锚定"的原意,是指航行船只通过下锚的方法,将自己相对固定在某一区域内停泊。这里用在信用行为变量上是指该信用行为相对变化幅度很小。

而"回本"中的"本"是指人在某种信用行为上的有形或无形耗费,称为"沉积成本"。通常是指没任何捞回本钱指望的信用行为消耗,或称"纯耗费",如,已经花掉的钱、时间、劳动力付出、资本投入等等。

从经济理性上讲,已经发生的信用行为所耗费的成本,是不可能恢复原状的。

按常理,沉积成本是不影响人接下来的信用行为决策的,绝大部分人都认为自己是理性的,即使最笨的商人也知道做买卖多比少好,赚一元比赚八毛要多,知道要借助有限的时空和信用行为能力去做让自己利益尽可能最大的事。但是令人感到奇怪的是,在沉积成本面前,人的理性却会忽然失效,无论信用行为结果如何,即使明明知道有可能遭遇损失风险,仍会有很多人按照原来的信用行为决策继续做下去。

一个日常生活中"回本"的例子是,一些年轻人参加某次集体聚餐,按照眼下流行的 AA 制,入场费当然是每个人都要掏腰包,而且价格不菲。恰恰是这样一个需要自己花费成本的聚餐,由于沉积成本的心理改变了多数人日常就餐的习惯,结果是人人想多"捞本",除尽可能吃饱喝足外,甚至从不喝酒的人也会冒着喝醉的风险主动地尝试喝掉好几杯。实际上,民间关于"过食伤身"的道理谁都懂,但是又有几个人在吃自动餐的时候,只是感觉吃饱就买单走人呢?更多的人或许心里在想:既然来了,价格这么高,不吃饱喝足"对不起自己"。

此外,个人的回本作用,可以用风险规避或损失厌恶来解释。企业的回本作用可以用个人问责制度来解释。

例如,现实社会经济活动中,有一些企业投资大项目,通常也没有表现出应有的信用行为理性,而决策者常常会被回本作用给"套住"。一旦投资决策失误,项目开始后才发现不对头,决策者面对沉积成本决定撤出,这时就清清楚楚地意味着损失,那么决策者必须马上为此负责。但是,如果追加投资,决策者不仅会心存侥幸地想,或许胜负未定呀,运气好还是可以收回本钱的,况且决策者还能继续为此支撑上一阵子,也许有翻本或其他可以替代的机会也未可知,权衡之下,只有追加投资一条路,硬着头皮走到黑了。这种情况表现在个人之间的债务纠纷或金融信用行为上更为常见。

例如,银行在和企业就贷款风险价格谈判中,往往借贷企业掌握更多的主动权,而且银行在这家企业投放的风险贷款数额越大,企业谈判的筹码就越多,讨价还价的余地就越大。

有人曾形象比喻:"如果你借银行 10 万元不还,你的麻烦就大了;如果你借银行 10 亿元不还,银行的麻烦就大了。"

这话说明,银行由于自身的"回本"心理,不仅显得被动,而且有时甚至会主动降低谈判的条件,给予优惠待遇。

三、心账理论

行为经济学中有种实用性行为理论,就是心账理论。用行为经济学前景理论和行为效用原则去理解,意思是指现实社会生活中,每一个人都会有一个"心理盘算过程",为自己的经济行为选择做"决策核算"。这个"核算过程"是出于隐性自发而且是潜意识性的心理,因此称为"心理账户"。它的定义是:

心理账户是每个人用来管理个人信用的行为选择,并以此来描述和追踪自己各项信用行为活动开支的一个核算系统。

心账理论可以更好地描述、预测和权衡人的信用行为决策,以此来解释传统经济学无法解释的信用行为反常现象。

像有些真实的会计账户体系那样,信用行为心账的会计评估就是事前事后评价某种信用行为过程的损益情况。除按照行为经济学的分析原理外,行为经济学变量分析在心理账户评估上加了个行为效用参数。同信用与行为函数模型表达式 $f(Y)=b'f(X)/f(a)$ 中的 b' 作为行为效用参数表达的含义类似,这里的行为效用参数意思是心里感觉参数。即人买东西不仅看这东西好坏、价格高低,还要看买东西的过程是不是"称心合意"。

心账计算是一个人自主自发的心理会计核算。所谓"归账"就是人把自己各项经济活动归到各账户中,如日常生活费使用的支出账户,有日用品、休闲等;收入账户有工资收入、储蓄利息收入、投资红利等。平账就是计算各账户的开支和收入以及最终结果,以此作为以后行为决策的依据。

心账理论听上去很简单,但是实际并非那么简单。

譬如,在日常的商品买卖中,价格常常是人们最为关注的,但所需的行为成本耗费却容易被忽略。如某女士打算买一件漂亮的风衣,在 3 公里外的 A 商店买 120 元/件,出租车费 10 元;在 8 公里外 B 商店买 100 元/件,出租车费 30 元;在家门口 C 商店买 140 元/件,走着去只要 2 分钟,那么她会怎么选择呢?或许让人有些意外的是,她很可能倾向于到 A 商店购买。同样道理,有些人在进行家庭房屋装修时,尽管每个人都有一个"心账"核算成本效益的过程,但出于对装修公司不信任的缘故,业主常常会亲自去购买装修材料,哪怕是贴上"血本"也在所不惜。

由此可见,人在做信用行为决策时,心账计算不是看省了多少钱(传统经济学认为人的理性必然会是这样的),更多的是看这钱是在什么背景、什么情况下省的。这就使心账理论和前景理论挂上了钩:"决定损益的参考点,实质就是考虑经济活动的背景。"和心账理论紧密联系的是心理预算。心账理论说明人的行为选择并不完全按照经济"理性"行事,即使人自信地以为自己是理性的,但实际只是某种幻觉,譬如凯恩斯所说的"货币幻觉"现象等,这说明真正主导人的行为选择的原因之一是人的心理账户和实际心账。心账理论的另一个结论是关于如何合并(把多个信用行为整合成一个账户)和单列(把一个或多个信用行为分解成多个账户)心理账户的。合并让人们在痛苦和损失时好受很多,单列使得人们在不增加真实信用好处的情况下更开心。

由于心账理论里加入了行为效用参数,即每个信用行为本身带来的效用(可正可负)。单列后的涉及盈利的多个经济活动提供了多个正的交易效用,人对中两次奖当然比中一次的心里感觉好。而单列后的经济活动提供了多个负的交易效用(倒多次霉当然比倒一次更不爽了)。前景理论解释时,根据行为效用曲线,因为每一次收益的边际效用都是递减的,而多次收益的边际效用之间却可以叠加,放大了实际收益的心理感受。每一次损失的边际效用是递减的,而多次损失的边际效用之间依然是叠加的,放大了实际损失的心理感受。这些具体的信用行为分析,可为人们在实施调整与控制具体信用行为带来可参考的策略方案。

6-3 储蓄行为中的"夸张贴现"

行为经济学有一个以人们储蓄行为做信用行为研究的实证,这是有关人和金钱的一种"反常现象"。通过这个实证分析有助于我们理解信用与行为函数模型中,人的内生变量(信用变量、行为变量)和外生变量(货币变量、行为效用参数)之间是如何相互影响及改变信用行为的。

例如,美国人的行为习惯造成他们日常生活花钱过多和攒钱过少,与之相反,中国人历来提倡勤俭节约和攒钱储蓄的行为习惯。两种储蓄行为孰优孰劣并不好说,但至少有一点很明确:主流经济学家很难解释当代美国人的储蓄行为特征。

主流经济学派认为,当人们预期金钱收入但尚未收到它的时候,他们是能够相当理性地在花多少和储蓄多少的问题上做出规划的。在有限的刺激下,人们愿意储蓄和推迟开支,从而企业可以利用这些储蓄进行投资,推动整个经济增长。对主流经济学来说,人的储蓄行为本质上是人的社会经济行为的一种形式,其规律和特点必然符合一般经济学的规律而无多大差异。但与实际情况并不符合,出现了普遍不好解释的"异象"。

莱布森认为,原因在于这一推理是有缺陷的。他认为,尽管人们的愿望是好的,是符合理性选择的,但是当钱真的到来的时候,人们有限的意志便崩溃了,钱往往立即被花掉。这一现象被称为储蓄"夸张贴现"。这是因为,在人们的心理时间偏好中,短期储蓄贴现率往往大于长期储蓄贴现率(储蓄贴现率的高与低直接反映资金价格与储蓄收益回报的多少)。储蓄夸张贴现函数正是抓住这一特征,认为人们并不是因为理性而在一生中对自己开支和储蓄统筹安排,而是从储蓄行为能带来及时实惠上考虑自己的开支和储蓄行为,并乐于从年轻到老年都负债。

经济学家罗伯特·卢卡斯也承认储蓄行为中的谜多得足以使人们必须考虑行为经济学的储蓄信用"夸张贴现"。行为经济学变量分析把储蓄看作信用行为的一种形式加以研究,认为储蓄过程是外生变量——货币变量增加的快慢以及对消费行为变化预期之间存在较大反向效应引起的,在某一货币变量增长数量较快时期的相应消费行为以"框架依赖效应"存在,从而造成了储蓄"夸张贴现"(或称"储蓄透支或超前消费")现象。

若从信用与行为函数模型分析来看:

信用变量≈行为效用参数×行为变量/货币变量

美国人的日常花钱过多和攒钱过少的"超前消费"或"超额消费",除美国社会普遍缺乏节俭储蓄的传统习俗外,也意味着美国人在消费信用行为中,心理上对某一时点的外生性货币变量数值增加速度很快有所依赖并形成生活行为习惯(如:经济持续增长、社会福利改善、加薪、个人未来收入预期增加有保障等因素),为保持与自身总信用变量之间的函数等式关系基本均衡,消费因素促使行为变量成为消耗性变量(负值变量),同时放大了行为效用参数。信用与行为边际均衡函数模型关系成为下列情况:

信用(增量)×货币(虚增量)≡消费效用参数(增量)×消费行为变量(消耗量)

从上面等式关系中,我们看到一个变化了的信用行为函数及人与信用变量(增量)之间的基本均衡关系。即看起来人手中的货币数量和虚拟信用的总量"增加"了,并且放大了数倍(注意:这是通过货币乘数效应增加起来的量,并非真实信用总量的增加)。尽管货币增加刺激了消费同步增加,但实质并没有发生改变,而是一种"货币泡沫"里的消费行为。在信用变量结构保持相对均衡的情况下,当人花钱(消费行为)效用低于货币增加数量时,会主动增加储蓄,抵消货币增量超出的部分。当人花钱的效用超过货币增加数量时,人会以借贷来保持相对均衡。若原先货币增量发生减少,而人的消费行为效用依旧的话,要保持原有的信用变量均衡关系,就只能减少储蓄或增加借贷。而这个时候人的消费行为完全建立在对未来货币保持增加的预期心理上,一旦这种预期落空,必然是储蓄"夸张贴现"或透支储蓄,只能是债务激增,最终个人信用"破产"。

由于信用变量和货币增量分别都是离散性变量,而行为效用参数与行为变量则是连续性变量(即行为有时间的连续性和数值阶段性的连续),这种建立在外生性货币持续增长心理预期基础上的消费信用行为,由于人类行为的"框架依赖效应"以及"现状偏爱"等心理因素的影响,导致必然是美国人花钱多、攒钱少,习惯于超前超额消费,导致选择"异常"和储蓄"夸张贴现"。

6-4 人类"信用扩张行为"的共性

以行为经济学为基础的行为金融学从广泛的社会学视角研究金融市场上的信用活动,认为人的信用行为中潜藏着个体选择复杂性、多样性的特点,但却普遍存在着信用扩张的行为共性。

即,在人们的金融信用行为中,都有力图使自身信用能够无限制增长的行为偏好与心理满足的冲动。信用扩张不仅是人们金融信用活动中普遍存在的行为共性,而且是普遍的社会行为共性。

如果用信用与行为均衡函数模型来描述这种行为的话,即人≦信用变量≦货币变量＋行为效用参数×行为变量(符号"≦"表示恒小于)。也就是说,社会活动中每个人的信用行为都是正面趋向的,人在对待信用行为效用上总是希望自己的信用始终大于原有均衡状态的信用。不是货币数量的增加,就是某种信用行为效用参数的"倍率"或行为变量效用增加。但一旦超出$f(Y) \approx b'f(X)/f(a)$边际均衡函数相比权衡关系的限制范围,那么只有一种形式——行为效用的增加或货币数量的增加,这对整个信用体系来说都是摧毁性打击。通常情况下,世界各国挽救经济衰退的措施很少考虑社会实际信用的有效增长,都脱离不了这样的信用扩张行为"怪圈":信用扩张采取的方式无非就是行为效用和货币中的一种,很少能同时并用:行为效用扩张——扩大投资,刺激消费;货币扩张——财政举债,实行量化宽松政策。

此外,任何一个国家政府鉴于自身理性需要,都愿意采取信用扩张来解决经济困局的原因是,出于理性,人们普遍抵制国家政府采取反向的货币数量减少或行为变量效用以及行为效用参数"倍率"的降低,诸如:工资收入减少、公共福利待遇下降、私有产权贬值、税收上升、消费价格上涨、储蓄存款收益降低、财政紧缩政策、通货紧缩现象、金融产品利率减低,以及杠杆率下降、股票价格下跌等,这些都是人们最不乐意看到或亲身体验的,因为这会给人带来心理上"损失厌恶"的痛苦,人们不会因此而按照经济规律的"意愿"改变信用行为或调整信用行为方式。因此,在这种情况下,如果国家政府采取上述措施来挽救经济的话,那么各种形式的罢工、抗议、冲突、对立以至推翻政府的举动就在所难免。

迪勃特和理查德·泰勒的研究表明,在股票投资市场上,投资者的信用行为并非是完全理性的。在行为经济学家眼中,投资者为取得信用卖出已有利润但股价仍在上升的股票的行为、为保持信用不受损失死抱已亏损而且股价持续下降的股票的行为,均为非理性行为。同时,也是保持自己信用扩张行为的共性所致。

新古典经济学理论认为,人们总是会理性地维护自身利益,因而经济运行也具有自身的理性,以至相当一部分经济学家或社会经济政策研究制定者以及政府和企业管理者,习惯于把经济学当成同物理学、数学一样的科学,建立数字模型或数学方程式,试图将所有经济现象解释成理性的、维护自身利益的行为。

即,人们在一个对物价、福利和工资的变化,而不是对情绪或者彼此的行为做出反应的世界中,是最容易与这些数学等式相符合的。但实际情况并非如此,人们对物价、福利和工资的敏感,远远超出正常情绪或彼此行为的范围。因此,行为经济学变量分析在对人们的经济行为的研究当中,合理地引入心理学的分析和哲学上"度"的概念,以解释人类这些非理性的行为。

行为经济学者提出,人本身就不是那么理性的,他们的信用行为不是单纯货币(或财富)的函数,他们也并不总是能主动或自觉地采取风险规避或损失厌恶态度的。任何信用行为都是有适度、不足、过度三个基本边际界限和均衡关系的。对于信用变量均衡关系来说,"适度"表示基本能够达到的均衡;"不足"表示需要调节比例关系才能达到的均衡;"过度"则表示需要加以控制或约束才能实现的均衡。需要强调的是,调整的是行为的均衡,而非单纯是货币!

例如,现代社会的货币信用由纸币担当媒介后,纸币本身成为一个国家政府强制发行的货币符号。纸币使原本能够依赖的真实货币信用转变为代表国家强制力的货币符号,纸币所代表的信用成为自身并不真实的信用,一旦国家发行纸币的行为是非理性的(实际上常常因为刺激经济增长的现实压力和自身政治、经济利益,造成一个国家政府对信用扩张需求的"饥渴",而出现增加纸币发行或举债透支来均衡社会信用总量)或"情绪失控",纸币发行量越大或举债透支额越高,其信用行为效用必然下降,从而使物价上升、通货膨胀、纸币贬值。

同样的道理,股票市场上绝大多数所谓的"投资人",并不是针对上市公司信用价值的现实,作出自己"买"还是"卖"的信用行为决策。几乎所有的股票交易都是在非理性、虚拟化的市场环境下进行的,不是资金、价值、投资技巧或资本多少决定一切,而是由买卖者信心和博弈关系决定成败。有人戏言股评≡忽悠,其实这是有一定行为经济学理论依据的。行为经济学对此的解释是,信用行为主体在思维过程中普遍爱走捷径,实际上绕过了行为经济学对人的理性分析;人的意识、心理定势、变量因素、行为偏好等,往往导致行为主体容易犯错。

6-5 "风险厌恶"和期望效用理论

美国行为经济学家马修·拉宾通过实证分析发现,传统经济学中"期望效用函数理论"并不能对在赌金很小的情况下人们的"风险厌恶"行为作出合理解释。

在期望效用理论中,对于任何的凹型效用函数路径,很小赌金情况下的风险厌恶,同样暗示着对大赌金的风险厌恶。而实际在期望效用理论中,在赌金很小的情况下根本不存在风险中性,意味着在大规模的赌金下存在着不切实际的风险厌恶。拉宾认为,人们的行为偏好具有"风险厌恶"的基本特性。

在期望效用的理论框架中,对风险厌恶的唯一解释就是,信用行为的期望效用函数曲线是凹型的;对于额外信用的需求,人们在富裕时比贫穷时有较低的边际效用。

风险厌恶和信用收入的边际效用递减理论在信用行为效用上是一样的,这是人们心理上的一种直觉;这有助于解释在大规模的风险下,人们倾向于降低信用行为风险和不确定性的非理性信用行为。

从信用与行为函数模型来看,信用变量=货币变量+行为效用参数×行为变量;当货币变量负作用增大时,只有增加行为效用参数"倍率"或改变消耗性行为变量,才能保持原有的信用变量结构均衡,否则会造成更大"风险"。该理论也包含了赌金很小时,人们所表现的信用行为"风险中性",即他们只根据期望货币信用的价值来选择是否赌博而不是改变自己的行为方式。

在人的信用行为不确定的世界中,期望效用函数刻画了个体对待风险不同的信用行为偏好。例如,在解释金融危机发生的原因上,传统经济学一味强调货币供需关系和人的理性及周期性函数变化、数量计量性对称与均衡,很少提及其中隐含的社会信用制度、政治制度、国家权力、法律制度安排,以及人的信用变量、行为变量所包含的多种可变因素,没有追究人类过度信用扩张行为的根源。

行为经济学变量分析则通过信用与行为函数模型,解释和揭示了传统经济学无法处理的"异象"、"异质",并将有关因素纳入分析视野,指出任何一种金融危机的根源在于:

信用变量≠货币变量;信用变量≤货币变量+行为效用(即行为效用参数×行为变量);货币变量是人为可以控制的时点性外生变量,它并非决定于真实的市场信用供需平衡关系,也无法控制决定于人的有意识行为和信用扩张的行为冲动。

在信用变量的均衡关系中,行为效用是一种人为因素可以调节变化的外生变量与内生变量的乘积,也是金融信用行为中最大"虚拟"信用变量所包含的创造性功能、扩张行为的集合。

在应对信用危机的措施上,人可以通过控制货币供应量和改变信用行为效用两种途径,来改变信用总量结构。金融危机是信用变量结构的失衡,本质就是信用危机。一是这些变量构成行为的失衡,正是不同金融风险或危机的根源;二是金融信用规模与实体经济或真实信用价值严重不均衡、不匹配,导致实际信用损失和社会信用机制失灵。

行为经济学变量分析会纠正人们在放松货币信用管制问题上的错觉。放松货币信用管制曾一度得到新古典经济学家的大力支持。他们认为,一个自由市场信用制度,放在理性公众的手中,运行最为良好。然而,金融危机以及全球性的经济危机日益频繁发生,并造成旷日持久灾难性后果,使越来越多的人对放松信用管制的有效性产生了怀疑。

行为经济学家莱布森研究了作为一种经济学现象的"暗示"行为。"暗示"有助于解释商业广告和舆论宣传为什么会对社会信用产生经济作用,为什么它是引起潜在需求的刺激或是"使得已解除毒瘾的瘾君子重操旧业的刺激物"。可以相信,有朝一日,对行为经济学这种广泛的理解可能会带来更加有效的货币政策。从本质上讲,现代经济是市场经济,同时也是信用经济。现代信用是以社会法律制度为最高行为准则的契约行为,在市场环境中的经济行为都应当受到契约、合同、规则和制度的规范和有效约束。

尤其需要注意的是,市场经济环境中的信用不同于传统信用(或称"人伦信用"),但并不排斥或忽略传统信用的基础,是在传统信用基础上建立起来的,适应人类广泛交往的"陌生人"社会的现代信用。

尽管人们普遍懂得理性交易的信用规则,但现代市场交易大多却是一种非理性的交易。根本原因在于人类交易行为既是一种理性行为,也是一种心理博弈。

因此,在现代市场经济中,人的交易与合作行为普遍存在着"异质"、"异象",以传统道德伦理和信用行为规范的约束力较弱。恰恰是这些异质、异象的存在,导致了人的社会信用行为往往与主流经济学所解释和预测的结果、现实和理性之间存在较大的差距和偏离。

一、契约、合同、规则、制度是规范信用行为的基础

在市场信用交易中,交易双方互相不知底细,没有身份地位的限制,甚至交易双方还存在"缺场"(即借助第三方媒介的非直接交易或非当面约定)的可能。

市场非理性乃至非面对面交易方式的普遍化,使人们在经济交往中必须越来越依赖抽象的交易信用,并对抽象信用制度所标识的社会信用与承诺行为寄予心理上的"无限的希望与信赖"。契约、合同、规则、制度从而成为人们进行市场交易、约束市场行为和维护交易秩序的根本保障及彼此经济联系的纽带。

契约、合同、规则、制度作为现代信用的基本表达方式,不仅是市场交易行

为普遍化、正规化、秩序化的必然要求,而且也是现代信用表达和实现的必要载体。

契约、合同、规则、制度一面是人与人之间"自由合意的关系",另一面是人与人之间"权利义务关系"。既然契约、合同、规则、制度的行为表达是人们一种自由合意的权利义务关系,那么它在交易当事人之间的"中介或媒介"作用在于:在表达各自诚意和愿望的基础上形成双方的共同意志与合作关系,协同履行这种共同意志,并在规则与制度的约束下进行有效的行为合作,最终使双方的需求都得到满足。毫无疑问,契约、合同、规则、制度的缔结和履行的行为过程,也是信用行为原则贯彻实现的过程,而这个过程是信用行为异象集中出现的范围所在。

二、现代货币信用行为是规范的重点

鉴于金融信用在社会经济活动中的核心地位与重要作用以及货币的特殊地位,在现代信用环境中的经济行为规范中,采用契约、合同、规则、制度规范货币行为显得尤为关键。在现实社会,也许人人都清楚,类似今天的"钱生钱"游戏迟早会终结,只要人类的行为变量不静止定格(即不会出现 $f(X)\equiv0$ 的状况,但会有某一时点 $f(X)=0$ 的特例点间断出现),人最终不可能完全变成货币信用的奴隶。

但从现代社会信用演变的实证看,出于人类信用扩张的本性和货币"权力崇拜"的本能,人类面对权力、货币、资本、财富迷人、虚拟的"泡影",抵挡不住发自内心的冲动和利益的诱惑,由此尝到的"甜头"和货币"迷醉"让人类逐渐失去了信用行为的理智,陷入华尔街式的金融化赌局,或者陷入"惟 GDP 论"的数字幻觉而不知。最终,人类信用过度扩张的"浪潮"吞噬了实体经济生存和发展的时间与空间,经济肌体无法健康生长,人们的社会生活随之陷入动荡和危局,人们只能以"99％反对1％"的抗议、罢工表达自己的不满,不同信用主体之间不得不进行政府交替、权力变更、体制变革的反复博弈。

信用膨胀的背后,是人类行为选择有"经济理性"的诉求和"风险厌恶"或"损失厌恶"的秉性,而制造"经济泡沫"的真正推手竟也是人的信用膨胀禀赋。为什么向来以"理性人"自居的人类,会有如此反常且自相矛盾的举动呢?以美国人为例,看看人类究竟是怎样导致全球经济危机的。

1. 美国人的消费习惯。借钱(贷款)消费是美国人普遍的生活方式。导致危机的原因:个人收入变化和消费习惯模式。在美国社会经济生活中,通常消费信用水平与人的年龄及收入变化不同步。"透支未来"是美国人普遍的消费行为偏好和生活习惯。美国的社会现实是,年轻人劳动收入少,但生活消费

多;老年人退休后享受丰厚的退休金,但生活消费相对少。所以,多数年轻人习惯于借钱消费(包括向银行、向父母借钱,这与中国不同)。

而且,美国发达、完善的信用体制使几乎所有人的消费都可以靠借钱来完成。在个人实际信用行为责任能力提升上,美国人没有"积少成多"的储蓄行为习惯,个人储蓄率历来很低,尤其是近年来,一直在零储蓄率上徘徊。要消费,只能靠借钱。

2. 美国经济增长模式。在经过相当长的经济增长期后,当代美国经济增长模式发生了质的变化,从过去以实体经济为主已经转向虚拟经济占主导地位。在第一、第二、第三产业比重中,以金融服务、中介服务、智力服务、技术服务、文化产业等为主要业态的第三产业异军突起,在劳动创造价值是信用产生的源泉问题上,通过少量物化劳动创造的价值来获取高附加值和高额回报成为大多数美国人欣赏的工作方式。

因而,人们并不在意信用"虚与实"的内在联系,国家可以依靠强化虚拟经济、弱化实体经济的发展模式,把手段当作目的,满足美国人不断增长的信用扩张需求和进行资本创造信用的"游戏",使美国金融业和服务业高度发达,第一、第二产业处于不断衰退的境地,让美国的经济增长几乎主要依靠消费驱动。其消费率长期为70%左右,投资率为15%左右,而贸易出口是负数,外汇收支长期处于逆差。此外,美国人的社会福利保障标准高,劳动力成本和工资刚性大,但社会有效信用的增长、实体经济增长速度无法消弭"入不敷出"的窘迫,难以填补庞大的财政赤字,只能不断举债以应付社会福利开支、公共事业开支、巨额军费开支和政府开支。可见,美国人对信用膨胀习以为常。

3. 信用管理思想、经济环境与具体政策工具。自20世纪70年代发生经济"滞涨"以来,凯恩斯主义的"国家干预"政策遭到新古典自由主义的强烈批判,此后,新自由主义思潮受到追捧。20世纪80年代的"华盛顿共识"所倡导的"经济自由化、私有化、减少管制"成为指导西方国家经济走向信用扩张行为不归路的主要道具。而当金融危机直接威胁到美国金融体制和经济基础时,美国政府才想起凯恩斯主义的"国家干预"政策,但从本质上美国政府并没有抛弃"自私"禀赋,也没有放弃信用扩张的政策,而是通过危机,把"国家干预"转变成政府信用行为,在原有信用扩张行为的基础上变本加厉,不断以一轮接一轮的货币信用量化宽松政策实行信用扩张,试图借此刺激经济复苏,同时通过货币信用扩张行为向其他国家输出信用危机以转嫁自身的信用风险。

需要解释的是,21世纪的最初几年里,同样的低利率政策,为什么在美国偏偏是房地产行业得以相对发展,而不是其他行业呢?原因是:互联网等高科技产业高速发展导致的泡沫破灭后,进入一个成长停滞期,抑制了大量资金对该行业的投入;20世纪六七十年代,随着劳动力成本的不断提升,美国制造业,尤其是劳动密集型产业大量外移,形成美国国内产业空心化,加之服务业在繁荣之后的替代更新需要一定的时滞期,所以,这些行业投资机会较少。

而且,从20世纪90年代开始,美国的房产一直处于稳定的状态。在这种情况下,流动性资金开始注入该行业。2000年后美国陷入高科技泡沫破裂后的短暂衰退之中,在美联储前主席格林斯潘的主持下,连续13次大幅度削减联邦基准利率,从最高6.5%降到1%,强行向市场注入流动性资金。国家信用扩张行为的强力干预,尽管扼制了当时美国经济的下滑,也拉动了美国房地产连续多年的繁荣,但由此累积起来的信用扩张行为的市场信用风险,最终成为次贷危机乃至金融危机爆发的导火线。

实质上,现代货币信用行为下形成的金融信用不过是一个国家强制力所造就的"纸面的系统",形形色色的纸币不过是不同国家意志下用于象征财富和资本价值的交换符号。

对此,经济学家斯蒂格利茨认为:"我们的金融市场承担重要的角色,他们应该分配资本和管理风险,但他们已经分配不当并产生风险,而我们却要承受其劣迹的成本。金融系统正在让美国社会承受损失而使得私人获利。这不是资本主义,不是市场经济,这是一个扭曲的经济。如果这种形势继续下去,我们不能够实现增长,不能让我们成功创造一个公正的社会。"正如戴维德·格瑞伯的反思:"我们被告知的过去十年中的每件事都变成了谎言。市场不会自己运行,金融工具的创造者们不是从不犯错的天才,债务并不真的需要偿还——实际上,金钱自身已成为一种政治工具,如果政府或中央银行需要,数万亿美元的钱可快速地在一夜之间流进流出。在脱离实体而令人眼花缭乱的金融创新工具所造成的危机面前,人们不禁要问:美国政府依靠金融寡头手上的金融信用工具控制下的资本主义,真的是一个好主意吗?"

三、人的行为规律中的"三大效应"是规范内容

现代社会经济发展的事实证明,信用变量是衡量、制约或促成社会经济发展的主要指标。针对信用变量的经济学分析,尽管传统主流经济学有过诸多的阐述,但由于人存在"异质、异象排斥"的理论倾向,还是无法解释现实社会经济发展中的矛盾与问题。

行为经济学克服了这些缺点,把人的信用行为规律中的确定性效应(行为的不确定性)、分离效应(行为的时间间隔)以及从众行为效应(跟随行为的心理偏好)作为研究的重点,较好地诠释了社会经济发展中存在的人的行为"异质"、"异象"问题。

(1)确定性效应(行为的不确定性)。

前景理论认为,人们都是厌恶风险的。与可能的信用行为结果相比,人们更青睐于确定的行为结果,即便可能的信用行为结果有更好的预期价值,但人们常常选择的是有确定性结果的信用行为。同样,由于不同的人对可能的信用行为结果判断并不能保持一致性,因此,对单个行为主体来说,他个人的信用行为选择与其他人比较,往往又存在更多的不确定性。譬如,人们在购买彩票时,如果一种70%中奖概率可获得500元奖金的彩票和另一种100%中奖可获得100元奖金的彩票同时出售,前景理论告诉我们,除少数人对风险偏好的不同外,大多数人会选择购买后者。

前景理论研究指出,在信用行为风险和收益安全性的比较上,人们普遍会选择安全性高的信用行为;在市场交易信用行为中,行为主体选择守信行为还是失信行为,关键看哪一种信用行为对他自身利益更具有保障性。如果守信行为成本和收益率的不确定性高于失信行为的话,那么行为主体通常选择失信;如果守信成本和收益率的确定性低于失信行为的话,那么行为主体易于选择守信。这实际上是社会经济活动中每一个人信用行为必然的"心账核算"。这对解释眼下社会经济生活中人们常见的失信行为,如,国内时而发生的"老板跑路"、"销售商卷款消失"、"虚假信息炒作"以及"贪官举家携款外逃"等失信事件,在"安全性"和"心账核算"上的道理都是相同或类似的。在社会信用监管十分有效和法律惩戒足够严格的情况下,如果失信的下场都是"血本无归",那么不是实在"万不得已"没有人会自愿选择如此"下策"。

(2)时间分离效应(行为的时间间隔)。一个普遍存在的规律是,人的行为存在着动机和目标在前而结果在后的时间间隔过程,这种行为的时间间隔产生了行为的分离效应。从信用行为决策的角度来说,人的每一种或每一次的信用行为决策心理都依赖于前期信用行为结果的信息显示。或许这些信息对这种或这次行为决策并非都能真正有用,但信用行为决策对信息的依赖却是无法忽视的。

此外,信用行为的一种普遍现象是,每一个完整的信用行为都必须经历一段有效的时间过程,信用结果滞后于行为过程,形成必要的时间差和时空分离。譬如,常见的借贷关系中,货币资金的出借与本息偿还兑现的信用行为轨迹并不吻合。由于人们对信息的处理方法和占有量的不同,心理反应和所接受的外界刺激程度不同,就可能导致其因为信用行为偏好选择的差别,产生所谓的分离效应(行为异象)。又成为反应不足与反应过度的信用行为理由。时间分离效应在信用行为决策方向上,有正向和反向之分。

例如,日常人们抛硬币以正反面决定输赢的打赌行为,共同的心理活动是希望能赌赢，没有人会为了赌输而参与游戏。在第一次抛硬币的结果出来后，问所有参与者是否愿意再赌一次时，可能至少会有一半以上的人以"第二次赌与不赌，取决于第一次是否赢了"作为行为选择的依据，尽管第一次赌的输赢对第二次赌的实际输赢结果的影响不大，但输或赢的结果信息却对第二次赌的行为选择起到了分离效应的作用。如果第一次赢了，多数人会选择再来一次；如果第一次输了，则大多数人会选择退出。但不管输赢，进行的次数越多，信息得到强化的作用越明显，最终绝大多数人都会选择退出，行为终止。

由此得出的结论是，人们当期信用行为的风险态度和决策受前期信用行为决策实际结果的影响。前期盈利会增强人们的风险偏好以及有补偿当期损失的可能，前期亏损会加剧以后损失的痛苦，人们的风险厌恶感会增强。如果失信者在前期信用行为的收益大于付出的成本，心理上会助长其失信行为偏好的重复出现。反之，如果其前期失信行为付出的成本大于收益，而且在两者差距足够大的情况下，就可以让他的失信行为中止。

(3)"羊群效应"——从众行为。"羊群效应"，最早来自于人们对自然界动物群体行为的观察。人们经过长期的观察发现，在生存环境基本相同的情况下，单只山羊各方面独自生长的状态远不如融入羊群中共同生长的个体羊好，只要有可能单只的山羊总是愿意与其他羊在一起生活。

造成羊这一行为特点的原因在于：

一是觅食便利的需要；

二是安全防卫的需要；

三是共同抵御外界侵害的需要等本能驱使。

人也具备群居性的本能，但人的"羊群效应"行为心理偏好，主要源于人在意识上对信用行为安全性的需求，分外因和内因两个方面。从内因看，人的信用行为心理选择是在考虑自身安全性和与其他人信用行为比较后作出的。例如，面对两个销售同类商品的柜台，往往会优先选择聚集人数比较多的那个柜台，而放弃另一个类似的柜台，尽管这个柜台的商品可能比人多的那个柜台的要好。

我们日常生活常见的，一些商业销售中用"托儿"的现象，就是利用这样的心理。

外因则是生活常识、成长经历和社会生活经验养成了人趋同多数人的行为决策的习惯意识。如某城市同一街区有两家饭馆相邻，经营规模、经营种类和饭菜口味以及价格大致相同，每一个打算在饭馆就餐的顾客必须从中选择一家。在大家事先都不了解的情况下，也许第一位顾客选择在哪家就餐是完全根据自己的意愿，而第二位顾客除按自己的喜好做决定外，还可能受第一个顾客选择的影响。如果前两个或多个顾客的选择相同，则后面来的顾客多数会倾向于前面顾客的选择，结果可能会出现一家饭馆顾客熙熙攘攘、另一家饭馆门庭冷落的情况。但是实际上，在事先没有了解或信息掌握不充分的情况下，多数人选择的那家饭馆饭菜也可能是比较差的。有时候，从众行为效应给出的并不一定就是最优的选择方案，甚至可能是相反的。

第七章　审视不同的信用与行为均衡

如前所述,本书列出的一组信用与行为均衡函数：
前提衡量工具:行为效用≈经济效益＋行为成本
(1)核心均衡:人≈信用≈行为效用;
(2)基本均衡:信用变量≈货币变量＋行为效用;
(3)边际均衡:信用≈行为效用/货币变量。
其中,符号"≈"表示"大约等于"。

本书所讨论的信用与行为均衡函数模型变量分析不是理论创新,而是沿着新古典经济学、行为经济学的理论足迹,结合行为经济学的研究成果对信用进行的系统的专题研究和归纳总结。它针对人们在面对全球性经济衰退、货币信用、信用违约风险、银行信贷和金融危机时普遍存在的困惑,试图通过信用变量分析的方法,对现代社会不同行为主体信用的异质、异象进行探讨,将其纳入信用与行为均衡体系给予说明与解释。

这种解释方法是在目前人类经济活动暂时还无法找到有效替代货币衡量方式的情况下,通过采取"行为效用"作为信用辅助衡量经济活动的约束条件和利用相应均衡关系,来处理现实的经济问题,使静态货币能够与动态信用建立一种相互权衡的内在联系,并据此作出相应判断、分析和评估。

7-1　货币信用与货币行为

关于货币基础研究的专著可谓汗牛充栋。货币作为人类社会生活中不可或缺的东西,与人类的信用与行为有十分密切的联系,因此是不能不说的内容。在信用与行为均衡函数模型中,货币变量是一种媒介性变量,也是一种人为变量。

从人类社会发展史看,货币是为满足人类经济活动中社会分工和市场交换的需要而产生的,随人类社会的变化发展而变化发展的。货币并不具备自然属性和社会属性,也并非天然就与人的社会属性有直接关联的变量。它的本来面目就是一种为满足人们的需要而产生的媒介,其本身没有价值。货币只是代表商品价值属性,充当商品一般等价物的角色,既不是人的社会行为属性,也不是物的人格属性。它是外生变量,只是一种特殊时点的符号变量。

信用与行为均衡函数模型明确显示,在特定的条件下($b'=0$ 或 $f(X)=0$,即行为效用参数为零或行为变量为零),$f(Y)=f(a)+b'f(X)$函数式中,才有下列特殊结果:$f(Y)\approx f(a)[-f(a)<0<f(a),-\infty<f(a)<\infty]$。即行为因素处于静态时:信用变量=货币变量,这个关系式才能够成立,而且前提条件是货币本身非虚、非谬。

尤其不能忽视的是 $M\approx f(Y)\approx b'f(X)$ 给出的核心均衡条件,以及 $f(Y)\approx b'f(X)/f(a)$ 所设定的均衡边际限制范围。这是真实信用的边际限制,超出这个范围,货币行为都"虚化"或无效。

这一关系说明,若货币变量从信用媒介物身份直接等同于真实信用,必然会掩盖社会经济活动的真相,并让人类产生误解,不仅会导致人类产生"货币幻觉",长此以往也必然导致信用风险、货币行为扭曲、金融业的崩溃和经济危机爆发。

讨论货币信用与货币行为的问题时,新货币欧元可以作为最好的实例。

一、有关货币基础的讨论

毫无疑问,货币的基础是信用,而信用的基础是行为。这是行为经济学首先需要说明的问题。对此,我们可以追溯到货币的起源。如前所述,人类的信用随人类的诞生而诞生,随人类社会的发展而发展,经历了人伦信用—契约信用—法律信用三个主要阶段。货币的出现则远远比信用产生的时间要晚,而且在其中担当的角色和职能也十分明显。

在人伦信用阶段,人与人之间的社会交往局限在熟人之间,商品交换主要是依据承诺信任和物与物的直接交换。这一阶段的信用没有货币因素的出现,信用完全和人的交换行为直接对应:

信用变量≈行为变量

即,$f(Y)\approx b'f(X)$,b'表示行为效用参数。

在契约信用阶段,人与人之间的社会交往扩展到有限范围,初级市场化的以物易物商品交换主要依据承诺信任基础上的物质保证。这一阶段的信用开始出现包含实物货币形式在内的,能够提高交换行为效率和可靠性的信用价值形式,信用开始和实物货币与行为效用相对应:

信用变量≈实物货币+行为效率参数×行为变量

即,$f(Y)\approx A+b'f(X)$,A 表示实物货币。

在法律信用阶段,人与人之间的社会交往和因市场化分工导致的间接交换成为普遍形式,同时社会生产力的提高使人类创造的物质价值财富有储藏的需要和可能,这一阶段的信用逐渐和虚拟货币形式、行为效用相对应:

信用变量≈货币变量＋行为效率参数×行为变量

即,$f(Y) \approx f(a) + b'f(X)$,$f(a)$表示多因素货币变量。

由上述分析可见,在现代社会活动中,货币的基础是信用,信用的基础是行为,货币信用的边界对应行为效用与货币媒介物数量相比权衡的结果,货币行为效用则取决于货币行为产生的经济效率以及行为成本,现代信用是货币因素与行为效用的有机融合。

可以这样理解,一般的社会信用取决于非货币因素的社会行为,依据人伦道德规范,遵从诚实守信的基本行为原则;特殊的金融信用,取决于非行为条件下多因素货币数量;而现实的社会经济活动的信用,取决于行为主体在一定条件和环境下的货币因素与行为效应共同作用的结果。

由此得出的结论是:在现实社会经济活动中,货币的基础是信用,信用的基础是行为。人们实际需要的并不是货币的本身,而是与货币作为一般等价物出现的支付结算、流通交换和财富储藏的行为职能。正是因为如此,货币才能以媒介身份进入人类社会经济生活,逐渐演变为一种"特殊的信用商品"。

人类社会信用形式和行为方式的不断变化,使货币变量作为社会商品价值转移的媒介和一般等价物的价值符号,逐渐被人类视为衡量信用变量的主要标志物和实际载体。当今社会普遍存在的对货币的重大误解是:货币变量等同于信用变量。

人们在重视货币变量作为价值符号、流通形式、支付手段、交换媒介、信用创造和社会资本与财富象征的同时,忽略了它的本质缺陷——人为的数量、时点性特征和虚拟的价值。所谓"法定货币"是在"货币权定"规则下,即当期货币(纸币)的存在和使用并非是由市场供需关系决定,而是由当政的国家政府法定的强制权力所决定的。事实上,在社会经济活动中,最为常见的金融信用形式——货币、债券与信贷,只是信用变量中外生变量的组成部分和社会信用的独特表现形式,它们之间有一定的同质性,存在可以互相替代的关系。但这并非现代社会真实信用总量的全部,仅仅是最关键的一部分而已。即使是银行信贷总规模也不能代表社会的信用总量。

对于人们所不解的现实问题:是什么造成了经济风险与危机?人类通过货币政策中介目标实施宏观政策调控,为什么总是越来越不见效,甚至结果相反?这些都很难从金融信用形式之一——货币变量的本身看出端倪。信用与行为函数模型给出了一个非常明确的答案:

货币的基础是信用,但现实社会的货币总量≠信用总量。

在当今社会信用制度以外生性货币变量主导的体制下,各个国家货币管理当局习惯于利用货币政策来影响人类社会经济活动和实际信用行为,而不是社会信用总量控制的方法。它们期望通过控制货币变量来间接地达到调控社会经济变化的最终目标。

通常,在脱离了货币"金本位"制度后,货币实物性信用保证体制完全转变成纸币权利性信用保证体制,世界各国政府的货币政策的操作目标无一例外的是基础货币(纸币),而中介目标就是货币供应量。也正是这样的转变,导致货币信用发生了"由实变虚"和"由有限变无限"的质的变化,人类社会开始步入一个信用变量不断扩张和货币本质不断虚拟化的过程,信用变量所存在的时间间隔、离散性、内生性特点逐渐消失,人的行为边际以及行为效用参数被无限放大,人类终于掉进了自己为自己设下的"货币陷阱"而难以自拔,这也是现代社会对凯恩斯货币扩张理论的最尖锐的抨击。

二、货币行为的分析

在世界货币体系中,除美元、英镑、日元等主要货币作为世界货币信用体系的主要成员外,欧元是近十多年来新加入的成员。20世纪的欧洲,为解决区域经济一体化问题,进行了一个大胆而冒险的信用改革——创立统一货币"欧元"。

欧元作为一种统一货币,是欧洲国家联盟主权信用的象征,统一欧元节约了欧元区各国经济交往的成本,同时也使得欧洲各国政府放弃了一项经济政策,即丧失了运用货币政策的能力。换言之,在一个货币联盟中,成员国的中央银行要么取消,要么不再拥有任何实际权力。这样的货币政策和国家信用行为从本质上改变了原有货币变量的预期,使其增加了自身信用的不确定性。

欧文·费雪于1911年用历史事件对经验进行评价时写道:不兑现纸币对于使用它的国家来说,始终是一种灾难。关于纸币不兑现下的货币政策,美国经济学家弗里德曼在其著作《货币的祸害——货币史片段》中是这样叙述的:"对此,引出两种截然不同的经济学观点,一种观点是科学的,另一种是大众的。科学观点研究货币改革,以及政府在提供经济学家所称之的外存货币——即金本位制下面值与实值相符的金币,以及现行美元本位制下联邦储备体系的纸币和存款。大众的观点有点危言耸听,且赞同硬通货,尤其是所有的观点都基于一个主题,即费雪的推论仍然继续适用。也就是说,除非或是直到主要国家再次实施商品的本位,这个世界将不可避免地走上恶性通货膨胀之途。"在弗里德曼看来,就未来的情况看,这两种观点确实有彼此折衷的需要。

从实际过程来分析,货币所导致的社会经济生活变化,好与坏的结果,并非货币本身带来的"罪恶",而是在货币行为变化上。

有一个很有趣的历史事实,现代货币和与之有关的金融风险、经济危机,竟有如此不弃不离的因缘:经济越发展,金融业越发达,货币引发的衰退和灾难就越频繁。而在简单的商品交换时期或以实物货币为主要支付结算、流通交换和财富储藏手段的时期,却很少发生这样的情况。

人们不禁要问:人发明了货币,难道就是为了惩罚自己吗?

显然,这并非人类发明货币所想要的结果。世界货币信用制度自二战后的"布雷登森林会议"开始,发生了货币信用体系本质性的变化,世界各国货币纷纷与"金本位"彻底脱钩,纸币成为可以独立于真实信用范围之外的自由经济主角,并确定了以美元占主导地位的世界货币信用新体系,作为外生变量的货币——美元纸币随着美国政府权力的不断渗透率先在全球"疯狂"起来。

世界各国货币不再以实物价值或等量黄金等贵金属作为货币发行的信用保证基础,而是以各自国家权力和经济扩张需求来决定。而各国央行依然习惯性关注基础货币、利率以及货币供应量,偏偏忽视信用。而传统货币政策中介目标的货币供应量,分级层次越高,包含的内容越多、范围越大,货币乘数就越复杂,信用调控就越困难。即使一些国家采用通胀和就业作为货币政策中介目标,实行脱离信用基础的利率调控,但其中包含的信用变量因素要比货币变量更加复杂,难度会更大。

2007年以来爆发金融危机的事实表明,由商业银行交易账户所持有的市场化证券产品带来的损失,是危机爆发的导火索。据国际货币基金组织统计,危机爆发初期银行交易账户证券的损失远远大于银行账户的贷款损失。与此同时,商业银行通过并购、参股、控股等多种形式发起和持有的对冲基金、私募股权基金在本次危机中也遭受重大损失,美国政府不得不耗费巨资实施救助,这在一定意义上可以视为银行综合经营潜在风险的集中爆发。

与投资银行、对冲基金和私募基金相比,商业银行一方面可以凭借联邦存款保险公司(FDIC)的支持,以更低的价格获得更稳定的存款资金来源;另一方面可以通过联邦补贴窗口获得流动性支持,在不公平竞争中形成并积累优势。2010年7月21日,经美国总统奥巴马签署,《多德—弗兰克华尔街改革和消费者金融保护法案》生效,该法案致力于提高美国金融系统的稳定性,防止银行类金融机构为追求利润过度承担风险,以避免金融危机的再次发生。《多德—弗兰克华尔街改革和消费者金融保护法案》被视自20世纪30年代"大萧条"以来最全面、最严厉的金融改革法案,是此次美国金融监管改革的核心,也成为与美国《1933年银行法案》中"格拉斯—斯蒂格尔法案"相比肩的一块"金融监管基石"。它提出了一揽子加强金融监管有效性的政策建议:一是禁止商业银行从事高风险的自营交易,将传统商业银行业务和其他业务分隔开来;二是禁止商业银行拥有对冲基金和私募股权基金,限制衍生品交易;三是对金融机构的规模施以严格限制。业界将上述政策统称为"沃尔克规则"。

正是人类发明了货币这个"媒介变量"并对其宠爱有加,导致了货币行为的不断"异化",逐渐冷落并忽视了信用这个真正的经济"主人",使信用在越来越虚幻的"货币游戏"中痴迷沉湎,越走越远,不能自拔。

三、宏观调控的货币政策——凯恩斯主义的质疑

社会信用制度是市场经济体制中的重要制度安排,宏观调控中的货币政策是调节社会经济活动的主要行为手段。将人的信用行为与传统的经济学和社会信用学结合起来研究,且与国家宏观调控政策关系最密切的经济学理论,恐怕要从凯恩斯关于"社会有效需求不足"的信用扩张理论,也称"凯恩斯主义"谈起。

凯恩斯在其经典著作《就业、利息与货币通论》中认为,资本主义发生危机和失业的一个重要原因是有效需求不足,从而生产过剩,爆发危机。有效需求不足是因为有三大心理行为规律影响着人们的社会消费与投资行为。

1. 边际消费倾向递减规律。所谓"边际消费倾向"就是人们新增收入中用于新增消费的比重。此项比重递减,也就是说,随着人们收入的增加,由于心理预期对行为的影响,人们的消费增加不会比收入增加得快。人们把收入中的更大比例作为财富存储起来。因此,人们越富裕,消费在总收入中所占的比重就越小。由于人们的消费行为跟不上收入的增长,就会有一部分产品卖不出去,社会生产无法保持平衡。

2. 资本的边际效率递减规律。经济学中,资本的边际效率是指新增一个单位的投资所带来的新增利润,也叫"边际利润率"。因为开始投资时,总是投资于资本回报率比较高的项目,随后的投资,其回报率会相对降低,所以,预期投资的回报率就会下降。并且,投资者很容易对未来产生悲观情绪,行为也会趋于消极,使资本的边际效率下降。这样一来,投资需求的不足便影响到宏观经济的平衡。

3. 流动性偏好。所谓"流动性偏好",是指人们对持有现金的爱好。人们心理上偏好现金,有三个行为动机:①交易动机。为了应付日常开支,人们需要保留部分现金在手上;②谨慎动机。为了应急,防止意外,人们也会留有部分现金;③投机动机。即人们为了寻求更大的收益,也需要留有部分现金,以便随时调用。

凯恩斯从货币政策的角度研究认为,交易性货币需求是收入的增函数,

a1=f(A′);投机性货币需求是利率水平的减函数,a2=f(A″);社会总的货币需求 f(a)是:f(a)=a1+a2=f(A′)+f(A″)。

按照凯恩斯分析,这三大心理行为规律的存在,使宏观经济在完全自由的市场经济中无法得到平衡,其结果就会出现经济危机。凯恩斯提出:宏观经济的供需平衡不能完全由市场做主,为了防止社会供需失衡可能导致经济危机的发生,国家进行适当的行为干预是必要的。国家可以通过增加市场货币供应量、降低利率、刺激经济,促使企业家扩大投资,增加产出和扩大就业,产出的增加反而可以给物价稳定提供保证,在不对价格产生较大冲击的情况下,提高人们的消费需求,从而实现经济增长。

与凯恩斯所持观点完全不同的是行为经济学家米塞斯,他完成了一个被认为几乎不可能完成的任务:将货币理论与边际效用理论进行整合,如同整合微观经济学和宏观经济学一样,构建了综合经济学体系。他继承和发展了门格尔等人"边际革命"的成果,揭示了货币单位的"价格"也是由供应量和消费者对该商品的需求紧迫程度(即边际效用)所决定的,如果超过一定限度,货币供应量的增加对社会不会有任何好处,只能稀释货币的购买力而已,政府及相关的利益集团通过制造通货膨胀,牺牲民众的利益,获取利益再分配的好处。他认为,国家通过信用扩张的办法——人为有意识地增加货币供应量,虽然在短期内或许可以解决有效需求不足的问题,但货币行为边际是有限的,从长期来看,这样的做法是十分有害的,它破坏了社会信用结构的平衡。针对危机,他主张停止货币扩张,不要人为控制工资、价格、消费或投资,让经济自行出清,自动归位,走回正轨。事实也有力证明,货币变量确实会不同程度地被人的行为干扰,而发生质变。

退一步来讲,即使是应对短期问题,凯恩斯关于"社会有效需求不足"而实行国家货币政策调控的办法,真的能奏效吗？恰如:金本均衡关系 $f(Y)\approx f(a)+b'f(X)$ 以及边际均衡关系 $f(Y)\approx b'f(X)/f(a)$ 的限制,$f(a)$ 作为货币变量,在纸币增量呈人为放大的情况下,信用均衡结构被严重虚构和破坏。譬如,举债扩张和数量型货币宽松,在边际均衡关系上,行为效用不变,货币数量与信用成反比,货币数量增加,信用度下降,实际 $f(a)$ 是负数(纸币虚增数量);同时,行为效用也是负数。显然,$f(Y)$ 为虚增实减。毋庸置疑的是,货币主义主导下的人类行为无一例外的是货币信用扩张行为。行为经济学指出,以货币政策中介目标作为人类社会经济宏观调控的主要工具,无论中介目标或调控手段如何变化,依然无法从本质上解决问题。

虽然,传统社会经济的宏观调控方式比较重视货币存量控制,社会货币供应量只是一个存量指标,但货币调控是与当时的信用保障制度或货币信用基础相适应的。此外,在社会信用尚不发达的情况下,采取传统调控手段重视货币存量控制也许是可行的,因为社会信用体系中货币的流量变化不大。但在现代社会经济活动中,信用交易和以信用手段进行的经济活动越来越发达,包含各种信用变量的交易日趋频繁、活跃,一笔信用存量在极短的时间间隔内反复多次交易已成为常态,势必形成巨大的信用供应流量。

这种交易流量对市场的冲击力往往是十分巨大的,它所集聚起来的风险不仅仅是影响整个货币信用体系安全的潜在因素,而且因为只重视货币问题,忽视了信用变量在整个社会经济运行中的作用,在总量和结构上就必然会出现不平衡,往往会成为金融危机和信用体系危机爆发的根本原因。

由此可见,在现代社会经济的宏观调控方式选择上,依靠货币政策调控社会经济难以从根本上解决社会信用平衡问题,必须走社会信用总量调控的路子。但对信用变量控制因素的选择在很大程度上依赖于实证研究的结果,更贴近社会经济变化的现实。结论就是:要保持现代社会经济健康稳定地发展,就必须保持社会信用总量和金融信用总量的均衡,在重视信用存量均衡的同时,更应该重视信用流量,应该寻找能够准确反映信用总量及交易流量的指标作为社会经济宏观调控政策的中介目标,那么,将信用变量纳入宏观经济分析模型就势在必行。

然而,一个十分棘手而又迫切的问题是,在现代社会经济环境下,由于对信用行为之二元变量为主导的多变量信用体系直接统计、数量计量和规模量度上的不可能,让人类采用社会信用总量或金融信用总量进行经济活动的宏观调控是一件非常困难的事情。现实要求人们回答这个问题:货币政策从最终目标到衡量与实现这些目标的手段,都必须随经济发展而不断改变与不断丰富,现代社会的宏观经济调控不是回归金融信用规模调控,而是从金融信用的货币中介目标转向调控社会信用总量。

四、欧元的主权信用障碍

欧元作为欧元区国家的统一货币被固定下来,不仅让"信用变量=货币变量"的特殊对等关系更加"离经叛道",也比各国之间实行不可调整的固定汇率制度走得更远。在固定汇率制度下,虽然各国中央银行的货币政策的独立性受到很大限制,不能完全独立,但保留了影响货币供给量的各种政策手段。在固定汇率体制下,汇率是否处于均衡状态无法判断,因此各国的货币供应量不是高估就是低估,导致国际贸易失衡,从而可能导致各国货币竞争性贬值,引发恶性通货膨胀。但欧元区几个主权国家使用统一货币——欧元,在"货币权定"的模式下,同样存在不可克服的信用行为矛盾。

第一,在欧元产生之后,欧元区内各国失去了影响货币发行的工具,欧洲中央银行的货币发行不需考虑个别国家的贸易顺差或者资本项目顺差,各国增发货币的渠道被堵死,出现恶性通货膨胀和资产泡沫的可能性大大降低。

第二,没有固定汇率的双币机制,欧元区各国中央政府都不可能把企业的区内贸易盈余变成外汇储备,失去外汇储备后政府也丧失了对外投资的功能和债务货币化途径。受制于3%的赤字限额和60%的债务率,政府的财政政策也受到很大的制约。

第三,货币区内部信用增长的不平衡缺乏有效的补偿和救助机制。区内国家的经济发展不平衡可能导致一国的实际汇率长期被低估,导致贸易伙伴长期赤字、失业加剧、财政困难,形成恶性循环。譬如,德国对意大利和希腊长期保持贸易顺差,意大利企业破产倒闭、工人失业、政府财政赤字,不得不向德国举债。为了保证债权的安全性,德国向意大利政府施压,要求意大利削减政府开支、增加税收、减少财政赤字。这将造成意大利经济恶性循环,最终也可能损害德国经济利益。

因此,从理论上讲,欧元区的某些国家完全可能由于加入欧元区(固定汇率机制)而发生金融信用和经济危机,导致欧元体系的崩溃。欧元体系的崩溃也标志着欧盟货币信用体系的崩溃,原因在于两者是不可分割的整体。

五、国家信用对货币信用的实际影响

可能有人会问,既然欧盟内部多个国家同时使用一种货币有这么多的问题,那么,为什么同一个国家不同地区(譬如,中国的31个不同省份、自治区、直辖市)却可以使用同一种货币,而不是每个地区都有自己的货币呢?这恰恰反映出"货币权定"对实际货币信用有非常大的影响。

首先,这与货币信用产生的社会经济背景有关。原始货币产生的原因是市场商品交换或交易行为的需要,原始货币信用的基础是物资保证。以货易货或以贵金属货币易货的交换,是信用风险最小、交换行为最可靠的等价交易方式。但在人类社会分工和商品生产范围不断扩大、日趋细致的情况下,尤其是在私有产权和贵金属货币的替代品——纸币作为商品价值等价交换的媒介和国家以强制力发行的货币价值符号出现后,人类商品交换方式和交易行为内容发生了质的变化,即出现了由有形物质向无形权力归属转移,从有形市场向无形市场扩散的特点。

特别需要指出的是,除货币代表了权力外,世界货币信用因人类权力的渗透而普遍脱离"金本位"制度演变为价值符号——纸币,纸币信用作为社会财富、品质、能力、资本等信用要素的替代,充分表现出其信用的"虚拟性"和"人

为性"特点。货币信用不单是一个国家信用的象征,同时也是一个国家政府法定强制力或信用行为责任能力的标志。因此,现代货币的信用基础和本质是国家权力。与之对应的纸币作为以某一国家信用为保证并依靠国家强制力发行的货币价值流通符号,其得以存在并在社会交换中被广泛接受的前提是,这种价值流通符号必须可以被国家以强制力的方式进行调节和控制,同时国家有承担起全部货币信用行为责任的能力。

其次,货币信用与国家行为能否行使强制力和能否承担信用行为责任能力有关。既然不同国家的货币信用不同,统一货币必然会出现危机或困扰,那为什么同一国家的不同地区却能够统一货币呢?这与国家具有的政府强制力和承担信用行为责任的能力范围与权限有关。主要表现在国家享有独占的信用行为权力和社会公共义务上。尽管统一货币加剧了地区之间的发展不平衡,但中央政府可通过财政手段调整和平衡各地区利益。譬如,实行差别化税收政策、财政转移支付、吸引地方投资等等。中央政府在货币发行上很少遇到阻力,可以通过财政赤字的货币化逐渐化解债务风险。

由此看来,最优货币区的条件并不重要,重要的是有补偿调节机制。对货币政策需要实行总量管理,结构问题需要留给利率和价格机制发生作用。在主权国家内部,文化认同感大大高于国家之间,劳动力的自由流动可以得到比较好的保证。失业问题可以通过人口的充分流动来解决,发展不平衡问题可以通过地区税收差别政策来解决。但是,对欧元区国家来说,由于没有统一中央财政,缺乏货币信用的国家强制力调节和控制功能,货币价值调节补偿机制是不存在的。欧元区是根据最优货币区理论建立的,而最优货币区理论从产生那天起就存在重大的理论缺陷。

再次,经济政策和国家行为的波动会造成货币信用的变动。欧洲最优货币区理论从纯市场角度分析最优货币区的条件,模型是静态的,没有考虑跨区交易信用成本和货币的时间价值因素。从动态的角度看,各国经济结构随时随地在变,货币的信用价值也随时间和空间的变化而变化,所以币值的稳定性难以得到保证。当不同国家存在社会政治、经济制度和潜在经济增长率的差异时,受产业集聚效应和规模经济效应的影响,一个国家的竞争力就会长期超过另一个国家,从而导致贸易条件改善和均衡汇率的上升。

但是,刚性的价格把一国的竞争优势或竞争劣势长期锁定,统一的货币排除了名义汇率变动的可能性,致使资本和人才向具有比较优势的国家流动和集聚。比较劣势的国家就会出现失业率提高、经济增长速度下降、政府财政赤字增加、债务率提高等一系列问题。当债务积累到无法偿还时,必定发生债务违约,导致欧元货币危机。

六、货币信用与货币行为应遵循的"七项主要原则"

从行为经济学变量分析来讲,出于政府自身利益和应付公共财政支出增长的刚性需求以及讨好选民的需要,每个国家都有信用扩张的行为偏好。尤其在社会经济出现衰退或危机时期,采取量化宽松政策行为,几乎是各国家政府都十分乐意去做的事情。表面上看是扩大了社会经济活动的货币流通总量,增加了货币的流动性,使社会借贷关系中紧张的"银根"得到有效放松,社会经济活动需求可以得到足够的信贷支持,但必须要注意的是,政府采取信用扩张行为下的量化宽松政策,并没有从本质上改变社会信用资源配置失衡的状况,社会信用价值总量的比例结构失调问题依然存在。

实质上,政府信用扩张的行为偏好所形成的量化宽松政策,不过是借助国家货币发行的强制力,启动了"印钞机"而已,增加投放的货币尤其是纸币,只是在本来就被大量"虚拟化"或"泡沫化"的主权信用中多放了一些"发泡剂",除了进一步稀释原有的信用、改变信用品质和扩大信用"泡沫"外,并不能从根本上解决社会总信用失衡的问题,这样的信用行为偏好性选择,结果往往适得其反。

如前所述,"理性人"的假设是主流经济学的基石,而"理性行为人"的假设则是信用行为经济学变量分析的基础。"理性人"假设揭示了市场利益原则,但把人的道德情感、心理行为因素排斥在人的经济行为动机分析之外,使"理性人"成为意识纯理性并且行为同质化的人,一切行为都围绕着市场利益原则和收益预期原则进行,由此产生信用行为动机。但实际情况并非完全如此,信用变量分析把"理性行为人"作为理性人的修正,认为人总是在有限理性或某些非理性的范围活动,通过不同的心理衡量原则来进行相应的信用行为选择或决策。这些心理衡量原则归纳起来有七个:

(1)主体人格地位平等原则。这是由社会法律信用制度作出的强制性规定,即行为主体的"资格和行为责任能力"问题,这是实现社会交换平等的基本前提。一个简单的例子是,任何一个"合格"的成人是绝对不会与一个10岁孩子之间存在借贷关系的,除非他乐于主动捐赠、资助或得到孩子监护人的认可。人格不平等的主体,意味着信用不平衡,也无法实现正常的交换。在奴隶社会的奴隶主或庄园主与奴隶之间的交换、有行为责任能力人与无行为责任能力人或限制行为责任能力人之间的交换、企业法人与非企业法人之间的交换等,由于社会人格地位的不平等,其交换行为是不具备法律效力的无效行为。

(2)边际效用原则。每一种信用行为都有其动机、目标和结果,行为主体追求的目标是以消除其不舒适程度作为价值判断的,需要注意的是,这种价值,既非真实信用价值,也非认知的客观信用价值,而是与不同主体心里感觉有关的主观信用价值。但每一种信用行为消除主体不舒适都有其特定边界,不可能无限扩大或无限缩小。这种效用界限就是信用行为边际效用。每一种信用行为动机所可能实现的结果,一定低于最低边际效用;如果高出这个边际,信用行为就不可能实现。这恰恰是人们日常生活中最容易忽视和最常犯的错误,通常表现在两个方面:一是过度的信用扩张行为,如举债、炒作、投机等;二是禁不住高额利润或"意外之财"的诱惑,主动或无知地掉入各类人为设置的欲望"陷阱",譬如,参与民间高利贷集资、陷入传销组织等。

(3)成本效益原则。任何信用行为都是有成本耗费的行为,在期望获得效益的信用行为上,零成本是不存在的,即使是完全出于慈善公益目的的捐赠行为也不例外。每一个行为主体在选择信用行为或作出信用行为决策时都会进行成本效益的估计与衡量,这种衡量通常包括信用行为目标的三个方面:合理性、效率性、效益性。即使是习俗、习惯或其他原因导致的,也一定存在自动"心账核算"过程,所有信用行为都是在经济理性的指导下对成本与效益对比后的选择或决策。

(4)代位补偿原则。所谓"代位补偿",是指人的信用行为动机和目标确定以利益追求进行选择时,在存在某种主要利益缺位的情况下,其他相关利益会取代部分主要利益进行代位补偿,达到信用行为选择或决策的心理平衡。在前面我们所说的信用行为二元变量函数模型 $f(Y)=f(a)+b'f(X)$ 关系式分析中,可以看出 Y、a、$b'f(x)$ 各个变量的可替代性。其中替代形式有两种:

一是本位替代。如,货币性变量 a 可以是现金货币、储蓄存款、资本、财富、有价证券等替代形式($f(a)=a1+a2+\cdots$),信用因变量 Y 也可以是人本体替代,$b'f(X)$ 则可以采取不同行为效用的替代等。

二是补偿替代。在极端的情况下(如前所述,当 $f(X)=0$,$b'=0$ 或当 $f(a)=0$ 时)即货币性变量 $f(a)$ 缺损,可以采取行为效用 $b'f(X)$ 予以补偿平衡。相反,时行为效用 $b'f(X)$ 的缺失或无效等,可以通过货币性变量(如 $a1$、$a2$ 等因素代位)进行补偿平衡。例如,在银行贷款活动中,当申请贷款企业无有形资产或货币资产可供信用担保抵押时,在一定的范围内企业可用股权、订单货款回笼权、品牌、保函等作为信用补偿替代。

关注这一原则的理由是,这一补偿原则在现实社会生活中具有非常重要的意义,除银行传统借贷关系中普遍采取的抵押、质押、担保等信用形式外,还可以是其他类型的信用因素从中发现许多可行的信用行为保证方式。譬如品牌、知识产权等。

(5)行为博弈原则。在现代社会经济活动中,任何一种市场信用行为都是人与人之间的互动与合作,每一种信用行为的互动与合作关系的缔结都不是单向性的,而是彼此行为博弈的结果。信用行为结果如何,交易与合作能否达成,不由行为主体本身决定的,而是由博弈双方的信用行为选择或决策来决定的。行为经济学认为市场行为是博弈行为,不理性或太理性都难以胜出。例如,最典型的均衡博弈中的"囚徒困境",非均衡博弈中的"纳什均衡"等。

(6)诚实守信原则。这是行为主体社会人格品质的具体体现。诚实守信原则是以人为本的人伦道德规范对信用行为的自我约束,是维持社会正常经济秩序、保障人与人交往或交换合作能够顺利进行的心理底线,体现的是公平、公正、平等的人与人之间的合作基础和符合人类伦理的基本规范,也是信用行为目标得以实现的最低行为边际。

(7)依法合规原则。这是信用行为体现法律信用的基础因素。既是人在社会活动中的社会法律制度性规定,也是主体信用行为他律的法律规定和社会秩序的法制规则。现代社会以诚信、契约和信仰为人类信用行为宗旨,依法合规体现的是社会信用活动中所贯穿的公正、民主、正义、平等、和谐等因素,也是约束人类信用行为和调整人与人相互关系的根本原则。

7-2 主权信用与债务危机

从货币信用的本质是国家信用和货币权定上看,有强制力的统一信用是基础。令人十分沮丧的事实是,迄今为止人类依然无法完全摆脱"信用≡货币"这样一个严重的认识错误,也无法走出信用与行为带来的"理性"误区。在信用变量与行为变量的"动与静"的平衡中,中介变量——货币始终在"上蹿下跳",搅乱人类的思维和视线。

一、主权信用陷入的债务"泥潭"

直观地看,主权信用的重要行为特征是一个国家的举债能力。按照信用与行为函数模型所表达的均衡来分析,信用变量与货币变量、行为变量之和要保持相互对应,国家举债行为能力或货币因素的变化必须和国家信用规模大致相称,因此,欧元区国家制定过成员国债务比例为3%的上限。尽管欧洲各国领导人都认识到国家信用增长的必要性,但人类货币主义思维使他们迟迟难以行动。

面对巨额的主权债务、高企失业率和疲软的经济,号称世界头号经济强国的美国,其债务困境又何尝不是如此?在谈到美国就业市场时,戴蒙德说,美国政府的经济政策一贯受制于两党相争、互相掣肘的政治信用,劳工市场主要问题是需求不足,尽管联邦政府采取了一系列宽松货币、资金救助、政府融资注资等财政刺激措施,但地方州政府没有能力举债,因而不得不削减开支。他认为,美国债务问题是长期性的而非迫在眉睫。即使不实行财政紧缩政策或压缩政府开支,如果政府能够创造更多工作岗位,就可获得更多税收,减少失业补贴,从而有利于平衡财政预算,提高政府主权信用等级,帮助人们重建信心。

但美国政府并没有这样做,而是继续推行华尔街的金融行为模式,借助美元在世界货币信用体系中的主导地位,利用汇率工具,采用信用扩张的政策和一轮又一轮的货币量化宽松政策,把大量的美元纸币抛向国际市场,扩大发债规模、维持低利率以及人为压低美元币值,导致国际投机资金泛滥成灾,资源商品、大宗商品价格暴涨暴跌,世界范围内各国主权信用无法均衡稳定,债务危机问题短期内也无法解决。

以欧元为例。建立统一的、有区域强制力的统一主权信用制度体系,是治本之策。因此,对于欧盟来说,能够挽救欧元区深陷债务危机的国家行为方式有两种:

一种是欧元区的国家达成一致意见,欧元区各国不惜一切代价给希腊、爱尔兰、意大利、葡萄牙等国注资。注资的方式可以是财政状况好的国家给主权债务危机深重的五国提供信用贷款,但是这种可能性不大,因为其他欧洲大国自身难保,负债率大都超过了80%,况且很难得到其他国家居民和议会的同意。或是欧洲银行直接为希腊等国提供信用融资,这将引发大而不倒的道德风险,起到鼓励财政信用失败的国家的作用。更何况这种注资方式治标不治本,欧洲主权债务危机的根源没有消除。

另一种是欧元区不同国家实行政治、经济和财政的权力统一,就像美国和中国一样,不同区域形成主权信用统一的整体。这样,市场的缺陷可以通过欧洲中央政府的财政转移支付和政治途径协调信用平衡加以解决。然而,短期内欧元区"国家统一"和"信用平衡"是很难实现的,因为这不仅涉及国家主权和政治信用、经济信用等多方面问题,也涉及货币信用本身的制度安排,所以,这种希望非常渺茫。

有人将欧债危机归咎于欧元本身的缺陷,归咎于欧元区国家财政状况差异巨大这一固有弱点。这种看法似是而非,并不确切。如果说欧债危机源于欧元,那么没有使用欧元的英国、美国、日本等各大经济体为什么也面临着沉重的债务负担问题呢?这表明债务问题与使用的货币本身并无多大关系,而是与各国奉行的财经政策和发展模式密切相关。欧债危机形成的根子,不在统一货币本身，而在于缺乏统一货币的信用基础以及各自国家政府信用行为的失控。长期"高工资、高福利"和经济"泡沫化"带来的财政赤字积累和货币信用过度扩张的政策，造成社会货币信用与真实信用价值之间严重背离，却无法借助强制力调节补偿，因而形成整个欧洲信用严重失衡的格局。要解决眼下的危机，确实需要对这一基本政策进行改革。德国总理默克尔在向德国国会演讲时曾明确表示，欧洲国家的债务问题是二战之后几十年长期积累起来的财政决策错误所导致的，解决债务危机需要一个漫长的过程，但关键是提高各国经济竞争力和实行欧盟统一的财政纪律。

解决世界信用体系失衡、全球经济危机、金融危机以及欧洲债务问题需要各国政府拿出勇气，采取行动，树立信心，改革世界信用体系和信用制度，重建社会信用均衡。只有恢复人对经济机制、金融体制、信用制度稳定的信心，一切才可能重新开始。

二、债务危机形成的根源

危机发生的实际情况证明，症结不在这一点，而在国家政府作为理性行为人的信用扩张行为和社会总信用之间如何实现均衡。一些现代经济学家认为，美国政府过去20年间宽松的货币政策，制造了数额巨大的投机资本。因为全球经济的规模有限，不足以支撑投机资本的预期回报水平，投机资本只能制造大幅度的市场波动来"掠夺其他凡夫俗子的财富"。

在经济学家看来，华尔街上的抗议活动与同期发生在英国伦敦街头的骚乱都源于同样的理由：政府削减财政赤字收缩信用的做法，让穷人最先蒙受了损失；而金融投机制造了巨大的市场动荡，获利来源主要是中产阶层，投机者利用他们的无知或者无助，夺走他们的财富；各国央行打着刺激经济的旗号，拼命增发货币，同样也在侵蚀中产阶层的储蓄，降低普通老百姓的实际购买力。

现代经济学家一针见血地指出，过去美国最大的信用行为决策失误就是投入旷日持久、耗资巨大的"反恐战争"，为了弥补财政赤字巨大的亏空，美国政府义无反顾地选择了持续不断地信用扩张行为，大量发行各种期限的国债，从而沦落成为世界上远远超出自己信用承受能力最大界限的债务国。

国家信用过度地扩张和财政赤字不断地增加，带来的直接效应是每一届政府都采取高额负债的赤字财政预算，社会实体经济和信用再生能力衰退，虚拟经济和虚拟信用高度膨胀，社会消费的有效需求不足成为"金融通病"，也是凯恩斯主义遭遇的理论"瓶颈"和"困局"。20世纪80年代初，本杰明·弗里德曼发表了一系列关于信用和债务的论文，他在论文《宏观经济分析中货币与信用的作用》里，深入分析了信用的不同层次对宏观经济所起的作用，为将信用变量纳入宏观经济分析模型奠定了基础。

弗里德曼得出三点结论：

(1)美国所有非金融借款人的不同范畴的负债与美国非金融经济活动之间有密切的相关性，这种相关性比不同范畴的货币供给或是基础货币与经济的相关性更为明显。

(2)与资产相比，资产的各个组成要素与经济的相关性并无太多总体上的差异；而就负债而言，只有非金融负债与经济的相关性显示出很强的稳定性。

(3)非金融负债数据显示：提供给私人和公众的两种负债之间有着此消彼长的替代关系。这也进一步证实了非金融负债与经济相关关系的稳定性。

弗里德曼尝试用非金融债务总额作为信用总量，将其加入到宏观经济模型中，共建了三个模型进行模拟（见前章）。

与此类似的是本书所建的信用与行为均衡函数变量分析模型：$f(Y)=f(a)+b'f(X)$。采用此函数模型作为分析工具，可以说是对现代信用学研究的一个突破。它把现代信用学与行为经济学、人类行为学以及心理学研究成果结合起来，以人类信用行为事实观察和实证作为分析基础，这是经济学分析的重大变化。

三、主权信用与债务危机的"异象"

央行购债及货币量化宽松政策本质上都是一国政府强制权力支配下的信用扩张，动机是为了短期内刺激经济复苏进而转为增长，目的是填补真实信用的短缺与空虚。但由于其有行为效用的不确定性，结果往往是很难预料的。

货币作为一个国家信用的象征或财富价值的"替代物"，其总量的多少及价值高低，与这个国家的信用基础结构密切相关。国家信用越好，货币价值越高，就越流通顺畅，交换越便利；国家信用越差，货币价值越低，流通受阻，交换越困难。按照信用与货币总量的关系，尤其是在现代货币普遍"脱媒化"和"符号化"的今天，人为地增加或减少流通中货币的供应与投放，影响的只是某一时期的货币行为和"银根"松紧，引起"通胀"或"通缩"，但并不能起到平衡社会信用结构的作用。

为了缓解危机带来的压力，美国政府不断出台维持低利率和增加货币投放总量的信用量化宽松政策，欧洲央行也出手大规模购买希腊、西班牙和意大利等欧元区国家政府债券。在上述国家（包括美国在内）主权信用评级不断降级的情形下，此举遭到外界不少批评。关于美国是否应该推出第三轮量化宽松政策，菲尔普斯持反对态度。他批评政府与银行的关系：政府和银行之间有一个神圣同盟,在这个同盟中,政府可以得到一个非常低的利率。而银行愿意承担政府债务,按照规定,他们对这类债务不必做任何资本储备。因此,这是一个很可怕的协议,它使得许多银行借贷远离了原本应该去的私营部门或商业投资领域。斯蒂格利茨也反对美联储推出的第三轮量化宽松政策。他说,两轮量化宽松不仅没有奏效,而且还在全球催生了泡沫,而这些泡沫反过来以高风险的方式影响着美国经济。所有这一切将造成美国的通胀,而通胀加上高失业率是最糟糕的了。

长期以来,铸币就是国家统治者的特权。在铸币发展史中,"劣币驱逐良币"的现象比比皆是,统治者利用货币措施减少债务的做法也不鲜见。当货币发展成为纸币,政府被赋予了法定支付能力立法干预的权力后,一个意想不到的结果是,其往往被当成一种"特权",成为法定权力的象征。

我们以一个简单的例子来说明:某人(普通老百姓)拿一张印有数字100元的纸片并签上自己的名字,对别人说:"这是100元,你到某商店买点烟酒来,我请客。"不用问,别人不仅不会接受,而且一定认为这个人脑袋不正常。但假定是美联储主席格林斯潘拿同样的纸片签上自己的名字,对别人说:"这是100美元,你到某商店买点烟酒来,我请客。"情况马上变了,别人或许立刻就接受下来,并如愿从某商店买回了烟酒。

令人疑惑的问题是,这个人(普通老百姓)与格林斯潘之间真有什么不同吗?答案是:有,两人的信用不同。那么,人与人信用本质的差别是人本身吗?答案是:并非如此,是权力!是老格代表美联储权力,纸币本质——货币权定。其实,国家政府的"自私"行为代言人不是某一个人或某一类经济政策,而是信用价值符号——纸币,它不仅表现为一种范围广泛的虚拟信用"异象",而且嵌入了国家政府权力的强制作用。国家信用的效能在一定程度上取决于权力的强制性。对国家信用而言:信用≈货币(纸币)≈权力(举债行为能力)。国家行为理性导致的需求冲动,不可避免地会造成国家信用因信用扩张的行为偏好而滥觞,最终成为诱发这个国家主权信用和货币信用危机的根源。即:国家(或政府)强权=信用扩张+信用扩张行为偏好冲动=货币数量型扩张+举债与财政赤字预算平衡行为。

7-3 金融信用与经济"泡沫化"

金融危机又称"金融信用危机",是指一个国家或几个国家与地区的全部或大部分金融信用指标恶化,经营出现困难,因而导致社会经济利益或金融机构利益巨大损失的现象,例如,短期利率、货币资产、证券、房地产、土地(价格)、商业破产数和金融机构倒闭数的急剧、短暂和超周期恶化,产生巨大经济利益损失。金融危机是金融风险的最高表现形式,它与金融风险的概念大体一致,区别仅在于利益损失的可能性大小,金融风险损失程度和影响范围远远低于金融危机。

从本质上讲,金融危机是人们信用扩张行为导致金融信用或货币信用关系扭曲而产生较大范围和显著经济利益损失的"灾害性事件"。金融危机的共同特征是,人们基于对经济未来将更加悲观的预期,整个区域内货币币值出现较大幅度的贬值,经济信用总量与经济增长规模出现较大幅度的缩减,社会经济增长受到信用扩张行为失序的打击,出现消费贸易增长下滑以及经济增长"泡沫化"等阻碍经济增长的因素,并伴随着企业大量倒闭的现象,失业率提高,社会经济萧条,有时候伴随着社会动荡或国家政治层面的动荡。

在以往社会经济活动中,金融危机一般可以分为货币信用危机、债务信用危机、银行信用危机等类型。由于近年来金融信用扩张行为呈现信用延伸化、信用扩散化、信用脱媒化、信用虚拟化、工具多样化的特点,金融信用也出现了新的变化,金融危机呈现多种形式混合的趋势。其中,以信用卡为代表的金融信用工具、以金融衍生产品为代表的虚拟金融信用,以及以次贷为代表的延伸金融信用,以电子支付交易为代表的虚拟金融信用,以契约、有价单据、权益归属等形式为代表的虚拟金融信用,都能够成为现代信用扩张行为导致的现代金融危机的"导火索"或"炸药包"。

现代人类社会的"信用通病"通常包括产业"空心化"、信用"虚拟化"和经济"泡沫化"三大顽症。

具体表现如:美国政府收入萎靡,支出刚性无限,财政赤字不断创新高,接近当年 GDP 的 100%。若加上美国社会、企业、家庭与个人债务,按照同期价格水平计算,美国人均需要负担债务达 18 万～25 万美元。如果没有美元"印钞机"的特权,如果没有美国信用的"经济霸主地位"和世界各主要债权国无奈地持续"送钱",美国的国家信用早就破产。

一、金融信用泛滥带来的社会经济机体紊乱

今天的美国经济事实上被一个强大的金融利益集团控制,他们从 20 世纪 60 年代就在美国掌握了各种权力,美国从此开始走向颓废,从一个奋发向上、不断发明创造的生产制造业国家,变为一个食利国家,人人都指望不需要努力就可以发财,靠剪"外国羊毛"——间接剥削别国为生。也许有些人不相信,但这一切的"根源"就是美元作为全球性信用货币的"霸权"。虽然它越来越不守信用,但其地位无人能撼动。

在美国政府和华尔街金融大鳄们的心目中,既然"钱能生钱",印钱就能换来商品和服务,既然虚拟信用、滥发货币、大量的金融衍生品、指数期货、信用掉期操作等现代金融创新工具都能带来巨额的"商业利润"和"金融利息收入",既然强权地位和军事优势可以替代国家信用,那么还有继续发展工业、做大做强实业或继续进行科技创新活动的必要吗?多年来,美国企业一边把大量制造业转移到劳动力便宜的新兴发展中国家,造成美国本土的产业"空心化",一边又在华尔街内部大力拓展信用创造功能和新型金融衍生品业务,放松对金融信用行为的监督管制,在赚取超额利润的同时,加剧了美国经济的"泡沫化"。

二、金融行为中犯错与依赖"拇指规律"有关吗?

金融活动是以财富、资本、货币价值及契约权益转移为动机的狭义信用活动,本质上是如何具体实现组织货币、信用,使其与商品、劳务在总量与结构上平衡,满足并实现社会各界的买卖活动,从而实现并推动社会经济活动的发展和社会经济秩序的正常运行。

由于解释问题的角度不同,诸如:信用行为中犯错与依赖"拇指规律"是否有关的问题,传统金融理论的答案是"否",而行为金融的答案是"是"。所谓的"拇指规律"即用经验来处理数据资料,持有经验偏见的实际工作者容易犯错误。拇指规律告诉人们:在行为主体的行为选择决策上,由于行为异质现象和偏好的普遍存在,经验并不可靠。

通常,传统金融的货币价值理论和利润理性预期、损失风险回避的信用行为规则,容易因主体行为的"异质"而出现失真、失信和损失的风险,产生不可挽回的信用行为决策错误。但行为经济学理论认为,在现实社会经济活动的信用行为中,诸如恶意拖欠和逃废银行债务、逃骗偷税、商业欺诈、制假售假、非法集资等现象屡禁不止,造成社会信用秩序混乱,损失厌恶造成金融从业者信用行为偏好依赖。"拇指规律"的现象,从实际行为上是可以修正与调整的。传统的金融理论对人的行为假定是:理性预期、风险回避。在金融从业人员的实际工作中,必须处理好互相冲突的两个棘手问题:

一是信用行为主体作为理性人所持有的"利己"或期望"实现利益最大化"的主见。通常,在收益与损失之间的行为选择上,人们习惯于有"退而求其次",即"不求最大,但要最好"的经验行为偏好。而这恰恰是金融从业者最普遍、最重要的"工作经验"和职业心理。在金融信用活动中,金融业是一种高风险性行业,而金融从业者普遍接受的是传统金融理论和经验传承的教育,在实际工作中由于缺乏可靠的信用行为规律可循,只能依赖经验和数据资料来判断、预测与验证信用行为决策是否正确。金融从业者往往是最容易犯信用行为错误或经常出现决策失误的一群人。

二是行为主体本身在行为偏好选择上的"损失厌恶"情绪。"损失厌恶"的行为心理,源于人们相对某一参照点来说,同等程度的损失给人们带来的心理影响要大于同等程度的收益的影响,人们喜欢收益,但不喜欢损失。人们普遍存在的"损失厌恶"心理比一般连续的、凹的财富效用函数更准确地描述了行为现实。一种普遍的现象是,行为主体大多习惯于用经验的方法来处理数据资料,而容易忽略对方主体现实情况下对信用行为选择的偏好。实际情况证明,绝大多数金融从业者习惯于依赖"拇指规律"。

行为金融则在价值规律的基础上,注重信用行为修正的第一个主题就是:经验驱动的偏差。特沃斯基和卡恩曼讨论了行为金融的两个重要概念:经验的方法与偏差。他们讨论了三种信用行为经济学的具体经验方法:选择性偏差;有用性;锚定效应与调整。选择性偏差是指人们常常根据自己对特定事件的代表性观点,来估计某些事件发生的概率。这样,人们可能错误地相信了"小数定律",将一系列的负相关归因于一个确定的和独立分布的随机过程,从而出现偏差。有用性是指符合实际情况的可操作性与有效性。锚定效应与调整是指人们对信息的判断可能被锚在了过去的认识中,对新情况没有作出足够的调整。

现代社会精神的核心要素有三样:诚信、契约和信仰。

这三大要素构建现代社会信用秩序的基本结构框架。要使人们的金融信用行为不再依赖"拇指规律",社会信用体系建设要以人伦道德为基础、信用法律制度为核心、人的灵魂活动(精神、意识、心理活动)为蓝本,以健全信贷、纳税、合同履约、产品质量的信用记录为重点,摆脱金融信用行为的经验性依赖,最终形成体系完整、分工明确、运行高效、监管有力的社会信用体系。而这些,眼下除盲目的理性利润冲动和规模扩张能让金融业热衷和疯狂之外,其他恰恰是金融业所缺乏的关键所在,若要避免经济泡沫化的形成,可能吗?

三、实际信用与信用行为架构方式有关吗?

传统的金融学假定行为架构独立。

这是经济学家莫迪利安尼·米勒的观点,他认为形式与行为无关。架构独立的意思是,不同信用方式的风险与收益是透明、客观的,实际信用可以通过透明客观的风险、收益预测到全部决策过程和行为结果。换句话说,即信用行为的风险与收益,只取决于信用行为方式,而与行为人的心理、意识、道德品质架构无直接关联。尽管信用变量的风险和收益是透明、客观的,但在行为异象的干扰下却成为不透明和带有强烈主观色彩的了,任何行为预测都是缺乏科学依据的臆测,结果并不准确。譬如,人可以说明历史,但却不可能预测未来,更没有办法解释未来,这正是人的行为不确定性特征的最典型表现。行为金融主题是:行为架构依赖。

金融信用行为涉及社会经济生活的各个方面,它也是产能过剩、价格暴涨和供需失衡等经济泡沫化产生的直接推手。人类的商品生产、交换、分配和消费行为是社会信用关系发展的基础,信用变量的发展要与生产力发展水平和市场化程度相适应,就必须对其行为架构不断作出调整与修正。譬如,要避免经济泡沫化现象的出现,就必须控制好金融信用行为的架构,人的心理活动、意识反应、道德基础、契约精神等在信贷、纳税、合同履约、产品质量等信用活动中的行为记录,都是信用行为架构的重要组成部分。信用行为架构,是主体信用信息的主要来源渠道,对于促进企业和个人信用行为自律,形成有效的市场约束,具有重要作用。因此,除客观考虑之外,实际信用对风险与收益的感受极大地受行为人如何决策的影响。很显然的事实就是,在社会活动中,理性行为人如何决策完全依赖于他的行为心理、意识和道德品质等组成的行为架构。不同行为架构有不同的行为方式,会影响到实际信用行为。

传统金融学认为市场始终是有效的。有效市场理论在20世纪70年代至90年代是居于主导地位的金融理论。该理论认为:市场是有效的,有关股票的信息都会反映到股票价格上,因此,其价格与基本价值相符,任何投资者都不可能在市场上获得超额利润。有效市场理论被进一步细化为弱式有效、次强式有效和强式有效。

相反,行为经济学变量分析研究金融信用对经济泡沫化产生影响的主题是:无效的市场。行为经济学变量分析认为,依靠经验驱动的偏差与架构效应会引起市场价格偏离基本价值。每一证券的价格与其基本价值相符,必须有合理的信用行为基础。人的信用行为反应不足或反应过度,才是真实的信用行为表现。所谓恰当的信用行为反应并非普遍现象,相反,其在现实中倒是特例。

虚拟信用是现代市场经济活动,尤其是现代商业活动不可回避的话题。从现代社会来看,商业离开了货币,市场交换依然可以进行。但商业离开了信用,市场也就失去了存在的基础,犹如建立在沙滩上的楼房,一有风吹草动就会倒掉。两者的差异就在于各自本质不同,货币是"虚",信用为"实"。如果货币是"实"、信用为"虚",那会出现什么后果? 在人类商品交换的历史中,每一时期都有曾经风光一时的"老字号"、百年老店铺和现代商业企业,因为信用原因而轰然"倒塌"的案例在国内外屡见不鲜,在现代社会更是频发。与传统商业模式不同,现代商业依然是以商品交换为主要动机的人类有目的的活动,但除传统媒介货币早已从真实信用基础中全身而出转变成为彻底的"虚拟商品"——纸币外,大量金融信用创造功能提供的"虚拟信用工具"——金融衍生品和电子科技开创的"虚拟交易平台"——信用卡、网银交易等的广泛介入,让现代商业的商品不完全等同于传统商品,交换行为方式和交易工具也不同于传统商业。最突出的行为"异质"在于两点:一是纸币与金融商品本身信用和信用行为的虚拟性;二是主要基于契约信用和法律信用的新型虚拟经济形态。

具体地说,正视信用,就是正确理解和认识货币虚拟、金融商品虚拟和信用行为的虚拟,就是懂得契约行为和法律约束的重要和必要,并落实到具体信用行为的"检点"与归正上。

在社会经济活动中,尤其是在社会商品交换和市场交易的过程中,由于人的经济理性和信用行为心理的动机、目的、需求程度不同,人的信用行为异象是普遍存在的,信用行为心理同质反而是特例。这种现象不仅经常出现在实体经济中,更容易产生在虚拟经济中。从这个角度来说,由于存在实体信用扩张后的虚拟性风险,任何形式的虚拟经济都比同类形式的实体经济所蕴含的风险度高或发生信用危机的可能性大。例如,现代的电子商务发展迅速,在给人的生活消费、商品交换、资本流动等带来诸多方便和利益的同时,给社会商品交换和资源价值配置的信用行为带来了革命性的变化,同时也带来了更多、更大的潜藏风险及可能危机。像网购之类的虚拟信用交易,买卖双方出于行为安全和自利心理的需要,如何考证参与者的信用就比人们在实体商店购物时显得更重要。网购因为方便快捷,没有时间、空间限制,而大受消费者欢迎。电子平台上的交换或交易并非是虚拟的,因为购物的每一个步骤甚至每一个细节都很真实,与传统购物模式的唯一区别仅在于少了言语交流而有了更多的填单与确认过程,即典型的契约信用行为。

但与一般的契约信用行为最明显不同的一点,恰恰就是参与者信用和契约行为的虚拟性,这也是虚拟信用风险的集聚所在。

若要实现信用行为目标,不仅要求网店的经营者要诚实守信地服务于消费者,而接受网购服务的消费者也要信守电子商务的规则。就人的信用行为而言,这不仅需要买卖双方高品质的信用作为基础,同时也需要约束力强、自觉有效的行为规则和规范、完善的法律与法制环境。而这些也正是当今社会虚拟信用以及信用虚拟行为最大的软肋。对于合格交易者主观故意的失信或不合格的虚拟信用以及信用行为风险,目前还没有完善的法律措施和有效的行为对策去应对。

7-4 信用价值与市场价格

一般情况下,经济理论分析模型有多种变量构成因素,其中一些在不同的时间或空间有不同的状态,会取不同的数值,并且可以观测,我们通常把这类因素称为"经济变量"。值得指出的是,信用变量通常是指过去时期的内生变量或存在时滞特点的内生变量。这种过去时期的、滞后的或更大范围的内生变量,不受当期模型研究范围的内生变量影响,但能够影响所研究的当期内生变量。

类似道理,借助信用与行为函数模型可以描述出信用行为变化的大致趋势,其在信用价值与市场价格方面的研究有以下几点:

一、关于市场价格问题的研究

市场价格是传统经济学主要的研究内容之一,有比较成熟的一整套价格形成机制、变化规律和市场运行特点的成熟理论。譬如,货币价格主要取决于利息率,商品价格与其包含的物化劳动和使用价值有关等等。传统经济学对于价格的研究,着眼于商品价值与货币变量、市场供需的数量平衡,证实市场商品价格变动确实与生产成本、利润率、市场流通货币量和商品供需关系等因素有关。

价格是市场经济环境下人们最为敏感的货币变量要素。表面上看,价格变动似乎与信用变量无关,而只与市场货币供应量的多少有关。财政政策宽松或货币政策宽松,市场货币供应量超过实际需求,流动性强,通货膨胀,物价上升;财政政策紧缩或货币政策从紧,市场货币供应量低于实际需求,流动性不足,通货紧缩,物价下降。但实际上并非这样简单,根源在于信用价值的变化。行为经济学对此也有深入研究,米塞斯则把价格作为人类行为经济学分析的主要内容来讨论。行为经济学变量分析对价格问题的研究主要是做了完善工作,侧重于交易者的信用与行为函数模型内外变量在不对称市场信息情况下的状态均衡,认为在市场价格上,除传统经济学所研究的货币变量基本因素外,还应该包括行为变量因素。即市场交易者基于对不对称信息的信任,所采取的行为方式,会直接影响到商品价格的本身。

在市场信息对商品价格影响的研究上,市场信息不对称是一种普遍现象,而基于交易者对商品信息的信任因素,所有市场参与者的信用行为被分成两种:信息交易行为和噪声交易行为。前者是会犯各种错误的信息交易者,他们不能获得或正确运用市场信息,往往高买低卖;后者是指那些能获得正确信息并能正确使用市场信息的评判交易者。

避开货币信用因素看价格,"只有错买者,没有错卖者"似乎是市场交易中商品定价一种不成文的规则,就是说在买者与卖者信息完全不对称的情况下,卖者总是占有信息交易行为的有利地位,而买者由于掌握的市场信息资源十分有限,在信息交易行为上总是被动的和容易犯错的。只有在各种市场"噪声"如广告宣传、视觉影响以及其他因素产生的心理变化足以弥补信息来源不足的情况下,市场价格才有发生逆转的可能。

市场信用并不是有效的,因为处于市场环境下的信用所蕴含的价值因素是不断变化的,恰恰是投资者的错误行为和决策架构,造成金融信用行为反应不足或反应过度,影响和改变了信用的真实价值,导致了信用失衡,成为市场价格偏离的主要原因。譬如,农产品的市场供需关系,在货币价值衡量的基础上,农民饲养生猪希望获取养殖利润,但受到市场供求信息不对称和物价波动、养殖成本上升等因素的影响,农民的饲养行为也存在着各种变数。市场猪肉供应紧张,价格上扬,意味着养猪可以获得较好收益,而信息传递到农民那里后,"从众效应"必然刺激农民养猪的积极性,于是大家蜂拥而上。反之,大家必然会纷纷减少养猪数量或直接退出。由于宏观经济中货币供应量对市场生猪价格有决定性的影响,而且货币信用动机和结果之间存在时间间隔,再加上市场信息不对称的因素,农民养猪获取货币信用的市场反应必然是要么反应不足,要么反应过度,这样一来,市场还是有效的吗?

既然市场信用往往并非完全有效,经济泡沫化就无法完全避免,那么只有完备的法律、法规和健全的社会信用体系,才是正确金融信用行为的保障。对有效市场理论对投资者是否会犯错误有不同看法。一些人认为,几乎所有的投资者的信用行为都是理性的,他们不犯错误;另一些人承认,投资者个体信用行为会犯错误,但在整个市场上,他们所犯错误的信用行为是非系统、可自我抵消的,这就意味着商品价格由理性的边际交易者确定;还有人认为,犯有错误信用行为的投资者在市场信用的长期博弈中会被赶出局,因为他们在同信息交易者的不成功的信用交易中会逐步损失掉财富。因而只有信息交易者可能生存下来,才使得市场变得有效。

行为经济学变量分析认为,对于价格的影响,市场只有在这样的时候是有效的:所有的投资者基于信息信任的因素,都认为他们能够得到所有市场参与者所拥有的信息。

若要市场有效,有两个充要条件:

(1)整个市场上,投资者的平均错误必须为零。这就是说,错误不能是系统性的或说全部投资人个别错误非加权平均必须是零。

(2)对于所有投资者来说,任何错误的分布都必须是平滑的。从技术上说,投资者的错误与投资者财富的协方差必须为零。

实际上,除当所有的投资者都是信息交易者这种特例之外,投资者对信用行为选择的边际效用规则,决定了市场不可能总是有效的,至多在有效与无效之间摆动。这就解释了市场价格形成机制为什么会失灵。

在市场信息不对称的情况下,从短期看,无错误信用行为的信息交易者会消除所有的错误定价,这是因为情绪既会为这些交易者产生额外的风险,也会产生额外的盈利机会。但在边际利润点上,额外的预期回报不会刚好弥补由于情绪所引起的额外风险。从长期看,信息交易者甚至不会在市场上起主导作用。有三种信用行为会使投资者从市场上出局:

(1)对回报分布的认识错误太大;
(2)投资者的相对风险回避系数偏离太远;
(3)投资者没有以足够快的速度补充资金。

因此,即使是信息交易者,只要他满足这三个条件之一,也可能要出局。实际上,信息交易者对风险行为的容忍度也是其是否出局的因素之一,如果对风险过度容忍,或没有足够的容忍度,都有可能出局。即使市场上都是不犯信用行为错误的信息交易者,也可能会出现价格偏差。限制信息交易者消除价格偏差的意愿与能力,称为"套期限制"。希勒佛尔和维希里讨论了产生套期限制的几个原因。例如,为进行期权与期货交易,保证金交易者必须先交纳保证金。当投资者发现价格偏离而产生的投资机会时,他可能发现执行这种战略时,价格偏离得更厉害了,这就要求他提供更多的保证金。因此,事实上留在市场上的只能是噪声交易者。

正是交易者成了噪声交易者,使得市场商品价格出现巨大偏离。

二、信用行为的过度反应与反应不足

在传统经济学研究中,针对货币信用行为是否过度反应或反应不足是缺乏观察和证据的。而过度反应与反应不足在行为经济学的研究中,是两个重要的概念或两种重要的行为。它们主要来源于人的行为心理上的过度自信。过度自信往往是对信息了解和掌握得不充分而由人的主观心理意愿造成的。

这个概念对有效市场假设提出了最重要的挑战。

欧登的研究将人的过度自信问题,提升到金融学研究的高度,他针对人的过度自信怎样影响到交易量、波动性、市场深度和收益进行了分析,并得出四个结论:

(1)当价格承受者,内部人或做市商过度自信时,交易量会上升;

(2)过度自信的交易商增加了市场波动性；

(3)过度自信增加了市场的深度；

(4)当过度自信的投资者对新信息重视不够时，各种收益正相关；当过度看重新信息时，为负相关。

最后一个结论与市场参与者对市场信息的过度反应与反应不足有关。在对股票市场投资者价格行为的研究上，德·波特和沙勒推测，投资者对收益的过度反应，是股票价格暂时偏离其基本价值的结果。在这种信用行为心理原则的推测下，投资者过度反应与反应不足，具体体现在股票投资市场的现象有：

1. 输家—赢家效应。行为经济学家通过股票投资行为的实证研究发现，前一期的绝对输家（亏损者）倾向于被低估，而前一期绝对赢家则被高估。结果前期的输家最终赢得了正的经过风险调整的超额回报，同时前期赢家最终赢得负的经风险调整的超额回报。这就是行为金融学所谓的"输家—赢家"效应。

德·波特等认为，"输家—赢家"效应发生在价格偏差得到纠正的时期。"输家—赢家"效应现在已被人们承认为一种事实。但不同观点的争论在于是风险还是价格偏离是这种效应发生的原因。

2. 魅力股与价值股。在运用信用行为经济学变量分析股票投资信用行为偏好的研究上，行为经济学家拉孔尼修克、西勒佛和维西勒使用"魅力股"和"价值股"来讨论投资回报问题。

魅力股是指过去业绩很好，预计未来也很好的股票；而价值股是指那些过去业绩不好，将来业绩也不好的股票。投资者怎样测定业绩呢？用前期回报来测量。像前面所讨论的那样，尽管赢家在短期获得了正的前期异常回报，但长期中，他们的业绩可能会比较不好。价值股的业绩超过魅力股的业绩的现象不能用风险来解释。他们认为，如果能用风险来解释上述关系，那么，价值股在"坏时期"，即人们通常所谓的"熊市"，就应该比魅力股表现差。然而，他们得出结论，风险不能解释为什么价值股比魅力股表现好。因为魅力股的增长率滑下来低于价值股要花几年的时间，所以市场错误地外推基本因素的增长率，并且很缓慢地从这些错误中吸取教训。这个特征在杰加迪西和梯特曼发现的短期动量与德·波特和赛勒发现的股票投资信用行为长期反转间架起了一座桥梁。"动量效应"是行为金融学中的一个重要概念。杰加迪西和梯特曼在1993年就美国股票市场的投资情况的研究证明了动量效应的存在，即股票过去收益大小是以后持有该股票时间长短的内在动量。

3. 过度自信。过度自信除了是过度反应和反应不足的心理根源，其本身也是一种相对独立的信用行为心理现象。丹尼尔、赫尔胥勒费尔和沙布拉曼亚母对于股票投资行为短期动量与长期反转问题提出了一个基于行为金融学的解释,这个解释是:投资者在对私下的和公开的信息做出不同的反应方式中,过度自信与有偏差的自我归因有不同的作用。

如果市场信号是不公开的,投资者对信号的反应会过度自信,过高估计其正确性;如果市场信号是公开的,投资者不会过度自信并能做出正确估计。但不公开的信号对有偏差的自我归因发生作用,导致过度自信的程度持续加大。当一个投资者对市场不公开信号作出评估,且最终公开的信号证明了最初评估的正确性时,他就会变得更加过度自信。在股票投资行为上,有偏差的自我归因是指个人因正的事件而得分,并将其归因于他们自己的技能;因负的事件而失分,并将其归因于运气不好。这在股票投资行为上比较常见。

三、关于股票买卖等投资行为的预测

行为经济学家特维斯基与卡恩曼描述了一种叫作"效力幻觉"的现象,即人会因过度自信而坚持错误行为的现象。人们坚持错误行为的一个理由是他们产生了确认性偏差,即他们往往找出那些能确认其早先观点的资料,而忽略那些不能确认这些观点的资料。

这就是人们常常讲到的市场"预测"行为,这也是信用行为偏好的一种。对于市场预测的认识,一些经济分析师持有这样的观点:投资者的情绪指数对市场未来发展的总体方向提供了一个相反的指标。也就是说,当行为主体依靠情绪指数来预测市场未来的发展方向时,其心理预测结果往往是不可靠的,甚至是相反的。

有关研究表明,尽管投资者的观点并不具有预测力,但他们的情绪却与市场过去的走势高度相关。在大多数情况下,投资者外推了过去的趋势。

行为经济学家安德森讨论了以下三个因素对预测的影响:
(1)时间序列资料是水平的还是变动的;
(2)资料的显现性;
(3)锚定和调整。

罗格郎和瑞特尔讨论了发行新股公司(既可能是新上市场发行,也可能是配股)的股票价格反转问题。他们提供的证据表明,在配股情况下,由于外推偏差,投资者会过度反应。没有分红的公司也可能出现类似信号,即这种公司的股票被高估。对配股的公司而言,配股那一年的股票回报要比配股后五年高得多。

同样有研究表明,股票分拆也有正向波动。研究一拆二行为,可以发现这

些分拆会使股票价格从高位往下掉。也就是说,公司规模和账面值/市场值与公告回报负相关。在股票投资信用行为预测方面,行为经济学家认为,在投资预测上,个人投资者普遍倾向于简单的外推,在外推时,他们把现在的趋势看作生成资料的过程。而分析师表现出对新信息的反应不足,而不是过度反应。他们对过去输家的未来收益过分乐观,而不像过度反应假设的那样过度悲观。

四、信用价值与市场价格的可变性研究

行为金融学,对信用价值与市场价格可变性的研究,初期主要集中在货币信用的货币利率期限结构的可变性和资本投资股票市场的资产可变性上。谢夫瑞和希德特曼于 1994 年推导的资产定价模型表明,基本面和情绪一起影响利率的期限结构、整个市场回报和期权价格。其后,行为金融学把金融理论与行为心理学结合起来,形成一种比较系统的行为金融理论体系,主要包括:期望效用原则的金融决策、折现率、双曲线折线因子、匹配率、及时选择动态机制和跨期决策、过度推断和小数法则、贝叶斯方法及理性学习、泡沫等基础理论,也对资产定价中噪声交易者、过度自信与乐观主义、前景理论的资产定价、过度反应与反应不足、股价惯性、羊群效应、内部交易、股权溢价等做出具体分析评价,并延伸到金融及金融从业人员职业生涯等细节。

譬如,在一个理性市场上,期限结构的预期假定认为,当资金长期利率相对于短期利率而言很高时,它们还会上升。然而,谢夫瑞确定了一种被大家认可了几十年的方式,证明当资金长期利率相对于短期利率高的时候,资金长期利率趋于下降。当资金长短期收益差高时,则资金长期收益趋于下降,而不是上升。

期限结构的预期假定暗含这样的意思:长期利率相对于一个连续的短期债券所获得的超额回报,必须是在长期债券的存续期内不可预测时才会产生。这也暗含着高的收益差必须同短期利率的上升相关,不能在两三个月内就抛掉,也不能持有几年才抛掉,而要在满一年时抛掉。股票市场的可变性使价格长期脱离其基本价值,然后发生了反转。行为金融,意味着金融学的研究是基于人类行为的可信假说,而人类行为的可信就是其信用产生的来源,由此我们看到了行为金融学的研究基础其实就是信用。而这些恰恰是以一系列行为假定为前提的:

(1)投资者有着稳定的、清晰界定的偏好,即使这些偏好本身被质疑或难以解释;

(2)投资者的选择偏好基于其对收益的期望(而非收益期望的变化);

(3)投资者将他们自己(或家庭)的福利或效用最大化;

(4)投资者按照几何收益率的形式将期望收益折现为现值。

根据这些假设,行为金融至少将三个心理学结论引入研究:一是决策制定中存在偏见(过度反应与反应不足);二是心理框架效应;三是决策中的时间不一致性,计划者与行动者的概念。这些研究无疑为信用可变性研究提供了有效且有力的证据。

7-5 信用膨胀与扩张行为

信用危机,是人在社会生活中经常会遭遇的负面现象。对于社会经济活动而言,小的危机,可能仅仅是一种个人失信或部分财富损失、信用行为失败的风险;大的危机,则可能就是部分行为主体、局部范围、损失较大但影响有限的风险;而对社会经济冲击最严重、最明显、最激烈、最深刻的爆发,则是一个国家货币信用体系以及国际金融市场的危机。现实案例和理论研究证明,信用危机是信用膨胀和过度扩张行为导致的必然现象。

一、信用危机的行为现象

在经济增长、就业充分、适度通胀、消费活跃时期,人们对社会经济领域活跃的各种信用行为充满信心,如果你问:国家(或政府)的信用行为是否自私?很多人的回答必然是否定的。这是因为人对此时的政府信用行为充满了信任。而当经济衰退、失业增加、通货膨胀或通货紧缩、市场物价过快上涨时,你再问人们同样的问题,恐怕得到的就是完全相反的答案,人们会一致地谴责政府行为的过度自私或是其他原因。

尽管同样是一个国家或政府的信用行为,人们却找出了导致金融、经济危机不同的原因,多数人的回答却可能令人意外,如某个人、某家企业、某家金融机构或者某个地区、某个经济联盟(集团)的信用出现了危机。分析这些行为主体,人们可能会很自然地归咎在经济学所说的理性人的"自利"本性,而不是谴责自己的信用膨胀、行为扩张是导致政府信用膨胀、行为扩张的原因。

信用膨胀导致的危机包括:

(1)企业债务重负,银行坏账丛生,金融和债务危机频繁;

(2)社会货币供应过多,银行业务过重,宏观调控难度加大;

(3)政府税收困难,财政危机与金融危机相伴;

(4)通货膨胀缠绕着经济,泡沫经济时有发生,经济波动频繁,经济增长受阻;

(5)企业资金不足带来经营困难,提高了破产和倒闭率,企业兼并活动频

繁,降低了企业的稳定性,增加了失业,不利于经济增长和社会的稳定;

(6)不平等的国际货币关系给世界大多数国家带来重负并造成许许多多国际经济问题。

一种令人感到奇怪的现象是,经济繁荣时期,人们在追究国家(或政府)信用行为是否自私时,却总是将信将疑或"宁愿信其无,而不愿信其有"。哪怕这个国家的政府总是靠透支信用或大幅增加债务额度,来让货币谎言重复上演或略施"恩惠"(减税政策、提高工资、改善福利、增加公共设施建设等),就让人们不再是抱怨而是重新给予信任,尽管这是人们名义工资收入或表面财富收益的增加,而实际上是工资收入的下降或真实财富的"缩水",发生危机时最终还是自己"买单"。人在信用上的"风险厌恶"和"眼前利益"的行为偏好本能,让人乐于沉湎于这样的膨胀、再膨胀的虚假繁荣景象中。

只有在这种危机真的降临到每一个人身上,政府不得不大幅度增税、货币贬值、公共债务减记、社会福利措施锐减时,人们才能"恍然大悟"并且"愤怒之极"。譬如,希腊主权债务危机,无论是财政紧缩政策减少政府财政的公共支出和社会福利,还是实行"国债减记"的国债、政府债券置换,要填补国家主权债务危机的"窟窿",最终还是要希腊全体公民为国家信用"买单"。

难道是这些人的"理性判断"出了问题? 还是另有原因?

对此,行为经济学变量分析给出了自己的解释:在人类的信用意识上,普遍存在着把"蛋糕"做大的扩张心理,经济学上也注重强调"规模效益"的好处,避而不谈边际效用和边际利润的限制问题。理性行为人出于"自利"的本性和追求快乐与需求满足的动因,社会活动中每一个行为主体对做大"蛋糕"的欲望是一致的,信用膨胀的行为偏好是相同的。其信用变量与行为变量保持的关系是:人≤信用变量≤货币变量+行为效用参数×行为变量(符号"≤"表示恒小于或等于),意味着货币数量的不断增加和行为效用的提高之和,一定是快于或高于信用增加程度,显示明确的信用扩张性。只要每一轮的货币变量处于增量状态,每一回行为变量与效用参数大于或等于零,就满足了人类的信用扩张偏好。

分析结论是:行为主体普遍偏好的自利、国家(或政府)强权偏好下的"自私",都是信用扩张行为的积极主动实践者,也是制造危机最现实的行为主体。这说明了,纸币在现实社会中所扮演的"谎言角色"和造成前面所提到的"一碗饭、一桶石油和一块钱"的变化,正是人类社会信用膨胀的必然结果。

二、信用危机给予人类行为的启示

长期以来,由于信用与行为有变量的特点,让人们难以度量和准确计算。

第七章 审视不同的信用与行为均衡

善于算计的人类在应对信用膨胀和货币行为问题上并无良策,只能转而求助于纯粹以数量标示的货币变量。在应对每一次信用危机时,为控制社会信用膨胀和过度的扩张行为,各国经济政策的宏观调控无一例外地侧重于财政与货币政策的配套使用,更多的是货币政策,而不是控制信用扩张行为的本身。

各国央行的货币政策中介目标以货币供应量、利率或通胀与就业为管理目标,而舍弃了信用变量和行为变量管理目标。只有在出现危机时,才会考虑将信用因素中资产价格代表的那一部分信用列为参考变量,而不是将整个信用列为变量加以考虑,这种不对称的信用政策导致调控的无效,经济危机依然周期性爆发。

每一次危机都给人类提出了许多新的课题。譬如,建立新的金融信用行为法则和信用均衡形式的问题;如何解决本世纪初货币信用制度改革以后,在不兑现的纸币本位制条件下,各国形成的货币供应量和企业之间形成的债务衍生机制,带来的主权信用膨胀以及企业信用亏欠难题等。例如,在中国的经济发展上,中央政府对地方政府 GDP 增长的要求是刚性的,而地方政府主要官员的每一任期时间是有限的,如何在有限的任期内获得最好的经济利益和政绩,是每一个官员要考虑的问题。尤其在地方财政收入、经济发展水平不高和金融信用资源有限,地方投资需求、公共支出以及福利保障刚性不断增加的情况下,求助于信用膨胀获得有效的财政资金援助和扩大融资渠道,就是每一任政府官员的首要选项。其结果是地方政府不断扩大税费收入范围、圈地卖地拆迁热情高涨、债务平台越来越高,谁都不愿意在自己任期内去平衡财政、均衡信用,赤字财政会延续至地方政府不得不"破产"为止。

事实证明,不仅个人、企业、社会组织、金融机构等普遍是自利的,而且所有的国家或政府也都不同程度是自私的。不过,需要指出的是,尽管国家(或政府)的自私与一般行为主体的自利行为类似,在信用膨胀方式上却有本质区别。前者是"权力性膨胀",后者是"货币性膨胀"。

如今,这场旷日持久的全球经济危机和金融危机,使全球金融市场产生了强烈的信用紧缩效应,造成的危害已经向实体经济蔓延。表面上看,华尔街金融资本的贪婪与无度是引发"海啸"的"地震震源",其实真正震源却是美国政府的国家货币政策和信用膨胀与市场实际供需均衡关系两大"板块"剧烈碰撞。

从本原上看,金融放纵和债务泛滥是当今世界经济严重失衡的元凶。米塞斯对信用扩张问题有这样一段描述:"仅把信用扩张看作是政府干预市场的模式是错误的。如果政府政策只是为了提高价格和名义工资、降低市场利率和折扣债务,信用媒介物就不会出现。信用媒介物是从日常银行业务中发展而来的,公众把银行开出的公众存款收据当成货币替代物。银行家贷出公众存在银行的一部分资金,这一业务对银行家并不意味着什么。他们认为在金库里不保持全部收据的现金等价物不会有什么害处。他们相信,及时贷出了公众存在银行的部分款项,他们仍然能够及时履行自己的义务,赎回自己发行的票据,在自由市场经济里,银行票据成了信用媒介物——准货币。信用扩张的始作俑者是银行而不是当局。"从本质上看,世界经济的失衡就是信用的失衡,包括产业资本信用的严重失衡、国家主权债务信用的严重失衡、国际资本信用的严重失衡,以及国民财富信用的严重失衡等等。

人类经济理性的可怕之处是货币资本行为的贪婪,而凯恩斯主义"国家信用扩张性干预",并不一定是"救国"良方,相反却可能是"打开地狱之门"的钥匙。现代资本主义是市场经济和现代信用诞生的温床,也是人类信用膨胀行为偏好"发酵"的暖房,同时也是信用危机爆发的根源。自私、偏好、扩张三大行为动因使有限的人类信用行为责任能力被毫无约束地无限放大。

三、虚拟信用行为是造成危机的"祸首"

从信用变量的要素来看,资本、财富、货币、资产价值等都是金融信用变量的重要组成成分。从物质形态来看,所谓"信用失衡"其实就是由于这些因素被人为扩张行为干扰或改变后,本质上由实变虚、结构上由对称变为不对称、数量上由均衡变成不均衡、需求上从基本匹配变成严重不匹配的状态。从非物质形态上看,则是行为变量的反常与扭曲,心理反应表现的主观故意错误与"别有用心"以及某种极端心态。人类在两种形态上的表现,无论差别多大,本质上都是为了自身的信用膨胀。而当真实信用行为逐渐被人们创造的虚拟信用行为所替代时,不仅风险加大,而且危机的种子也被同时"种下",一旦时机成熟就会爆发。

1. 次贷是一种高风险、高收益的虚拟信用行为。次贷,是金融信用衍生品的一种,是源于美国的一种住房按揭贷款类型。它是指一些贷款机构向信用程度较差和收入不高的借款人提供的贷款。之所以贷款给这些人,是因为贷款机构能收取比良好信用等级按揭更高的按揭利息。它与传统意义上的标准抵押贷款的区别在于,次级抵押贷款对贷款者信用记录和还款能力要求不高,但贷款利率却相应地比一般抵押贷款高很多。

米塞斯在《人类行为的经济学分析》中比较详细地指出金融信用危机的症结,他说:"在市场经济中,人与人之间的交易均是以货币作为媒介进行的。初始利率主要是通过货币的借贷来表现。在假想的平衡运动的经济模式当中,初始利率总是不变的,整个经济体系也就只存在一种利率。贷款利率与初始利率一致,等于现货价格与期货价格之比率,这种利率我们称之为中性利率。平衡运动的经济是以中性的货币为前提,但由于货币从来就不会是中性的,问题也就产生了。"实际上,市场经济不可能是平衡运动的模式,货币信用行为也不可能是"零利率差"或"无信用收益"的交易行为。

米塞斯分析了问题带来的两种可能性变化。

对于第一种可能性信用变化,他分析说:"如果货币关系及货币需求与货币供给发生变化,所有商品及服务的价格都会受影响。当然这种影响对不同的商品和服务不仅时间先后不同,程度上也会不同。由此导致的个人财富级收入的变化,也会成为影响初始利率高低的因素。货币关系发生变化后,初始利率所呈现的状态已经不再是它曾经呈现的那种状态。由此货币的推动力就会导致最后的初始利率和中性利率持续不断地变化。"这实际上是明确指出,信用扩张性的行为选择偏好是人与人之间货币交易的一种必然现象。

对于第二种更为重要的可能变化,他也认同是第一种可能的另一方面。他说:"货币关系的变化在某些情况下会首先影响信贷市场,其中对贷款的需求和供给影响贷款利率,我们称之为货币毛利率或市场毛利率。毛利率的变化会带动净利率持续偏离初始利率亦即现货价格与期货价格的比率吗?货币市场能完全或者部分消除初始利率的作用吗?显然不能。"

米塞斯在这里不仅指出了人们信用扩张行为偏好能影响信贷"利差收益",也明确肯定以货币为交易媒介的信用扩张是"有限度"的,因为任何市场货币交易的净利率都不可能持续偏离初始利率的边际效益,也不可能使现货价格与期货价格的差距无限扩大。正是这两种信用行为变化在次贷中发挥作用,使危机的发生成为必然。

2.信用膨胀是一种存在大量"危机源"的扩张行为。信用膨胀很明显的优势在于满足了行为主体普遍的、及时的利益需求,但它也潜藏着巨大的市场信用风险。在房价高涨的时候,由于抵押品价值充足,贷款不会产生问题。但房价下跌时,抵押品价值不再充足,按揭人收入又不高,面临着贷款违约、房子被银行收回的处境,进而引起按揭提供方的坏账增加,按揭提供方的倒闭案增加、金融市场的系统风险增加。正如米塞斯警告人们的那样:"资本并不总能带来收益,它还必须被正确地运用和投资。不仅要着眼于取得利息,还要防止蚀光本钱。古语云'钱并不能生钱',在这种意义上是对的。"事实是,那些因信用记录不好或偿还能力较弱而被银行拒绝提供优质抵押贷款的人,会申请次级抵押贷款购买住房。值得注意的信用行为问题在于:次贷契合了多数人信用扩张的行为偏好,满足了不同行为主体信用扩张的需求,但却同时埋下了信用膨胀危机的"种子"。

（1）危机必然导致大范围金融信用的重新配置，导致信用扩张行为的连锁反应。次贷危机就是信用扩张行为失败的直接后果之一，表现为金融机构信贷收支不平衡导致经常账户出现了巨额的赤字，本质上是负值的货币增量以及虚构的行为变量使真实资产恶化状况也日益加剧，产品价格上涨的趋势愈演愈烈，汇率变动升值，通货膨胀率不断上升。更糟糕的是，由于采用了"杠杆原理"投资（相当于在信用行为二元变量函数模型表达式中，引入了一个放大"倍率"作用的行为效用参数），一些金融机构赔光全部资产也不够还债，因此面临破产的危险。

（2）加速金融信用变化的过程。在自然界的变化中，化学变化是物质形式变化中最为明显、过程最为激烈、结果最出人意料的本质变化。信用膨胀的"溢出效应"，使整体信用配置结构失衡，必然会导致市场资金流动逆转，国际贸易收支严重不平衡，财政赤字增加速度超过经济增长速度，债务负担巨大，偿付能力下降，通货膨胀严重，资金链断裂等所导致的金融机构破产倒闭。新兴市场经济国家在过去10年的发展过程中，吸引了大量发达国家的资金，以墨西哥、俄罗斯、印度等国为例，其证券市场上一半以上的资金来自于国外。日益增多的海外资金不仅推动了本地资产价格的高涨，也推动了本地经济的繁荣，同时金融信用平衡结构的改变，进一步助推了人们信用膨胀的行为偏好，也带来了本地货币实际汇率的不断升值和高通货膨胀的风险。

3. 金融衍生品是满足虚拟信用膨胀的错误行为选择。美国政府向来以不干预市场为宗旨，但却不断实施一轮又一轮的量化宽松的货币信用扩张政策。显然，这种扩张政策和强烈的行为偏好背后，是强权下的虚拟信用扩张。在纸币数量充足（负值的货币变量）推动房价不断走高的情况下，美国次级抵押贷款生意兴隆，这与美国政府一贯秉持强势美元的态度不无关系。美国华尔街的金融大鳄们比谁都清楚，即使贷款人货币现金流并不足以偿还贷款，他们也可以通过房产增值补充货币变量"增加"的资金获得再贷款来填补缺口。但当房价持平或下跌时，就会出现资金缺口而形成坏账，这时，他们可以指望美国政府借助"扩张行为"来平衡自己的"口袋"。各种信用扩张行为随意性增大，新型信用扩张工具——金融衍生品不断被创造出来，在给金融市场带来前所未有的繁荣与信用交易异常活跃的同时，却产生了不曾预想的种种副作用。

金融衍生品利用行为效用参数放大行为效用，使虚拟信用高速扩张，不仅从本质上改变了真实信用，也彻底打破了信用均衡。例如，发端于美国华尔街的CDS合同和次贷都属于金融衍生品。CDS是金融信用违约互换合约的英文缩称，而CDS市场就是现在西方金融体系中一个重要的金融交易体系。100个CDS的市场价是300亿美元，而CDS市场总值是62万亿美元，假设其中有 10% 的违约,那么就有 6.2 万亿美元的违约 CDS。这个数字是 300 亿美元的 207 倍(四舍五入之后)。如果说美国政府收购价值 300 亿美元的 CDS 之后要赔出 1000 亿美元,那么对于剩下的那些违约 CDS,美国政府就要赔出 20.7 万亿美元。但很明显的一个分析结论是:虚拟信用扩张行为推动下的金融衍生品,是信用危机的"火药桶"。

四、信用膨胀蕴含的扩张行为偏好

一般情况下,信贷通常被分成两类:消费信贷或个人信贷,生产信贷或商业信贷。习惯上,贷款还可以分为私人贷款和公共贷款。公共贷款是指对政府或政府部门的贷款。美国的次贷就是由"两房"这样带有政府部门性质的机构发放的公共贷款。米塞斯认为:"这类贷款最大的不确定性是世俗政权的存续与否。国家可能瓦解,政府可能被反对力量推翻,继任者往往不会承担起前任的债务。"他同时指出:"在所有信贷形式的头上都悬着一把达摩克利斯之剑,那就是政府的干预。"显然,如果国家或政府不是自私的,那么这种信用变量也许可以发挥均衡社会信用平衡的作用;如果回答相反,那么政府信用扩张行为带来的后果就是危机。不幸的是国家(或政府)是自私的。

实际上,行为主体在信用扩张行为偏好上的禀赋并不是"空穴来风",它是人的经济理性和理性行为人的特点所决定的。也由于这样的特点,行为主体的信用膨胀就借助一些金融工具得以实施,其中蕴含的行为变量因素有:

(1)信用杠杆(货币乘数或行为效用参数)。所谓"杠杆",就是按照物理学杠杆原理,以信用创造功能作为基础,用超出原有基础信用规模数倍的虚拟信用投资规模,进入市场获取超额收益的信用行为。在信用行为变量函数模型 $f(Y)=f(a)+b'f(X)$ 中,这个信用杠杆其实就是 b'——行为效用参数,这是一种人为外生性可调节变量,采用不同的行为效用参数,对信用变量产生的影响,无论正向或负向都是巨大的。这往往取决于人的行为意愿,与实际货币供给量以及利率因素无关。在社会货币供应量有限的情况下,许多投资银行为了扩大信用规模赚取暴利,常采用 20~30 倍杠杆比率操作,有时甚至更高,利用的就是行为效用参数对原有行为变量的放大作用,进而影响信用变量的虚增。假设银行 A 自身资产为 30 亿元,30 倍杠杆就是 900 亿元。也就是说,银行 A 以 30 亿元资产为抵押去借 900 亿元的资金用于投资,假如投资盈利 5%,那么 A 就获得 45 亿元的盈利,相对于 A 自身资产而言,这是 150% 的暴利。反过来,假如投资亏损 5%,那么银行 A 赔光了自己的全部资产还欠 15 亿元。采取杠杆交易在金融衍生品交易中比较常见,这是一种杀伤力极大的"双刃剑",既有获取高额利润、满足商品价格提前锁定以及价值发现和保值增值的好处,也有潜在的巨大市场风险和严重蚀本的可能。譬如,为实现商品交易价格预期提前锁定或资本市场交易资产价值发现功能,时下人们热衷的商品期货交易、股指期货交易、贵金属期货买卖盘交易等,通常都是采用保证金交易的办法,期货市场参与者只要交纳一定数量的保证金,通过信用杠杆就可以进行数倍于保证金数量的期货合约买卖,借助买空或卖空操作,从中获取高额差价利润。如果操作方向与市场期货价格变动趋势一致,参与者无论买入或卖出都能够获利;而一旦操作反向,则可能被强行平仓或"爆仓",不仅原先所缴纳的保证金血本无归,还要形成巨额亏损。这就是信用膨胀的"杠杆原理"。

(2)金融衍生品。从实际情况讲,人类天生就有的"风险厌恶"或"损失厌恶"心理会拒绝这样一种信用合作方式,但为什么这样的"创新"会有人主动愿意接受呢?由于杠杆操作高风险,所以按照正常的金融信用监管规定,以及边际均衡关系 $f(Y) \approx b'f(X)/f(a)$ 的客观限制,商业银行不便进行这样的冒险操作。但商业银行自身信用膨胀和信用创造功能有巨大的利润冲动,所以那些以赚取高额利润为生的人想出一种信用膨胀的新办法,把"杠杆投资"拿去做"保险",转嫁自身信用行为风险。这种保险就叫 CDO 合同(又称"协议信用行为")。

金融衍生品的种类很多,其中信用违约互换,简称"CDS",就是比较常见的金融衍生品。

(3)次级贷款。如果在信用扩张行为利用金融信用创造功能制造出来的虚拟信用市场上,人人都在赚大钱,那么这些钱到底从哪里冒出来的呢?从根本上说,这些钱来自第一个以及同第一个信用行为相仿的后来投资人的盈利。而他们的盈利大半来自前一个人所卖出实际信用被虚拟放大后的次级贷款。

很显然,一个市场的信用额度是有边际利润和行为边际限制的,任何一个行为主体都有自己对应的有限信用行为责任能力。行为经济学的行为主体的"三个有限性"是最基本的信用行为原则。例如,房地产市场,供需平衡是最根本的经济平衡关系,房价涨到一定的程度就涨不上去了,后面没人接盘。此时房产投机人急得像热锅上的蚂蚁。房子卖不出去,高额利息要不停地付,终于到了走投无路的一天,把房子甩给了银行。此时违约就发生了。

2008 年以来爆发的金融危机同 10 年前发生的亚洲金融危机形式可能不同。10 年前发生的亚洲金融危机,主要形式是国际收支的危机,那时亚洲出现了大量到期的外债需要偿还,同时国际金融炒家纷纷挤兑,造成了这些国家外汇储备不足,以至于不得不让本币大幅度贬值。今天许多新兴市场国家的外汇储备量是比较高的,同时由于吸取了亚洲金融危机的教训,这些国家并没有大规模举债,只是通过证券市场吸引了大量外资。也许,新一轮金融危机的形式不见得以国际收支的短缺为标志。但是,这并不等于说新兴市场国家不面临着金融危机。作为一种对未来危机的预测,或许这种金融危机的形式,是以大量的资金倒流使得本国证券市场价格大幅度缩水、本币贬值,从而导致本地投资规模下降、经济增长速度放缓甚至衰退为表象的,这和几年前这些新兴市场国家经济高涨、资产价格泡沫化恰好形成了一个逆反的镜面图像。

五、信用失衡与货币超发行为

这场世界范围内爆发的经济危机,来自美国,根本原因在于长期以来全球经济一直处于信用扩张行为失控的状态之下,人类共有的信用扩张行为偏好、国家(或政府)信用行为的自私以及资本的贪婪,让全球信用的各种"透支"或"超支"成为普遍现象。全球信用严重失衡、货币超发行为成为危机爆发的根源。

1. 新自由主义原则下的"货币消费疯狂"。自由主义经济学理论历来重视通过消费促进生产和经济发展,这也是当今世界各国政府和主流经济学家普遍推崇的经济模式。亚当·斯密称"消费是所有生产的唯一归宿和目的"。熊彼特认为,资本主义生产方式和消费方式"导源于一种以城市享乐生活为特征的高度世俗化",也就是说,他们认为奢侈消费在表面上促进了生产。

以美国为例,20世纪70年代,美联储基本上是按照货币主义的"单一规则",确定货币供应量作为对经济进行宏观调控的主要手段。在新的财政运作框架下,美国政府已不再可能通过扩大开支、减少税收等传统财政政策刺激经济,从而在相当程度上削弱了财政政策对经济实施宏观调控的作用。这样,货币政策就成为美国政府对经济调控的主要手段。2008年美国金融产品交易一度占GDP的50%,遗憾的是,美国政府数万亿美元救助华尔街,反而加重了后危机时代虚拟资本与实体经济的不平衡。美国金融资本过于发达带来的后果是严重压缩了实体经济生存的空间,实体经济呈"倒三角"结构——过度集中于利润收益高、附加价值高的高端产业,低端制造业和日常生活用品生产等产业极度萎缩,影响了美国经济的自我修复和经济复苏的步伐,由此带来的"两党"权力之争和富人对经济调整政策的抵制,降低了美国经济理性选择的行为效率,增加了成本。在新自由主义撤除了真实信用均衡的"货币游戏"中,随着美国国内经济的变化,外生变量——货币中介目标也被从货币供应量调控的"单一规则"转为以实际利率调控的"泰勒规则"。

在上述金融信用行为法律改革背景和宏观经济以货币中介目标"泰勒规则"作为调控手段的环境之下,金融信用扩张有了施展身手的余地,美国华尔街的投机气氛日益浓厚。特别是自20世纪90年代末以来,随着利率不断走低,资产证券化和金融衍生品创新速度不断加快,人们的信用扩张行为几乎到了肆无忌惮的地步,加上弥漫于全社会的奢侈消费文化和对未来经济繁荣的盲目乐观,为普通民众通过借贷实现其超前消费提供了可能。特别是,通过房地产市场价格只涨不跌的神话,金融投资机构和相关政府部门诱使大量不具备还款能力的消费者纷纷通过次贷按揭手段,借钱涌入住房市场,导致房地产市场的商品价值与价格的扭曲,供需关系失衡。进而加剧了整个社会信用体系结构基础的错位和信用资源市场配置的失效,危机就发生了。

2. 社会收入分配差距带来信用关系严重失衡。在危机爆发前,很多人认为美国是"消费者的天堂",中国也有相当一部分人对美国的生活消费方式羡慕不已。其实,在美国,生活消费主要依靠贷款、信用卡透支。

近30年来,美国社会存在着一种很奇怪的现象(其实并不奇怪,其根源是实际信用不断下降,虚拟信用迅速膨胀),一方面是美国社会鼓励老百姓超前消费,另一方面,贫富收入差距不断扩大,实体经济萎缩、虚拟经济繁荣,老百姓的实际收入一直呈下降态势。据统计,在扣除通货膨胀因素以后,美国的平均小时工资仅仅与35年前持平,而一名30多岁男人的收入则比30年前同样年纪的人低了12%。经济发展的成果更多地流入资本权贵和富人的腰包。统计表明,这几十年来美国贫富收入差距不断扩大。美国经济在快速发展,但大多数人的收入却不见增长,这与20世纪80年代初里根政府执政以来的新自由主义政策密切相关。美联储长期执行低利率政策、金融衍生品市场脱离实体经济太远、社会信用文化存在明显误区,这是此次金融动荡的三大原因。其中尤以第一条为甚。危机表明,纵使在美国这样金融业高度发达的国家,大众性信用膨胀的癫狂永远无法战胜市场涨跌无常的铁律,泡沫的突然破裂必然会给经济社会带来巨大的创痛,首当其冲者正是误入货币变量"迷阵"和信用"泡沫"中的弱势群体。

3. 严重缺乏监管,信用行为投机过度。美国新自由主义经济政策开始于20世纪80年代初期,其背景是70年代的经济滞胀危机。新自由主义经济政策内容主要包括:减少政府对金融、劳动力等市场的干预,打击工会,推行促进消费、以高消费带动高增长的经济政策等。而以前美联储主席格林斯潘力主倡导的美元长期低利率的货币信用扩张政策,提供了宽松的货币环境和过度扩张的信用,在制造了"十多年美国经济高速增长和经济繁荣"的神话背后,埋下了信用危机爆发的"祸根"——失效的金融监管、金融衍生品泛滥的金融市场、不断扩大的财政赤字、日渐衰退的实体经济、庞大的失业人群、天文数字般的巨额主权债务、日渐疯狂的华尔街金融"赌客"等等。这些终于把美国拖下了世界经济"霸主"的神坛,最终能依靠的恐怕只剩下"政治霸权"和"军事强权"了。

新自由主义经济政策的一个重要内容是解除管制,其中包括金融管制。自20世纪80年代初里根政府执政以后,美国一直通过制定和修改法律,放宽对金融业的限制,推进金融自由化和所谓的金融创新。引起美国次级抵押贷款市场风暴的表面原因,是美国的利率上升和住房市场持续降温。利息上升,导致还款压力增大,很多本来信用不好的用户感觉还款压力大,出现违约的可能激增,不仅对美国银行贷款的收回造成影响,引发金融危机,而且危机沿全球资本市场、货币体系和金融衍生品市场"链条"的传染和蔓延,对全世界很多国家包括中国也造成严重影响。有学者指出,"技术层面上早该破产的美国,由于欠下世界其他国家过多的债务,而债权国因不愿看到美国破产,不仅不能抛弃美国国债等,甚至必须继续认购更多的美国债务,以确保美国不破产"。

此外,金融衍生品市场链条过长,而基本面被忽略,也使风险不断放大。美国的次级抵押信贷本始于房屋的实际需求,但又被层层衍生成不同等级的资金提供者的投资品种。而次级按揭客户的偿付保障与客户的还款能力脱节,更多的是基于房价不断上涨的假设。在房屋市场火爆时,银行得到了高额利息收入,金融机构对房贷衍生品趋之若鹜,一旦房地产市场进入下行周期,则违约涌现,危机爆发。因链条过长,市场的自我约束和外部监管都变得相当困难。因中间环节多为"别人的钱",局中人的风险意识相当淡薄。长链条固然广泛分散了风险,但危机爆发后的共振效应可能更为惨烈。

六、扩张行为导致信用危机蔓延

米塞斯认为,信用扩张的目的就是牺牲一部分人的利益来对其他集团进行补贴。

在本轮危机中,美国采取了宽松的货币政策和弱势美元的汇率政策,这些政策的影响并非仅仅局限在美国国内,而是可以通过货币信用传导的链条扩展蔓延到世界各国。例如,美元大幅贬值给中国带来了巨大的汇率风险。目前中国的外汇储备已经从超过1.9万亿美元减少到1.89万亿美元,美元贬值10%～20%的存量损失是非常巨大的。在发达国家经济放缓、新兴经济体国家经济持续增长、美元持续贬值和人民币升值预期不变的情况下,国际资本加速流向中国等新兴经济体国家,将加剧这些国家发生通货膨胀的风险。在全球信用危机中,谁都难以置身事外。

通常,一种信用价值边际是衡量信用扩张行为是否过度的决定性指标。信用与行为均衡函数模型展示了信用扩张行为的不等式:$f(Y) \leq f(a) + b'f(X)$。

或将函数式变换成：$f(Y)-f(a) \leqslant b'f(X)$（信用与行为）；$f(Y)-b'f(X) \leqslant f(a)$（信用与货币）。即虚拟信用扩张速度快于真实信用增长速度。也意味着在信用扩张的经济模式下，真实信用价值恒小于或等于虚拟货币增量与信用扩张行为效用之和。

所谓"信用过度扩张"，用 $f(Y) \approx b'f(X)/f(a)$ 表达的信用与行为边际均衡函数模型分析是指，行为效用或者货币数量超出了边际限定范围 $f(a) \geqslant f(Y)$，或 $b'f(X) \geqslant f(Y)$；不足，则是指虚拟信用收缩到比真实信用的价值量边际以内 $f(a) < f(Y)$，或 $b'f(X) < f(Y)$；适度，则是虚拟信用与真实信用的价值大体对等，理论上即是指 $\triangle f(Y) = b'f(X)f(a)$ 保持均衡关系的前提下，$f(Y) = f(a)$，$f(Y) = b'f(X)$ 这两种特殊状态。

这两种状态的基本含义是：一是货币当局所发纸币的总量不能过度超出而应略大于社会真实信用的总量，这符合人的信用扩张偏好及刺激经济增长的需要；二是在不增加虚拟纸币供应量的前提下，可以通过改变相当于增加真实信用的价值量的等效行为途径实现有限扩张（如降低行为成本，提高行为效用，规模投资、集约化经营以提高经济效率等）。

1.对全球资本市场的影响。美国市场的危机恶化，引起美国股市和资本市场的剧烈动荡。就实际情况来看，危机已经严重影响了世界经济。根据危机期间公布的数据，美国 GDP 出现连续下降，且降了 0.5%，这宣告美国经济陷入衰退，而且预计美国经济还将持续低迷。美国自 1917 年设定政府债务上限，至今已经连续对其上调 100 多次。自 2005 年末的 7.933 万亿美元，一路快速增加到 2011 年 5 月 16 日的法定债务上限 14.294 万亿美元，2012 年又被迫上调到 16.39 万亿美元，平均每年增加 1 万多亿美元，这是一个非常令人恐惧的数字。

从某种角度来说，这个数字对世界资本市场来说无疑是悬在头顶上的"震撼弹"。世界经济的未来很大一部分寄托于美国财政状况能否好转上。美元的特殊性造就了美国的债务经济，2011 年美国国债占 GDP 的比例接近 100%，而国际警戒线只是 60%。如果考虑隐性负债，美国社会总债务 55 万亿美元，平均每个美国人要承担 17.8 万美元，实际上已经处于国家破产的边缘。2010 年美国政府财政赤字达 1.29 万亿美元，占当年 GDP 的 10.6%，而国际警戒线为 3%。显然，目前为挽救全球资本市场的危机，要求美国政府放弃货币量化宽松政策这根救命稻草并向全球输出自身通胀，恐怕是非常不容易做到的事情。而这件事情却直接关系着全球资本市场的兴衰。实际上，自 20 世纪 70 年代以来，美国的经济危机根本没有解决，负债逐年增加，从 1975 年至今没有出现过贸易顺差。无论是凯恩斯主义的罗斯福新政也好，还是在 20

世纪70年代取而代之的新自由主义也好,都没有解决社会分配和社会总需求与社会总供给之间的缺口问题,故美国从根本上就无法摆脱其经济危机。

2. 对全球实体经济的影响。一般来说,一个国家的实体经济增长主要由三大部分组成:实业投资增长、进出口贸易增长、城乡居民消费增长。三大组成是彼此关联不可或缺的经济整体,缺少任何一块的增长,该国的信用结构就必然出现失衡问题由此带来经济下行风险。这种危机在经济全球化的今天,是可以全球传染和蔓延的,无论实体经济还是金融行业,都无法幸免。

除美国本身存在产业资本严重失衡的情况外,欧洲处于困境的国家经济状况也十分不妙,尤其是希腊、意大利、西班牙、葡萄牙、爱尔兰五国以及其他一些欧盟成员国,普遍缺乏主导产业,经济"造血"功能失衡,服务业在国民经济中的平均占比超过70%,生产制造业比重严重不足,劳动力成本偏高,国家债务负担严重超标,经济陷入严重衰退。而对于处在亚洲的发达国家日本来说,负债率超过200%,财政政策空间有限,与美国一样不得不依赖超级宽松货币政策,加上福岛大地震和海啸灾害、政局不稳、国内多重经济难题等,日本经济基本停滞。此外,对于受危机影响灾害较轻、包括中国在内的新兴国家来说,货币超发和通货膨胀带来的负面经济影响也不能小觑。这些国家都面临着经济转型升级和产业结构调整、降低资源消耗、保护环境的巨大压力,危机带来的影响同样明显。

美国的主权债务问题已经在国内消费者债务上显现出来,如信用卡违约率正在上升,贷款机构很可能面临更加棘手的局面。特别是在股市持续下滑的情况下,随着住房拥有者感到自己越来越穷,消费者支出必将受到抑制。即使控制了直接的金融蔓延,美国的次贷危机也可能产生心理蔓延,特别是对房价的重估。尽管美国不计后果向高风险借款人放贷的规模比世界其他地方更大,房价的膨胀一直比美国更为严重,英国、西班牙等国更容易受到房价泡沫破灭的打击。虽然,凯恩斯主义的政府干预政策重新被各国政府作为拯救危机的"解药",扩大内需,尤其是刺激消费已成为各级政府和经济学界统一的经济调整口径,但在国家(或政府)信用扩张行为偏好的根本动因没有消除的情况下,社会经济活动中信用结构没有趋向均衡,仅依靠个体经济行为(个人与家庭消费和企业投资)促进经济发展显然有些"牵强附会"。事实表明,当经济处于衰退或预期衰退时,出于获得短期利益的考虑,政府的扩张性财政政策比调整信用结构和货币政策等获得长期利益更有效。在美国历时最长的经济景气结束后,网络经济泡沫破灭、"9·11事件"等因素阻断了金融信用扩张行为的步伐,国内信用供需矛盾,迫使美联储调整沿信用扩张的道路企图信用平衡而连续降息。为了临时应对信用危机,人们也许没有理由指责这一经济刺激政策的总体取向，但在具体操作上，美联储的货币信用政策仍有值得反思之处。

3. 对中国经济的影响。在一国经济增长的"三驾马车"中，全球信用危机，主要通过影响中国贸易出口而危及中国经济。危机引起美国经济及全球经济增长的放缓，造成中国出口增长下降，一方面将引起经济增长在一定程度上放缓，同时，由于经济增长放缓，社会对劳动力的需求小于劳动力的供给，将使整个社会的就业压力增加。这将直接把危机负面效用传导给实体经济和改变中国的社会信用平衡。

首先，危机从金融层面转向经济层面，直接影响出口。美国消费支出占GDP的70%以上，2007年美国国内消费规模约10万亿美元，而同期中国消费者支出约为1万亿美元。短期内，中国国内需求的增加无法弥补美国对华进口需求的减少。据测算，美国经济增长率每降1%，中国对美出口就会降5%~6%。

其次，信用危机进一步凸显了美元货币信用的弱势地位，加速了美元的贬值，从而降低了其自身出口产品的贸易优势。美联储为应对自身危机继续采取的行为是不断降低利率、持续的量化宽松政策、政府为银行注入流动性资金等，对中国政府管制下的货币信用体系以及紧缩性的货币信用政策形成直接的巨大冲击，导致大量"热钱"流入中国，加剧了资本市场以及大宗商品价格的剧烈波动，加速了美元贬值和人民币升值的进程，增加了通货膨胀压力，从而使中国贸易出口产品价格优势降低，对美出口形成挑战，中国出口呈现减速迹象。随着金融危机的进一步发展与扩散，中国对欧洲国家甚至部分发展中国家的出口也会受到影响，从而对中国整体出口增长构成严峻挑战。中国将面临经济增长趋缓和严峻就业形势的双重压力，实体经济尤其是工业面临巨大压力。而大量的中小型加工企业的倒闭，也加剧了失业的严峻形势。此外，信用危机将加大中国货币信用的汇率风险和资本市场风险。

以宏观视角细察此次全球性经济危机风暴积聚、爆发、扩散之路径，已可总结出若干人类社会信用行为过度扩张带来的经验教训，对虚拟信用日渐膨胀、资产价格泡沫畸高、资本信用缺乏有效监督和制约的世界经济正是镜鉴。

现实表明，金融自由化在本质上应当是现代社会信用体制的进步，其中包括货币信用扩张行为的有效约束、社会信用体系的建设、信用危机以及风险防范机制的健全。

七、信用扩张导致危机的共同行为特点

可以发现，每一次金融危机都标志着一个时期人们信用扩张行为时代的

终结；金融危机就像人类信用扩张行为偏好的"魔咒"，呈不规则的周期性爆发。人们开始意识到，经济会沿着增长、过热、政策收紧、增长放缓、经济衰退、政策放松刺激经济、增长恢复、再过热的循环前行。资产价格一般也随这个节奏先于经济起落，但信用变量却不是完全按照这种规律变化。两者之间存在着一个不断寻求结构对称、数量均衡和增长相适的内在变化过程。而以金融资产价格为标志的危机似乎总是按照经济"繁荣—萧条—复苏"这样的周期循环，并且通常围绕着社会经济活动中信贷状况循环出现，同时始终会伴生着一种金融信用扩张行为的利益偏见或资产价格误解，进而演变成人们乐于采取金融信用扩张行为的普遍偏好。

现代宏观经济思想的主线，主要来源于大萧条后凯恩斯主义和20世纪60～70年代初经济滞胀期后货币主义的理论框架。这些都是以货币变量和资本信用扩张行为为中心的，人们在紧盯信用扩张需求的同时，唯独撇开了最核心的行为变量。

近代宏观经济政策的制定一直围绕着通货膨胀与经济增长这两个实体经济指标来进行，而金融领域的虚拟指标，如虚拟信用、资产价格等，对不同时期经济政策的影响往往是不对称的；在金融危机之中，信用变量关系失衡，资产价格下降，政府经常会通过货币政策对市场施以援手；而在资产泡沫、信用结构失衡中，政府最多是口头警告而已，很少直接因为资产泡沫风险或信用结构失衡而收紧货币或财政政策。这种政策的长期实施，帮助各国经济在较长一段时间内高速增长，同时，经济参与者的风险意识也逐渐淡化，认为过度使用金融杠杆似乎也没什么风险。长此以往，最终酿成2008年以来的全球经济金融危机，宏观政策的运用在短期内似乎已经失灵。传统宏观经济政策面对金融市场虚拟经济的不对称，造成市场在每次经济下滑时对宏观政策出手相助的预期，并每每得以兑现。

于是，这种预期不断地强化，造成了市场参与者认为自己能够承担更大的风险，使得风险溢价不断下降，金融杠杆率不断上升，到危机爆发前夜，整个金融体系的杠杆率已经达到几十倍。人们的这种信用膨胀性为行为偏好的形成，通常是未能认识到真实贷款意愿和抵押品价值之间存在一种反身循环的关系。人们误以为，如果容易获得信贷，就会带来需求，而这种需求必然能推高价值，反过来，这种情况又增加了可获得信贷的数量。例如，当人们购买房产，并期待能够从抵押贷款再融资中获利时，所谓的"价格泡沫"便由此产生。于是，每当市场信贷扩张遇到麻烦时，政府或金融当局都采取了干预措施，（向市场）注入流动性，并寻找其他途径，刺激经济增长。

这就造就了一个非对称激励体系，也被称为国家信用扩张行为的道德风险,它推动了金融信贷越来越强劲的扩张,结果导致金融危机进一步加重。新古典经济学"均衡"假设认为,按照价值规律和理性人的行为规则,市场信用会自动趋于平衡,而允许市场参与者更自由地追寻自身利益,将最有利于共同的利益。这显然是一种误解,因为使金融市场免于崩盘的力量并非市场本身,而是政府或金融当局的行为干预和金融市场参与者行为自律。遗憾的是,无论是政府或金融当局还是金融市场参与者,都难以摆脱自身行为的"经济理性",在无有效行为约束力的情况下,有时也抑制不了信用膨胀偏好带来的"利益"冲动。

在对待经济危机的态度上,凯恩斯主义主张的"货币扩张"和米塞斯主张的"信用自清"的对峙,人类信用膨胀的偏好让凯恩斯占了"上风"。每当全球金融信用面临危险之际,各国金融当局就出手干预,金融监管不断放宽,甚至到了名存实亡的地步,相反对信用扩张行为和金融危机发生起到了推波助澜的作用。金融市场的泡沫也会导致低效率的资产配置,造成过剩的产能和过度的经济周期震荡。尤其是,同时金融监管松弛,金融机构运用过渡的杠杆投机,那么,现代金融市场的系统风险会导致整个金融系统瘫痪,进而可能将整个经济带入流动性陷阱。

7-6 信用危机的行为化解方法与手段

信用危机导致经济领域的剧变,带来了人的信心改变,而普遍的信心缺乏加剧了人对社会信用基础的担忧,他们会自然地觉得对货币信用越来越失去安全感,不由自主地调整或改变自己原有的信用行为。而金融危机的化解过程,不是一种简单的经济问题的治理,而是对货币(纸币)信用制度所存在的严重缺陷的修正,是对货币供应和流通体制的创新,是社会信用体制的重大变革,并且,这种变革必然带来信用行为机制诸多方面的调整。

一、货币改革和信用评级行为约束制度

从行为经济学的角度分析,信用是隶属于人类行为道德和法律契约范畴的东西,而市场经济和货币信用则不属于道德范畴,只属于法律契约范畴。行为经济学认为,市场信用交易不是不道德的,是道德根本不存在于此,因为它有自己的游戏规则。凡市场交易活动的参与者,谋取自己的利益,只会按照已定的行为规则来玩这个游戏,而不会考虑道德存在的问题。只要市场信用交易参与者不违反这些交易规则,无论结果如何,交易者都不会觉得任何内疚或要负责任。从金融危机本身来讲,市场投机者是否炒作对危机事件的发生不

会起任何作用,不炒作它照样会发生,只要他尊重那些规则,关心这些规则,市场炒作者就不觉得炒外币、炒股票、炒期货、资本投机行为有什么不道德。

作为一个有起码良心以及道德品质和关心市场规则的人,他唯一要做的是确保自己遵守这些规则行事,并按照有利于建立一个良好社会信用的方向发展,所以化解危机的出路只能是改变人们所共同制定的某些市场信用交易规则,即使这种改进和改良影响到市场参与者的某些利益,但还是要支持它,因为需要改良的这些市场行为规则或信用制度体系也许正是金融危机事件发生的直接原因。譬如,对主权信用评级制度与信用评级结果使用进行改革。建立一种具有广泛权威性的国际信用评级组织,消除因信用评级机构评级方法和评级模型的偏差与人为垄断而本身夹杂政治、社会权力不公正的行为偏好。如目前国际三大信用评级机构——穆迪、标普、惠誉,都集中在美国的本土机构,已经形成了对国际市场信用评级的话语权垄断,这并不利于其能保持客观公正的立场,不作出某些带主观意识和政治色彩的评级结论。

目前最大的潜在系统性风险,是世界金融和经济在一段时间内会继续疲软。这就意味着不同国家的政府需要继续支持总体信用的需求,保护他们的银行系统,提高银行的资本充足率,使得放贷信用行为得以恢复。货币资金拨备的多少,需要遵照会计原则、审计原则和各国税法的要求,这些要求的行为前瞻性不强。谨慎型的银行希望尽可能多地提取拨备,有强烈信用扩张行为要求的银行则会想方设法"铤而走险"。

尽管金融机构增加拨备是重要的,但同样重要的是和拨备有关的信用行为原则也需要更具有前瞻性,这样可以为未来的经济下行风险进行拨备,也能为防范金融危机发生构筑一道坚实的"防火墙"。但对如何建立起全球统一的信用拨备制度,建立新的货币信用体系以及金融市场信用交易行为的约束规范制度,对于世界金融体系来说,仅有一个巴塞尔协议和世界银行、国际货币基金组织其信用行为国际法律约束力是远远不够的,即使某个国家有单方面的金融制裁办法,也很难奏效。因此,如何解决世界金融信用的系统性风险,有待人类社会不断努力。

二、信用制度的创新和信用行为的规范

危机是市场经济中信用危机固有的内容,是市场信用风险长期积累后的集中爆发。人类信用行为的本身就是不同程度的"风险性"行为,人的信用扩张行为偏好和不同的行为心理因素也会影响到信用活动的品质,以信用活动高度发达为特征的现代市场经济本身是高风险经济,随时孕育着货币信用行为和社会信用体系失衡的风险,金融行业无疑具有"高风险"的特征和人类信

用行为的不确定性,这带来了金融危机随时爆发的可能。

经济全球化和经济一体化是当代世界经济的又一重大特征,经济全球化是市场经济超国界发展的最高形式。第二次世界大战后,各国之间商品贸易关系的进一步发展,使其在经济上更加互相依存,商品、服务、资本、技术、劳动力、金融信用资源等人类生产生活要素国际间的频繁流动使得经济的全球化趋势表现得更加鲜明。金融活动的全球化是当代信用资源在世界范围内配置和经济落后国家与地区跃进式发展的重要原因,但国际信贷、投资大爆炸式地发展,使其固有的内在矛盾深化,金融危机必然会在那些制度不健全的、最薄弱的环节爆发。

现代市场经济不仅存在源于商品生产过剩、需求不足引发的矛盾,而且存在由金融信贷和信用扩张行为失控以及新金融工具使用过度与资本市场投机过度而引发的金融危机。在资本主义世界,这种市场信用运行机制的矛盾,又受到基本信用制度的催化,加上人的信用扩张行为使之激化。显然,金融危机不只是资本主义国家难以避免,也有可能出现于社会主义市场经济体制中。只要人的"经济理性"本质不改,人的信用扩张行为偏好的冲动不加约束,现代市场经济所固有的货币信用机制就可能导致金融危机。只不过,它易于发生在那些信用制度不健全的、社会信用基础最薄弱的国家,这一点在社会主义市场经济国家也不可能例外。信用体制的不健全、信用扩张行为的失控是金融危机的内生要素。

虽然如此,但是人们还是可以通过健全金融信用制度和改革货币信用体制来防范金融危机,可以通过信用行为创新,催生国家税收和财政支出方式的改革,减少国家主权债务、财政赤字的增加。同时,进行企业信用制度的创新,减少企业的破产倒闭和兼并现象,增强企业的稳定性。要重建金融市场的信用,迫切需要国家信用更深层次的介入,比如继续放宽对融资主体和质押品的要求;增加信息披露的透明度和频率,以减少信息不对称给市场带来的恐慌;并应继续进行降低杠杆的操作,防范金融危机进一步扩散。但这个行为选择的前提困难,依然是国家(或政府)自身信用扩张行为偏好的有效约束和恰当的抑制。

三、信用行为去风险化和金融去杠杆化

危机带来的最典型信用行为之一,就是"银根紧缩"。这意味着银行信贷关闭了一些社会融资需求的"大门"。信贷之于现代商业活动恰如水之于生命,融资渠道的冻结就意味着社会投资活动、商品生产难以为继。且这种状况还可能自我加剧:企业无法开工—大举裁员—失业率飙升—消费需求下降,将

对经济形成第二轮冲击。当社会实体经济岌岌可危,出于政府拯救的"自私"行为目的,国家财政刺激和更加宽松的货币政策势成必然。

各国央行实施的货币政策至今效果不佳。根本原因在于,市场参与者之间的信用、特别是金融主体之间的信用未得以重建,关上了信用流动性的闸门,放松的货币信用政策只能加剧信用结构的进一步失衡。尽管信用行为去风险化和资金拨备增加削弱了银行的贷款能力,这是需要平衡的信用行为和经济利益关系,是彼此对立的矛盾,但这是人们运用智慧、改革的意识必须去做的信用行为纠偏和金融信用去杠杆化的过程,也是实现金融信用结构整体平衡紧迫而重要的任务,是从根本上消除或化解金融危机的关键。

私营部门必须对高管薪酬的问题小心对待,因为这是事关行业内所有公司的事情。高管的薪酬需要和信用风险调整后的长期回报挂钩。但存在一个问题,就是有才能的人特别是那些敢于承担风险的人,会选择跳槽。在改革高管薪酬方面,美国率先做出了一些尝试,但是这个问题需要全球协同解决,推出有关公司治理的普适性原则,必须要对高管薪酬加以监管。

对手方的信用风险是一直都存在的。银行重要工作之一是评估对手方信用风险。金融机构需要增加他们的信息公开度和透明度,采取一套统一的、更高质量的会计准则。这样,人们对于对手方交易的信用风险会更加了解。信用评级机构需要改善对信用评级的做法,投资银行也需要对对手方交易信用加以分析,而不是仅仅利用评级机构发布的评级结果。且评级机构对信用产品评级所利用的模型和方法也应该公之于众,让投资者可以一目了然。

随着危机的深化,在社会信用环境"恶劣"、社会法律制度不完善和对行为缺乏有效约束力的情况下,人的"理性"会十分明显地发生偏移,信用素质不高的人会把更多的市场欺诈行为暴露出来,虽然大多数情况下,实施这些行为的人本意可能不是欺骗,而是为了千方百计地从可能招致亏损的交易中退出。

发生危机说明一个事实:当今世界金融信用背离了为实体经济服务和与实际经济规模相匹配的基本原则。如今的银行"理性"冲动,让它从中介性金融服务性企业蜕变成为一种"赚钱劲头十足而且贪婪无度"的市场信用活动中的"疯狂怪兽",背离其成立初衷。

从危机中,人类或许可以总结出的经验教训是,必须要建立一套不受政府信用担保的金融体系,但是其信用风险承受能力一定要和实体经济相匹配。

四、解决信用危机最终是用"暴力手段"

"市场经济包含了和平合作。但是,如果居民们变成斗士,相互之间不再从事商品和服务的交换而是进行相互厮杀,这种合作就不存在了"。但是,人类在自己发展的过程中总是要把"至高无上"的权力范围尽可能地扩张,通过对自然、社会、市场或其他人的不断"征服",满足追逐信用膨胀的"需要"或排解对信用收缩的"厌恶"。因此,每当美国国内发生经济危机时,都会有舆论预测美国是否会通过战争转嫁危机,也总有人指责历任美国总统发动的战争中不乏类似案例。

米塞斯认为,在自由主义经济环境下,多国的和平共处是可能的。但是在政府对经济实行控制的条件下,和平共处是不可能的。因为这等于是人类"征服"的欲望遭到了有力的抵抗,危机和政府控制经济的情况类似,阻碍了人们继续进行各种经济"征服"的过程,冲突无法避免。

事实证明,人们对信用危机导致各类战争的担忧并非是多余的,对于国家这种人类最基本的社会组织形态来说,无论是以联邦形式、民主宪政的国家,还是以共和政体、王权统治或独裁政权的国家,"强权"毕竟是实现自身信用平衡和维护利益"自私"目标最有效的行为手段。其实,自殖民主义时期开始,就时常有西方国家通过军事干预、战争或冲突的方式转移国内信用危机,而信用危机起源处也往往成为战争的策源地。具体来看,这种"转移"的方式通常可以分为两类,一种是间接路线,即在其他地区制造冲突或挑起战争,外引信用危机祸水;另一种则是直接路线,也就是自己赤膊上阵。战争是人类以"暴力手段"争夺资源和信用的最极端行为方式,也是民族主义显示强权的终极手段。

战争对信用结构平衡的调整来说是强制性的,对信用基础要素来说则是毁灭性的。

除征服的目标之外,为什么还是有一些政府或某些人对战争会那么热衷呢?米塞斯一针见血地指出:"调整生产活动以适应消费者需求变化,是产生利润的源泉。先前的生产活动与符合新的需求结构的生产活动之间的差距越大,就越要进行大的调整,那些成功地完成这种调整的人就会获得更高的利润。"

一个国家或政府通过战争转嫁信用危机利益何在?可以从以下几个方面解释:

从和平方式或博弈方式到战争的突然转变,意味着市场经济结构的巨大变化,不可避免地要对生产进行根本性的调整,同时也使之成为许多高利润的来源,可以从根本上解决先前生产活动与眼下生产活动之间遗留下来的巨大"信用亏欠",实现"均衡"。

在政治上,战争能够起到消解国内社会信用压力、转移国内民众关注焦点的作用。大规模战争会在某种程度上降低居民对国内民生水平的期待。

在经济上,战争可以人为造成国内信用总动员局面,军工产业的膨胀则可以极大地拉动内需,扩大就业。军工产业复合体及其响应的政治势力也往往会因此支持政府扩充军备的政策。从军工产业的拉动效应来看,目前,美国的军工厂每生产1300亿美元的产品,就可以直接拉动GDP增长一个百分点;每增加10亿美元的军工生产,就可以新增上万个就业机会。这还未将军工产业间接的拉动效应计算在内。更重要的是,这不仅有经济意义,还有重要的社会政治意义。这种以军工生产刺激经济的前提是,能够最终通过战争手段获取经济利益和货币信用强权,否则将会面临有产出无收益的尴尬局面。

在殖民主义时期和帝国主义初期,每次王朝战争和国家间战争都伴随着战败国的巨额战争赔款。第二次世界大战后,战争的信用收益以更"隐蔽"的形式出现,不再像过去那样"赤裸"见人,例如,攫取对象国矿产资源、占领对象国市场、瓜分对象国国外资产等。挑动其他国家冲突的战略也可以带来较大的政治和经济收益。

例如,冲突当事国对大国的政治依赖会加深,而大国通常也是主要军工生产国,所以冲突当事国大多需要向大国购买军火,还往往会以较高利率向大国借贷,或以较低价格出售其国外资产套现,继任政府在强权面前往往被迫用自己国家石油、矿产、初级农产品等支付大国为此花费的战争开支。在日俄战争中,日本就曾向英国、美国大量借贷。在历次战争中,几乎都有一批因出售军火而获利颇丰的国家,以战争受益者形象"载入史册"。

米塞斯在论述到"战争的无益性"一节中是这样说的:"人类区别于动物的一点是,人能认识到劳动分工下的合作是有益的。人类抑制自己扩张的天性是为了和其他人谋求合作。他越想提高自己的物质条件水平,就越要在更大程度上实行劳动分工。相应地,他必须越来越严格地限制自己诉诸武力的念头。"相反,如果这种认识无法得到人类的认同,或无法被一些社会权力集团认可并接受的话,那么人类社会因资源、信用和利益等扩张欲望下达成的博弈合作或和平局面只是暂时的,战争无法避免。

第八章　经济中的信用违约与行为欺诈

在现实社会生活中,描述不为自己而发生的事物可以允许我们讨论:行为的合理性、目的性以及结果。如果我们把合理性、目的性以及结果看作是一种完整行为的话,理解彼此的区别有助于更好地认识真实生活中信用变量和行为变量多样性、复杂性、变化性的特点,有助于我们将真实的信用行为与虚拟的信用行为识别出来。尽管信用变量和行为变量因素十分复杂。

从以"行为效用"衡量的角度,结合核心均衡"人≈信用≈行为效用"、边际均衡"信用变量≈行为效用/货币变量"以及基本均衡"信用变量≈货币变量+行为效用"三个均衡关系式分析,重点是十分明确和清晰的。最关键的要点在于:均衡要素缺一不可。

信用由货币和行为两大要素组成,但实现行为目的的关键在人。

货币的基础是信用,而信用的基础是行为,失信或违约不过是两个大的方面要素各自缺失。

一是货币变量方面的缺失,诸如资金链断裂、收入下降、财富损失等等;

二是行为效用方面的问题,诸如投资失败、行为因素变化、行为决策错误、行为成本畸高等等。

但最典型的缺失主要体现在行为效用。缺少行为效用的判断、分析与衡量,任何信用与行为均衡都可能会被人为改变,造成信用风险。

因此,分析和解释社会中人的失信或违约行为,可由以上两方面入手。

信用行为是人类社会活动最普遍、最常见的经济行为,所有以信用为核心的交易关系都是需要损耗成本、效率和存在风险的,稍有不慎或必备的信用行为要素缺失,常常就会导致合作失败及经济损失。

在社会中遭遇合作失败或信用损失的人中:

一类是由于行为不确定性以及信息不对称的天然缺陷,出于各种信用风险掌控能力等客观因素,不能兑现约定或承诺而使他人损失的现象,我们称之为"失信"或"违约"。另一类则是有意利用他人这种天然缺陷和客观原因,主观故意或人为恶意地造成合作失败假象和从中获取不法利益,我们称之为"诈欺"或"骗局"。

需要注意的是：两种信用行为本质上都是以信用损失为代价的，但行为效用的方向相反。

8-1 一般失信、违约行为

行为是人类在生活中表现出来的生活态度及具体的生活方式，它是在一定的物质条件下，不同的个人或群体，在社会文化制度、个人价值观念的影响下，在生活中表现出来的基本特征，或对内外环境因素刺激所做出的能动反应。

行为的哲学意义在于：一个主体做了什么，这和"在一个主体身上发生了什么"是相对的（或者说是在一个主体的头脑内发生了什么）。失信，是指以道德信任为依据的承诺行为失效的结果，主要考察信用与行为效用的关系；违约，是指以法律、法规为基础的契约行为失效的结果，则需要同时考察货币因素和行为效用。两者的不同仅在于信用行为选择依据的基础差别，本质上没有区别。法律上通常把"失信"或"违约"统一简称为"违约"。

行为经济学指出，在具备履约能力基础上签订的交易契约，有相应的法律、法规作为信用行为的基础，这时"履约"意愿就成为交易者选择信用行为取向的主要因素。交易者选择"违约"行为所得到的一次性信用增量效用和长期性信用增量效用，可以弱化交易者选择"履约"的愿望；交易者"违约"可能受到的经济惩罚、行为损失、信用重构成本以及获取信用增量效用的概率等因素，则是弱化交易者选择"违约"行为的动力。

对交易者"违约"行为效用模型的分析表明：按照"违约"行为效用的影响因素确定交易者行为取向的方法，可能会优于按照交易者的信用行为历史记录判断其交易行为取向。换句话说，就是交易者"违约"主要取决于信用行为所包含的利益因素或成本因素，而与时空因素、行为主体意愿的关系不大。

在日常的社会活动中，人们通常以口头承诺、书面协议或格式合同作为人伦信用或契约信用的保证，并据此对信用行为进行相应的行为选择和加以约束。日常生活中的信用问题非常多，涉及方方面面的因素，本书仅用一个小节的篇幅无法概全，只能择其要点。

一、个人举债行为

譬如，最简单的"欠债还钱"例子。小张要买一台价格 4500 元的电视机，此时他手头只有 3500 元，他要把这台电视机买回去就必须想办法借到 1000

元钱。那么,由于交易必需的信用要素缺失,通常陌生人不可能借钱或电器商店不可能赊销,小张自身信用要素缺少,买卖双方交易信用不均衡的情况下,他必须通过行为变量来给予补充——借钱就可能有多种行为方式选择:

(1)向父母或亲戚借钱;

(2)向熟人、同事借钱;

(3)向银行或民间金融机构、地下钱庄或私人借贷等借贷;

(4)动用自己的存款或虚拟信用(例如:银行卡透支额度等)。

同时,借钱给小张的所有出借行为主体,出于"风险厌恶"和利益行为偏好,都必然会在内心或契约信用行为上"问"一连串有关信用行为的问题,作为自己同意借钱给小张的行为选择理由及决策依据:

(1)小张为什么借钱?借钱做什么?

(2)他做这事靠谱吗?能按时归还本钱吗?能还得起吗?

(3)如果借给他,他要是不靠谱怎么办?要是能还他却赖着不还怎么办?

(4)他对借钱需要付出的利息和成本能接受吗?等等。

由此看来,一个"欠债还钱"的行为看似简单,其实内在的信用关系却不那么简单,不仅有"失信"或"违约"的差异,也涉及多重信用行为的依据、判断、选择和纠纷解决机制等等。"失信"或"违约"行为的结果必然引发交易双方的信用纠纷,所有类似"欠债还钱"的案例,除了解、选择、判断、决策行为之外,往往涉及信用违约行为的认定与诚实信用原则的运用这两个主要问题。显然,在民事经济活动中,人与人之间发生的关系,从本质上看都是信用关系,这不仅是所有行为选择的理由和判断依据,也是社会交换关系和合作关系能够成立的基础。同时,也是解决纠纷的唯一合理的途径。

二、失信行为

失信行为是指某个人或组织违背协议或诺言,丧失信用的行为。人的任何有意识或无意识的失信行为,都是自身利益得失和行为成本相比较后的选择。失信成本是指失信者因失信行为而付出的代价。失信成本主要包括道德成本、经济成本和法律成本。由于失信程度不同,行为人付出的代价也不同,一般以法律成本为最高。所以,人不要轻易给别人承诺,给别人承诺就要努力去兑现,这不是像单纯物质财富那样,可以"千金散尽还复来"。信用若失,人在现实社会不仅缺乏了行为立足的基础,也会被现实社会其他人所不容,并被社会淘汰出局。

行为经济学认为,一般情况下,人对信用行为的选择除与其动机或行为动因有关外,还受到行为不确定性(偏好)和信息不对称性的因素影响,在行为利益与行为成本的比较下进行决策,远景预期和期望效用主导着人的行为决策。当在前提条件符合的情况下,通过利益与成本的比较,人对短期利益实现的选择要比长期利益实现的选择多得多,对自己偏好的借钱方式接受起来要比不喜欢的借钱方式容易得多,对出现行为"风险"可能性小、预期损失不大的比较乐意采纳。而失信则多数是人为的偏好或与主观意愿不符,也有因前提条件变化导致失败的非故意行为。但值得注意的是,要防止有意识、故意失信行为,如:有意隐瞒事实真相的说谎行为或欺诈行为,明可为之而不为的违背诺言、承诺或约定的毁约行为等。

失信成本的高低与各国的文化传统、政治经济体制构成、经济发展水平、法制建设、信用制度等密切相关。当失信成本小于失信收益,失信行为有利可图时,市场行为主体有可能选择甚至主动选择失信行为,失信现象就会大量发生。而当失信成本大于失信收益,失信行为无利可图,并可能给行为者带来损失和制裁时,经济主体就会根据趋利避害的原则,尽量避免失信行为,从而促进信用环境的好转。

三、违约行为

民间一般认为"欠债还钱"是天经地义的社会信用行为伦理,违背这个行为伦理的都是不道德的行为,不仅会受到自己道德良心和社会公众的道义谴责,还必须为此付出相应的代价。

但在现代社会生活中,人仅仅有这样的认识是不全面,也是不严谨的。从违约是信用行为方式变换的角度分析,一般可以分为:客观违约——因行为主体自身信用变量缺失,而非人本身意愿所致;主观违约——因行为主体心理意愿变化,主动选择的行为。实践中要准确区分客观违约与主观违约是比较困难的事情,所以社会活动中认定违约行为,必须在符合社会基本道德伦理的基础上,依法办事,依据社会的法律制度来准确认定,并非区分主观或客观违约原因,但留有双方协商程序。

例如,商品购销合同纠纷。A厂商已经连续10年向B商场按购销合同供货,双方都能履约。第11年A忽视了以利益因素和成本因素的契约信用条款的审核,而是依照惯例向B供货,此时由于市场价格变化和经营不善等原因,B的信用状况和履约能力已经发生了内在变化,即使B主观上仍然有"履约"的意愿,但自身实际信用已不足以支持与A的契约信用行为关系,B为了保证自己的实际利益少受损失和降低信用行为成本,必然选择"违约"。

这种类似"违约"行为常见于社会经济活动中的"老板跑路",拖欠商家货款,包工头恶意欠薪,企业借破产逃废银行债务,信用卡恶意透支等。这些往往都是采取这种"釜底抽薪"的手法。法律上,违约行为是契约当事人违反契约义务所产生的民事行为,违约行为责任指违约方应当向守约方承担的信用责任,属于法律民事行为责任的一种。法律违约行为责任包括两层意思:

1. 产生违约行为责任的前提是,双方当事人之间存在合法有效的契约关系。如果当事人之间不存在有效的契约关系,那么就不存在所谓的违约责任。

2. 违约责任以违反当事人在契约中的约定义务为前提。换言之,如果当事人不存在违反契约义务的行为,那么也就谈不上违约行为责任的问题。

违约行为责任作为法律信用一项最重要的行为制度之一,从两个角度分别规定了两种违约行为形态:一是根据违约的时间,将违约分为实际违约和预期违约。实际违约是指事实上已经发生了的不履行合同或不适当履行合同的情形。预期违约则是指合同还未到履行期,但合同一方当事人用语言或者行为表示将不履行合同的情形。二是根据违约程度,将违约分为不履行和不适当履行。不履行是指当事人不履行契约义务的情形。不适当履行是指当事人履行的契约义务不符合契约约定条件的情形。在商品交易中,交易者根据交易对象的信用状况而选择不同的交易方式。但由于交易者难以正确判断交易对象的现行信用状况和预测交易行为取向,若只是按照交易对手过去交易信用行为来判断,就可能出现因交易对方"违约"所造成交易者的信任损失。

四、诚实信用原则

诚实信用本是一种道德规范,而这一道德规范上升为法律原则和法律规范后,它既是一种道德要求,同时也是一种法律上的要求。

在法律层面,诚实信用行为原则要求债务人不仅要依照契约条款,更重要的是要依照其内心的诚信观念完成契约所规定的给付。此外,契约应依诚实信用原则及一般交易习惯履行其给付,以违背善良风俗的方法故意加害他人者,应承担损害赔偿责任。诚实信用行为原则被称为民事活动的"帝王条款"。它要求人们在日常的民事经济活动和相互交往中讲信用、守诺言,诚实不欺,以善意的心态和行为方式履行义务,保证自己有充足的时间和精力去办理自己该办的事务,不作出自己无法兑现的行为承诺,更不能恶意地欺骗别人,骗取别人的信任;接受别人委托或交办的事务后,应信守诺言,积极主动地完成别人的事务,并维护别人的利益,不借用别人对自己的信任而滥用别人的权利,并且尽最大努力去全面维护别人的利益;不得规避法律和契约,不得在损害他人利益和社会利益的前提下追求自己的利益,等等。

8-2 虚拟信用违约与主观故意行为

现代社会的信用形式变化之多、之快,令人类自己都感到惊讶。其中,现代越来越普遍的虚拟信用形式更令人眼花缭乱。不可否认,如同实物信用货币由媒介形式变化成虚拟信用价值符号纸币一样,虚拟信用的出现一方面给人类生活带来许多不曾想到的好处,但也带来大量新的信用行为挑战和"失信"、"违约"等信用行为风险。现代社会金融信用有三大变化趋势:第一种是"货币权力化",即货币权定,实际货币不再代表真实信用价值,而渗透了人为的权力因素;第二种是传统金融信用的"脱媒化",即脱离实体货币载体,以无形信用的形式出现;第三种是借助信息科技、电子化手段和数据化处理方式,实现信用的"虚拟化",如期货指数买卖、信用违约互换合同、套期保值、电子货币等等。

我们这里仅列举其中代表性的两种作为实证分析:一是信用卡;二是信用违约互换。

一、信用卡违约、信用违约互换

1. 信用卡违约成为新的社会问题。自信用卡问世以来,这种虚拟信用工具的行为方式被人们广泛接受。一般,商业流通领域发行的购物卡、礼金券、电子券等,是虚拟信用的一种,但不属于真正的虚拟信用,只是真实货币的"替代品"或"代金券"而已。银行发行包含虚拟信用成分并和真实货币地位对等的信用卡,才是真正意义上的信用卡。囊括信用延期和虚拟信用形式的信用卡的诞生,给人们带来了快捷方便的支付手段和轻松便利的消费生活,如果持卡人能合理使用信用透支额度的免息期,甚至能达到节约资金的效果。但在信用卡虚拟信用的背后,时效对应和时点对应的关系,使各种违约与欺诈仅一"墙"之隔。还款期限和透支限额的规定使得人们一不小心,就会发生违约行为,甚至一些人会因"恶意透支"上了"信用卡黑名单"或被冠以欺诈之名诉诸法庭。但也不乏钻此"空隙"的恶意者,这样的事情在信用卡消费领域已屡见不鲜。

一般,银行发行的信用卡根据类别不同,即其自身包含的虚拟信用成分和借贷方式的不同,主要分为两大类:一类统称为借记卡。即持卡人按照"先存款后消费"的方式使用,并根据持卡人被发卡银行评定的信用等级的不同,可以分别享受到一定的虚拟信用透支额度。另一类统称为贷记卡。即持卡人按照"先消费后还款"的方式使用,由发卡银行根据持卡人的信用评级授予一定的虚拟信用消费透支额度,并明确规定虚拟信用的透支免息期限。

信用卡虚拟信用的出现,较好地满足了银行和持卡人共同的信用扩张行为偏好以及短期消费信用需求。一方面银行通过发卡行为,创造了虚拟信用的份额和市场借贷业务的范围,获取提供中间业务服务的手续费收益和成本低廉的存贷利差收益等,同时增加了经营业务品种。另一方面信用卡持卡人在享受到支付结算和消费便利的同时,可以适度扩大自己短期的消费信用额度并获得额外的信用行为责任能力。但由于信用卡存在部分或全部虚拟信用,这些借助金融信用扩张行为并不以持卡人的实际信用为基础,而是以持卡人过去的信用行为记录和信用调查资信作出的信用行为预期为依据,实际上相当于无担保信用贷款。而银行本身用于这一部分虚拟信用行为的信贷资金,实际上也是虚构的信用规模,与真实的规模没有直接联系,每期信用卡透支占款多少和信用头寸只能以前期实际发生额预计。因此,银行发卡数量的多少,不仅影响到中间业务收益和虚拟信用额度、消费信贷规模、资金头寸的安排,而且涉及信用卡信用风险敞口的大小以及形成不良资产的比率。一方面银行对持卡人的实际信用评估以及信用行为责任能力的评价十分关键,反过来持卡人对银行发卡设定的虚拟信用行为条款的熟悉和了解也十分重要,这是双方市场信用行为博弈的焦点所在,也是信用卡违约行为和银行信用卡风险最集中的地方。

对于虚拟信用行为来说,任何一方的行为判断或选择错误,都会导致纠纷的发生。通常,信用卡违约纠纷会带来三个严重后果,包括高额罚息、法律纠纷及信用污点。导致信用卡纠纷的直接原因就是信用卡违约,即到期未及时足额还款。纠纷的上升,意味着信用卡坏账率的上升。信用卡违约率达到3％就会给银行带来较大压力,如再放任发卡数量"疯长"下去,坏账风险不可小觑。

2. 信用违约互换(CDS)又称为信贷违约掉期,也叫贷款违约保险,是目前全球交易最为广泛的场外信用衍生品。

信用违约互换这种虚拟信用交易型产品是一种发生在两个交易对手之间的衍生产品,类似于针对债券违约的保险。它的信用行为基础不是真实存在的信用交易,而是对虚拟信用的一种行为预期买卖。从特点上来说,信用违约互换属于期权(又称"选择权")的一种,相当于期权的购买方(规避风险的一方)用参照资产——即此处的债券,来交换卖方(信用风险保护方)的现金。由于期权的特点是买方只有权利而无义务,而卖方只有义务而无权利,因此一旦债券违约,买方就可以要求履约来转嫁信用风险。

自20世纪90年代以来,该金融产品在国外发达金融市场得到迅速发展。

它是一种新的金融衍生产品,类似保险合同,属于虚拟信用的特殊形式之一。债权人通过这种合同将债务风险出售,合同价格就是保费。如果买入信用违约互换合同被投资者定价太低,当次贷违约率上升时,这种"保费"就会上涨,随之增值。金融机构或投资机构通过这种虚拟信用行为,不仅可以大幅度实现自身信用的迅速扩张,获取高额利润,以小博大,而且可以利用这种虚拟信用的方式转嫁现实信用风险的压力,同时减少实际风险损失,可谓是"一举两得的无本买卖"。

从本质上看,信用违约互换是将参照资产的信用风险从信用保障买方转移给信用卖方的交易。信用违约互换是信用保障的买方向愿意承担风险保护的保障卖方在合同期限内支付一笔固定的费用;信用保障卖方在接受费用的同时,则承诺在合同期限内,当对应信用违约时,向信用保障的买方赔付违约的损失。对应参照资产的信用可是某一信用,也可是"一篮子"信用。如果"一篮子"信用中出现任何一笔违约,信用保障的卖方都必须向对方赔偿损失。信用违约互换(CDS)是一种基础性的信用衍生产品,本质上相当于对一个或多个公司或国家(称为"标的机构")的债务信用风险的保险。需要指出的是,一方面 CDS 市场的发展仍然存在诸如缺乏交易行为信息透明度、有效信用行为监管不足等问题,另一方面 CDS 在揭示违约信息和为违约事件提供保险方面有着不可替代的功能。2008 年国际金融危机爆发以来,CDS 是最受争议的金融产品。有人认为,CDS 是人类制造的金融信用"大规模杀伤性武器",应进行限制。

金融衍生品之所以被人们视为"大规模杀伤性武器",是因为虚拟信用的最大软肋在于,国家(政府)"自私"造成市场信用行为秩序的混乱与金融衍生品不无关联。恰恰是金融衍生品创造出大量的虚拟信用形式,有意或无意地支持和鼓励了投机者,放大原本就已经存在的金融风险和信用行为风险,因此自然会被人们所厌恶和谴责。从一个自由市场角度来看,赌金融机构发生债务违约就像在世界杯赌某支足球队输一样合法。

然而,两者之间存在一个重要的区别:对于金融机构而言,这种赌博具有自我确证的特点。对这些投机者来说,破坏市场投资者的信心,从而有利于他们自己的投资利益,正符合他们获取高额风险收益回报的投机行为需要。

通过虚拟信用和金融风险杠杆降低市场对银行真实信用的信心,CDS 可以摧毁银行。只有在银行过度采用虚拟信用系统,而自身真实信用体系脆弱的时候,这种攻击才会成功。只有当银行违反了银行业的黄金法则,即如果他们发生货币信用错配、债务期限错配或者货币期限错配的时候,他们才容易受到 CDS 的攻击。只有这样,由虚拟信用制造的高利差刺激而不断增强的不信任情绪才会引发银行融资困难,威胁到银行的流动性。

同样,只要主权债务危机和信用违约互换存在,投机者就可以加重主权债务危机,甚至打败某一国的政府导致国家破产、政府下台。虚拟信用刺激投机就是这么一回事,投机者是"成也萧何,败也萧何"的角色。通过预期和押赌某一特定行为主体的未来信用行为违约,一方面投机者能使信用危机事件早些发生,减少其潜在危害;另一方面投机者对政府轻率鲁莽的财政行为私下设定了一个虚拟信用额度限制,预期主权违约,通过CDS进行违约投机,一旦政府信用扩张行为过限,信用违约行为必然发生,而投机者就可以从中获得高额风险利润。

那么该如何选择呢?如果国家允许金融衍生品存在,限制虚拟信用行为在一定范围内活动,可以选择的信用行为方式就是严禁无担保信用违约互换。这样的好处在于,能够在一定程度上抑制投机者信用扩张行为的冲动和投机者获取不当高风险利益的企图,禁止投机者以赌博心理行为引发快速违约,政府可以继续增加公共债务。最有可能的是,公共债务的增加也将进一步导致主权债务违约;对于国家政府来说只是拖延了时间,并没有解决虚拟信用扩张行为的根本问题,危害更大。

二、主观故意行为——行为欺诈

在现实交易中,一方面存在信息不对称,另一方面交易双方都追求实现利益最大化。信用品质不高或人格品质存在缺陷的人,就会尽可能地采取一切手段,包括隐瞒事实、虚构标的、高额回报利诱、设计行为陷阱以及利用人性弱点等乘机恐吓、要挟、钻空子,获取目标利润。

最典型的案例是:以"虚"对"实",以"假"乱"真",连哄带骗或连环设局,如眼下最常见的掉包分利诈骗、克隆信用卡诈骗、票据诈骗、假"宝贝"真诈骗、网络诈骗、电话诈骗、利用真人信息植入虚假信息实施诈骗等等,花样繁多,难以尽数。但各类诈骗都有一些共同的特点:一是利用信息不对称,各种利诱或威吓手段;二是移花接木,迎合受害人急切知道内情秘密的心理;三是利用受害人冲动或盲目的行为,达到诈骗或欺骗的目的。

从信用与行为均衡关系来看,只要把握好货币因素和行为效用两个关键要素,结合起来分析,不做偏废,尽可能多掌握信息,"眼见为实,耳听为虚",坚持以事实为依据,各种欺骗行为就难以得逞。

"欺诈"从字面上理解,即以欺骗的手法哄蒙他人以获得不当利益的不法行为。从实际行为过程来讲,欺诈是行为主体采取虚构某些事实或错误诱导他人做出错误行为决策以骗取有关利益的主观故意和恶意违约行为,是社会道德所谴责和法律法规所禁止的违法行为。从社会契约行为的角度讲，欺骗或欺诈不仅是违反社会伦理道德的，也是与社会法律精神相悖的。

1.法律对"欺诈"行为的相关释义。世界上不同的国家，法律条文对欺诈行为的定义有所差异，但基本内容是大体一致的。即欺诈是一种以欺骗手法或不法信用行为获取非法利益的行为。从有关法律的定义可以看出，"欺诈"一词不外乎是在以下几种意义上使用的：

一是指故意欺骗他人的行为；

二是指故意欺骗他人，并诱使对方作出错误意思表示的行为；

三是企图或图谋从被欺骗对象的损失中获益的行为；

四是诱使他人错误地作出信用行为选择，并据此获得他人损失的财产或放弃的某项法律权利的行为。

在社会活动中的欺诈，通常都是行为人故意制造假相、隐瞒事实真相并可能使他人误解上当的行为。只要欺诈行为人有故意实施欺诈行为并有导致他人误解上当的可能性，就构成欺诈。法律对欺诈行为的构成，大都采用四要素说，即必须具备欺诈方的欺诈故意、欺诈行为、受欺诈方的错误意思表示以及欺诈方的欺诈行为与受欺诈方的错误意思表示有因果关系这四个要件，才能构成欺诈行为。总之，欺诈是指以使人发生错误认识为目的的故意行为，这种故意行为的目的在于骗取属于他人信用或经济利益或某项法律权利。在信用行为经济学分析上，欺诈行为可以看成恶意违约或故意违约的不法信用行为。

2.对欺诈行为的分析。欺诈行为，是对现实社会信用关系的威胁，具有社会危害性，至于是否产生了使他人受骗的信用行为结果，则不影响欺诈的构成。欺诈在客观方面，并不要求有他人上当受骗、造成损害的实际结果的发生，只要可能使他人产生错误的认识即可。

因为欺诈行为从根本上违反了法律契约信用行为的基本原则和社会公认的商业道德，故即使未造成任何人的实际损害，也扰乱了正常的市场竞争秩序和社会经济秩序，具有社会危害性。因此，对欺诈行为认定的基本点是行为本身，不是行为结果。欺诈的主观方面也是欺诈构成的基本要件之一，人的行为是受人的意识和主观意志支配的，欺诈是主观要件和客观要件的有机统一构成。欺诈的主观方面只能由故意构成。所谓欺诈故意，是欺诈的主体明知自己的欺诈行为会引起他人上当受骗的结果，并且希望或者放任这种结果发生的主观心理态度。在认识因素方面，欺诈行为人明知自己的欺诈行为会引起他人上当受骗的结果。在意志因素方面，欺诈行为人对引起他人上当受骗的结果抱着希望或者放任的态度。根据认识和意志因素方面不同的情况，把欺诈故意分为直接故意和间接故意。

3.欺诈行为要素。在人们的日常生活中,利益是与人的生活需求关系最为密切的部分。在人类的社会分工中,由于社会分工的不同使不同的人所获得的劳动收入回报和利益分配的满足程度存在差别,而每一个人对自身利益需求的扩张有着彼此类似的行为偏好,这种共同的个人信用扩张行为偏好,为一些缺乏社会道德约束和法律法规制约意识的人提供了行为动因。

因此,欺诈或欺骗行为是人们在社会生活和市场交易活动中经常会遭遇的一种不法信用行为现象。我们通常所见不法信用行为大多属民事欺诈行为,这种行为构成的要素主要有:

A.欺诈人的欺诈故意。欺诈故意是指行为人具有故意欺诈他人的意思,即行为人明知自己的行为会使被欺诈人陷入错误认识,并且希望这种结果发生的一种心理状态。

B.欺诈人的欺诈行为。欺诈行为,指欺诈人的语言、文字或活动有隐瞒事实而告知虚假情况的行为,使被欺诈人陷于错误、加深错误或保持错误而虚构事实、变更事实或隐瞒事实的行为。欺诈行为可体现为作为和不作为两种方式欺诈。

C.被欺诈人因欺诈而产生错误认识。被欺诈人的错误非因自己疏忽大意之故,而是因欺诈人的欺诈所致。所谓错误,是指对合同内容及其他重要情况的认识缺陷。

D.被欺诈人因错误而为意思表示。意思表示是一种行为,是表意人将心理状态表示于外部的行为。它由三个要素构成,即效力意思、表示行为、表示意思。意思表示人欲使其表示内容引起法律上效力的内在意思要素,即效力意思;用以表达行为人内在意思的方式,即表示行为;通过表示行为表示于外部的意思,即表示意思。

E.欺诈违反法律违反诚实信用原则。诚信原则是民事行为法律的最基本原则,也是人社会信用行为的道德准则。其要求当事人应当以善意的、诚实的、自觉的方式行使权利和履行义务,这一原则的规定是为了平衡当事人与当事人、当事人与社会之间的利益关系,也是维护社会信用环境和市场信用行为秩序的基本规则。

8-3 主观故意性违约行为的剖析——庞氏骗局

查尔斯·庞兹是一位生活在美国的意大利裔投机商,1919年他开始策划一个阴谋,骗人向一家事实上子虚乌有的企业投资,许诺投资者将在3个月内得到40%的利润回报,然后,庞兹把新投资者的钱作为快速盈利付给最初投资的人,以诱使更多的人上当。后人称之为"庞氏骗局"。

从庞氏骗局的信用行为过程和结果来看,很明显它属于一种信用行为诈骗。庞氏骗局之所以能够长久地"生存"下来,根源在于,它表面上看似简单,实际上却比较复杂,它集中利用了大量人的行为弱点。从信用行为经济学的角度分析,这种诈骗的手法与一般诈骗的不同点在于,它利用了信用行为不确定性、时间间隔和信息不对称的原理,利用了人们"经济理性"的心理和注重获得短期行为利益以及期望个人信用扩张的行为偏好,也利用了人们的"损失厌恶"和"从众心理"的行为决策特点,将骗局的行为效果做得逼真,把人的信用行为所具有的缺陷充分利用起来,以"对赌"的方式,实现不法利益最大化。

投机性,是庞氏骗局之所以成为"著名"信用诈骗案件的重要原因之一。

一、骗局的来源

"庞氏骗局"源自于查尔斯·庞兹。1919年,庞兹来到了波士顿,设计了一个"投资"计划,向美国大众兜售。这个"投资"计划看起来很简单,就是投资一种东西,然后获得高额回报。但是,庞兹故意把这个计划弄得非常复杂,让普通人根本搞不清楚原委。1919年,第一次世界大战刚刚结束,世界经济体系一片混乱,庞兹便利用了这种混乱。他宣称,购买欧洲的某种邮政票据,再卖给美国,便可以赚钱。由于国家之间货币信用政策、汇率等因素,很多普通经济行为人一般确实不容易搞清楚。专家指出,其实,只要懂一点金融信用知识,就知道这种方式根本不可能赚钱。然而,庞兹一方面在金融信用方面故弄玄虚,另一方面则设置了巨大的利益诱饵。他宣称,所有的投资,在45天之内都可以获得40%的回报。而且,他还给人们"眼见为实"的证据:最初的一批投资者的确在规定时间内拿到了庞兹所承诺的高额回报。于是,大量的投资者踊跃跟进。在一年左右的时间里,差不多有4万名波士顿市民,像傻子一样变成庞兹赚钱计划的投资者,而且其中大部分是怀抱发财梦想的穷人。庞兹共收到约1500万美元的小额投资,平均每人投资几百美元。1920年8月,庞兹破产了。他所收到的钱,按照他的许诺,可以购买几亿张欧洲邮政票据,事实上,他只买过两张。

与之类似的骗局,在现代社会信用活动里并没有绝迹,而是一直在重复上演。2008年12月11日晨,美国华尔街传奇人物、纳斯达克股票市场公司前董事会主席伯纳德·麦道夫因涉嫌证券欺诈遭警方逮捕,并最终被判终身监禁。几十年来,他创立的公司对构造华尔街的金融衍生品投资交易框架发挥了重要作用。不论是对传统股票交易,还是对股票及金融衍生品等新式电子交易系统的发展,麦道夫的公司都功不可没。检察人员指控他通过操纵一只对冲基金,使投资者损失大约500亿美元。这可能是华尔街金融史上金额最大、持续时间最久、危害巨大的信用欺诈案。

此后,"庞氏骗局"成为一个信用行为投机诈骗的专有名词。说它是投机,是因为这类骗局几乎都是"空手套白狼",所有与信用有关的东西完全是自己虚构出来的。说这类骗局是诈骗,是因为这些信用行为不仅是主观故意或恶意的,而且是用完全错误的信息对投资者进行有意识的误导,完全是用后来的投资者的钱,给前面的投资者以回报,并故意制造假象以掩盖事实真相,从大多数投资者的利益损失中获得自己的不法利益。

"庞氏骗局"是典型信用欺诈,即以高资金回报率为许诺,骗取投资者投资,用后来投资者的投资资金偿付前期投资者利息回报的连环套式欺骗行为。

二、各类"庞氏骗局"欺骗行为的共性特征

在人类社会发展的历史上,大大小小的"庞氏骗局"数不胜数,层出不穷。"庞氏骗局"是金字塔传销的模板之一,是一种非法集资形式的投机诈骗。各种各样的"庞氏骗局"虽然五花八门,千变万化,但本质上都具有一脉相承的共性特征,即采取各种花样和"诱饵"骗人向虚设的"标的物"投资,以后来投资者的钱作为快速盈利付给最初投资者以诱使更多人上当。

从众行为效应又称为"羊群效应"或跟随行为的心理偏好,是社会生活中最为常见的一类看似有正面效用的信用行为现象,但也是经常被一些人"失信"、"故意违约"、"欺诈"或"骗局"等反面利用的一种手段。由于群体行为决策的安全性和行为结果的确定性要比个人独立决策可靠、预期结果好的可能性大,而且人总是处于一定社会经济活动过程之中,人的信用行为容易受到周围环境和周围人的影响,因此产生从众行为效应,形成行为心理选择的偏好。在人的信用行为选择上,也是类似的道理。如果一个人通过观察别人的信用选择行为或通过自己不合理的推理,认为他人选择失信行为而获得了收益,并且看到这些人失信后所付出的代价远远低于失信所获得的收益,就会激发他"理性自私"的本性和"法不责众"的从众行为心理,并会利用心理意识叠加的办法,不仅行为跟随效仿,甚至铤而走险。所谓"老板跑路"、"非法集资"、"集资诈骗"、"关张溜号"和"托儿"都是如此。

若以信用行为二元变量函数模型分析可以发现,这些信用骗局的共同点是所有欺骗隐蔽性特征,主要集中在行为变量:

(1)低风险、高回报的反投资规律行为特征。众所周知,在市场经济的环境下,任何真实的信用行为都是有风险和有成本耗费的,既没有无风险的买卖,也没有无成本的交易。如果有这样的许诺,不是假象就是虚构。信用风险

与利益回报成正比乃投资铁律,但庞氏骗局往往都是反其道而行之,骗子们往往以较高的回报率吸引不明真相的投资者,但从不强调投资的风险因素。虽然各类案件的回报率可能存在差异,有些高得离谱,有些则属于稳健的超常回报,但无论如何,骗子们总是力图设计出远高于市场平均回报的投资路径,而决不揭示或强调投资的风险因素和成本因素。

(2)拆东墙、补西墙的资金腾挪回补行为特征。一般,凡有诈骗性质的信用行为,典型的表现就是按照经济常理核算,根本无法实现它所承诺的投资回报。因此,采用虚构的特例来说服客户,是诈骗者惯用伎俩。对于老客户的投资回报,采取的就是"拆东墙、补西墙"的腾挪手段,依靠新客户的不断加入或其他融资安排来实现。这对要满足"庞氏骗局"运转的巨额资金流提出了相当高的要求。因此,骗子们总是力图使出各种诱惑方法扩大客户的范围,扩大吸收资金的规模,以获得资金腾挪回补的足够空间。大多数骗子从不拒绝新增资金的加入,因为蛋糕做大了,不仅攫取的利益更为可观,而且资金链断裂的风险大为降低,骗局持续的时间可大大延长。

(3)极力渲染神秘、机遇难得、不可知和不可复制性行为特征。玩弄信息往往是骗子们惯用的骗术,如竭力渲染投资的神秘性,故意将投资诀窍秘而不宣,想方设法把自己塑造成"投资天才"、"商贾巨富"、"特权贵族"或"理财专家"。实际上,由于缺乏真实投资项目和实业生产的支持,骗子们根本没有可供推敲的"生财之道",无非是玩些虚拟的玄机。所以,尽量渲染所谓"标的物"的神秘性、稀缺性和独特性,激发投资者的好奇和想发财心理,宣扬投资机会的不可复制性是其避免被质疑的有效招数之一。

(4)投资的反周期性行为特征。"庞氏骗局"的投资项目似乎永远不受投资周期的影响,无论是与生产相关的实业投资,还是与市场行情相关的金融产品投资,投资项目似乎总是"稳赚不赔"。仿佛从不受人类能力、国家政策制度、自然、气候、水文、环境、地理因素等的影响,千篇一律给人产生"成功在握"的错觉。即使麦道夫在华尔街的对冲基金也能在20年中数次金融危机中"独善其身",不排除偶然的因素,这些投资项目总是呈现出违反投资周期的反规律共同特征。

(5)投资者的金字塔结构行为特征。为了支付先加入投资者的高额回报,"庞氏骗局"必须不断地发展下线,通过利诱、劝说等方式吸引越来越多的投资者参与,从而形成"金字塔"式的投资者结构。塔尖的少数知情者通过榨取塔底和塔中的大量参与者而谋利。即便是麦道夫自己也大量利用朋友、家人和生意伙伴发展"下线",有的人因成功"引资"而获取佣金,"下线"又发展新"下线",投资人数滚雪球式的壮大使之成为"金字塔"式的组织结构。

(6)钻心理、信息不对称和时间间隔"空子"的行为特征。诈骗者利用行为信息不对称的"空子",通常采取恐吓利诱的手段进行诈骗,多为电信诈骗、掉包诈骗、推销诈骗等。

骗局这种反向信用行为,只要人类社会存在、人类利益需求不断就不会绝迹。所谓防范,一方面要靠社会法律法规的完善以及有效惩处,更主要的是靠人们自身警惕,而关键在于,不要贪心,不要以为天上会掉馅饼,不要相信那些轻易就能赚大钱的鬼话。但是,现代社会在金钱欲望的引导下,越是违背常理的赚钱大话,越是容易使人相信。这也常常使人无奈。

三、庞氏骗局本质是虚构信用的有意识扩张

经过仔细分析可以发现,庞氏骗局得以长期延续,无非依靠下列几种方式:一是鼓吹信用无极限的单向性增长(尤其是几何级数的增长);二是信用增长建立在"良好预期"的基础上,而"良好预期"远远偏离现实状况;三是维持某种信用持续增长局面的前提是社会公众普遍持有某一"信念",而这一"信念"并无可信的物质基础;四是当某一"信念"变得脆弱之时,"信念"标的物出现调整,而通过树立新的"信念"来维持局面不被打破。

行为经济学指出,任何一种形式的信用扩张行为都是存在边际限制的,信用行为是有成本耗费的行为。这个边际就是真实成本与实际收益的比率,或称成本利润平衡点。如果以此分析庞氏骗局,一方面毕竟投资者信用和资金总量是有限的,另一方面信用行为边际的存在限制了信用扩张的程度和范围,两方面决定了骗局的信用扩张行为不可能无限持续下去。当超过信用行为边际和信用成本利润平衡点,投资者信用和资金链难以为继,庞氏骗局必然骤然崩溃。

8-4 对金融业行为风险性的讨论

金融业是高风险的行业,信用违约、金融行为欺诈现象在金融业比较容易发生,也比较常见和普遍。而更为严重的现象则是金融业自身信用行为不当,会导致信用危机爆发,不仅损失巨大,而且会给社会经济造成巨大震荡。正是由于这个原因,通常各国政府对于金融业行为普遍实行严格的监督与监管,并采取全面的政策和法律法规约束。

如果我们问自己身边的人,现实社会中的金融业属于哪一类行业,或许得到的回答是一致的:属于第三产业,金融服务业。如果我们问商业银行的员工,商业银行在社会经济活动中充当着什么样的角色,回答也不会有太大的误

差:经营特殊商品——货币的商业服务性企业。显然,金融业是中介性服务行业,这应该不存在歧义。如果我们问商业银行的管理者:你负责管理的这家商业性企业与一般商品流通领域的商业企业有什么不同吗?回答或许就有了比较大的差别,有人会根据货币银行学的定义给出答案:商品不同,经营特殊商品——货币;有人会根据商业银行经营管理学等等,总之是涉及商业银行的市场定位问题。换句话说,就是关于金融信用服务性与经营性定位的讨论。

理论上金融业的市场服务性定位并没有异议,但实践中金融业的经营性定位却是现实。按照正常商品信用价值变化的规律,服务性定位的商业企业其利润收益应该主要来自于中介服务性收费,与商品本身价格变化无关,那么金融业的利润收益也应该来自于中介服务性费用收入,但现实中绝大多数商业银行的利润收益来自于经营商品的收入——利差。而美国的一些金融大鳄贪婪无度,为了利润增长,规避严格的金融监管,"自私"的政府为了自身利益听任金融自身的信用扩张行为不断膨胀,经营重点不断倾斜到大量信用创造功能上,热衷于充当金融衍生品交易和虚拟信用产品的买卖交易商,让金融这一古老行业充满了风险和欺骗。

这就需要讨论一下当代金融业信用活动的风险性问题。

一、金融业经营性定位的"虚脱"症状

准确地说,金融业与它经营的特殊商品"法定货币"的行为特点相像,是一个国家以法定方式允许其存在的特殊行业,应该说金融行业的所有信用行为在法定范围内都是合法行为,是国家赋予其的信用行为"特权"。所谓法定,即国家用制定法律的方式予以承认和接受的行为事实。

法定,这是它与"庞氏骗局"最大的本质区别。

金融业正是依据法定的程序设立的服务性企业,但并不能否认现实金融业信用与货币"虚构"有很多相似的行为特性。说白了,它本质上是一个合理且合法的"庞氏骗局",其行为中蕴含和潜藏的风险性也是不言而喻的。

1. 金融行业"虚构"信用的高风险性。事实上,金融行业除国家法定的地位和合法的信用行为"特权"之外,本身并没有太多真实信用的根基,如果准确定位的话,它本质是中介性信用服务行业,是社会经济活动的"媒婆"而不是"主人",一旦"媒婆"变成"主人",这个社会经济就随时存在"崩塌"的危险,所以说金融行业是"高风险"行业,风险在于它不能"越位"或"随意转轨",更不能"越俎代庖"。

无疑,风险控制一定是金融行业的生命线。

商业银行本身虽然有一定数量的资本金以及包括各类贷款等在内的总资

产作为货币信用基础,然而与它实际经营的信用总规模相比,其依据纸币信用所形成的货币信用基础实际上是"虚构"的(详见纸币信用),它最大的信用基础不在实体信用,在于国家授权的法定地位和金融信用行为特许权利,因此,银行真实的信用扩张行为本质上是"虚构"的。

虚构在于,相当一部分金融业的从业人员,都错误地认为它是经营"特殊商品"——货币的"生产性、盈利性、资源调配型"企业,而不是本质上的"服务性、中介性、货币保姆"式企业。

传统商业银行的获利主要是存贷款利差或中介性业务收费。前者是从广大存款客户那里以较低的利息获得存款,再以比较高的利息把款贷给需要资金的企业,俗话称之为"合法投机倒卖货币商品"。

众所周知,银行普遍存在大量的信用贷款(由于派生性存款等信用衍生因素的存在,银行放贷额远比它的存款多得多,中央银行规定的存款准备金率越低,贷款的倍数就越大,存款准备金率越高则贷款的倍数较小,通常都在 10 倍左右)。因此,所有商业银行的信用扩张行为风险都在于自身信贷资产不良或贷款损失以及储户挤兑。当众多储户由于政治经济环境的变化(甚至由于听信某一传言)而要求把存款取出来而贷款根本无法及时收回时,银行发生信用危机就在所难免。所以只要发生一定比例的储户挤兑,任何一家银行都必然倒闭破产,与之相关的一切经济活动出现危机也难以避免。显然,每个国家的金融系统都是建立在这样一座没有稳固信用基础上的"摩天大楼"上,由于本身信用扩张行为的"虚构性",必须依赖新的资金不断"输血"支持运转。如果"输血"渠道断裂,则随时都有崩塌的风险。

具有讽刺意味的是,如果撤除国家特许的行为权利和法定地位,各家银行均以"信用"为生,以经营货币信用及其相关金融服务为主,并不断创造新的信用形式和进行信用扩张,而人们源于自然的信任和国家信用的加入,谁都不会想到,实质上任何一家银行都具有显著的庞氏骗局特征。

2. 金融虚拟信用扩张的直接产物——金融衍生品。现代市场经济是信用经济,现代金融体系是信用经济的必然产物。在现代市场经济中,人类对社会经济规模加速扩张的愿望不断增强,金融信用扩张行为的步伐也必然加快,而且信用结构日益复杂,当世界金融业沉浸在金融信用创造功能被不断"发掘"出来的喜悦之中时,或许谁也没有注意到一种类似传销式的合法"庞氏骗局"竟然贯穿在金融信用创造功能整个发掘过程的始终。

现代金融信用创造功能的最大成就,是在信用货币的基础上不断衍生出新的金融产品——金融衍生品。它们与金融信用行为的联系越来越密切,却与实体经济的供给需要距离越来越远,甚至毫不相关。至此,虚拟信用和虚拟经济已经成为现代信用经济中不可或缺的一个组成部分,也自然成为经济泡沫的重要组成部分。

经济泡沫的负面效应是显而易见的,往往造成经济繁荣的虚假现象,容易鼓舞和刺激人们信用扩张行为偏好和短期现实利益的需求,所以容易受到追捧,具有自我强化的机制。又由于形式上虚拟经济的发展可以完全脱离实体经济,所以虚拟经济具有超出实体经济承受范围的倾向,带来物价飞涨、通货膨胀、经济停滞衰退、财政赤字迅速攀升等负面效应。当虚拟信用扩张行为过度、经济泡沫恶性发展时,结果就会表现为泡沫经济。所谓"泡沫经济":

其一是经济中虚拟信用成分的比重超出了实体经济的价值承受能力,社会经济结构和产业结构比例出现严重扭曲,社会信用结构比例失衡;

其二,在泡沫经济形成以后,某些市场特别是金融市场上货币信用的价值与价格机制失效,信用行为预期逻辑和货币供需关系会发生根本性的变化。市场价格与价值关系被严重扭曲,即使商品价格已经很高,只要社会货币供应量不减少、虚拟金融信用创造功能不被抑制,由于需求极度旺盛,大多数市场主体仍然预计价格会进一步升高;

其三,公众信用行为的非理性化致使相关市场的不确定性激增,市场行为规则和价值规律失效,经济指标平衡关系恶化。通俗地来看,金融衍生品,与传销中的传销品毫无二致,没有任何实质的内容,只是"以虚对虚、空对空"的虚构出来的传销标的。金融市场中"传销"盛行,源于人们对财富飞速增长的渴望,因而极易被虚假繁荣所迷惑。但这些最终都无法避免因资金难以为继而顷刻崩溃的结果。

二、金融业经营性利润收益的"虚拟性"

很多金融业管理者倾向把自己企业的市场定位在"货币"经营性上,因为这是货币银行学教给他们的"知识和经验"。因此,银行管理者把经营目标定在"对股东负责,实现经营利润最大化"上,无可厚非。另外,商业银行的业绩考核以经营信用的各种业务指标为导向,诸如资本回报率、资产收益率、营业利润、净利润、成本利润率等,更无须指责。

但这样除资产信贷业务是商业银行核心业务外,金融信用创造功能制造出来的金融衍生品则无一例外地被银行家们亲切地称为"利润工具",金融信用功能创造不断发掘出股票、期货等金融产品与类似传销式的"庞氏骗局"。股票、期货、次级贷款证券、金融市场货币价格指数以及投机性的大宗商品期货等等,都变成了金融衍生品,都成为了不断变更标的的"传销品",与"以钱生钱,用钱炒钱"的赌博性或欺骗性的"空手道"有多大区别呢?

尽管它们都是合法(即国家法律范围内所规定许可的,法定信用行为)的金融信用衍生产品,但与"虚构事实"的行为并无实质性或内容上的差别。

若把当今金融业与真实的"庞氏骗局"对比,除法定垄断特许经营权和合法地位以及国家信用作为依靠之外,也不过是金融信用创造功能虚构出来的各种不同名称的"传销品"而已。

若人们仔细分析资本市场的股票、期货等的发展过程,以及研究这些市场经济效益和利润产生来源,就容易发现金融虚拟信用以下列方式飞速扩张与骤然破局:诱人的收益回报—带动众多的需求和价格的攀升—高回报率带动新一轮的参与者参与—带动潜在参与者持续的超高利润期望—进一步推高了价格—参与者作出价格只涨不跌的判断而不断追高买入。这样的金融信用供需关系使得货币信用商品价格不断发散性地提高,直至货币资金供应链难以为继时,这一循环就会被打破,货币信用资金链断裂,金融危机随之爆发。

人们幡然醒悟:原来这不过是人与人、人与金融经营者之间以"虚"对"虚"、以"骗"对"骗"、以"信用"对"信用"等方式进行的一场"看不见棋盘和手"的"博弈游戏"。

在这场游戏中,不是"勇者"胜,而是"智者"盈。

在以虚拟信用作为基础的金融体系下,一旦某些商业银行面对破局的风险,往往可以借助国家信用通过注资、收购或接管的方式渡过难关,或凭借国家授予的法律地位和法定信用行为垄断特权,不断创新金融衍生品。当一种信用工具快要崩溃时,换成另一种信用工具继续炒作,而可以长久维持。这就使得金融体系的"庞氏骗局"特性更为隐秘而不会被轻易发现。只有当经济危机发生,所有可以筹措资金的路子都难以为继、民众不再信任而拒绝跟风之时,商业银行破局才是必然的。

我们以股票市场为例,投机性的股票交易"牛市",就是以"庞氏骗局"方式制造出来的。通过投机者一轮一轮的投入不断抬高股价,依靠后一轮的资金投入来给前轮的投资者提供收益,这样的游戏一直持续着、直至没有新的承接者而崩溃。进入股市投资的人并不在乎股票本身的未来业绩,而是期望"吃下家"来致富,所以已进入者希望有更多的新进入者。很多股民的心态也类似传销者,明知各种"概念"是一个骗局,但却希望自己买入后有更多的人进入,自己获利后再崩溃。由于股价完全脱离企业内在价值的支持,这一游戏得以维持,必须持续扩张。与传销的性质相仿,传销的产品本身只是一个载体,本身的价值无关紧要,核心是整个传销架构的搭建和资金链的金字塔效应。

综上所述,对于商业银行来说,信用比"命"更重要,而要很好地"保命",防范信用风险和准确界定自身信用行为边际,明确自身市场定位和金融信用行为宗旨,恪守信用行为规则就非常重要!

8-5 金融借贷行为的信用问题

人们在社会活动中的行为都要遵守一定的行为规则。无论什么行为,如果没有规则的规范和约束,任由每一个行为主体都按照自己的主观意愿实施,那么这个社会必然是混乱和无秩序的,也是不可理喻的。人类行为规则的出现,是人类社会活动实践的产物,也是人的社会行为意识形成的过程,这个产物和过程源于人类的原始人伦道德基础,并不断发展演变成为现代的法律契约形式。

在现代社会契约信用发展过程中,商业银行的信贷业务是最常见、最频繁、也是最活跃的契约信用行为之一。

其一,发放贷款是银行收入的主要来源;

其二,通过发放贷款可以加强与银行重要顾客的关系,以增加银行出售其他服务的能力;

其三,通过银行的服务和经营,可以满足社会、政府和企业的需求,促进社会经济发展。金融信用行为是人类社会经济发展,尤其是市场经济发展催生的结果,在市场经济中,人与人之间的交易均是以货币作为媒介而进行的,其中最普遍的交易行为是金融借贷行为。现代金融信用借贷行为是建立在法律契约基础上的。因此,在信用行为理论基础上,针对金融信用借贷行为而建立的管理原则和经济行为规则,是普适性的行为指导规范和法律约束机制。

行为规律,即人们的实际行为与行为规则的约定俗成或法定之间,总是存在一定的时滞性,往往是实际行为在前,而行为规则在后;行为规则是根据实际行为规范和约束的需要而出现的,并随实际行为的变化而发生变化,因此,任何行为规则的基础都是不变的,但具体实施的行为方式与内容是不断变化的。

一、金融借贷信用行为的相关分析

对一般商业银行而言,它包括了现金资产、贷款、投资和固定资产四个大类,其中贷款是资产业务中最核心的内容,也是最典型的金融借贷信用行为之一。

(一)贷款政策

制定贷款政策的重要性在于,为银行管理部门和业务部门提供适当的信用行为标准和基本规则,使各项借贷行为遵守各项法规,保证本行业或本系统内贷款行为决策的一致性,同时向借款人和公众披露银行现行信贷行为策略的有关信息等,控制和调整银行贷款的信用规模和结构,最终实现经营目标。

1. 无论是以货币为经营对象,还是以信用为经营对象,银行制定适宜的信贷政策,均需权衡以下因素:

(1)明确银行贷款经营的战略目标。这是明确银行信用借贷行为规则和行为动机及目标最主要的内容,也是区分不同商业银行业务经营差别的关键所在。商业银行的经营是在一定的法制环境里进行的,银行的借贷业务活动需要考虑有关法律、条例与政府的货币财政政策。

(2)资本状况和负债结构(信用状况)。银行的信用资本起着保护存款账户资金的缓冲作用,信用资本的规模与存款的关系影响着银行能够承担信用风险和贷款风险的程度。一般情况下,只有自有资本占信用资产总额比例较大的银行,才能承做期限较长、风险较大的信贷放款。

(3)地区经济发展状况和经济周期。信用行为经济学指出,任何信用行为都与特定地区、人的行为习俗、行为偏好以及社会政治经济环境等影响因素有关。某一时期的国家货币信用政策和财政信用政策的紧缩和放松,直接影响到银行信用资本的规模以及信贷放款利率的高低,即"银根"松紧和利差水平、信贷资金头寸,对信贷资金的流动性产生明显的影响,从而必然对银行的金融信用借贷行为起到抑制和促进作用。譬如,稳定的社会政治经济环境要比受季节性、周期性波动影响的经济环境更利于银行采取积极和宽松的信贷政策;国家扩张性的财政信用政策和宽松型货币信用政策,对银行放贷有利,紧缩性财政信用政策和紧缩型货币信用政策,对银行放贷不利。

(4)存款的稳定性。对于商业银行来说,核心信用规模的大小是由资本金的多少决定的,而自身信用资产规模的大小主要取决于吸收存款的多少。"存款立行"的意思就是指银行存款是信贷放款的基础,存款量的变化直接影响信贷放款规模和借贷行为能力大小,也是影响银行借贷信用行为"风险性"波动的决定性因素。

(5)银行工作人员的职业素养、能力和经验。

2. 贷款政策的具体内容需要考虑的因素。由于商业银行贷款的资金来源主要依赖于负债规模。银行自身负债规模和负债结构在一定程度上制约着贷款总量。

因此,贷款政策的具体内容需要考虑如下几个方面因素:

(1)贷款规模保持适度控制。即在充分考虑第一准备资产和第二准备资产的前提下,在保证银行经营的安全性和流动性的基础上,能最大限度满足市场需要而作出的安排。

(2)担保品的类型及品质规定。这种规定是为了保持担保品的质量和相对流动性,是可以接受的类型和适合担保对象的范围一致性,便于银行信贷人员操作并及时检查。

(3)贷款的结构。即商业银行所发放贷款的种类以及各类贷款所占的比重以及风险系数。商业银行既要根据自身优势确定贷款种类,体现自己的经营特色,也要考虑多元化、多层次的结构安排,扩大经营范围,分散信用风险。

(4)贷款的多元化。主要是指商业银行在贷款种类、行业、地区以及客户的分布上,要具有不同的经济特征,防止贷款投向和投入量的过分集中,以降低信贷资产的综合风险。

(二)借贷行为分析

对于商业银行来说,任何一种借贷信用行为,信用变量分析是必不可少的环节。信贷业务,银行既要评估发放一笔贷款给某个行为主体(企业或个人)所要承担的风险,还要权衡该笔贷款能给银行带来的各种信用效益。商业银行贷款信用分析一般有以下内容:

1. 对行为主体自身的信用分析是重点。通过长期实验观察和银行贷款实证显示,行为主体本身的信用品质和行为能力是导致风险发生的主要根源,一般这种风险集中在行为主体信用品质结构的六个方面(简称"6C")。

这六个方面大体决定了行为主体的信用行为风险程度:

(1)品德(Character)。指个人或企业借款者对其所欠债务是否愿意归还。一般通过考察其过去的资信情况和信用行为记录,了解其借款介绍人以及通过同借款人面谈来做出判断。

(2)经营能力(Capacity)。主要是通过审查其财务报表,看其资金的流入流出是否正常,以及经营业绩,从而了解其行为责任能力。

(3)资本(Capital)。指通过借款人财务报表上的总资产总负债情况、资本结构、资产负债相抵后的净值,即借款人的物质财富状况,从而考察其偿还能力。

(4)担保品(Collateral)。指借款人用作借款担保品的质量,即清偿能力。

(5)经营环境(Condition)。指借款人在经济衰退及其他事件中的脆弱性,或说借款人在最糟糕的情况下的还款能力。

(6)事业的连续性(Continuity)。指借款人能否在日益竞争的环境中生存与发展,即对其信用前景的预测。

2. 对借款人的财务信用分析是关键。借款人的财务报表对银行来说是至关重要的,但要注意,这些报表毕竟是反映企业的过去信用,应用时要做即期的信用调查,并做出相应的未来信用预测,以得出正确的结论。

一般对行为主体的财务信用分析主要采纳财务报表分析和基本财务比率分析,从相应的财务数据的变化中分析主要的信用变量因素,通过与"标准样本"或"参照样本"比较,得出财务信用可靠性和信用行为责任能力评估结论。

其中,财务报表分析包括:

(1)对资产负债表的分析(财务时点数据分析),重点是资产项目、负债项目、资本三大方面;

(2)损益报告书(阶段性经营效益分析),主要考核或审查行为主体在某一特定时期内的经营状况和经营效益的高低。

基本财务比率分析包括四个方面的核算:

(1)反映短期清偿能力的比率,即流动比率、速动比率、绝对流动比率;

(2)反映资金和商品周转速度的比率,即总资产周转率、固定资产周转率、流动资产周转率、应收账款周转率、存货周转率;

(3)反映负债经营的比率,即资产负债率、资本负债率、资本固定资产率、资本流动资产率;

(4)反映利润比率,即销售利润率、资产收益率、资本收益率。

此外,在传统贷款的实践中,行为主体自身的资产常被视作贷款的主要保证,很少考虑现金流动;然而在资产的组成中,固定资产只是在行为主体破产后才会被清算出售,而只有现金才是还款最便捷可靠的保证。

近年来,一些商业银行为了提高对行为主体信用分析的效率和针对性,把现金流量分析从财务报表分析的信用变量因素中单列出来,实现了从资产保证到现金保证的信用分析和贷款决策的转变。近几十年来,金融信用研究还发展了许多观察企业信用的方法。例如,1977年由阿尔曼等人提出的Z分析模型,使用了五个比率:$X1$为营运资金与总资产比率;$X2$为留成利润与总资产比率;$X3$为支付利息及税款前的收益与总资产比率;$X4$为股票的市场价与总负债值比率;$X5$为销售收入与总资产比率。因此:

$$Z = a1 \times X1 + a2 \times X2 + a3 \times X3 + a4 \times X4 + a5 \times X5$$

其中,Z代表企业经营状况,a为各项资产的信用权数(或系数),利用统计方法求出系数后,$Z = 1.2X1 + 1.4X2 + 3.3X3 + 0.6X4 + 1.0X5$,若 $Z < 2.675$,则该企业将有很大问题;若 $Z \geq 2.675$,则说明企业经营良好。

3. 贷款信用风险分析是核心。行为经济学认为,金融信用的安全性,是指银行的资产、收入、信誉,以及所有经营、生存和发展条件免遭损失的可靠性程度,是商业银行在经营中首先要考虑的问题。与其相反的是遭受损失的可能性,即"风险性"。金融信用的安全性,主要来自如何把信用行为的不确定性转变为确定性。由于银行业务涉及各种各样的客户,由于借贷信用行为从资金发放到收回总有时间跨度,即具有信用行为的时间间隔特点,加上银行经营受到宏观环境的影响,信用行为的不确定性即"风险"乃是商业银行经营管理所面临的永恒课题。通常,商业银行经营中常遇见的风险有六种:

①信用风险(又"称违约风险");②利率风险(又称"资金价格风险");③汇率风险(又称"资金汇兑风险");④购买力风险(俗称"通货风险或货币风险");⑤管理风险(即"内控风险");⑥政策风险(又称"国家风险"或"系统性风险")。

从前面有关章节的叙述中,我们知道,从任何一种信用行为来看,风险就是损失的不确定性。无论是信用变量还是行为变量,对存在的不确定性,即风险的量化十分复杂,也是不太可能的。而作为外生变量——货币,对信用变量有着显著而直接的影响,尽管它是信用的一种特殊静态表达形式(即 $X=0$ 的状态),则是可以量化和真实核算的。因此,财务比率分析方法成为衡量银行风险的简便方法。这种分析方法虽然存在比较机械和部分失真(动与静之间的不配合)的弊端,但还是比较实用和方便的。主要包括:

(1)贷款对存款的比率,比率值越大,风险越大;比率值越小,风险越小。在商业银行分支机构的贷款业务上,由于资金统一核算和统一调度,一些分支机构经常会出现贷款量超过存款的"贷差",贷差越大,比率值越高,贷款不能按期偿还的可能性带给银行的风险就越大。此外,贷款的平均周期往往长于存款的平均周期(俗称"定活比"),贷款的比重越大,表明能够抽回资金偿付存款者提款(或支付负债需要)的余地越小,因而风险越大。

(2)资本对资产的比率,又称"杠杆乘数",它既反映盈利能力,也反映风险程度。数值越大,风险也越大;数值越小,风险也就越小。杠杆乘数增大,资本相对减少,意味着资产一旦损失,补偿损失的能力也相对减弱。

(3)负债对流动资产的比率。负债主要指流动负债,流动资产是指现金、在央行存款、同业存放款、一年以内到期的贷款和证券等。这一比率愈高,表示能够作为清偿准备的流动资产愈显不足,亦即风险越大。

(4)有问题贷款对全部贷款比率(即通常所说的不良率)。该比率值越大,说明有问题贷款越多,因而银行本息收回的风险也越大。若银行采用贷款风险五级分类法,则这一比率可以进一步细化。

此外,针对特定的政策动向和市场局势,银行资产负债的流动性状况、敏感性状况等,也是衡量风险的重要方面。需要进一步指出的是,信用行为变量是多因素复合结果,信用风险难以用具体数据加以定量化描述,在借助定量数据分析的基础上,必须辅以定性观察和实证分析,重在风险趋势判断而不在于大小,只有这样才能确保其可靠性。

二、商业银行授信行为的讨论及均衡函数的运用示例

在商业银行信贷管理的实践中,信贷管理理论也是不断变化的。早期银行信贷管理是早期信用理论研究的落脚点,逐步形成了比较丰富的理论体系,这些理论迄今对商业银行的信贷实践仍然具有比较大的影响。主要包括资产管理理论、负债管理理论以及资产负债管理理论等三个大类。

但本书则侧重于信用与行为均衡函数在商业银行信用风险管理中的具体应用,例如在贷款风险五级分类管理中的分析应用。通常,这种分析是按照商业银行贷款五级分类管理办法,结合有关信用与行为边际均衡函数,分别测算和评估客户信用等级、风险程度以及行为效用指标,综合评价客户的信用与行为的可靠性,作为贷款决策参考:

核心均衡函数:人=信用=行为效用;
——评价受信对象行为效用状况,并结合 6C 原则综合分析。
边际均衡函数:信用=行为效用/货币变量;
——预测受信对象不同风险情况下的信用度和信用等级。
基本均衡函数:信用=货币变量+行为效用;
——评估在信用风险可控前提下最佳授信的额度。

具体分析举例如下:

例如,某钢铁企业向某商业银行申请一笔额度 1000 万人民币、为期一年的流动资金贷款,用于购买生产原材料铁矿石,并向银行提供了其近三年来的经营情况和财务报表。最后,银行接受这笔贷款业务。

首先,银行授信人员根据其近三年的企业财务报表,进行相关数据收集,分析出该企业需要的行为成本是 50 万,产生经济效益是 1200 万,则得出行为效用总计为 1250 万。

这说明这笔贷款产生的经济效率比较理想,效率系数为 1.2,即毛利润率在 20% 左右,属于工业企业生产正常偏上的盈利能力。加上企业管理和企业负责人的历史信用记录无明显瑕疵,因而可信。

其次,根据预先测算的(如提前预设行为效用值)信用风险度,分为五级分类标准:假设定为 0~25%、26%~40%、41%~60%、61%~80%、81%~100%。这个标准可以根据银行经营的实际情况来自主确定,依据《巴塞尔协议》的有关贷款条款规定,并设定不同行为效用等级,统一计算以备用。

假定这笔贷款:
信用风险度=行为效用/货币变量=0.65
货币变量×信用风险度=行为效用

实际计算结果：1250≠1000×0.65

比较计算结果，两边均衡差额为 1250－650＝600 万

说明合理放贷的信用边际均衡在 650 万。

关于差额部分，企业至少需要向银行提供这笔贷款的信用担保折合出来的有效资金数量最低限在 600 万以上才行，否则就存在 600 万的风险缺口无法补偿。

再次，根据基本均衡关系测算放贷最佳均衡量：

信用＝货币变量＋行为效用＝1000＋1250＝2250 万

就是说企业要顺利申请到这笔贷款，对于贷款授信人员来说，审核企业本身可以作为这笔贷款信用保证的条件最低不得低于 2250 万，否则这笔贷款的发放就存在风险。

从以上分析过程可见，行为效用起着关键性的授信风险约束作用。银行业务人员在贷款操作中，不仅要看企业的报表数据，更要看其行为效用、边际条件和均衡要求。但这样的运用，还是以定性分析为主，假设条件存在着加大的变动因素。

三、商业银行经营管理行为的讨论

商业银行经营管理行为包括动机、目标和愿景三个部分。

商业银行是适应人类社会商品经济发展的需要而产生发展的。它把中介变量——货币作为"信用商品"经营。从本质上看，尽管中介变量货币是服务和服从于信用变量的人为设计变量和"信用商品化媒介"，但商业银行从"信用商品"的购销差价及批发销售"信用附加价值商品"和相关服务中获利却是自己的生存之道。虽然安全性、流动性、营利性是商业银行必须遵守的三大基本经营行为原则，商业银行经营要把遵循竞争的效率原则、安全稳健原则、规模适度原则作为自我约束规则，但是真正意义上的市场化经营的现代商业银行无一例外地都会选择货币信用扩张的信用风险经营行为为经营手段，不约而同地把争取最大程度盈利作为经营管理目标。

从性质上看，商业银行作为国家以特许授权形式经营的商业企业，按照国家法律授权规定，它是具有独立法人资格的信用行为主体，自主经营并具有自我约束机制。它运用市场机制经营业务，对整个国家和社会经济具有调节功能。严格地说，商业银行的经营活动，就是面向全社会的、信用中介的服务活动，商业银行的经营管理理论核心应该是信用管理，而不是其经营所采用的货币媒介商品的纯粹买卖，尤其是在原有货币媒介物质性基础（物资保证或"金本位"制度）消失后，现代货币商品——纸币的"脱媒化"和"虚拟化"不断增强

而成为信用货币的情况下,对现代商业银行经营管理行为的定位不仅是考验,更是挑战!

从现代商业银行的特点来看,说其是社会信用中介性服务企业可能比其他定位更加准确。因为,如果仔细分析其信用基础,除它是以"信用=货币"这种静态对等关系作为"真实商品价值"与"媒介商品——商品价值符号"互换的基础外,别无长物。

第一,商业银行自有资金比例很小。其中,按我国《商业银行法》规定,资本充足率不低于8%。《巴塞尔协议》规定,资本与资产的比例是,资本(包括一级资本和二级资本)应达到全部风险资产的8%,其中,核心资本与风险资产的比例不低于4%。商业银行资金来源绝大部分是吸收的社会公众存款,属于高负债型经营,而且主要依靠扩大负债来增加资产,才能追求更大的利润,因此,信用扩张是商业银行天然冲动的"本能"。

第二,现代货币(纸币)资金在商业银行的手中不像在工商企业中那样发挥货币媒介作用,而是被商业银行作为现实的生产要素通过货币使用以及收益权的"让渡"(即特殊形式的转让交易关系),实现货币价值符号的"增值"。显然,这种特殊的"转让交易关系"实际上是"商品价值符号权属"买卖,并无实际信用与之真实对应和作为基础。因此,商业银行本应该比其他企业更重视实际信用关系的平衡,而不是像俗话所说的,类似"空手道"的经营。

第三,商业银行经营"脱媒"或"虚拟"货币造成"与生俱来"的信用行为风险,是经营过程中必须时时防范的重中之重。由于信用借贷方式是商业银行资产经营的主要方式,而这种借贷只是单方面的资金使用权的信用转移,不同时付给信用等物,只有当借款者还本付息时才能获得等价的信用补偿。而借贷作为一种信用行为方式,从资金信用权力让渡到取得资金信用补偿,一般都有一段充满不确定性的时间间隔,在这样的时间间隔中始终存在信用变化、行为变化的各种可能,而这种变化会改变原来的信用预期,形成信贷资金风险。

第四,商业银行的金融货币媒介物并非随行就市自主定价,而是有自己特殊的定价方式。由于货币资金"商品"的价格不决定于它的价值(非信用价值),而决定于它以媒介身份参与企业利润分配的比例,因而商业银行无法通过自身努力去确定"媒介费用比例"(即贷款利率),而是取决于整个利润在社会各部门分配形成的格局和国家政府的经济政策等因素;取决于社会资金供求关系和货币供应量的变化。

即货币资金商品的实际价格=货币资金商品名义价格-社会物价上涨水平,或表示为:实际利率=名义利率-物价指数。

第五，或许正是由于商业银行作为企业化经营和自身身份的特殊性，其业务运作和管理监督要比一般工商企业特殊和更加严格。譬如，金融企业间的债权债务清算，在一定条件下能相互抵消，不必另行清算；金融企业与客户的债权债务关系能够继承和延续，如存款客户可以转存，贷款可以展期等；商业银行的分支机构按产权关系分独立核算和非独立核算两种形式；除与一般工商企业一样接受国家政府的法律法规的约束和管理外，商业银行还要接受中央银行和政府银行业监管部门的业务指导和监督。

第六，根据商业银行在社会经济中的地位，它所发挥的职能作用也是围绕中介服务的中心逐渐扩张的。从信用中介的基本职能起，通过负债业务将社会上的闲置货币资金集中起来，再通过资产业务把积聚形成的货币资本投入产业经济部门，从资金中介服务的利息差价、投资红利中获得利润。随之形成的支付中介职能，从代客支付到办理现金存兑，承担起货币保管者、出纳者和支付代理人的角色，减少了社会现金的使用，节约了流通费用，加速了社会资金结算和资本周转的速度，促进了社会生产的扩大，推动了经济发展。在此基础上，诞生了商业银行的信用创造功能。

这种功能是银行信用扩张的"双刃剑"，除需要从外部加强严格监管外，本身在使用上必须谨慎稳妥并能够做到严格自律。商业银行的信用创造功能，一方面，极大地满足了商业银行作为信用行为主体通过信用扩张实现追求利润最大化的需求。它不仅可以利用吸收的各类存款发放贷款，在支票流通和票据转账结算的基础上，原先发放的贷款又会转化成"派生性存款"，进而会形成一定量的"短期沉淀性"资金，增加商业银行的资金来源（创造出一部分"新"信用额度），最终在整个金融体系中形成数倍于原始存款的派生存款。另一方面，现代商业银行还可以利用自身的信用创造功能大量制造金融衍生品（虚拟信用形式产品），通过出售期权、权益和收益预期等风险性经营，扩张自身信用，获取额外利润，但若自律缺乏或监管不足，也会为金融信用危机埋下重大隐患。

8-6 防范和规避信用风险的"三道行为界限"

信用违约和行为欺诈的客观原因，在于现代市场经济的多样性和复杂性，因此要有效防范和化解信用风险，一方面要靠人们不断提高自己的思想意识水平和正确认识，另一方面则要依靠有效的社会法律制度和相关信用行为准则的制约。

一、市场经济活动的多样性和复杂性

对于市场经济活动的多样性和复杂性的具体内容,这里不便一一罗列,但我们可以抽取其中有典型性的行为来认识,其核心在于讨论行为的博弈与合作。

对借贷信用行为的研究属经济学范畴。主流经济学的基本假定是"理性人"假设,即经济活动的主体都是利益或效用最大化的追求者。信用行为经济学则认为,"理性行为人"在最大化利益偏好时,需要相互合作,而合作中又存在冲突。为了实现合作的潜在利益和有效地解决利益冲突,人们用各种制度、法规或政策来规范行为。

当某利益主体在行为决策中一方面受到其他利益主体的影响,另一方面又影响到其他利益主体的行为选择时,就不可避免地产生博弈问题。不论是国家与国家之间、中央政府与地方政府的主权信用活动,还是企业借贷信用活动以及个人信用行为,都存在围绕着利益的信用行为博弈。

国家或企业的各项信用制度从出台到执行的过程,往往也是利益集团及政策相关人多方行为博弈的过程。博弈各方可以通过对信用行为博弈的分析,来调整自己的信用政策或信用决策行为,从而提高信用行为的效率。政府信用行为的调整乃至社会制度的变迁亦是博弈的结果。

其实,信用行为博弈广泛存在于人类社会生活的方方面面,尤其是市场经济体制下,很多事情都可以表现为一种信用交换形式的博弈行为。

在《行为博弈论》中,对于非合作博弈,通常用到两种表述形式:扩展式模型、策略式模型。对于合作博弈,联合式模型是标准工具。扩展式模型,对参与者采取的相继行动以及参与者采取行动时所拥有的信息给予了准确的描述,从而详细给出博弈情况的进展:"谁知道什么和什么时候?"以及"其含义是什么?"策略式模型,是一种博弈计划,即假想参与者无论遇到何种意外情况都打算那样行动的详细说明。参与者选择一种策略意味着他在博弈开始前作出了一个普适性的决策,这个决策包括他在博弈中可能做出的基本决策。

由于社会活动中的信用行为博弈复杂多样,无法一一细论,这里我们简单分析普通的借贷信用行为博弈。

(1)企业与政府的信用行为博弈。在市场经济体制下,企业信用主体地位的确立,使得企业追求经济利益最大化的理性日益明显。为此,企业一方面需利用自身信用,力求更多社会资源来为自身的经营服务。另一方面在市场信用制度或规则尚不完善的情况下,企业会利用信用制度的真空,尽可能地减少向政府的财富转移,以求自身效益最大化。即便是在国家信用制度可约束的范围内,它也有一种强烈的冲破制度束缚以增加自身利益的动机。其中偷漏税、失信、违约、不履行合同等种种违法、违纪、违规操作行为,就是典型的表现。而作为博弈一方的政府,追求的是社会总福利的最大化(抽象为政府财政收入的最大化),政府总是力图从企业抽取更多的利润,以增强其公共资源、公共品或公共服务的信用供应能力,提高全社会的福利水平。政府为减少从企业获取利润的成本,总希望企业信用行为的规范化,并尽可能地提高其信用透明度。而企业为增强与政府的博弈力量,又会尽量掩盖其真实的信用行为与信用动机,减少自己信用信息的外供量。由于政府处于两难境地,不得不采取完善税制、加大税收征管力度、实施会计委派制和独立董事制度等多种措施。企业与政府的博弈也就在这种信用制度规范与违规操作行为并存的状态下,取得暂时的信用均衡。

(2)企业内部的信用行为博弈。主要表现为集团公司内子公司与母公司的信用博弈以及信用委托——代理关系下的企业经理人与企业所有者的信用行为博弈。我们可以形象地将集团公司或母公司看作子公司的"政府",它们之间的信用博弈关系基本同于上述企业与政府的信用博弈情形。而信用委托——代理制及产权制本身就是信用博弈的产物。作为企业经理人,受托管理企业必须寻求企业利益和自身利益的最大化,在企业各项资源包括信用资源的利用方面,经理人会加以充分利用,以谋求其任职内最大的经营业绩,甚至全然不顾企业信用资源的持续性问题。即便是在经营结果明显不利的情况下,经理人也会在操作行为上做出利己的变动。而企业所有者既要求经理人能帮助实现股东权益的最大化,也要求企业信用资源的可持续利用。在经理人理性与所有者理性存在冲突的情况下,所有者寄希望于采取委派财务总监和加强对经理人信用监管力度等办法,达成博弈均衡。因而,许多公司内部成立了审计部或监管部,或组建信用管理公司来统一集团内部信用的运作。

(3)信用行为博弈与参与主体信息的不对称。行为博弈论研究以不同行为主体之间的信息不对称为理论假设之一,即不同行为主体所掌握的信息量是不一样的,而这些掌握着不同信息的行为主体,其相互之间的信用决策关系和影响又具有复杂多变性。

信用行为博弈也是以信息的不对称为前提的。在企业与政府的信用博弈中,企业和政府各自所掌握的信息量是不一样的,对于企业自身的信用信息,政府一定不如企业掌握得多和真实,而企业也一定不如政府对主权信用信息(包括信用环境)掌握得充分和全面。正是这种信息的不对称,使得企业与政府在对各自利益或效用的期望中产生了借贷信用博弈动机,形成了信用行为博弈中力量的差别。企业自发地组织行业协会,正是为了更多地取得为政府所掌握的主权信用信息,并指导企业借贷信用行为与政府的信用政策和社会信用环境协调一致,而政府派出审计监督机构,也正是为了更充分、全面地掌握企业的经营活动与信用行为信息,一方面查处企业的信用违规操作,减少企业信用"黑洞",将应属于政府信用制度内的收益全额、足额入库,另一方面也便于调整政府信用行为及其国家信用决策,减少政府信用行为偏差。

同样的道理,在企业内部的各种信用行为博弈关系中,博弈各方所掌握的信息量也是不一样和不对称的。信用委托—代理制下,信息的不对称会使借贷信用行为博弈的一方产生道德风险,包括企业经理人(或代理人)对信用行为隐藏和对信用信息隐藏的道德风险。企业所有者(或称"委托人")只能观察到代理人的借贷信用行为的结果,而不能直接观察到代理人的借贷信用行为及其信用状况本身。在这种情况下,信用委托人所面临的最大问题是设计一种激励机制,诱使代理人从自身利益出发,选择对信用委托人最有利的信用行为(如真实地报告信用状况)。同样,企业经理也需对销售人员制定激励办法,把他们的利益捆绑在一起,减少逆道德行为和发生借贷信用行为的逆向选择问题。

(4)借贷行为博弈与信用制度的变迁。从宏观看,一切制度在本质上都是博弈的均衡,社会和其他组织都是均衡的产物,是"游戏规则"的结合体。行为博弈论认为,理性的博弈参与者都按照博弈的规则行事,一种制度(体制)的安排必须达成一种博弈均衡,在此前提下的制度才可以自我实施,否则这种制度的安排就无法成立,也无法贯彻下去。

政府或企业在制定某项信用制度或作出某种主权信用选择行为时,总希望其制定的信用制度或作出的信用选择行为是最优的,而且也希望对信用制度的执行或行为的支持是最彻底的,否则就会出现动态信用不均衡的现象。从微观角度看,企业是一组契约的组合;由于行为的不确定性和信息的非对称性,任何契约总是不完备的。由此决定了激励机制的重要性。

激励问题从本质上讲是非对称信息博弈在经济学中的应用。借贷信用行为的博弈均衡对信用制度的变迁有非常重要的意义:

第一,任何一种借贷信用制度要有效力,都必须取得参与各方(博弈参与人)的同意。

第二,借贷信用制度虽然为参与各方同意,但并不意味着各方都赞成。某些参与人虽不赞成,但出于自身利益的考虑,他们会认为维持现有借贷信用制度或同意改革制度对自己的损失最小。在这种情形下,借贷信用制度也会保持某种虽不好但却是均衡的状态。

第三,借贷信用行为博弈均衡在很大程度上表现为一种信用制度的僵局。

对于一种不好的借贷信用制度,虽然大家都不满意,但没有人愿意牺牲自己的利益去改变这种制度,而借贷信用制度的变迁又需要打破这种僵局。

第四,借贷信用行为博弈均衡揭示了信用制度变迁的悖论状态:信用制度要能成立,需要求得均衡,但均衡又会造成借贷信用制度陷入僵局而不能创新。所以,信用制度变迁需要在这两者之间寻求一种更好的选择。

第五,借贷信用行为博弈均衡还有一种"搭便车"的情形:在各种借贷信用关系中,参与博弈的各方的力量并不是一样的,往往是力量最大者率先进行新的选择,而小的参与者在无为中搭其"便车"。因而,借贷信用制度的变迁往往是由力量大,也就是由有可能付出信用成本后还可能获得利益的一方去推动,这一部分人比其他人更有推动信用制度变迁的积极性。在一家企业里,如果对企业有较大影响力的一方参与了借贷信用行为的博弈,那么整个企业借贷信用制度创新的进程就会加快。

二、防范和化解信用风险不可或缺的"三道行为界限"

一般,市场信用秩序良好,是社会经济活动健康运行的基本保证,它依赖于市场信用行为的三种约束:自律、他律和法律制度约束。通常,有效的信用行为都是这三种约束相互依赖、相得益彰、不可或缺的。同样,这也是人们维持市场信用秩序,防止失信、信用欺诈、信用扩张过度等不良信用行为发生的"三道行为界限":第一道界限,是市场行为的自律;第二道界限,是市场行为的他律;第三条界限,是市场行为的法律制度约束。

1. 买者自负、卖者有责,自律是第一道界限。在以信用交易行为为主的市场经济中,买者自负是一种基本行为原则。其含义是买者要从购买行为中获得经济利益的话,自己也要承担购买的信用风险,即市场有风险,买卖须谨慎,量力而行,损益自担。卖者有责是与之相对应的行为原则,即卖方行为应遵守诚实守信、童叟不欺的行为规范,并能承担违约赔偿的契约义务和责任。由于市场信息不对称等客观因素的存在和信用行为的不确定性,卖方不能随意假定买方在购买行为决策形成以前,对所购产品已经做了充分的信用调查。逐渐地,这一原则也开始要求卖方对产品的已知缺陷和风险做适当的披露。

买者自负、卖者有责就是一种市场交易行为自我约束的基本道德规范和准则。在市场经济条件下,任何信用行为或投资行为都是有风险的,交易者或投资者要获得收益,自然也得承担可能的损失。这个原则是以道德约束行为的方式,要求每一个信用交易者或投资者对自己行为负责任,同时也必须对交易对手承担起诚实守信的责任。

因为单纯的买者自负原则,避免不了卖方不诚信的承诺及欺诈行为。一且出现产品纠纷,买方在法庭举证卖方信用欺诈很困难,而且成本相当大。同样道理,若单纯的卖者有责,也会造成买方因自私的需要借某些信用行为反悔的策略,有意干扰诚实守信的基本规则,而给卖方造成实际利益损失。譬如商品造假是所有消费者痛恨的销售行为,但同时也有一些信用行为品质存在道德瑕疵的人,会钻空子企图获取更大利益,把商品打假变成"假打",把商品性质故意弄得概念不清。因此,市场公平交易能达成信用合作的一个前提就是,买卖双方遵守卖者有责、买者自负的共同自律原则,其也是市场信用行为的第一道防线。金融业的买卖纠纷,通常是因为一方面买者对信用产品缺乏了解而冲动购买,另一方面卖者为获取利益而诱惑或误导买者购买并不适合的金融产品、投资品。卖者与买者间信息不对称,卖者往往居于信息占有的有利地位,因此,从现代市场交易的契约行为来讲,买者自负、卖者有责是非常关键的行为原则。

通常,金融信用产品的市场大体上可以划分为两个:一个是面向散户投资者的"零售"市场,另一个是面向专业人士的"批发"市场。买者自负、卖者有责的原则在这里也同样适用,但需符合法定行为条件。例如,在香港"批发"市场上,投资者都是专业人士,被相关法律认定为专业投资者的大概界线,需要拥有超过100万元港币的财富。这个界线以上的投资者,被认为完全有能力管理好自己的利益。零售市场则对信用信息披露及卖方尽职要求较高,由此可较好地保护个人投资者的利益。卖方被要求给予尽可能大的透明度,并说明所销售金融信用产品的收益和风险。在这个零售市场上,适用的是信用匹配客户的原则。也就是说,卖方在销售过程中有义务确保所售信用产品适合投资者的真实信用需求。比如,金融机构不宜将一种10年内不能收回投资的高杠杆、结构化信用产品出售给一位80多岁的高龄老人或缺乏必要认知行为能力的人。金融机构不能向法定的无行为能力自然人或限制行为能力自然人,在没有法定监护人在场的情况下,办理买卖金融信用产品或实施存贷款等契约信用行为。

信用行为上买者自负,是指买者在充分享有有关信用风险信息和知情权的情况下,对自己的市场购买或交易行为的真实性以及形成的损益负责。自律主要包括买者需要对自己提出实施信用行为的三个核心问题:

第一,你知不知道买的是什么?

第二,你知不知道其中的信用风险?

第三,你能不能应对这些信用风险?

如果对这三个问题的回答存有疑问,就应该去咨询信用问题专家,或者自己深入学习。如果对这三个问题一无所知,却还执意去做,本质上与冒险或赌博就没有区别了。

2.市场有效的监管和社会舆论监督,他律是第二道界线。2008年世界性金融灾难,给全球经济造成的损害绝不是用单纯经济衰退、资金损失、市场价格波动、失业率、通货膨胀、金融机构破产倒闭等金融信用问题来衡量的,其范围覆盖了社会政治、经济、法律、文化、世界货币信用体系、社会信用制度等方方面面,影响程度目前还很难给出准确的结论。但不管未来人们对这场危机得出什么样的结论,有一个不争的事实是:缺乏有效的市场监管和被普遍认可且共同严格遵守的信用制度,是导致社会信用不良行为泛滥的根源,也是危机发生的主要原因。事实证明,有效的市场监管(他律)是信用行为的第二道界限。

例如,金融机构在销售信用产品时,社会公众对其有何期望呢?从行为经济学理论分析看:

首先,他们能够诚实尽职地履行相关义务。比如,收费结构必须非常清晰,所包含的收益和信用风险要充分说明,还要说明这种金融信用产品是否适合投资者的需要;其次,投资者的资金应该被单独存放在一个合法账户或者委托保管账户,用以保证投资者的资金不会因为金融机构自身信用出了问题而遭到侵占;再次,金融机构在出现信用合同纠纷时,要公正地对待投资者。

鉴于上述期望,金融监管机构作为政府监督部门,又是政府授权行为的代言人和执法者,其第一位的职责是服务于公共利益。它们需要监督金融机构是否合规经营、财务是否可靠,并关注金融市场信用的系统风险。与金融业自律一道,监管机构还负有教育投资者的责任,一起保障金融市场有效、透明地运行。为了协助投资者做出明智决策,监管机构开展对投资者的信用知识和风险教育非常重要,用以告诉投资者不同的金融产品如何运作,风险何在。

如果这道防线失守或失效,那么在市场自由化的情况下,行为主体的理性行为人本性,加上信用扩张行为偏好,金融信用行为会出现什么状况,可想而知。例如,市场信用交易行为的参与者都必须按照社会法律制度的要求,严格遵守有关信用交易行为的法律规则。这意味着全部的市场参与者,如交易对手、中介媒体、金融分析师、律师、公司董事会成员以及其他利益相关者,都需要按照相关法律规定行事,以维护市场的良好运转并有效保护投资者的利益。

3.现代法律制度是不可随意逾越的第三道行为界限。在现代市场经济活动中,人们几乎所有的社会行为(最主要的是经济行为或信用行为)都涉及在恪守人伦道德基础上的契约关系(合同关系),在"陌生人社会"人与人之间的交往、交流和交换(交易)行为绝大多数都是通过契约关系来完成的,即使在"熟人社会"现代契约关系也是现代社会最普遍、最基本的行为方式。契约关系是保持人类社会行为道德伦理和基本秩序的核心要素,也是必须依靠规范、完善的法律制度来约束的行为关系。

因而,人们对社会法律制度建设向来十分重视,也不断提高其行为约束的实际效果,同时考虑市场信用行为的复杂性、多样性、不确定性等多重因素,采取多层次综合防范的办法进行应对。例如,对西方金融监管而言,除国家制定一系列严格、规范和完善的法律制度以及全面细致的信用行为法律法规外,金融市场信用的监管向来是许多机构共同行事。即使在推行一元化的超级监管者的国家,比如英国,金融服务管理局也需要有警察署、贸易工业部、行业协会等各个机构共同管理市场信用行为欺诈和违规行为,而且惩罚措施十分严厉。

需要指出的是,人类社会是不断发展进步的,任何国家的法制建设都不是一劳永逸的事情,无论是西方一些自称民主法制比较健全的国家,还是处于民主法制建设进程中的发展中国家,没有现成的典范或范例可效仿,每一个国家的法律制度和法律法规都不是完美无缺、无懈可击的,都有一个不断规范、不断完善的过程。随着现代市场变得越来越复杂,提升政府、金融机构、投资者、中介机构以及监管者对市场信用行为的法律认识和规范、完善法律制度建设依然是当务之急。既可靠又好的金融产品一般最受人们欢迎,同样,最好的法律法规约束也应该是"易明,易行",而最好的市场信用行为则应该有规范、完善的法律制度来充分保护消费者和投资者的利益。

行为主体如果出现违反法律规则的行为,一是必须承担相应的法律责任,二是必须接受法律给予的惩罚。所以,对于现代社会的市场信用行为,规范、完善的法律制度和严厉的制裁手段是第三道界限,也是最重要、最关键、最有效的"最后一道界限"。

如果这道防线被突破,那么人们对市场信用行为的约束就完全失效了,不仅会造成经济风险以及不可挽回的信用损失,也会导致社会信用环境的恶化、社会人际关系和社会经济秩序的混乱局面,严重时会造成社会信用危机。即使一些法律救济制度可以帮助人们缓解一些危机压力,补偿部分信用实际损失,但信用危机带来的影响却难以弥补。

经济全球化带来的一个悬而难决的世界性信用与行为问题正摆在现代人类社会的面前:全球各国之间的信用与行为如何均衡?人类如何解决跨越了国界的市场经济行为的法律法规约束问题?当面对人类强权控制力超越了国家主权界限的信用行为,在非对称博弈和不平等合作的环境下,如何建设起全球统一、协调、合作、有效的法律信用制度体系,并使之不断地规范、完善,这还有待我们给出答案。

第九章 现实社会中的信用与行为问题及展望

本轮世界金融危机对美国信用的权威性、对美元货币信用的绝对霸权地位提出了挑战,于是世界进入了一个美国经济和社会信用绝对权威不断下降,西方发达资本主义国家纷纷被欧洲主权债务危机拖入经济泥潭的境地。巨额的财政赤字、沉重的债务负担、庞大的政府开支以及经济复苏步伐缓慢、国内失业率高等原因,让美国和西方发达资本主义国家已经没有能力支撑这个世界的货币信用体系和维持整个世界信用制度的均衡。

可以这么说:是"强权"货币在摧毁这个以信用均衡为本的人类世界。这就是当前世界经济最大的不确定性。

9-1 值得警惕的几个信用与行为问题

毫不讳言,当今社会最突出的问题是人类信用与行为失控,其中最为显著的现象是——货币超发。

货币超发不仅是国外的问题,也是中国近年来最重要的经济基本面。有关统计资料显示,1990年到2010年6月,中国M2扩张44倍,同期美国才扩张2.6倍。2010年9月末中国M2余额78.74万亿元,约是同期GDP的2倍,而相比之下美国的只占0.8倍。此外,由于中国一直以来在产业发展方面过度依赖出口和政府投资拉动,银行贷款及土地资本等过多集中于政府和国有企业,居民消费对经济发展的拉动作用不强,再加上为应对2008年世界经济危机以来维持自身经济增长需要而集中出台的4万亿经济刺激计划,以及各级地方政府大规模地举债,进一步推动了货币超发。

从本原上看,金融放纵和债务泛滥是当今世界经济严重失衡的元凶。从本质上看,世界经济的失衡就是资本失衡,包括产业资本失衡、国家债务的严重失衡、国际资本的严重失衡以及国民财富的严重失衡。这些失衡最终都将集中体现在金融——经济枢纽和核心身上,虽然外观上表现为货币失衡,根本却是信用失衡。

因此，本书在前面章节的基础上，对信用与行为均衡问题的几个值得关注的方面简单做一些必要的阐述。

9-2 经济学研究中几个认识论问题的哲学思辨

哲学，是研究关于人的世界观的学问，它研究的世界观问题是人类认识世界、了解世界以及改造世界最本质的学问。认识论问题，历来是哲学最为重视的问题之一，它和方法论一道组成了哲学强大的思辨体系。从哲学对人的研究，到经济学对人的研究，是一个无法分离的必然过程。人类的任何活动包括经济行为都少不了世界观的指导。反过来，人的世界观的正确与否，都必须接受实践的验证。因此，经济学既是一门实践性科学，也是一门认识论的科学。

在现实经济生活中，人离开了正确的认识论和方法论的指导与帮助，就会眼前一片"漆黑"，不知自己究竟应该如何，最终或将一事无成。有无数事实证明，人类之所以常犯错误，其中一个原因，就是他的认识论出了问题，被不正确的世界观、人生观以及价值观支配。

一、结合本书的理论阐述，择出其中有关概念加以认识

1. 理性与感性。理性与感性问题是哲学认识论中最基本的问题之一。唯物主义哲学认为，人的认识从感性开始，上升到理性阶段，再从理性回到实践检验，然后再次上升为理性。如此循环往复，永不停歇，每一次循环，都是一次认识的升华。但每一个上升，都要经历一个相应阶段，不可能一帆风顺，也不可能一次完成。人类对经济学规律的认识，也是如此。

2. 唯物与唯心。历史上人们对唯物与唯心，一直存在着较多争论，这是一个认识论的出发点问题。认识论和方法论相互结合，感性—理性—实践这个循环规律被人们证实。人们懂得，这是人类认识事物或问题的两个不同阶段的相互对应。唯物是感性认识阶段的基础，唯心是理性阶段的依据。既不单纯是"存在决定一切"的机械唯物主义，也非"我心，故我在"的教条唯心主义或形而上学，而是辩证唯物主义。

3. 真相与假设。哲学上曾出现过关于真理问题的辩证唯物主义和历史唯心主义的激辩，"真理总掌握在少数人手里"、"千秋功罪由历史评说"和"实践是检验真理的唯一标准"的讨论曾十分热烈。它促进了人类思想的解放，也推动了中国改革开放取得巨大经济成果与社会进步。真相与假设，在哲学上理解就是一步之遥的事情，真理多走一步，就是谬误，同样假设多走一步，也许就是真相，两者之间并没有完全隔断的那堵不可逾越的"墙"。

4. 精确与模糊。也许可以这么比喻,人们对待经济的理性态度,是以讲究精确为主。因此,人总喜欢把数学、统计、会计等一切可以做到精确的手段用在经济活动的各个方面,哪怕是一个小数点的位置问题或一个时间的微小间隔也不想放过。但真正实施起来,却发现误差总是存在的,计算总是并不精确的。而哲学上对待经济的理性态度,就是模糊,最重要的概念是"范畴"和"度"。这是不是哲学家们故意放弃了"精确"而偏爱"模糊"?其实不是,他们认为:精确和模糊之间,是一种可以相互变化的范畴,差异的大小不在具体的数字而在于"度"。

5. 均衡与不均衡。类似上述"精确与模糊"的解释,原理相似,这里不再过多说明。只是补充一点,两者的差别是相互比较或彼此权衡的结果,这种"度"或者"范畴"其实就是事物的"边际"。

6. 判断与评价。这里需要说一下判断和评价的问题。从判断的功能来说,它和评估有些类似,主要是根据相关事实,作出评判、预测。它考虑的是事物的变化、倾向及未来可能的趋势,带有较多的模糊性,不追求精确,像日常生活中给人指路一样,告诉对方一个大概的方位和主要路线。而评价依据的也是事实,但它依据的是可靠的数据和方法,与会计要求的精确无误类似。它考虑的是事物变化的准确规律、精确的数据、明确的方向、测算的精度等。这与测量类似,一座山有多高、海拔多少、有多大体积等等。

二、本书所提出的针对当前经济问题的几点认识

正如导言所说,本书挑战货币银行学相关理论的学术核心是货币基础及货币衡量工具问题,这是造成世界信用体系紊乱和"货币大战"的根源,也是导致世界经济严重失衡的主要原因,同时也是导致人类"沦陷的理性"的化学催化剂。

1. 针对这个核心问题,本书提出了改革货币体制的对策与思路,就是以信用与行为均衡关系为基础,在暂时无法有效取代货币作为唯一衡量工具的情况下,辅助行为效用作为约束手段,提高信用评价水平和能力,严格控制货币发行和以增发货币或大量举债来刺激经济的办法。

核心均衡:人≈信用≈行为效用;

基本均衡:信用变量≈货币变量+行为效用;

边际均衡:信用变量(度)≈行为效用/货币变量。

采取全社会信用总量调控的办法,借助新增 GDP 总量预测调控宏观经济,均衡第一、第二、第三产业在国民经济发展中所占比重,防止第三产业过快、过多、过滥发展。用信用均衡方式来分析具体的信用调控、货币增(减)量、

信用评级、信用评估、人的信用行为监督与约束、信用与行为的控制方法、措施和风险防范手段等。

2. 改革金融经营结构和体系，加强体制、机制建设和金融市场制度监管。加强统一货币体制建设和信用保证制度建设，优化全社会信用环境，加快信用制度和评级监督制度建设，完善社会信息渠道和法律体制，增强公民法制观念和法律约束力等。

(1) 金融信用制度变革。实现金融信用的优化配置，从而带动整个社会的资源实现优化配置是金融的基本功能。构建与经济转型相适应、具有强大资金聚集能力和较高资源配置效率、"多元均衡"的金融信用制度已迫在眉睫。

(2) 金融信用资源配置结构变革。把经济结构战略性调整作为加快转变经济发展方式的主攻方向，把建设资源节约型、环境友好型的信用社会作为加快转变经济发展方式的重要着力点。

首先是与产业配置结构变革相伴随的金融信用资源配置对象的变化。过去几年，新兴的互联网产业和服务业涌现了一大批以民营企业为代表的高度市场化的信用行为主体，随着国有资本从竞争性行业退出，未来产业的创新活动载体更多的将会是贴近市场、反应灵敏的民营企业。金融业存在"重国有轻民营"的现象，国有大中型企业过度获得金融资源的同时，大量民营企业却无法从正式金融体系得到融资，创业和创新活动更多依赖民间非正式资金渠道和企业的自我积累。因此，在经济转型的进程中，要加大对创业与创新主体的金融信用资源配置，切实推动实体经济的创新发展。

其次是金融信用资源配置空间结构变革。统筹城乡发展，积极稳妥地推进城镇化，促进东西部地区协调发展是我国未来经济发展的方向。与之相适应，金融信用资源配置空间结构应从"集中于发达城市"向"区域均衡"转变，从"热衷于虚拟经济"向"重点扶持实体经济"转变，从"重点产业均衡"向"全面均衡"转变。

(3) 金融中介服务机构发展方式变革。用金融信用整体协调发展的眼光，预见未来5年金融机构发展的方式。

首先，现有金融中介服务机构的业务模式亟待转变。随着利率市场化进程加快，利差收紧是大势所趋，过去单纯靠信用扩张的业务方式必须改变，对"以钱生钱"的经营模式必须严格遏制。与此同时，金融监管部门要重视信用风险控制，不断强化对金融中介服务机构的资本硬约束，使商业银行单纯依靠信贷规模扩张的高风险业务模式无法持续。促使金融中介服务机构及时调整传统业务模式，转向资本节约型的多元化信用中介服务模式，从完全靠利差转变为以利差收入与中间业务收入均衡的盈利模式。

其次,金融中介服务机构的增长方式亟待转变。新的历史时期,金融中介服务机构应适应经济发展方式的转变,创新发展理念,推动自身增长方式的变革,从依赖外延扩张的粗放型增长转变为依靠内涵提升的集约型增长。实现从"跑马圈地"向"精耕细作"的转变,从同质化竞争向差异化竞争的转变,从向规模要效益到向精细化管理和服务要效益的转变。

9-3 总体对策问题和本书有关见解归纳

本书提出需要改变现行做法的措施主要有:

一是如何改变和扭转"货币衡量,唯我独尊"的格局,让人类经济能够回归自己本来面目的问题。

二是如何运用静态的货币手段较为客观地反映动态的信用真实价值,让信用能够"动与静"、"虚与实"有效结合。本书提出的一项过渡性措施是采用行为效用测算、评估与辅助。

在对策上,主要包括以下几个方面:

1.宏观经济政策及主权信用问题:

主要是:①货币政策、财政政策与宏观调控;②产业发展的第一、第二、第三产业协调与均衡发展问题,重视关系信用基础的产业,重点抓好实体经济的发展,调控虚拟经济;③社会信用制度、法律制度的建设和完善;④生态环境建设和城市人文、宜居环境建设;⑤国家物资及战略资源储备体系和信用资源管理。

2.金融政策、货币发行制度及金融体系建设问题:

①合理分布、有序发展、集约经营;②信用监管制度和信用评级体系建设;③经营管理、体制机制改革以及经营方式变革;④行业薪酬分配制度和绩效考核办法改革。

3.企业、个人信用与行为问题:

①完善市场调节机制、鼓励竞争、供需平衡、合理分配;②提倡资源有效利用和行为约束,提高利用水平;③注重产业布局和产能均衡,合理引导民间投资以及与社会生态环境的均衡协调发展;④扩大公民教育、环境建设、学习体系三方面的投资,提升素质;⑤建立覆盖全社会的信用评级体系,有效改善社会公共福利条件,量力而行,以收定支等。

就具体措施的实施来分析,任何国家的社会经济增长都离不开适度的信用扩张行为,维持适度的信用扩张行为可以激发人的行为积极因素,满足人们日益增长的物质和精神生活需求。换句话说,适度的通货膨胀对经济增长是有利的。所谓适度信用扩张行为就是与行为主体自身信用行为责任能力相匹配,即维持"信用变量≈货币变量+行为效用"函数关系之间的相对均衡。或者说是社会信用总量要与货币增长量及货币发行行为速率之和保持均衡。

社会经济活动的不确定性表现在,经济增长是交易行为的正面结果,但有交易就有信用风险,交易行为的风险是出现负面结果——经济衰退。因此,人类要保持经济的增长,应该有忧患意识,要保底线。对一个国家主权信用来说,信用底线是实体经济的有效增长。因此,需要重点关注国家信用基础——实体经济和有效信用总量的实际增长,重点关注粮食、石油和金融系统三大风险。具体地讲:

(1)广义的粮食、物资和食品的安全。中国有句古话:"手中有粮,心中不慌。"或者说"无粮不稳",意思是说,粮食是国民经济增长和社会经济稳定的基础,是国家信用的根本保证。换句话来讲,人的手中持有的钞票再多,没有粮食,一切信用都是空谈。粮食作为国家信用基础的行为不确定性,一方面由于人类生态环境的恶化,自然灾害频发,人口增长,但粮食持续增产的潜力有限;另一方面人们生活水平的提高,不仅使得食品对粮食提出了要求,日常用品也离不开粮食。包括我们间接消费的牛奶、肉都是从粮食来的。人类不能保证粮食生产的安全,如果世界主要粮食生产国的产量下降,很有可能代表全球粮食价格迅速上涨。也意味着国家信用基础发生了动摇,后果不可预料。此外一个不容忽视的信用风险因素在于国际市场,美国和西方发达国家不断加强的信用扩张行为,尤其是货币超发导致国际金融市场货币流动性高度宽松。高度宽松的流动性,会炒作全世界粮食生产短期的不足,使得粮食价格迅速上涨,毫无疑问这对世界经济是一个重大信用风险。

(2)夯实各类信用基础,应对好各类资源价格风险。资源是一个国家信用最重要的物质基础,也是信用行为能力的重要保障。尤其是一些国民经济生产、社会生活和民众消费所必需的各类短缺性资源,诸如水资源、电力、天然气、煤炭、农产品、林产品、矿产品、金属原材料、动植物等。按资源短缺程度和对外依存度来看,首当其冲的就是石油。

在社会信用总量没有相应增加的情况下,货币量化宽松政策的直接表现就是市场货币流动性过剩,2011年世界资本市场的黄金价格比2007年涨了将近1倍,2007年每盎司不到1000美元,2011年猛升到1300、1400美元,最高一度突破2000美元。如果现行货币信用行为不加以改变的话,预计未来黄金价格继续走高是可以确定的大趋势。例如,按照原先世界货币体系"金本位"联系制度来等量简单核算的话,也就是说现在的货币信用规模放大了1倍,而货币信用实际价值至少贬值了1倍。原先的1美元钞票代表的信用价值,现在要用2美元甚至3美元来替换,这是个惊人的数字和过度的信用扩张行为。而这正是当前以美国为首的西方发达资本主义货币"强权"国家向海外市场输出危机,向其他国家转嫁自身信用危机的"杀手锏"和所谓的"自救"措施。

(3)积极化解信用领域系统性风险,严格监管货币信用。为了满足经济连续多年快速增长的信用规模匹配的需要,全球货币发行量和投放量已经非常高。货币超发,不仅是"量"的问题,更严重的是"质"的问题,重要的是社会信用扩张与社会信用供需是否真实匹配和均衡的问题,是效益型扩张还是成本型扩张的问题。实际上,成本型扩张是货币超发的主要原因。金融作为一个国家社会经济的命脉和枢纽,货币超发意味着人们名义工资增长和实际工资下降。也导致金融机构的信用行为能力的削弱和下降,由于信用行为的时滞效应,主要后果会在未来5~10年,甚至更长时间之内才会显现,而一旦系统性风险爆发,出现大量"坏账"或"死账",这对一个国家信用基础的打击和对全球信用体系的破坏将是毁灭性的。

9-4 促进中国社会经济结构转型

从中国的社会信用结构来看,市场化的信用体系以金融信用行为为主导,市场化直接融资的信用行为方式还欠发达,有关市场和渠道还不完善,信用行为的法律法规仍不健全。社会间接融资的方式依然是信用行为的主要方式,在国民经济发展中占有相当大的比重。

一、促进社会信用行为方式转型

为主动促进和推动全社会信用行为方式转型,主要有以下两个方面措施:

第一,大力发展消费金融信用,着力促进内需。银行业机构要积极拓展消费金融信用供给渠道,开发多样化的消费金融信用产品,支持居民多样化消费融资信用需求。

第二,优化信贷结构,着力促进经济结构调整。信贷结构调整重在"优化"二字。主要是:适度抑制虚拟经济的信用过快、无序地发展,重点支持实体经济信用的有效增长;优化贷款资源的信用配置,完善内部信用评级体系,大力发展低资金消耗、高经济增加值的信贷项目;优化信贷业务发展目标,抑制信用规模盲目扩张的冲动,更多地关注贷款信用行为的质量和综合经济效益;优化贷款信用的金融产品结构,克服信贷资金过多进入金融衍生品交易市场和体系内的自我循环套利的弊端,满足实体经济多元化的信用需求。

二、促进银行业在经济发展中转变

银行业应不断提高金融信用服务能力和服务水平,把自身信用行为目标单纯以利润目标为主转变为以综合经济效益兼顾社会效益业绩考核为主,把追求高额利润而信用扩张行为缺乏有效约束转变成改革与创新信用风险管理机制,强化信用行为责任能力匹配管理,保持适度信用扩张。银行业在促进经济发展方式转变过程中,要积极推进自身信用行为方式的全面转型。

1.银行自身的发展战略转型。在经济转型过程中,银行面临着进入或退出特定市场的信用行为选择。银行一方面要结合经济发展方式的转变,科学制定信用行为战略规划,并与业务领域的具体信用行为目标有机结合。另一方面,要提高宏观经济分析、行业信用和信用行为风险的分析判断能力,更好地把握我国经济结构调整、产业升级换代的方向和趋势,抓住有利的经济转型过程中的市场机遇,实现银行业务经营与产业结构优化的双赢。

2.打造特色化银行,走差异化竞争之路。在当前形势下,更重要、更紧迫的不是要继续追求"做大",而是要努力在"做强"上下功夫。也就是说,盲目的信用扩张行为应当严格限制,银行应立足自身信用条件和信用行为能力,走差异化竞争和以特色取胜之路,将有限的信用资源集中于具有比较优势的业务领域,着力提高核心竞争力,真正形成竞争对手难以模仿的差异化信用行为竞争优势。努力营造出富有活力和高品质信用行为责任能力的银行业均衡、稳健、多层次、多样化发展的格局:既有国际一流的大银行,也有扎根地方的小银行,既有专注于提供小企业服务的银行,也有着重为"三农"服务的银行。

3.改革组织架构和业务流程,提高金融创新能力和信用行为效率。商业银行应按照"集约化"经营原则,摈弃自身信用盲目扩张的行为偏好和利润目标冲动,通过引入现代组织管理方法和信息技术手段,稳步推进机构扁平化和业务垂直化管理,构建业务条线清晰、职责分工合理、管理运行高效的组织体系,建立有利于持续创新和不断改进金融服务的管理架构。要以客户为中心,优化业务流程,提高各环节操作的专业性,降低运营成本,提高信用行为效率。

4.确立注重效益和质量的绩效考核机制,从以规模扩张为主转向以质量效益为主。不同的绩效考核决定了银行经营者不同的信用行为取向与经营方式。绩效考核机制要逐步转向以信用行为价值管理为核心的综合效益考核,从追逐信用规模的粗放型经营模式向重视信用平衡风险与利润、重视信用行为品质效益的集约型模式转变。努力探索构建科学合理的绩效考核体系,从制度上引导和规范银行金融机构基于长期稳定的信用行为收益而非单纯信用规模扩张开展经营。绩效考核指标的设计还要体现对金融信用退出落后产能、淘汰行业的激励,对进入国家支持行业的激励,并推动银行信用从量的扩张向质的提升转变。

5.增强信用风险管控和信用行为风险抵御能力,以银行自身信用的稳健经营促进实体经济稳健运行。首先,有效防范产业结构调整过程中的信用风险。银行业必须正确把握产业结构调整的方向,积极调整信用资源配置,趋利避害,有效管理和防范由经济产业结构变动带来的信用风险。其次,有效防范金融信用创新业务的潜在风险。银行业要以可持续发展和稳健经营为指导,不能陷入"利润至上"的信用扩张行为误区,应以满足实体经济的真实有效信用需求和经济发展方式转变为宗旨,立足自身实际和发展战略,审慎进行金融创新。

9-5 对金融衍生品和虚拟信用保持审慎理性

在当今世界金融信用交易市场,金融衍生品交易的三大品种——股指期货、利率期货、汇率期货以及相对应的期权交易已经非常普及。

一、重视金融衍生品本身的"高风险性"

当代社会,金融衍生品交易在社会经济规模扩张的需要和人类信用扩张行为偏好的推动下,品种越来越多,结构越来越复杂,规模越来越大。事实上,当代世界经济已然离不开金融衍生品。然而,金融衍生品交易的确会在某种场合下给世界经济带来了一定的信用行为困扰和信用危机压力。当人类社会基本经济面出现较大问题时,金融衍生品交易首先担当了揭丑人和引爆角色,尽管根基在于基本经济或基本经济工具的应用自身出了问题,但由于引爆之后,所造成的冲击和破坏是大量的,给人的观感是惊心动魄的,以至于人们已经习惯于将金融衍生品称为"金融野兽"。

二、必须加强对金融衍生品的有效监管和刚性约束

或许当今世界危机就是因"金融衍生品"或虚拟信用带来的信用风险问题,就是人类如何"看管"和"驯养"金融野兽的问题。

所谓"看管"实际上就是监管,而"驯养"就是刚性约束。对任何一个国家的金融监管层而言,有效监管和刚性约束好金融衍生品和虚拟信用,有两个问题是不得不考虑的。首先,必须弄清楚不同的金融衍生品和虚拟信用所具有的不同特点和信用行为性质,并评估其信用行为作用及信用风险的大小。其次,按照本国经济的实际信用供需情况,评估哪些金融衍生品和虚拟信用工具

是应该引进的？哪些是应该发展的？

就世界金融信用创新来说，金融衍生品是个大家族，不同的金融衍生品具有不同的信用行为特点及信用风险结构，因而在金融监管措施及信用行为制约有效性上也有很大的差别。实际上，金融衍生品是否容易造成信用损失与人类能否提供有效的金融信用行为的监管密不可分。目前，全球金融市场极度混乱，也因此引发一场全球性的金融危机。如何以审慎理性的态度看待金融衍生品和虚拟信用的扩张行为是一个值得深思的课题。

9-6 对当前社会信用制度的反思

眼下人们对社会制度的反思空前活跃，讨论资本主义制度和社会主义制度的未来成为回避不了的话题。激烈而难以平息的争论的背后，印证了处于经济危机中的人类不得不面对的问题：塑造新行为模式。

一、经济危机背后的信用制度与行为模式问题

经济危机引发社会动荡，从"占领华尔街"到横扫欧洲的抗议示威活动，乃至震惊世界的挪威枪击爆炸案，其根源都是人类社会的经济问题以及背后的社会信用制度与行为模式问题。世界经济泡沫破灭的连锁反应，使人们意识到当前资本主义模式固有的缺陷。克劳斯·施瓦布表示："我虽然信奉自由市场，但自由市场经济体制应该为社会服务。"他认为，应该发展以人才、开拓和创新精神为中心的"人才主义"，用以取代资本主义，引领经济、社会进步，并摒弃"硬实力"、"软实力"等概念，代之以合作为中心的"合作实力"。

施瓦布表示，资本主义体制在社会和谐与团结方面有所缺失，所以出现了问题，现在到了改善资本主义体制的时候了。他认为，过时的资本主义体系把我们逼入了危机。虽然目前迫切需要对资本主义体系进行修缮，但仅凭修缮无法克服目前的危机。

二、全球信用体系再平衡和金融信用去杠杆化

因全球信用和区域信用严重失衡形成的经济危机，影响的决不仅仅是一个国家经济活动本身，还直接波及蔓延到方方面面，形成整个社会的系统性危机，甚至出现全球危机。

爆发于2008年的国际金融危机以及延续至今的欧债危机，充分暴露出当前资本主义制度的弊端。事实上，自2011年年初起就不断发酵的社会政治、经济、民生矛盾，在阿拉伯世界一些国家触发大规模民众示威和骚乱，北非国

家突尼斯、埃及、利比亚、也门等国长期执政的领导人相继下台。这些国家大都经济发展迟缓,大批受过高等教育的年轻人找不到工作,看不到未来,求变的渴望把他们推向街头,但他们梦里那个"乌托邦"仍旧笼罩在迷雾之中。

类似的社会政治、经济、民生问题不只出现在非洲、亚洲和拉美,在资本主义的发源地欧洲也有。希腊、比利时、意大利、葡萄牙、西班牙等国为了解决主权债务危机而实施的财政紧缩计划,也同样影响了普通民众的生活。受主权债务危机困扰的国家失业率高居不下,各种大规模罢工抗议示威接连不断,政府首脑及内阁班子因此更迭下台的例子不断出现。在经济严重衰退、民众生活受到影响的情况下,各国贸易保护主义思潮开始蔓延。欧洲本地居民对外来移民的敌意不断加深,新法西斯主义和右翼极端势力开始流行起来。2011年夏天,挪威的枪声和爆炸震碎了欧洲人多元文化融合的梦想。布雷维克枪击案发生之后,不少人开始担心,近年来已迅速蔓延至整个欧洲大陆的反移民情绪可能随时升级为暴力行动。

虽然过去几十年西方发达资本主义国家普遍采取了高福利社会的信用扩张方式以缓解社会矛盾,但仍难以扼制日趋严重的社会贫富两极分化和解决收入分配不公的问题。特别是金融危机期间,美国等西方国家采取以主权信用发债的方式拯救金融机构,实际是变相"劫贫济富"的信用过度扩张行为,即用纳税人的钱和虚拟信用的扩大来补贴金融机构。希腊政府为应对主权债务违约以争取欧盟及世界货币基金组织的财政救助,实行的一轮又一轮的财政信用紧缩计划,引起国内民众的强烈不满,而随之实行的债券置换行动对原有债务减记的做法,相当于从民众口袋里"抢钱",这一举动自然引起社会的普遍不满,也使富人们成为众矢之的。当一轮接一轮的虚拟信用泡沫破灭后,资本主义国家政府不得不依靠国家信用扩张政策和经济强权举债度过危机。而当政府负债达到无可挽回的地步时,资本主义国家信用扩张制度和世界货币信用体系似乎再也找不到解决危机的好办法,似有一种"穷途末路"的感觉。

从经济层面看,2008年世界金融危机之后,全球资本主义信用制度和自由市场经济不得不进入全面调整期,正在经历一场痛苦的信用再平衡和信用行为去杠杆化进程。

显然,采取有效措施实现全球信用的再平衡和去杠杆化进程,是解决经济危机、消弭信用泡沫的唯一出路。

故应该重视这件事:银行应该服务于客户,而不是自己。

三、过度信用扩张、虚拟信用泛滥以及监管失控

西方信用制度即资本主义制度自诞生到现在,已有300多年历史,其间经

历了许多危机,也同样经历了许多改良。资本主义制度问题的辩论与当前西方经济处于经济危机有很大关系,这正是像"资本主义已走入误区"、"西方经济学落入信用体制陷阱"、"中国拯救欧洲"等话题一样,指向的都是过度的信用扩张行为和货币信用虚拟化及缺乏全球有效金融监管。

客观地说,自由资本主义的固有缺陷和弊端在此次绵延日久的国际金融危机与目前还看不到尽头的主权债务危机面前得到了充分暴露。资本主义并不完美,还存在许多结构性问题。而这次金融危机又暴露了资本主义的新问题,即主要是金融资本缺少监管,金融业"大到不能倒"的程度。问题的复杂性在于,全球化使资本主义国家不得不将制造业转向新兴经济体。在缺少本土制造业支撑以及没有新兴产业出现的情况下,美国、英国、法国等国家(主要是美国)把金融业作为支柱。在盲目进行主权信用扩张和虚拟经济迅速膨胀的背景下,由于缺乏有效监管和风险控制手段,金融机构的货币信用创造功能被无限放大,各种衍生产品和高倍数杠杆,使金融业规模越来越大,实体经济和经济再生能力严重遭到削弱,泡沫越来越多,为社会经济注入了极大的不稳定因素。

四、信用本质决定了均衡是相对的,不均衡是绝对的

信用行为经济学认为,现在世界上有两种"资本主义"国家形态。一是以自由市场经济为基础的西方资本主义,这是本质上的资本主义形态;另一种是以中国等以社会主义市场体制目标为蓝本的和以新加坡等新兴市场国家为代表的国家资本主义形态(学界亦称其为权力资本主义,即制度上非资本主义,而实质上是少数权力者或利益集团掌控了绝大部分的社会财富资本和公共信用资源)。

在评价这两种资本主义孰优孰劣的观念上,至少从目前情况看,中国这样的国家资本主义创造了更多的工作机会、公平和效率,因此,有人据此理由得出结论,如果西方资本主义不改良自己,国家资本主义就会最后胜出。即社会主义一定战胜资本主义。但实际情况恐怕并非这么简单,也没有像估计的这样乐观。对于人类社会来说,政治与经济历来是双胞联体的"共生行为主体",两者无法剥离。

美国行为经济学家熊彼特在他的经济学评论中指出,在世界政治经济学领域,卡尔·马克思无疑是19世纪最伟大的人物之一。在马克思的经典著作《资本论》里,他以洞穿世界的远见卓识和睿智眼光指出了西方资本主义的本质问题,透彻地分析了"资本家负罪感和资本的原始罪恶"和资本主义社会制度腐朽没落的根源。但马克思并没有为人类世界如何解决"资本主义阴霾笼

罩在欧洲上空"的问题给出明确答案,而是在借鉴黑格尔、费尔巴哈等人哲学研究成果和乌托邦国家学说基础上,以"人类美好社会理想和共同行为愿景",为后来者画下了一块引起人们向往并愿意为之奋斗的"理想社会主义制度的大饼",让这块"大饼"画得与人人都可以有获得享受食用的情景非常接近。

这个美好愿景,苏联在列宁的带领下尝试过,一些东欧国家诸如匈牙利、东德、罗马尼亚、前南联盟等以及亚洲包括中国、蒙古、越南、朝鲜、尼泊尔等也曾经尝试或正在尝试,加上非洲、南美洲诸如阿尔及利亚、古巴、也门、委内瑞拉、玻利维亚也不同程度、不同方式地尝试过。迄今还没有任何一个进行社会主义制度尝试的国家,能够公开宣称自己社会主义制度的实践完全取得了成功,并成为引领当今人类社会发展与进步的典范。

当今西方资本主义为过去资本主义贪婪的信用扩张行为反省,为自由主义市场经济的失误道歉。当人们批评西方资本主义制度居然变得如此脆弱时,西方资本主义的实践者没有人能够反驳。但据此说社会主义拯救了世界,拯救了中国,而且现在应该由中国模式的社会主义来替代或推倒资本主义,恐怕还是一个未知其效果的重大人类认识转变和人类社会信用制度革命的问题。

从行为经济学的学术角度来研究,当今中国社会本质上并没有完全从行为资本主义或国家资本主义的框架内"脱壳而出"或"获得新生"。即使中国国内一些学者、专家以及执政者,认为在社会主义制度模式下取得了初步成功,但正如中国改革开放总设计师邓小平先生所说的那样,这也只是"摸着石头过河"和"大胆试、大胆闯,错了可以改回来"的过程,实际上也只是政治的理想宣示,社会经济行为上并没有完全与资本主义"一刀两断"。

无论以什么方式表达,毕竟无法回避中国正处于"社会主义市场经济的初级阶段",何况这个初级阶段的过渡及社会经济结构转型将是一个曲折而漫长,甚至是异常艰难的过程。

但究竟这个"转型期"需要多少时间?花费什么样的成本和投入?向什么类型的社会转化?走什么道路,怎样实现向社会主义形态的社会转型?没有人能说清楚、讲明白,似乎大家都很迷茫。

毋庸讳言,中国学术界普遍盛行一种"数典忘祖"的研究风气,那就是"比较学理论"泛滥,诸如比较经济学、比较法学、比较政治学、比较社会学、比较哲学等等,而这些比较理论的立论基础,无一不是以西方资本主义体系为参照,唯美国等发达资本主义国家学术观点"马首是瞻",学术研究成果多数是"拿来主义",没有自己的独立研究分析和逻辑思维立场,学术是非以西方经典为比较判断依据,其中也包括中国金融业的改革在内。

尽管这种研究方法不失为一种可以借鉴的方式,但这恰恰是信用行为经济学所指出的"从众行为"和"比较样本错误"的致命伤。因为任何比较的结果都是来自类比模仿,是否正确与人为选择的样本以及比较角度有关,这与"东施效颦"寓含的道理有些相像。这种一说问题研究,马上就与美国等发达资本主义国家同样问题的处置方法比较,论及我们的做法和尝试就该如何如何。

这种华而不实的学术风气首先从国内高校教育"洋教条"兴起,进而渗透到学术理论界,逐步蔓延到社会实务的各个层面,形成一种社会经济理论的"唯美主义"思潮(这里的"美"有两层意思,一是美学的"美",二是美国的缩称"美"),而对中国国情民情、地域环境、人口文化、现实社会问题、政治体制改革、经济发展矛盾、信用关系冲突、民生问题等,对中国社会本身发展的挑战严峻、压力很大的事实视而不见。

事实上,中国经济面临的挑战对西方社会经济制度来说是一个"再造"过程。一是迫使西方使"资本主义道德化",二是西方不得不"创新它的民主机制"。但说中国的社会主义制度已经彻底战胜了资本主义制度,显然是说不通的。正是因为如此,行为经济学变量分析的最大贡献可能在于,它从人的行为本质上,说明了为什么信用扩张行为是普遍的人类行为偏好;人类过度信用扩张行为的后果,是导致各类危机的必然根源;人的行为理性意识、行为不确定性及信息不对称特点和行为责任能力的限制等,是各种社会经济"异质"、"异象"的激活动因。由此得出的结论是:社会信用制度的本质决定了人类社会信用均衡是相对的、短暂的调控结果,而信用与行为的不均衡则是客观的、长期的和需要调控的过程。

信用是人类社会活动最核心的变量,行为是基础,信用危机的发生必然呈周期性规律。无论社会主义还是资本主义,概莫如此。用一种形象化的方式来比喻,也许从人本身是躯体和灵魂两部分来说,资本主义与人的躯体结构很相似,而社会主义制度更接近人的灵魂,人类和谐也许就在躯体与灵魂之间。

五、成功的行为模式取决于"人"而不是"体制"

历史上,自由资本主义模式是资本主义的主要代表,现在我们不能看到资本主义国家信用危机、经济衰退,就一相情愿以为资本主义这次彻底完蛋了。因为资本主义制度本身有它自己的信用纠偏机能,即以市场信用行为博弈进行自我修复的均衡机制,这是它存在几百年的重要因素之一。

从现实上说,资本主义国家出现的严重经济危机和主权信用危机问题是局部性的问题,是社会信用制度和信用行为革新与纠错的问题,在资本主义国家"强权"(即指其在世界经济舞台上的政治、军事、经济、科技、货币信用等多方面的垄断地位)和资本"嗜血的本性"没有被根本消灭的前提下,本轮危机并不危及其根本政治制度,更何况这些以"霸权"著称的国家也存在采取极端"暴力手段化解危机",进一步"掠夺"和"剥削"弱小国家的可能。

或许,经过重建社会信用制度与信用行为新规则,西方资本主义经济危机是可以度过的。因此,我们不要把西方一些人士所说的"中国社会主义拯救西方资本主义"当真,更不要盲目地跟随西方媒体及一些政要的调门。尽管中国经济得到较快发展,但现在仍处于社会主义初级阶段。我们要做的是,整合好自己的信用资源和信用行为模式,走自己的发展道路,革除弊端,看好自己的口袋,守好自己的家门,并做好保护国家信用安全的"军事斗争准备"。

社会制度之辩给世界带来的新思考和重要启示在于,未来新的国家和经济运作模式,对资本的依赖程度会越来越低,对信用资源的依赖越来越高,成功的商业模式更多地取决于"人"而不仅仅是"制度"。

结　语

　　本书在进行多次修改的时候,世界的政治经济形势也不断地发生着变化。人类社会变化,一方面是生存发展环境改变的需求,另一方面则源于对信用主宰权的争斗。人类行为,博弈与合作是基本形态,暴力或格斗仅是极端。具体表现为国家之间各种资源,如土地、海洋、石油、矿产、经济资源等控制权的争夺,间接表现为人类社会政治、经济、制度、生活、意识形态、文化传统、生活习俗等之间的斗争,反映在社会商品买卖、市场交易、利益关系、分工合作、法律伦理、收入分配等方面的博弈,一刻也没有停歇。人类所拥有和创造出来的纷繁复杂的各种变量,总在进行着较量和演变。法律应该是人类社会文明的最高权力。

　　变量——效用、边际、均衡的演绎,让这个变化的世界和变化着的人,变得丰富多彩,变幻莫测,难以捉摸!

　　在此说一个小故事,有一次,我们几个"老银行"坐在一起聊天,谈到现今银行货币市场的艰难,大家不约而同地想到人的问题。

　　"如今这个状况下,谁来做银行最恰当?"

　　老张说:"应该让数学家来做,至少他不会算错'账'!"

　　老李说:"应该让人类学家来做,至少他不会看错'人'!"

　　小王说:"让历史学家来做好了,他应该最有'经验'。"

　　老钱说:"都不适合,还让政治家来做好了,他'信心'最强。"

　　老赵说:"应该请心理学家做,他能'掐'会'算'。"

　　老刘说:"你们说的都不对,法官来做最恰当,他'规矩'最严。"

　　小沈说:"我建议律师来做,他善于解决贷款'烂账'。"

　　小房说:"那叫大学教授来做,他条理最'清楚'呀!"

　　……

　　我看看张,瞅瞅李,瞥瞥王,心里不知道有多纳闷,这些平日里做银行的"主"们,估摸着都是银行业务骨干,个个振振有词,却像不着调了似的,今天都怎么啦?我终于憋不住地问:

　　"你们怎么不推荐经济学家哪?"

大家于是都哈哈哈地笑了起来,几乎同时脱口而出:"眼下经济学家呀,和我们这些人一样,都是一脑瓜子'糊涂账'!"

于是,我从这"八卦"的笑声里似乎感觉到了点什么。

行为经济学是将人类信用与行为的异质性纳入经济学的分析框架,并将理性假定下信用与行为的同质性作为异质行为的一种特例情形,从而在不失主流经济学基本分析范式的前提下,增强主流经济学对当代人类社会和社会经济活动的新概念、新问题、新现象的解释与预测能力。本书比较系统地介绍了行为经济学的理论和基础应用,明确告诉读者,人是主宰这个世界,尤其是人类社会经济活动的核心,这个核心同时拥有两个主宰命运的要素:一是信用;二是行为。

对人类社会经济活动来说,在经济视野里的理性认识是,货币的基础是信用,信用的基础是行为,信用与行为的均衡是力量。指出人的结构是:躯体＋灵魂。信用是整个社会活动的核心部分。

在行为经济学理论上提出建立一组主要借助观察和实证,直观描述人类信用与行为均衡的函数模型,主要指出了人在经济活动中存在信用行为的"三大不可能"、"现代货币信用的三大变化"、社会信用行为的"三个约束和监督"、一个回归和一个共同社会愿景。

三大不可能:消除人类经济理性(自利倾向)的不可能;排除人类信用扩张行为(心理偏好)的不可能;杜绝人的贪渎侵占行为(损失厌恶、框架效应)的不可能。

现代货币信用的三大变化:纸币信用的"强权化"或"货币权定"、货币信用的"脱媒化"以及"虚拟化"。

社会信用行为的三个监督与约束:自我约束与评估监督、社会约束与评价监督、法律约束与惩罚监督。

一个回归:向真实信用与行为均衡回归。

一个共同愿景:和谐社会建设。即人类社会在"三个约束与监督"共同作用下,通过民主、平等、公开、自由和信息充分共享的市场博弈,实现社会信用结构相对均衡、公共行为权力有效制衡、社会资源合理配置、人格尊重、协商合作并可持续发展的和谐世界。

屈指算来,我在商业银行工作已经 30 年。对于一个普通金融职业人来说,职业生涯 30 年也许意味着在这一个职业的轮回。对于个人来说,在这一个职业轮回中究竟获得了什么还是失去了什么其实并不重要,重要的是你在这个职业轮回的过程发现了什么,感悟了什么,体验到了什么,有什么是你职业轮回里最珍贵而且值得保存和可以传承的东西。显然,物质财富不是,名利地位不是，荣华富贵更不是。一个直白的道理是，人的肉体随时可以毁灭，而灵魂可以不死。对于职业人来讲，这也许就是最宝贵的。

近些年来，不知是因为"信用变量"的神奇，还是人们心理行为的"羊群效应"，是金融职业高尚的"感召力"的驱使，还是"金钱和利益"的力量，人们对金融的重视与日俱增，学习经济金融的和希望进入银行的人趋之若鹜。

越来越多的年轻一代纷纷加入到金融职业人的行列里来，给现代金融业带来了空前的繁荣和兴旺。尤其是一大批高学历、高素质的年轻人的加入，为金融业科学发展、可持续发展增添了新生力量。但从很多年轻一代人身上所体现的职业准备、专业素养、知识技能、敬业态度、服务能力和整体经验来看，多少有一些遗憾和明显不足。这种情况不仅在银行业比较普遍，而且在证券、基金、期货以及投融资机构，甚至在央行以及金融监管部门都有。

每当我看到一批接一批的年轻人踊跃进入银行工作，在对他们一个接一个义无反顾地选择银行作为自己终生职业感到高兴的同时，也不由产生一些隐约的不安和忧虑。我搞不清他们中谁是为了事业和成功而来，谁是冲着薪酬收入和舒适感觉而来，谁是听父母之命而来。

每一个进入社会信用行业工作的人，择业时是否都预先问过自己：面对复杂的金融信用行业的风险和挑战，面对即将时刻面临的行为压力和艰巨任务，以及日复一日、年复一年枯燥且乏味的岗位，紧张而窘迫的发展空间，你准备好了吗？

我十分清楚地知道，有很多以信用活动为职业的人，并没有如此的心理准备，这除了与现代社会缺乏专业知识教育、技能培养和健康正确的信念引导，也与现代社会普遍存在的"功利主义"和"物质崇拜"、忽视人的道德伦理、契约精神和信用价值有关，"货币魔力"使人的理性"沦陷"，现实社会中的人们已经习惯于把人生事业发展的眼光放在眼前短期利益之上。我不是说银行职业不好，而是希望进入银行工作的年轻人能够勇于担当。

因此，每当单位有年轻人问我对职业的感想时，我的回答都十分简单："成功的金融从业者，在他的职业轮回里，总是把自己的信用与行为放在一切需要考虑的事物或选择之上。"如果按银行工作的性质来讲，虽然有人为划分出的管理层、技术层、操作层三大类别，侧重点有所区别，但作为金融信用经营性企业，其核心技术及管理重点依然在各类信用与行为的掌控、运营、分析、控制以及信用行为风险防范和危机化解的能力上。

在我看来，一个合格且称职的金融职业人无论是从业、做人、待人还是个人职业人生的发展，还有什么是比了解、认识、掌握和运用好信用与行为均衡关系更关键、更重要的呢？

也正是基于这样的职业感悟，坚定了我写下对信用与行为均衡关系的一些粗浅理解的信心。点点滴滴的资料累积起来，就编著了这样一部作品。

作为引玉之砖，疏漏及不足在所难免。

以此结语，诚表谢意。

参考文献

[1][奥]路德维希·冯·米塞斯著,赵磊、李淑敏、黄丽丽译.人类行为的经济学分析(上、下).广东:广东经济出版社,2010年.

[2][美]弗兰克·奈特著,郭武军、刘亮译.风险、不确定性与利润.北京:华夏出版社,2011年.

[3][美]彼得·戴蒙德、汉努·瓦蒂艾宁编著,贺京同等译.行为经济学及其应用.北京:中国人民大学出版社,2011年.

[4]科林·F.凯莫勒、乔治·罗文斯坦、马修·拉宾编,贺京同、宋紫峰、杨继东、那艺等译.行为经济学新进展.北京:中国人民大学出版社,2010年.

[5][英]威廉·福布斯著,孔东民译.行为金融.北京:机械工业出版社,2011年.

[6][美]唐·罗斯著,贾拥民译.经济学理论与认知科学.北京:中国人民大学出版社,2011年.

[7][英]阿弗里德·马歇尔著,廉运杰译.经济学原理.北京:华夏出版社,2005年.

[8][美]罗伯特·J.凯伯著,原毅军、陈艳莹等译.国际经济学.北京:华夏出版社,2005年.

[9][美]米尔顿·弗里德曼著,安佳译.货币的祸害.北京:商务印书馆,2006年.

[10][法]克里斯汀·蒙特、丹尼尔·塞拉著.张琦译.博弈论与经济学.北京:经济管理出版社,2011年.

[11][美]约瑟夫·A.熊彼特著,秦传安译.熊彼特选集——对十大经济学家的评析.上海:上海财经大学出版社,2010年.

[12][美]达雷尔·达菲、肯尼斯·J.辛格尔顿著,许勤、魏嶷、杜鹃译.信用风险——定价、度量和管理.上海:上海财经大学出版社,2009年.

[13][英]亚当·斯密著,唐日松、赵康英、冯力、邵剑兵、姜倩译.国富论.北京:华夏出版社,2005年.

[14] [美]赫伯特·金迪斯著,董志强译.理性的边界——博弈论与各门行为科学的统一.上海:格致出版社、上海三联书店、上海人民出版社,2011年.

[15] 张维迎.信息、信任与法律.北京:生活·读书·新知三联书店,2006年.

[16] 张维迎.博弈论与信息经济学.上海:上海三联书店、上海人民出版社,2004年.

[17] 朱成全.经济学方法论.大连:东北财经大学出版社,2011年.

[18] 吴晶妹.现代信用学.北京:中国金融出版社,2002年.

[19] [美]努里埃尔·鲁比尼、斯蒂芬·米姆著,巴曙松、李胜利、吕婕等译.危机经济学——末日博士鲁比尼的金融预言.沈阳:北方联合出版传媒(集团)股份有限公司万卷出版公司,2010年.

[20] [美]威廉·D.米勒著,胡静林、陈步林等译.金融资产评估.北京:经济科学出版社,2001年.

[21] 孙涤.市场的博弈.上海:格致出版社、上海人民出版社,2011年.

[22] [英]第米瑞斯·N.考若法斯著.商业银行发展战略.北京:中国金融出版社,2005年.

[23] [美]罗伯特·考特、托马斯·尤伦著,史晋川、董雪兵等译.法和经济学.上海:格致出版社、上海三联书店、上海人民出版社,2010年.

[24] [美]丹尼尔·豪斯曼编,丁建峰译.经济学的哲学.上海:上海世纪出版集团、上海人民出版社,2007年.

[25] [美]安东尼·唐斯著,姚洋、邢予青、赖平耀译.民主的经济理论.上海:上海世纪出版集团、上海人民出版社,2010年.

[26] [美]西摩·马丁·李普赛特著,张华青等译.共识与冲突(增订版).上海:世纪出版集团、上海人民出版社,2011年.

[27] [美]加里·S.贝克尔著,王业宇、陈琪译.人类行为的经济分析.上海:格致出版社、上海三联书店、上海人民出版社,2008年.

[28] [美]Y.巴泽尔著,费方域、段毅才译.产权的经济分析.上海:格致出版社、上海三联书店、上海人民出版社,2008年.

[29] [美]罗纳德·哈里·科斯著,盛洪、陈郁译校.企业、市场与法律.上海:格致出版社、上海三联书店、上海人民出版社,2008年.

[30] [美]曼瑟尔·奥尔森著,陈郁、郭宇峰、李崇新译.集体行动的逻辑.上海:格致出版社、上海三联书店、上海人民出版社,2008年.

[31] [美]道格拉斯·C.诺思著,杭行译,韦森译审.制度、制度变迁与经济绩效.上海:格致出版社、上海三联书店、上海人民出版社,2008年.

［32］权衡主编.收入分配与社会和谐.上海：上海社会科学院出版社，2006年.

［33］陈世炬、高材林主编，李梅、周智明副主编.金融工程原理.北京：中国金融出版社，2000年.

［34］［美］托马斯·弗里德曼著，何帆、肖莹莹、郝正非译.世界是平的——21世纪简史.长沙：湖南科学技术出版社，2006年.

［35］［英］亚当·斯密著，蒋自强、钦北愚、朱钟棣、沈凯璋译.道德情操论.北京：商务印书馆，2010年.

［36］［英］约翰·梅纳德·凯恩斯著，高鸿业译.就业、利息和货币通论（重译本）.北京：商务印书馆，2009年.

［37］［英］亚当·斯密著，郭大力、王亚南译.国民财富的性质和原因的研究（上、下）.北京：商务印书馆，2010年.

［38］［德］黑格尔著，贺麟、王玖兴译.精神现象学（上、下）.北京：商务印书馆，1979年.

［39］苏力著.法治及其本土资源（修订版）.北京：中国政法大学出版社，2004年.

［40］［美］理查德·A.波斯纳著，蒋兆抗译，林毅夫校.法律的经济学分析（上、下）.北京：中国大百科全书出版社，1997年.

［41］［美］约翰·罗尔斯著，何怀宏、何包钢、廖申白译.正义论.北京：中国社会科学出版社，1988年.

［42］［德］卡尔·施米特著，刘宗坤等译.政治的概念.上海：上海世纪出版集团、上海人民出版社，2004年.

［43］［美］米尔顿·弗里德曼著，安佳译.货币的祸害——货币史片段.北京：商务印书馆，2006年.

［44］［美］斯塔夫里阿诺斯著，董书慧、王昶、徐正源译.全球通史.北京：北京大学出版社，2010年.